# 实用口才大全

## 祝酒词 应酬语 场面话

### 打动人心的社交礼仪与说话技巧

盛安之◎著

江西美术出版社
JIANGXI FINE ARTS PUBLISHING HOUSE

**图书在版编目（CIP）数据**

实用口才大全：祝酒词 应酬语 场面话 / 盛安之著 .
-- 南昌：江西美术出版社，2017.10
（畅销大全）
ISBN 978-7-5480-5531-0

Ⅰ . ①实… Ⅱ . ①盛… Ⅲ . ①口才学 Ⅳ . ① H019

中国版本图书馆 CIP 数据核字（2017）第 157214 号

出 品 人：汤　华
企　　划：江西美术出版社北京分社（北京江美长风文化传播有限公司）
策　　划：北京兴盛乐书刊发行有限责任公司
责任编辑：王国栋　宗丽珍　朱鲁巍　康紫苏　李小勇
版式设计：阎万霞
责任印制：谭　勋

**实用口才大全：祝酒词 应酬语 场面话**

**作　　者：盛安之**

出　　版：江西美术出版社
社　　址：南昌市子安路 66 号江美大厦
网　　址：http：//www.jxfinearts.com
电子信箱：jxms@jxfinearts.com
电　　话：010-82293750　　0791-86566124
邮　　编：330025
经　　销：全国新华书店
印　　刷：固安县保利达印务有限公司
版　　次：2017 年 10 月第 1 版
印　　次：2017 年 10 月第 1 次印刷
开　　本：710mm × 960mm　1/16
印　　张：25
I S B N：978-7-5480-5531-0
定　　价：39.80 元



本书法律顾问：江西豫章律师事务所　晏辉律师

# 前　言

Preface

交际应酬、聚会庆贺、领导管理、商务洽谈、开会演讲等，处处离不开口才，处处需要口才。好口才可以给你的生活带来截然不同的体验和结局，能够让你在人生各种场合左右逢源、长袖善舞。好口才是每个人必备的生存技能处世艺术，正如有人说的："所谓人情世故，一半是在说话里。"

生活当中，我们运用得最多、最广泛的口才就是祝酒词、应酬语、场面话。

同学好友聚会，结婚贺寿大喜，周年节日庆祝，人们总免不了要置办隆重的酒宴，喝酒庆贺。而喝酒又离不开祝酒词。祝酒词是人们在宴席间使用的互相表达祝福和愿望的一种交际用语。无论是应邀出席别人的酒会，还是举行家宴款待客人，祝酒词是必少不了的。舒心的酒，千杯不醉；知心的话，万言不赘。醇香的美酒在心底交汇，再加上美好的祝酒词，不仅能烘托气氛、温暖人心，而且还能使人深受鼓舞和启迪。当宴会所有的参加者纷纷举杯，开怀畅饮时，宴会也就达到了高潮。

生活节奏的加快，商务活动的频繁，使得应酬也提高了一个更为重要的地位。无论是生活中还是公务活动中，我们都避免不了要参加应酬。商务洽谈、外务往来、升职乔迁、开业开盘等活动中，人来人往，觥筹交错，你谢我答，都需要你有高超的语言应酬技巧。应酬语言的优劣是应酬成败的关键因素。智言善语，就会各种应酬中如鱼得水；笨嘴拙舌，就会在应酬中处处被动。

在文艺演出、运动竞赛、展览展出、论坛峰会、演讲辩论等重要场面，作为参加者或主持人，你需要现场发表一篇讲话。场面就像一个大舞台，而场面话就是你在舞台上经典的"台词"，你的"台词"直接影响着场面的进程。用心斟酌说好每一句"台词"，你就能够成为这个舞台上最耀眼的明星，你就能导演出一场别开生面、精彩纷呈的舞台“话剧”。

好口才是酒宴中的开心果，是应酬中的润滑剂，是场面中的魔法棒。然而说一口优美动听、妙语连珠的话语也并非易事，让对方痛快地一饮而尽、对你拍手称赞更是有一定的难度。生活中的你也许不善于在公众场合应酬说话，面对众人常常结结巴巴不知所言；甚至连祝酒劝酒、应酬的基本礼仪也不甚明了，以致言谈举止漏洞百出、尴尬连连。

本书《实用口才大全：祝酒词 应酬语 场面话》正是考虑到读者的需要，精心收录了生活各种场合的口才素材，分“祝酒词”“应酬语”“场面话”三大篇，从聚会宴、婚宴、寿诞宴、庆功宴、迎宾宴、商务应酬、政务应酬、外务应酬、开闭幕场面、座谈场面、演讲场面、辩论场面等方面，全面展示了各种体裁的生活口才风貌，经典美文异彩纷呈，绝妙佳句信手拈来，让你一书在手，尽览生活实用口才之精华。书中还穿插讲解了各类口才的相关技巧，以及说话应酬中必须应用的礼仪规则，引导你如何把话说得更加漂亮，把事办得得体到位，是一部不可多得的口才和礼仪实用全书。

衷心祝愿本书能够让你快速提高自己的口才水平和表达技巧，在酒宴上得心应手，在觥筹交错间尽展风采，在人生场面中大显身手，开创如鱼得水、心想事成的美好人生！

# 目　录

Contents

## 第九章 婚宴祝酒词：天作之合，喜结良缘



## 第十章 寿诞祝酒词：松鹤长春，福寿无疆

上篇

# 祝酒词：美酒一杯表衷肠

祝酒词是在酒席宴会的开始，主人表示热烈欢迎、亲切问候、诚挚感谢，客人进行答谢并表示衷心祝愿时的祝贺之词。内容以叙述友谊为主，篇幅短小、文辞庄重、热情大方，得体谦恭，是很流行的一种文体，被广泛应用于聚会、婚宴、寿宴、节日庆祝、欢迎会、欢送会等各种场合。

酒宴上，祝酒词会起着锦上添花的作用，正所谓“酒不醉人人自醉”。祝酒词是一首友谊歌，增进人与人之间的感情。祝酒词是一支欢快舞，使得酒宴气氛活泼轻松。祝酒词是一曲欢乐颂，使人心旷神怡、如沐春风。

第一章
# 如何说好祝酒词

酒作为一种交际媒介，迎宾送客，聚朋会友，彼此沟通，传递友情，发挥了独到的作用，而祝酒词则在酒会上发挥着举足轻重的作用。一篇好的祝酒词不仅能够传达心声、增进友谊，更可以为酒会推波助澜、渲染气氛。研究和掌握一下祝酒词的基本格式和技巧，有助于你说好祝酒词，从而在酒会上八面玲珑、机敏应对，成功地主持好酒会。

## 祝酒词的写法

祝词的结构形式有“书面型”和“简约型”两种。

“书面型”全文由标题、称呼、正文和祝愿语等部分构成。书面型标题可以直接写为《祝词》《祝酒词》等，也可以由讲话者姓名、会议名称和文种构成，如《×××在××会上的祝酒词》《×××在××宴会上的讲话》等。书面格式如下：

第一，标题。

第二，称呼。称呼一般用泛称，可以根据到会者的身份来定，如“各位女士、各位先生”“朋友们”“同志们”“各位领导”等。为了表示热情和亲切、友好之意，前面可以加修饰语如“亲爱的”“尊敬的”“尊贵的”等。

第三，正文。致辞人（或代表谁）在什么情况下，向出席者表示欢迎、感谢和问候；谈成绩、作用、意义；展望未来，联系当前的任务、使命。

第四，结尾常用“请允许我，为谁、为什么而干杯”。

简约型多用一两句精粹的言辞，把自己最美好的祝愿表示出来，有时也可以引用诗句或名言来表达自己的心意。

无论是书面型还是简约型，切忌不宜谈一些对方忌讳的词语和事情，尽量讲对方爱听的话。

## 祝酒词的说法

要使祝酒词说得动心动容，要注意以下三点：

第一，祝酒词要说得亲切、热情，诚心诚意。在向别人道喜祝贺的时候，要以亲如家人的口吻，用热情的话语表达自己美好的意愿。

第二，要根据不同场合、祝贺的不同事情，选择适当的祝词。祝酒词要说得得体、自然，体现自己的聪颖和教养。得体，就是要看对象，掌握对方的心理和愿望；自然，就是要恰如其分，妥帖真切。

第三，祝酒词要说得简洁、精练，给人以明快、悦耳之感。

## 生活中常用劝酒词

酒席上，劝酒是时常出现的。劝酒时说话很有讲究，如果说话不当，就会让对方难以接受，劝酒中会出现难堪的局面。而且不同的对象，劝酒时说话的方式也要有所不同。以下的各类劝酒词可以作为参考：

**1. 女劝领导喝酒**

我给领导敬杯酒，领导不喝嫌我丑。

我和领导感情深，我喝一口您一盅。

天上无云地下旱，刚才那杯不能算。

领导和我感情铁，绝对不怕胃出血。

领导和我感情深，绝对不怕打吊针。

领导和我感情好，绝对不能现在跑。

领导小口我大口，您不进去我不走。

**2. 男劝领导喝酒**

领导本事大，半斤算个啥？

领导随意，我喝完。

领导没有敬，早晚是个病。

### 3. 女劝男喝酒

男人不喝酒，枉在世上走。

男人不喝酒，交不到好朋友。

男人不喝酒，活得像条狗。

我有貌哥有才，杯对杯一起来。

宁可胃上烂个洞，不叫感情裂条缝。

### 4. 男劝女喝酒

相聚都是知心友，先敬小妹一杯酒。

妹妹和我感情深，端起杯子一口闷。

妹妹和我感情浅，端起杯子舔一舔。

少小离家老大回，这杯我请小妹陪。

男人进一半，女人全喝完。

### 5. 领导劝众人喝酒

商品经济大流通，开放搞活喝两盅。

小车不倒只管推，胃不穿孔只管喝。

工作不是为喝酒，喝酒都是为工作！

喝酒都敢豁出去，工作还怕没成绩？

干部脸红红，为了签合同。

你们都不喝，难道我想喝？

心中有企业，你就往死里喝。

心中没企业，你一滴也别喝。

酒喝多了会坏事，不喝酒办不成事。

### 6. 互劝喝酒（甲、乙）

甲：苍天有缘大家聚，谁不喝酒没情义。

乙：只要感情有，喝啥都是酒。

甲：茶水要能当酒喝，麻雀也能做凤凰。

乙：酒逢知己千杯少，能喝多少是多少。

甲：量小非君子，无毒不丈夫。

乙：春眠不觉晓，处处闻啼鸟，举杯问老哥，我该喝多少？

甲：锄禾日当午，汗滴禾下土，连续三杯干，看你服不服？

乙：万水千山总是情，少喝一杯行不行？

甲：一条大河波浪宽，端起杯子就要干。

乙：东风吹，战鼓雷，今天喝酒谁怕谁！

甲：暮色苍茫看劲松，看你能喝多少盅？

乙：乱云飞渡仍从容，你喝几盅我几盅！

甲：天生一个仙人洞，没人敢和我叫阵！

乙：无限风光在险峰，祖宗三代没喝晕！

甲：屁股一抬，喝了重来。

乙：屁股一动，表示尊重。

甲：站着喝，不能算。

乙：我站着喝，坐下去咽。

甲：人生得意须尽欢，刚才这杯干没干？

乙：莫使金樽空对月，一杯没少都喝了。

甲：天生我才必有用，再开一瓶行不行？

乙：千金散尽还复来，越喝觉得越开怀。

甲：葡萄美酒夜光杯，喝完这瓶把家回。

乙：欲饮琵琶马上催，这瓶喝完我准醉。

甲：醉卧沙场君莫笑，回去老婆准会闹。

乙：古来征战几人回，夜宿宾馆明日归。

甲：相见时难别亦难，电梯不乘徒步攀。

乙：东风无力百花残，头重脚轻飘飘然。

甲：感情深，一口闷；感情浅，舔一舔；感情厚，喝不够；感情薄，喝不着；感情铁，喝出血。

乙：一两二两漱漱口，

甲：三两四两不算酒，

乙：五两六两扶墙走，

甲：七两八两还在吼。

乙：酒肉穿肠过，朋友心中留！

甲：半斤不当酒，一斤扶墙走，再来一斤半，墙走我不走。

乙：酒场就是战场，酒风就是作风。

甲：酒量就是胆量，酒瓶就是水平。

乙：酒场如战场，把胃献给党。

## 生活中常用挡酒词

酒宴上，如果你酒量不佳，不能多喝酒，可以适当地回挡一下别人的劝酒。挡酒也需要一定的说话技巧。

**1. 我俩感情有，喝什么都是酒**

如果你确实不能喝酒，就不妨说服对方以饮料或茶水代酒。那怎么说呢，不妨打感情的招牌。你可以直接问他："我俩有没有感情？"在那种情况下，他一定会说："有！当然有啊！"接着，你就顺势说："好，那只要我俩感情有，喝什么都是酒。"接着，你别直接问对方"我说得对吗？"如果这样一问，显然话的主动权就在对方手里了。你应该不给对方喘息的机会，接着说："感情是什么？感情就是理解，理解万岁！"这话刚一说话，你就以茶代酒，表示一下。这样，显然对方也没有办法了。

**2. 我俩感情好，能喝多少，喝多少**

酒桌上挡酒一定要讲究个随机应变，打感情这个招牌，你不妨还可以说："玫瑰算什么，那也是用来充数的，是爱情的补充。我俩感情够，不用玫瑰来凑数，只有感情不够，才用玫瑰来凑。因此，我俩感情好，能喝多少，喝多少。我不希望我们的感情掺和那么多'水分'。"接着，你就端起酒杯，少喝一些。喝完接着说："我虽然喝了一点儿，但这一点儿是一滴浓浓的情。点点滴滴都是情嘛！"估计这话你一说，对方也不会再为难你了。

**3. 我俩感情到了位，不喝也会醉**

你还可以这样说："跟不喜欢的人在一起喝酒，是一种痛苦；跟喜欢的人在一起喝酒，是一种享受。今天，你我坐到了一起，说明我们感情到了位。因此，感情到了位，不喝也会醉。"只要把话摆在前面，说得中肯，说得合情合理，估计也就不会为难你了。

**4. 为了不伤感情，我喝；为了不伤身体，我喝一点儿**

如果对方在劝酒的时候说：“喝！感情铁，喝出血！宁伤身体，不伤感情；宁把肠胃喝个洞，也不让感情裂个缝！”显然，对方这样说，是极其不理性的。在酒桌上，你也别生气。你可以笑着这样回答：“我们要理性消费，理性喝酒。‘留一半清醒，留一半醉，至少在梦里有你追随’，感情和身体，我哪样都不想伤害。没有身体，就不能体现感情；没有感情，就是行尸走肉，少了灵魂！为了不伤感情，我喝；为了不伤身体，我喝一点儿。”显然，你这番话对他那句刚好，估计对方一听也不会再为难你了。

**5. 巧设两难，请君入瓮**

他要你干一杯，你不妨问他：“你是愿意当君子还是愿意当小人？请你先回答这个问题。”估计没有人先回答说：“愿意当小人。”肯定说：“愿意当君子。”那么，你便说“君子之交，淡如水”，以茶水代酒；如果他改口说“愿意当小人”，然后你便可以直接说“我不跟小人喝酒”，然后笑着坐下。估计对方肯定会特别尴尬，也就无可奈何了。

**6. 在这开心一刻，让我们来做选择题吧**

如果他要借酒表达对你的情和意，你便说：“开心一刻是可以做选择题的。表达情和意，可以：A.拥抱，B.拉手，C.喝酒，任意选一项。我敬你，就让你选；你敬我，应该让我选。现在，我选择A.拥抱，好吗？”这样，估计对方也就没得说了。

生活中的挡酒词还有很多很多，在这里就不一一赘述。要想很流利地说出挡酒词，就必须学会随机应变，借题发挥。

## 酒桌上该说些什么

谈起喝酒，几乎所有的人都有过切身体会，“酒文化”也是一个既古老而又新鲜的话题。现代人在交际过程中，已经越来越多地发现了酒的作用。

的确，酒作为一种交际媒介，迎宾送客，聚朋会友，彼此沟通，传递友情，发挥了独到的作用。所以，探索一下酒桌上的“奥妙”，有助于人际交往的成功。

**1. 众欢同乐，切忌私语**

大多数酒宴宾客都较多，所以应尽量多谈论一些大部分人能够参与的话题，得到多数人的认同。因为个人的兴趣爱好、知识面不同，所以话题尽量不要太偏，避免唯我独尊，天南海北，神侃无边，出现跑题现象，而忽略了众人。

特别是尽量不要与人贴耳小声私语，给别人一种神秘感，往往会产生“就你俩好”的嫉妒心理，影响喝酒的效果。

**2. 瞄准宾主，把握大局**

大多数酒宴都有一个主题，也就是喝酒的目的。赴宴时首先应环视一下各位的神态表情，分清主次，不要单纯地为了喝酒而喝酒，而失去交友的好机会，更不要让某些哗众取宠的酒徒搅乱东道主的意愿。

**3. 语言得当，诙谐幽默**

酒桌上可以显示出一个人的才华、学识、修养和交际风度，有时一句诙谐幽默的语言，会给客人留下很深的印象，使人无形中对你产生好感。所以，应该知道什么时候该说什么话，语言得当，诙谐幽默很关键。

**4. 察言观色，了解人心**

要想在酒桌上得到大家的赞赏，就必须学会察言观色。因为与人交际，就要了解人心，左右逢源，才能演好酒桌上的角色。

**5. 锋芒渐射，稳坐泰山**

酒席宴上要看清场合，正确估价自己的实力，不要太冲动，尽量保留一些酒力和说话的分寸，既不让别人小看自己又不要过分地表露自身，选择适当的机会，逐渐放射自己的锋芒，才能稳坐泰山，不致给别人产生“就这点能力”的想法，使大家不敢低估你的实力。

# 第二章
# 不懂礼仪，说不好祝酒词

祝酒，既是一个人口才技能和语言艺术的展现，也是一个人思想修养、风度气质的表露。酒会开始时第一杯酒怎么敬，高潮时怎么敬酒，进入尾声时怎么敬酒；怎么向长辈敬酒，怎么向晚辈敬酒，怎么互相敬酒；祝酒时的表情和举止要注意哪些，都是有一定的礼仪讲究的。掌握酒会相关礼仪，说话彬彬有礼，举止大方得当，祝酒才能天衣无缝，无懈可击。

## 不可不知的祝酒礼仪

敬酒也就是祝酒，是指在正式宴会上，由主人向来宾提议，以某个事由而饮酒。在饮酒时，通常要讲一些祝愿、祝福之类的话，甚至主人和主宾还要发表一篇专门的祝酒词。祝酒词内容越短越好。

敬酒可以随时在饮酒的过程中进行。要是致正式祝酒词，就应在特定的时间进行，不能因此影响来宾的用餐。祝酒词适合在宾主入座后、用餐前开始，也可以在吃过主菜后、甜品上桌前进行。

在饮酒特别是祝酒、敬酒时进行干杯，需要有人率先提议，可以是主人、主宾，也可以是在场的人。提议干杯时，应起身站立，右手端起酒杯，或者用右手拿起酒杯后，再以左手托扶杯底，面带微笑，目视其他在场来宾，特别是自己的祝酒对象，同时嘴里说着祝福的话。

有人提议干杯后，要手拿酒杯起身站立。即使是滴酒不沾，也要拿起杯子做做样子。将酒杯举到眼睛高度，说完“干杯”后，将酒一饮而尽或适量饮用。然后，还要手拿酒杯与提议者对视一下，这个过程才算结束。

在中餐里，干杯前可以象征性地和对方碰一下酒杯；碰杯的时候，应该让自己的酒杯低于对方的酒杯，表示你对对方的尊敬。用酒杯杯底轻碰桌面，也可以表示和对方碰杯，当你离对方比较远时，完全可以采用这种方式代劳。如果主人亲自敬酒干杯后，要求回敬主人，可和他再干一杯。

如果因为生活习惯或健康等原因不适合饮酒，可以委托亲友、部下、晚辈代喝或者以饮料、茶水代替。作为敬酒人，应充分体谅对方，在对方请人代酒或用饮料代替时，不要非让对方喝酒不可，也不应该好奇地“打破砂锅问到底”。要知道，别人没主动说明原因就表示对方认为这是他的隐私。

在西餐里，祝酒干杯只用香槟酒，并且不能越过身边的人和其他人祝酒干杯。

## 敬酒的举止要求

敬酒分为正式敬酒和普通敬酒。

正式敬酒是指宴会一开始的时候，主人先向大家集体敬酒，并同时说正式的祝酒词。

这种祝酒词内容可以稍长一点，但也就在五分钟之内完成。无论是主人还是来宾，如果是在自己的座位上向集体敬酒，就要求首先站起来，面带微笑，手持酒杯，面向大家。当主人向集体敬酒、说祝酒词的时候，所有人应该一律停止用餐或喝酒。主人提议干杯的时候，所有人都要端起酒杯站立，互相碰一碰。

按国际通行的做法，敬酒不一定要喝干，但即使平时滴酒不沾的人，也要拿起酒杯抿上一口走走形式，以示对主人的尊重。除了主人向集体敬酒，来宾也可以向集体敬酒。来宾的祝酒词可以说得更简短，甚至一两句话都可以。比如：“各位，为了我们的共同事业，干杯！”平时涉及礼仪规范内容更多的还是普通敬酒。

普通敬酒就是在主人正式敬酒之后，各个来宾和主人之间或者来宾之间可以互相敬酒，同时说一两句简单的祝酒词或劝酒词。

别人向你敬酒的时候，要手举酒杯到双眼高度，在对方说了祝酒词或“干杯”之后，再喝。喝完后，还要手拿酒杯和对方对视一下，这一过程才结束。敬酒的时候还要特别注意，无论是敬的一方还是接受的一方，都要注意因地制宜、入乡随俗。在中餐里，主人亲自向你敬酒干杯后，要回敬主人，和他再干一杯。回敬的时候，要右手拿着杯子，左手托底，和对方同时喝。干杯的时候，可以象征性地和对方轻碰一下酒杯，不要用力过大，非听到响声不可。出于敬重，可以使自己的酒杯略低于对方酒杯。如果和对方相距较远，可用酒杯杯底轻碰桌面，表示碰杯。

和中餐不同的是，西餐用来敬酒、干杯的酒，一般都用香槟，而且只是敬酒不劝酒，只敬酒而不真正碰杯，还不可以越过自己身边的人和相距较远者祝酒干杯，尤其是交叉干杯。

## 宴会上第一杯酒的敬法

为什么要提第一杯酒呢？俗话说，“好的开端是成功的一半”，因此，宴会上的第一杯酒同样很重要。千言万语融于酒，千杯百盏还要看开头。第一杯酒往往能为整场宴会定下基调，开头顺畅，接下来也就顺畅了；开头不顺畅，之后气氛也就不太容易调动。那么怎样才能开好这个头呢？要根据不同场合进行不同的分析。

第一，商务酒场合。这里又分三种情况：第一种情况，双方首次相见，尚未开始会谈，宴会中都想让对方多喝一些，己方少喝一些，以便在会谈时更主动一点，同时这个宴会也是在互相摸底，举杯祝酒也是互相试探的过程，因此，祝酒时既要热情有度，又不能与来宾拼酒，以免来宾反感，影响正式会谈；第二种情况，交往双方感情融洽，宴会的主要目的是为了增进感情，那么祝酒就可以表现得比较轻松、随便；第三种情况是彼此在商务宴会前仅仅是一般的关系，需要通过这次酒宴来增进感情，那么，祝酒时一定要有大家风范，尽地主之谊，让客人尽兴，这样才能为以后的会谈打下良好的基础。

第二，庄重正式的外务酒场合。第一杯酒不但要礼貌有加，而且必须注意来客的身份、国籍、风俗习惯等。祝酒既要体现应有的热情，又要不卑不亢，绝不能强人所难。

第三，家宴上，一般是主人举杯，由晚辈向长辈敬酒，亲友间的欢宴由年长者先行举杯，或由召集者先行举杯。

第四，喜宴、庆典宴，祝第一杯酒时就要体现出宴会的主题、主人的盛情和对来宾光临的欢迎。

第五，如果只是友人小酌，大可不必拘泥于形式，祝酒词越实在、贴切，越能让人感到亲切，越能让人开怀畅饮。

## 宴会上如何互相敬酒

一般的宴会，主人敬酒后由主宾举杯，作为礼仪性的回敬，然后宴会便进入敬酒阶段。互相举杯就要注重以情祝酒，将热切感人的话语融入杯中献给来宾。相互敬酒只是宴会的开始阶段，需要热情洋溢的祝酒词配合。

敬酒前一定要充分考虑好敬酒的顺序，分清主次。一般情况下，敬酒应以年龄大小、职位高低、宾主身份为序。如果与不熟悉的人在一起喝酒，也要先打听一下身份或是留意别人如何称呼，以免尴尬。

概括来说，敬酒的对象，有两种顺序。一是尊者为先，一是出手为序。

所谓尊者为先，就是去一桌敬酒时，得从地位最高、或年龄最长、或远来的客人敬起表示尊重，然后顺时针方向敬。所谓出手为序，则是当同桌人地位年龄相当时，就从自己的右边第一位开始敬起，反时针方向依次敬酒。

敬酒时一定要把握好敬酒的顺序。有求于席上的某位客人时，对他自然要倍加恭敬，但要注意，如果在场有更高身份或年长的人，则不应只对能帮你忙的人毕恭毕敬，也要先给尊者长者敬酒，不然会使大家都很难为情。

## 酒宴进入高潮时如何祝酒

当酒宴进行到高潮，主宾之间感情越来越深厚，气氛越来越和谐的时候，东道主仍需尽地主之谊，祝酒助兴。当然，这时祝酒不能强人所难、逼人狂饮，只是借酒尽到祝酒尽欢的情意。

这时候的祝酒词，要说一些双方感兴趣的、能够增进友谊的经历或趣闻逸事，以活跃气氛。

比如，1972年，在周恩来总理接待尼克松的宴会上，宾主双方正式祝酒之后，尼克松总统和周恩来总理谈起了茅台酒。尼克松说：“我在书中曾读过这样一段故事，说红军长征途中攻占了生产茅台酒的茅台镇，把镇里的茅台酒全喝光了。”周恩来说：“长征路上，茅台酒是被我们看作包治百病的万应良药，用来洗伤、镇痛、解毒、治伤风感冒。”听到这里，尼克松马上举杯说：“让我们为这‘万应良药’干杯！”

## 酒宴进入尾声时如何祝酒

此时祝酒，无论是商务活动的宴会还是友人之间的聚会，都必须要把握住酒饮微醉这个度。需要牢记的几点是：外事活动的宴会应“敬酒不劝酒”；商务活动或亲友便宴应掌握“劝酒不拼酒”，绝不硬劝硬灌。在这个前提下，如果仍然需要祝酒，就得应用即景生情、灵活多变的祝酒词。

酒宴越是到了临近结束，敬酒就越发困难。所以要想敬酒成功，只有依靠标新立异、新颖别致的祝酒词才能出奇制胜，收到凝聚万般情的效果。这时不妨以菜肴的名字表达祝福，既随机应变，又幽默自然。这样，气氛也不错。

## 酒桌上要遵守的规矩

酒桌，酒桌就必定言酒。如果自己确实不能喝酒，那么就别开始第一口，自己在一旁闷头吃菜去。如果自己要喝，那么就爽快些，别磨磨唧唧的。接下来，就要给大家讲一些酒桌上不可不知的规矩！

规矩一，有这么一句话，“感情深，一口闷；感情浅，舔一舔”。但这里要提醒大家的是喝酒的时候决不能把这句话挂在嘴上。

规矩二，不要把“我不会喝酒”挂在嘴上（如果你喝的话），免得别人骂你虚伪，不管你信不信，人能不能喝酒还真能看出来。

规矩三，领导相互喝完才轮到自己敬。

规矩四，韬光养晦，学着深藏不露，切忌一开始就表现出自己特能喝的样子。要知道山外有山，楼外有楼啊。

规矩五，自己敬别人，如果不碰杯，自己喝多少可视情况而定，比如对方酒量，对方喝酒态度，切不可比对方喝得少，要知道是自己敬人。如果碰杯，一句，我喝完，你随意，方显大度。

规矩六，自己职位卑微，记得多给领导添酒，不要瞎给领导代酒，就是要代，也要在领导确实想找人代，还要装作自己是因为想喝酒而不是为了给领导代酒而喝酒。

规矩七，端起酒杯（啤酒杯），右手扼杯，左手垫杯底，记着自己的杯子永远低于别人。当然，如果自己是领导就除外了。

规矩八，如果没有特殊人物在场，碰酒最好按时针顺序，不要厚此薄彼。

规矩九，碰杯，敬酒，要有说辞，绝不能闷头喝。

规矩十，桌面上不谈生意，喝好了，生意也就差不多了，大家心里面了然，不然人家也不会敞开了跟你喝酒。

规矩十一，如果在酒桌上说错话，办错事，不要申辩，自觉罚酒才是硬道理。

规矩十二，假如遇到酒不够的情况，酒瓶放在桌子中间，让人自己添，不要热情过头自己去一个一个倒酒，不然倒到最后刚好没酒了又该如何是好呢。

规矩十三，注意酒后不要失言，不要说大话，不要失态。

规矩十四，领导跟你喝酒，是给你面子，不管领导要你喝多少，自己先干为敬。

# 第三章
# 聚会祝酒词：开怀痛饮，畅叙友谊

聚会是人们以社交为目的的交际活动，形式自然，内容灵活，雅俗共赏，饭局档次不限。聚会上人们可以加深彼此的了解，增加友谊。亲人、朋友和爱人在久别重逢时，共同举起一杯香醇的美酒，倾诉离别后的相思之情，会让彼此更加懂得珍惜对方，会让彼此间的情谊更加深厚。

## 朋友聚会祝酒词

尊敬的女士们、先生们、朋友们：

大家晚上好！

今天迎来了我们×号公寓家族成员首次团聚，在此我代表×号公寓的管理人员向大家的到来表示热烈的欢迎和衷心的感谢！

今天这次聚会是×号公寓从网络走到现实的第一次聚会。这是一个良好的开端，我相信以后还有更多这样的相聚。很多朋友平时工作、学习都很忙，事情也很多，但今天都放下了，尽量都赶到了现场，这就说明大家彼此还是愿意来参加这次聚会，愿意从虚拟的网络走向现实，从而更好的认识和了解并成为好朋友。

友谊是人生旅途中寂寞心灵的良伴，有了朋友的人生不再孤独寂寞，有了朋友的人生不再无依无靠。因此，无论我们是一个普普通通的打工者还是一个声名显赫的人，我们都需要朋友。

今天的聚会，对我们×号公寓是具有历史意义的一次盛会，我们应该珍惜这次相聚，就让我们利用这次机会在一起畅所欲言吧，把心中的一切羁绊全都放下吧，大家在一起叙旧话新，谈谈现在和未来，谈谈工作、事业和家庭，从而达到相互认识，相互了解。那么我们的这次聚会的目的就达到了，也就算是一次圆满成功的聚会！愿我们的聚会能更进一步加深朋友之间的友谊，使我们能互相扶持、互相鼓励，让自己今后的人生之路有更多朋友的帮助，能够走得更远，走得更稳。

一次短暂的相聚，能了却我们一时的惦念，但了却不了我们一生的思念，这就是深深的、一生一世的朋友情谊。让我们的聚会成为一道风景线，让我们的聚会成为一种永恒，让我们的聚会成为一个开端，记住这次相聚，相信将永远定格在我们每个人的记忆里！我们的友情之树常青……从今天起只要我们经常联系，心与心之间的距离就不远，心与心之间就不会孤独、寂寞。就让我们像呵护生命珍爱健康一样来珍惜我们的朋友之情！

最后祝愿×号公寓的全体成员家庭幸福、工作顺利、事业发达、身体健康！

亲爱的朋友们，为我们今天难得的相聚，为我们的友谊天长地久，为下一次的再相聚，干杯！

## 同学聚会祝酒词

我，大家还记得吗？我曾经是咱们班里的学习委员。当时，很多同学都私下和我订过“君子协议”，我给他们抄作业，他们替我值日，不过如果这些同学后来没能考上大学可不能怪我，谁让他们自个儿糊弄自个儿呢。不过，我这个学习委员也没有考上大学，逗笑了，言归正传。

高中毕业以后，父母托亲戚靠朋友，让我顺利地参了军。当的还是坦克兵。在部队，高中学的那点可怜的知识哪够用，面对坦克里各种仪表、线路，我眼也花了，头也晕了，心想：“这可怎么好呢？”书到用时方恨少，但是既然选择了做坦克兵，我还是硬着头皮啃下了那些复杂玩意儿。记得当时，不知多少个夜晚，我在图书馆里看书学习，也不知又是多少个清晨，我早早起来去背书。当时，首长看我还像个苗子，又提拔我上了军校。直到上了军校，我才感觉到自己也上了大学，之后仕途顺利，现在是师级干部。甭说，在部队最大的收获就是圆了大学梦。

经过这么多年的磨炼和摔打，使我真正认识到，知识是一匹无私的骏马，谁能驾驭它，它就属于谁。所以，为了不被社会所淘汰，我目前还在不断努力学习，掌握更多的知识和本领。

这么多年认识的人也不算少，可昔日一起学习玩耍的同学身影、音容笑貌，时不时总是浮现在眼前，每当这时，我就不由得激动，甚至自言自语地叫一下同学的绰号。我一直以为这只能是一个尘封多年的梦，很难相聚在一起。没想到今天梦想终于变成了现实，当年的老同学就坐在身边。在这里，我衷心地祝愿我们的友谊能够地久天长！来，干杯！

同学们，大家好：

我是×××。由于当时学习不好，毕业后，我也就没再继续深造，就回家种地、割麦子、打场、护青、修围堰、喂猪，什么活儿也干过了，什么苦也吃过。话又说回来，上学时，我的身体一直比较弱，动不动就感冒，可自从务农以后，几乎没怎么得过感冒，而且身子骨还练结实了。虽然是务农，苦一点，累一点，但也锻炼了我。不仅身体结实了，心志也比以前坚强了许多。毕业后的第5年，有个毛纺厂来招工，于是我便去当了一名挡车工。挡车活儿也不太轻松，一天走下来，两只脚都肿了，好在咱在农村锻炼过，几年也就这么走下来了。满以为再干上10来年退休回家，没想到，去年毛纺厂被兼并，我们这些40多岁的人面临下岗。新的考验又摆在面前，但我没有灰心。现在，我又回到了同学中间，有了大家的帮助和支持，我相信再大的风雨都难不倒我的，我会振作起来，重新找到人生的坐标。我们从稚嫩中走来，已经到了成熟的季节，我相信，在我们的世界里，太阳将始终照耀我们。来，为我们的再次相聚干杯！

亲爱的同学们：

大家好！

时光如白驹过隙，从毕业惜别到现在，15年弹指飞逝！想当初，我们稚气未脱入校门，相濡以沫学知识，朝夕相处，寒窗苦读，学业同长进，友谊倍加深。今天回想起来，历历在目，仿佛就在昨天，让人激动不已！

毕业以后，走上各自的人生历程，同学间的友谊成为宝贵的人生精神财富。但随着时间飞逝，生活环境的转变，工作的变迁，身边的琐事缠绕。老友难聚，友情难叙。也只能在梦中回到校园，重温当年的点点滴滴，醒来却是一场空，不免有些许遗憾。今天终于圆了相聚的梦，我会倍加珍惜这宝贵的欢聚时光，共叙友情，坦诚相见，延续15年前的真挚友谊，互相了解，互相学习，互相帮助，继续谱写师专时期的友谊。

清楚地记得我们在校园里点点滴滴的纯真故事。正是这点点滴滴，情深意长，我一生都无法忘记。每当我细细地回想这一切时，仍会记得那青青校园里的良师益友，那流金岁月里的成长故事。

桃花潭水深千尺，不及同学友谊深。流水不因石而阻，友谊不因远而疏，感情不因别而淡。

两年的寒窗苦读和朝夕相处，让我们结下了不是兄弟姐妹胜似兄弟姐妹的血肉亲情。就让我们把握这难得的相聚，重叙往日的友情，畅叙非凡的经历，倾诉生活的苦乐，互道别后的思念，尽情享受那重逢的喜悦吧！不要想太多，抛弃一切，今天的你我就是当年的你我。相逢是短暂的，友谊是永恒的，让我们记住今天的聚会，相约另一个15年后的再聚！

最后，我预祝全体同学工作顺意，身体健康，事业有成，合家幸福！祝友谊地久天长！

同学们，古语云：无酒，何以逢知己；无酒，何以诉离情；无酒，何以壮行色。让我们举起杯，为了我们这15年后的相聚，为了我们辉煌灿烂的明天，干杯！

尊敬的各位老师，亲爱的各位同学：

大家好！

在这阳光明媚、百花争艳的季节里，我们××级×班的全体同学与曾经精心培育我们的老师，在分别10年后，相聚在这美丽优雅的×××大酒店，畅叙友情，共话沧桑，共同感受这激动人心的时刻。

今天相聚的场面令我非常激动。

第一是感动能有这么多同学来参加今天的聚会。我深知大家工作忙，事情多，但都放下了，能来的都来了，确实不能来的也都通了电话。

第二是非常欣慰。当年的热血青年如今已被社会这所大学校历练得更加坚强、成熟，成为了各个领域的中坚。

第三是非常高兴。欢聚一堂激动人心的场面让我回想起了10年前依依不舍挥泪告别的那个夏天，确实我们已分别得太久太久，我们的一生能有多少个10

年啊！今天的重聚怎能不叫我们高兴万分、感慨万千！

看到一张张既陌生又熟悉的面容，刹那间，我好像又回到了那个我们曾经拼搏的时光。那时，我们风华正茂，意气风发，丰富多彩的学校生活在我们记忆的长河里留下了深深的烙印，难忘同学情谊、难忘恩师教诲、难忘学校的一草一木、难忘10年前的点点滴滴。

10年前的那个夏天，我们满载母校和老师的期望，满怀对生活的向往，离开了教育培养我们的母校，走向了凤凰矿区，在矿区的角角落落都有我们繁忙工作的身影，为凤凰矿区的发展，我们付出了辛勤的汗水。

年华似水匆匆而过。弹指间，我们离开母校步入社会，已经10年了。这10年我们经历了太多太多，当年的热血青年，如今已步入而立之年，成熟淡定。在这如金的10年里，同学们在各条战线上默默地工作、默默地奋斗、默默地奉献，经历了创业的千辛万苦、体验了生活的酸甜苦辣。10年了，我们重新相聚的心情越来越迫切。在几位热心同学的精心张罗组织下，才得以让日夜思念的同学们重新相聚。这不是在梦里，而是在现实，当年的约定得以实现。在此，我代表全体同学向他们表示衷心的感谢！

童年是一场梦，少年是一幅画，青年是一首诗，壮年是一部小说，中年是一篇散文，老年是一套哲学，人生各个阶段都有特殊的意境，构成整个人生多彩多姿的心路历程。友谊是人生旅途中寂寞心灵的良伴，同学友谊更像陈年老酒，时间越久，越醇香甘甜。

同学们，无论走遍天涯海角，最难忘的还是同窗情。我们分别了10年，才盼来了今天的第一次聚会，我们要珍惜这次相聚，好好在一起聊一聊、乐一乐，唱一唱，叙旧话新，畅谈过去、现在和未来，共叙工作、事业和家庭，如果我们每个人都能从自己、别人10年的经历中能得到一些感悟和一些收获，那么我们的这次聚会就是一个圆满成功的聚会！愿我们这次聚会能增进同学情意，在今后的人生征程中互相扶持、互相鼓励，手挽着手、肩并着肩，把我们人生之路走得更辉煌、更美好！

同学们，人生是短暂的，4年的同窗时光是我们友谊的基石，10年后的相聚是生命中永恒的灿烂。今天是我们相聚的日子，也是大家向各位老师汇报的日子，10年来，我们牢记恩师的谆谆教导，个个成绩斐然，我想，恩师看到了我们的点点成绩进步也会感到欣慰。虽然有些同学因特殊情况未能参加今天的聚会，希望我们的祝福能跨越时空的阻隔传到他们身边。我衷心祝愿这次聚会能成为我们的新起点，我们的心能更加紧密地联系在一起，今后通过现代化的网络、电话等手段，加强联系、沟通，互相帮助，互相鼓励，共同进步，共同为矿区的发展添砖加瓦！再一次祝愿全体同学们和老师们家庭幸福、事业发达、身体康健！

敬爱的老师们、亲爱的同学们，为我们地久天长的友谊、为我们明天的再次相聚干杯！谢谢大家！

## 同学聚会主持人致辞

亲爱的同学们：

30年前，我们怀着一样的梦想和憧憬，怀着一样的热血和热情，从河北各地相识相聚在××师专××级中文×班。在那3年里，我们吃住、学习、生活在一起，像是一个温暖的大家庭，度过了人生最纯洁、最浪漫、最美好的时光。

——让我们为30年前的“有缘千里来相会”干杯！

为了我们能够以优异的成绩毕业，为了我们能够成为一名合格的老师，我们的班主任××老师为我们操碎了心。

还记得，那年冬天，××老师为了让我们每一个人都能走上讲台而精心设计的实习演讲课。在此，我们再一次感谢××老师。今天我们特意把他从百忙之中请来参加我们的同学聚会，对他的到来我们表示热烈的欢迎。下面请××老师为大家讲话。（内容略）

——为永生难忘的“师生深情”干杯！

时光荏苒，日月如梭，转眼间30个春秋都已过去了。当年是十七八岁的青少年，而今则已为人母、为人父，上有老、下有小。可谓是人生角色的大转变。

——为人生“角色的增加”干杯！

30年，半个甲子的时光，足以让我们体味人生百味。在我们中间，有的早已下海经商，事业有成，业绩颇丰；有的已经买断工龄，另谋他业；有的已经内退，安享天伦之乐；还有更多的同学依然坚守在教育第一线，无私奉献，辛勤耕耘，成为各学校的中坚力量。但无论贫富贵贱，同学间的友情始终是淳朴真挚的，而且就像我们桌上的美酒一样，越久就越香越浓。

——为同学间“真挚”的友谊干杯！

来吧，同学们！让我们暂且放下各种心事，和我们的班主任一起，重拾当年的美好回忆，重温那段快乐时光，畅谈无尽的师生之情，学友之谊吧。接下来，大家自由发言。（内容略）

一日同学，百日朋友，那是割不断的情，那是分不开的缘。在短暂的聚会就要结束的时候，祝同学们家庭幸福，身体安康，事业发达！只要我们心不老，就会永远年轻！

——为友谊“天长地久”而干杯！为下一次的再相聚而干杯！

最后，再次感谢大家能够从百忙之中抽空参加今日的聚会。

各位同学：

时光如箭，岁月如梭。毕业30年，在此相聚，圆了我们每一个人的同学梦。感谢这次聚会的组织者××给我们大家提供了这样一个沟通交流情感的平台。

忆往昔，同窗三载，情同手足，一幕一幕，仿佛就在昨天。今天，让我们打开珍藏30年的记忆，敞开密封30年的心扉，抛开一切杂念，尽情地说吧、聊吧，诉说30年的离情，畅谈当年的友情，也不妨坦白那曾经躁动在花季少男少女心中朦朦胧胧的爱情。

今天没有什么身份上的高低贵贱，更没有什么物质上的富裕贫穷，有的是我们的同学情。就让我们尽情地唱吧、跳吧，让时间倒流30年，让我们再回到中学时代，让我们每一个人都年轻30岁。

窗外大雪纷飞，雪花漫天飞舞，窗内却情暖满屋，热情似火。愿我们的同学之情永远像今天大厅里的气氛一样，炽热；愿我们的同学之情永远像今天窗外的雪一样，纯洁。

现在，让我们共同举杯：为了中学时代的情谊，为了30年的思念，为了今天的相聚，干杯！

敬爱的老师、亲爱的同学们：

你们好！

也许是人到中年，也许是心灵的召唤，也许是人老了就想怀旧，也许是疲惫之余的种种感念，也许是母校80华诞这一契机，也许是太多思念，但注定我们还要走到一起来，因为那太多的离情别意，因为太多的思念之情，因为没有什么能替代那段纯真无邪的岁月，因为今天的一切在那时还只是一种孕育着的希冀，因为没有年龄身份大小高低，只有琅琅的书声，只有你追我赶携手共进的脚步，只有很多很多的童言无忌……

曾几何时，我们离开了母校，又进入到许多许多的“学校”，渐渐地我们成长起来了，成熟起来了，岁月地流淌使我们已从懵懂的少年到了成熟而肩负责任感的中年，我们有了自己的爱人，有了自己的家，有了自己的儿女，也有了自己的事业和应该属于我们的尊重、地位及其他种种，然而我们心中好像缺了些什么。好像20年前的一切时时会像梦一般浮现在我们的眼前。

我们虽称不上共和国的栋梁，但是至少也是社会的中流砥柱，在各行各业，我们中的许多人都已肩挑大梁，能够独当一面，奋斗的时候我们艰辛刻苦，成功的时候我们兢兢业业，我们有的是辛苦，有的是疲惫，有的是喜悦，但我们更需要温馨，更需要理解，更需要帮助，更需要支持……因为我们经历了许多人没有的经历，我们的人生是不平凡的。

千言万语只恨少，话到嘴边只点头。今天我们欢聚一堂，言不尽的是离情别意，说不完的你好我好他好大家好。忆过去胜似过去，望将来再聚将来！正如有一首歌唱的：“人生的路上我们都可能出错……”但是多一份关爱，多一份真情，多一份热心，多一分理解，世界就会变得温暖，变得美丽。

同学之间许多变化都在岁月中不知不觉中改变了许多，聚一聚加深了解，畅叙友谊是很必要的，希望以后大家能常聚、常谈、常乐。

同学们，你们好！

我是×××，大家还记得我吗？为什么我要自我介绍呢，因为时过境迁，10多年没见面了，外貌变化很大，当年那张面孔已经不再稚嫩了，现如今已经镌刻下了岁月的痕迹，长了不少皱纹。因此，我先做一下自我介绍。请大家再一次看看我，记住我这张脸啊！

同学们大概想起来了吧，10年前，我是咱班的班长，在10年后的今天，我当仁不让地再当一回你们的班长，目的有三个：一是为着这次的聚会；二是重温当年情景，造成一种身临其境的感觉；三是加深同学间的情谊，以便日后能多联系，多关照，生活中多几分关心与支持。

10年弹指一挥间，今又聚首，依稀辨出当年学友。当年我们毕业以后，同学们各奔东西，有继续求学深造的，有下海经商的，有参军的，有打工的，顷刻间一个班集体就这样各奔东西了，甚至来不及留下各自的通信地址。

光阴似箭，日月如梭，弹指一挥间，10年的工夫一眨眼就过去了。虽然我们分布在天南海北，但我们的心时刻都是在一起的，从来没有分开过。我们都已经到了而立之年，不少同学在自己的岗位或领域内作出了令人瞩目的成就。今天，我们不远万里，各自放下手中的工作，为的就是大家彼此相聚在一起。首先为我们这次难得的同学聚会，干杯！

人类渴望理解，我们分别了10年，彼此的情况都不清楚，为了进一步加强了解，增进友谊，我们要利用这次聚会的机会，把离校后的情况讲一讲，在增进同学间的了解、加深感情的同时也释放一下情绪。哪怕痛快地骂一骂，哭一哭也算达到了此次聚会的目的。过去，我们一个个像离群的孤雁；从今天开始，我们再不是孤雁了，一个人的事，就是我们大家的事，我们要互相关心，互相帮助，携手共进。我们始终有一个称呼——××届××班。

最后，为我们的友谊天长地久，为我们的下一次相聚，干杯！

敬爱的老师们、亲爱的同学们：

晚上好。

光阴似箭，岁月如梭！10年前的觥筹交错，依依惜别还历历在目仿佛就在昨天，10年前的欢声笑语还荡漾于耳，久久还在耳畔想起。

10年前，风华正茂的我们从祖国的天南海北来到了这里，从陌生到相识，从相识到相知，从相知到相依，建立了深厚的友谊。4年的大学生活，我们不仅收获了学业，以优异的成绩毕了业，更收获了真挚纯洁的友谊，结下了情同手足的情谊。

还记得，图书馆里，我们如饥似渴地阅读各种书籍；

还记得，校园里，我们三五一群地友好玩耍；

还记得，运动场，我们全力拼搏争荣誉；

还记得，教室里，我们半部论语修人生；

还记得，湖畔边，我们以天为被，以地为席话家常。

还记得，小酒馆里，我们把酒言欢，喝得酣畅淋漓。

还记得的事情真的太多了。正是这点点滴滴，正是这丝丝缕缕，我们细细地感受着师恩的普润、感慨着同学间的友谊、感悟着人生的真谛。那个时候，我们有一种俯瞰寰宇的豪情，翱翔天外的眼界，天生我才必有用的自信；那时候整个世界都属于我们，我们的未来是不平凡的。这不禁让我们感叹，年轻真好，年轻就是一种资本。

当我们细细地回想这一切时，我们仍会感动，会为自己而感动，会为同学们的努力而感动，会为老师们的付出而感动。每一天的拼搏与努力，每一步的辛酸与喜悦，都是我们一生永远珍贵的记忆，是我们成长不可缺少的阶梯。

10年弹指一挥间，10年前，我们放言说，10年后相聚。而今，10年后的今天，我们为了一个诺言，为了一个梦想，为了一个愿望，我们不远万里，放下手中的工作，再一次相聚。这是我们友谊的一次见证，这是我们感情的一次积淀，一次升华。

“流水不因石而阻，友谊不因远而疏”。10年了，我们彼此相知相忆；10年了，我们彼此互相激励。尽管岁月改变了我们的容颜，尽管地域阻隔了我们的交往，尽管身边的琐事缠住了我们大部分精力，但是我们的心依然彼此牵挂着对方，但是我们始终没有中断过联系。

今天的相聚，我们依然还能认出当年的你、我、他；我们依然还能为彼此的喜事而欣喜、兴奋，为彼此的烦事而牵肠挂肚，为彼此在心底里留有一个思念的空间。

在走过了时间的春夏秋冬，领略了风光的东西南北，经历了人生的喜怒哀乐，品尝了生活的酸甜苦辣之后，我们依然认为，同学的情谊最真，师生的感情最深。就让我们把握这次难得的相聚，重叙往日的友情，倾诉别后的思念，笑谈非凡的经历，展望未来的宏图，尽情享受那重逢的喜悦吧！

此刻的心情，我无法用言语表达，仅把祝福融入浅浅的酒杯，与大家共饮。同学们，让我们举起杯，为了我们全体老师的身体健康，为了我们地久天长的同学情谊，为了我们母校的辉煌灿烂，为了我们分别10年的北京相聚，干杯！

谢谢大家。

尊敬的各位老师、亲爱的同学们：

大家好！

时光流逝，岁月如歌。转眼间，我们已经离开校门20个春秋。今天，期盼已久的20年聚会在多方的努力下终于在这里如期举行。受本次聚会名誉主席×××先生、秘书长×××女士的委托，对各位老师和同学的到来表示衷心的感谢和热烈的欢迎！

人海沉浮20载，深知同学情义最纯真。回顾那些青春如歌的岁月，是那么的美好、那么的亲切。这是一种记忆，也是一种财富，值得我们一生去珍惜。人生能有几个20年啊！我们真的该在碌碌奔忙之中找点闲暇，去往事里走走，去听听久违的声音，看看久违的面孔……在此，感谢我们这次聚会的发起人——×××、×××、×××等同学，特别需要指出的是我们的×××、×××等同学，为此次聚会做了精心的策划和安排，让我们对他们的辛勤工作和无私的付出表示深深的谢意！

中学三年，是我们人生中最美好的时光。这3年为我们今天成为各条战线上的中坚力量奠定了坚实的基础，感谢学校、感谢老师对我们的培养，今天我们特意把他们从百忙之中请来，参加我们的聚会，下面请我们第一任的班主任×××老师上台说几句话。大家掌声欢迎！（班主任讲话略）

感谢恩师又给我们上了一堂生动的课，让我们仿佛又回到了学生时代。也谢谢所有曾经培育过我们的老师，老师的希望就是我们的奋斗目标，牢记各位老师的嘱托，在今后自己的工作岗位上继续努力拼搏，争取在下次的聚会上拿出辉煌的业绩向老师汇报！让我们以最诚挚的掌声祝老师们身体健康！祝大家家庭幸福，生活美满，工作顺利！

叙旧情、增友谊，回顾旧岁月；望未来、促沟通，共创新天地。我提议，让我们斟满美酒，高举金杯，一起畅谈我们离别20年的点滴经历与思念！

各位同学，各位兄弟姐妹：

大家好！

能站在这里讲话，现在我是心潮澎湃，激动不已！今天，我们从全国各地欢聚在此，可谓是心灵的相聚。有同学跟我说：×××，为了这次聚会，你付出了不少，辛苦了。可我要说的是：大家今天能坐在一起，绝不是哪一位或几位同学的努力可以办到的，这次聚会，是我们40颗驿动的心，以同学情谊为节拍，共同跳动演绎的一曲和谐、动人、浑厚的交响乐！今天，我们这相亲相爱的一家人又一次相聚在一起了！

现在相信大家心里跟我一样，都有一种感动，兄弟们、姐妹们，把你的这种情感释放出来吧！人生有几种情感如果体会不到，你的人生就是不完美的：那就是亲情、爱情和友情。同学情谊是我们情感的珍宝，是治疗心灵创伤的一剂良药，它在我们每个人心中，都应占有一块圣洁的领地！今天的聚会，我们一起体会到这种感情，我们是幸福的。请大家铭记今天的聚会，请大家永远记住：不论你春风得意还是正遭受挫折，不论你贫穷还是富贵，同学永远是你坚强的后盾，是你事业的好帮手，是你的精神支柱！

为这次聚会我激动不已，但这个聚会来得太迟了，不过我坚信，这次聚会绝不是一个句号，而是一个逗号或者省略号，以后的日子里还会有更多的相聚。今天，让我们一起拿出心中那个大写的感叹号，在我们的天地，尽情享受属于我们自己的情感！就让那贴心的话儿讲出来吧！

下面，我提议为了我们今天的相聚，为了我们的友谊，我们斟满酒杯，干杯！

## 同学聚会师长致辞

各位同学、各位朋友：

天地悠悠、岁月长长，从毕业到现在已经10年了，在这漫长的岁月里，我们度过了不平凡的日子，几多欢乐，几多忧愁，几多拼搏，几多辛酸，有的事业发达，名利双收；有的满腹学识，小有科研成果；有的饱经风霜，甚至有的伤痕累累。但是这都是属于我们的一份天空，我们都走过来了。今天大家在这里相聚，作为过去的老师，过去的班主任，我的心情无比激动，我在这里向你们问一声：“同学们好！”谢谢大家还记得我！

10年前的今天，你们还是稚嫩的学生。在那里，留下了你们的足迹和声音，在那里留下了你们的欢乐和梦想，更留下了我们师生的友谊和感情。曾记否：为一件小事我们争得面红耳赤，你的成功我们为你喝彩，教室里你的座位，还有你那初恋的情感。3年的中师生活，铸造了你，更磨炼了我，也许你有抱怨，也许你有遗憾，但那毕竟是一份真实的生活，是让你走向职业的第一步，是你青春最美好的年华。大家在那里相聚3年，评点江山，笑谈人生，从此在我的记忆之中，就多了一个你，在你的记忆里，就多了一个我。请别忘了，我们过去的日子，请珍惜，那是一段美好的时光。今天当我们回首过去那3年的生活时，是那么的美好，令人欣慰！

“子在川上曰，逝者如斯夫”，时间过得真快，转眼10年过去了，10年我们都在变，岁月改变了我们的容颜，我变老了，朝去暮来，又送走了几届毕业生，“夕阳无限好，只是近黄昏”，人生已无所追求，今天在这里聚会，我忽然感觉年轻了10岁，像是又回到了当年。“沉舟侧畔千帆过，病树前头万木春”，我看到你们这样有朝气，精神倍增，教师的生命在学生身上延续。今天你们所取得的成绩，就是我们最大的满足与欣慰。

“你在他乡还好吗”，我真诚地祝福你，愿你们在各自的岗位上勤勤恳恳，事业有成，家庭幸福，子女成才，更祝各位身体健康，早日发财，登顶人生的辉煌时刻！如果有什么需要我的地方，告知一声，欢迎再到母校共叙朋友情、师生情。

最后，我提议，为了我们今天的相聚，干杯！

## 师生聚会祝酒词

亲爱的老师们、同学们：

10年前，我们怀着一样的梦想和憧憬，从祖国各地相识相聚在××大学。在那四年里，我们生活在一个温暖的大家庭中，度过了人生最纯洁、最浪漫的时光。我相信这是每个同学心目中最美好的回忆。

为了我们的健康成长、学有所成，系主任和各科任教老师为我们操碎了心。今天我们特意把他们从百忙之中请过来参加这次聚会，对他们的到来我们表示热烈的欢迎和衷心的感谢。

时光飞逝，从毕业那天起，转眼间10个春秋过去了。当年二十三四岁的青年，而今步入了为人父、为人母的中年行列。这对于我们来说是重大的人生角色的转变。

同学们在各自的岗位上无私奉献，辛勤耕耘，都已成为社会各个领域的中坚力量。但无论人生浮沉与贫富贵贱，同学间的友情始终是淳朴真挚的，而且就像我们桌上的美酒一样，越久就越香越浓。

来吧，同学们！让我们和老师一起，重拾当年的美好回忆，重温那段快乐时光，畅叙无尽的师生之情、学友之谊吧！让我们为了这次难得的聚会而干杯吧！

## 战友聚会祝酒词

战友们：

上午好！

在这个欢聚时刻，我的心情无比激动，面对一张张熟悉而亲切的面孔，我们热血沸腾，心潮澎湃，感慨良多。

回望军旅，朝夕相处的时光是那样的美好、快乐！苦乐与共的峥嵘岁月里，我们结下了情深意厚的战友之情。

十个悠悠岁月，弹指一挥间。真挚的友情紧紧相连，多年以后，我们战友重遇，依然能像当年那样，单纯、真挚、热烈，依然可以率直地畅谈，这种情景让人非常感动。

如今，由于我们各自忙于工作、家庭，相互间联系少了，但绿色军营结下的友情却并没有因此而减退，已沉淀为酒，每每启封，总是回味无穷。今天，我们从天南海北相聚在这里，畅叙军旅友情，这是何等的畅快和淋漓！

最后，我提议，让我们举杯，为我们今天的相逢而干杯，为我们今天的幸福生活而干杯，为我们的友谊天长地久而干杯！

战友们：

大家好！

我由于参军前就在×××运输公司工作，所以转业以后，就重操旧业，继续干运输业。话虽然说起来简单，但从内心讲，我舍不得离开部队，舍不得离开大家。穿了十几年军装，刚一脱下来，还真不习惯。内心犹如打翻的五味瓶。但军人的天职是服从命令，既然上级已经决定，我便高兴地转业到了地方。回到地方以后，我向区委组织部要求到一家经营很不景气的交通运输公司工作，并被任命为总经理。上任后，我首先整顿领导班子，大刀阔斧地推行改革，虽然碰到不少阻力，也受过别人的白眼和冷言冷语，甚至也挨过别人的骂，但我咬紧牙关把在老山前线攻碉堡那股儿劲使了出来，结果上任头一年，便使公司由连年亏损转为盈利，以后两年利润又连翻了两番，现在公司已成为一家著名的企业。

我成功了，这个成功与我熟悉业务有关，但最关键的还是部队给了我克服困难的勇气和力量，锻炼了我承受挫折的毅力，使我具备了良好的心理素质。这将是我一生受益的。这也正是大家常说的，“当兵后悔三年，不当兵后悔一辈子。”在这里，我感谢军营。

每当人们用信任的眼光由衷地赞扬我时，我内心都由衷地感谢部队对我的培养，否则我可能会坚持不下来，更别说有今天的成绩。特别是当我听到人们说我“不愧是当过兵的，就是不一样”时，我更是觉得光荣和自豪。来，为我们曾经是军人而干杯！

尊敬的战友们：

你们好！

我转业12年来，最重要的体会就是要自信。我们不少军队干部在参军前都没有工作经验，年纪小，也没有社会生活经验。因此，刚转业时都会遇到一个尖锐的矛盾，那就是进入新的领域，一切都是陌生的，甚至因为长时期在部队待着的，对社会都不是很了解，遇到了很多难题。别人的眼光也带有偏见，不信任，不欢迎。但这只是短暂的过程，一般只有半年左右，半年或1年以后，就会有相当一批转业干部得到重视。这时，他们的自信心开始恢复，这是普遍现象。

从我创办××公司至出任××公司总经理就是这样的一个过程。在刚开始创业的时期，我们一无所有，只有十几名想干一番事业的转业兵，怎样才能尽快打开局面，大家心中都没有底，就连我也没有底。当时还有人在背后说我们几个转业军人就想开公司简直是痴人说梦。面对这些，我们不但不灰心，反而干劲更足了。别人认为干不成的事，我非得干出个名堂不可。正是在这种劲头下，我们在进行了大量的市场调查之后，与某科研所合作，以知识密集型、技术密集型产业领头，逐步形成了一个包括科技、教育、建筑、商业在内的综合性公司。最后，我们成功了。

面对无可辩驳的事实，曾经背后说怪话的人佩服得心服口服，有的还加盟了我们公司。我的成功靠的就是自信，但我清楚这不是盲目的自信，这种坚定的自信正是我在部队这所大学校里学到的，是对自我能力的一种评估。

所以，今天我感谢部队，感谢那些与我同舟共济的战友。我相信，有战友们的支持，我们的公司一定能兴旺发达。来，为我们×××部队的全体成员而干杯！

听到大家转业后各自在不同的岗位上所作出来的成绩，真是替大家高兴。下面我也简单介绍一下自己转业后至今的经历。

转业后，我分到轴承厂当工会主席。别以为这是个好公差，其实不是那么回事。当时厂里近千名职工，面临的问题五花八门，大到职工劳动保护、生活福利待遇，小到婆媳、夫妻、邻里之间的纠纷矛盾，每天连喘口气的工夫都没有，1年到头天天是工作，根本无暇照顾家里。为此，没少挨妻子的数落。

妻子埋怨我不顾家，我对她说，我是一名转业军人，要时刻记住“为人民服务”这个根本宗旨。现在到了地方，当上了工会主席，为职工群众服务就是我的责任和义务。“为人民服务”这个口号就变得更为具体。再说组织上把这份工作交给咱，咱就得尽心尽力干好，职工的困难，就是咱的困难；职工的问题就是咱的问题。从这个意义上讲，自己受点儿累也是值得的。工会工作向来被人们认为是比较难做的，在我之前，曾有两任工会主席干了不到1年就辞职了。我上任后，有人就预言我也会重走前任的老路。但1年，2年，10年过去了，我不但没走，而且大家还让我连任，并给了我很高的荣誉，连续几年被评为市级优秀工会干部。这是对我们工作的肯定与认可，因此，即使再苦再累也是值得的。

回顾10年所走的路，我深切体会到工作的乐趣。只要我们的工作和广大群众的利益联系到一起，通过我们的工作使群众得到实惠，为他们解决一点儿实际问题，我们的工作就没有白干，就会得到他们的认可，我们的工作就会有意义。能取得今天的成绩，这都与部队3年来的培养与教育有关。无论我们走多远，我们都应该发扬光荣的革命传统，牢记党的宗旨，绝不能忘记我们的部队生活，绝不能为部队抹黑。这一点，我们大家一定要牢记！我提议，为我们的军人本色而干杯！

战友们、兄弟们：

老骥伏枥，志在千里；烈士暮年，壮心不已；廉颇老矣，犹记当年。尽管我们已经退役，我们依然珍视当兵的岁月，我们依然保持战士的身姿，我们将永远发扬部队的优良传统，我们将永远铭记军人的光荣使命！刚才几位战友的发言，说出了全体战友的共同心声、共同愿望，表达了战友们对部队生活的留恋，对战友深情的眷顾，对美好明天的向往！相聚情切切，举酒意融融！让我们借着今天相逢这个机会，开怀畅饮，聊叙往日情谊。

让我们珍惜如歌的生命，保持愉悦的心情；热爱生活，关爱家人，享受人生，品味人生；幸福、健康、快乐每一天！待到入伍30年庆典，我们再举杯重逢！

## 战友聚会主持人致辞

战友们、同志们：

你们好！

今天，在×××战友的大力支持下，给我们提供了这样一个场地，我们才能够相聚在一起。在此，我代表在座的战友，向×××及他的公司表示诚挚的感谢。

我们来自不同的地方，是军营把我们联系到一起，使我们成为战友。想当年，我们在一起站军姿，在一起站岗执行任务，在一起进行抗洪抢险，那是何等的英姿！那一幕幕仿佛就在昨天。现在虽然天各一方，但军营里结下的友谊是不会随时间流逝而削弱的，反而更加历久弥坚。

今天，大家推举我主持这次聚会，我的心情异常激动。在这里，我郑重地告诉大家，绝不辜负大家的期望，同时也希望大家多多配合，争取把这次战友聚会办好。

我们通过这次聚会，一是要加强联系，二是要互通情况，以便在将来的工作和生活中互相帮助，互相关心。俗话说，在家靠父母，出外靠朋友。战友是最真挚的朋友，最无私的朋友，只要我们团结一致，无论有什么困难，只要我们互帮互助，相信就没有过不去的难关。

最后，我提议，为我们牢不可破的友谊，为我们曾经都是军人干杯！祝这次聚会圆满成功！谢谢大家！

自从××年我们退伍以后，大家就各奔东西了，有更多的战友退伍还乡，扎根农村基层，为改变家乡面貌奉献全部力量与汗水，作出了突出贡献。也有一些战友长期担任农村基层干部，为党的基层组织建设、农村基层政权建设奉献了全部的光和热；还有多名战友退伍后在党政机关、工厂企业、教育卫生、财经贸易、公用事业等单位担任公职，一直牢记使命，忠于职守，服务人民，心系群众，清正廉洁，勤勉务实，受到人民群众的热情拥戴与尊重；我们还有很多名战友退伍后在市场经济的大潮中努力拼搏，艰苦创业，带头致富，开拓发展，取得了骄人的成就，成为改革开放的带头人和在事业上有所成的厂长经理。

回忆过去，我们更加珍视战友情、兄弟爱；回忆过去，我们更加珍惜过去的光荣，曾经的奉献；回忆过去，我们更加热爱生活，向往明天！

让我们一起畅叙友谊，勉记光荣，回忆过去，祝福未来！

下面请×××战友发言（具体讲话内容略）。

下面宣读因有事不能来到现场的外地战友发来的贺电贺函（具体内容略）；

最后，让我们以热烈的掌声，欢迎我们的老首长、老战友分别致辞（具体致辞内容略）！

下面，请全体起立，稍息，——立正！奏中国人民解放军进行曲！

宴会开始，请大家肃立——

第一杯酒，让我们庄严举杯，酹酒入地，深情祭奠因公牺牲的×××、×××、×××、×××、×××五位烈士。——祭酒！

第二杯酒，让我们为40年间钢浇铁铸、凝练而成的战友情，兄弟爱，干杯！

第三杯酒，让我们衷心祝福×××、×××、×××三位老首长、老战友，健康长寿，永远幸福！为他们的健康与幸福干杯！

在此，谢谢为筹备此次活动不辞辛苦操劳的运筹的×××、×××、×××等战友，谢谢所有参加今天活动的各位兄弟！还有那些不能来而发来贺电的兄弟。也谢谢今天为我们大家服务的音响师，会场、餐饮工作人员！请大家落座，自由用餐，开怀畅饮！谢谢大家！

## 公司聚会祝酒词

各位领导、同事们：

大家好！

今晚，很荣幸地邀请到在深圳工作的全体员工在这清雅怡人的西丽湖畔，欢聚一堂，共叙往事今情，我代表公司欢迎各位的到来，并向大家拜个早年，祝大家身体健康，万事如意，家庭幸福！

各位领导、各位同事：

岁月不居，天道酬勤。在过去的一年里，公司全体上下齐心协力、奋发图强，众志成城、锐意进取，生活中幸福安康，其乐融融；工作上兢兢业业，任劳任怨。我们用朴实的汗水，换来了丰硕的收获！

我想请大家举起酒杯，为公司美好的明天……为我们大家美好的明天……干杯！

谢谢大家。

各位领导、同事们：

大家好！

经过大家的共同努力，公司取得了一定的进步，但我们不敢谈什么成功，更不能骄傲，因为我们需要进一步做稳、做强、做大。同时，我深知这些进步的取得，离不开忠心耿耿、以厂为家的中高层管理的智慧，更离不开全体同人的辛勤劳动。在这里，我想借这个场合、这个机会向在座的各位给予真诚的感谢！

现在，我提议：为我们情谊深深！身体健康！幸福美满！为各位春节愉快、牛年顺利、合家欢乐，干杯！

## 家庭聚会祝酒词

敬爱的长辈们：

晚上好！

新春共饮团圆酒，家家幸福过新年。在今天这个辞旧迎新的日子里，我谨代表晚辈们，对在座的各位长辈说一声：新年快乐！

在生命的旅途中，感谢你们的扶持和安慰，让我们在疲惫时停留在爱的港湾，沐浴着温暖的目光，在困难时听到不懈的激励，在满足前理解淡然的和谐之美。

谢谢，感谢有你们陪伴，一起走过的每个日夜！新春佳节之际，祝愿长辈们在新的一年里身体健康、心情愉快、生活幸福。干杯！

## 厨师技校聚会祝酒词

一元复始，万象更新，在令人激动充满希望的××年到来之际，我们满怀盎然春意，欢聚红太阳，共飨午餐。首先，我代表×××学校对出席今天宴会的各位来宾表示热烈的欢迎！向几年来关心和支持我公司的朋友致以最诚挚的问候，感谢大家一直以来对×××学校的支持和厚爱！

多年以来，在座诸位同×××学校一路走过。对我们而言，这是一种缘分，也是一种幸运，更是一段难忘的记忆，也是一段不平凡的岁月。这些年来我们取得的一切成绩，都离不开在座各位的努力，借此机会，我代表×××学校全体员工对大家给予我们的支持和厚爱献上最真诚的谢意！我们也将在日后的工作中勤勤恳恳、兢兢业业、任劳任怨培育出更多的厨师。同时，我们也自信于公司的实力，面对种种考验，以全新的奋斗精神，知难而上，顽强拼搏，用高昂的斗志和极大的工作热情，圆满完成每一项工作任务。

“打造中国最好的厨师技校”一直是我们办学的宗旨和方针，我们一直在朝这个方向努力。虽然现在我们离梦想还有一段距离，但我们坚信只要坚持，只要努力，梦想就会成真。

诚然，成功的路途并非一帆风顺，我们需要在座各位朋友的扶持与帮助，这样才能在成功的道路上越走越顺。最后，用一首咏春古诗来表达我此刻的感受：春江潮水连海平，海上明月共潮生。滟滟随波千万里，何处春江无月明。愿诸位朋友身体健康，诸事顺意，为各位更加美好的明天，干杯！

## 【聚会宴佳词妙句】

### 聚会酒传统诗句

《客至》

杜甫

舍南舍北皆春水，但见群鸥日日来。

花径不曾缘客扫，蓬门今始为君开。

盘飧市远无兼味，樽酒家贫只旧醅。

肯与邻翁相对饮，隔篱呼取尽余杯。

《江南逢李龟年》

杜甫

岐王宅里寻常见，崔九堂前几度闻。

正是江南好风景，落花时节又逢君。

《过故人庄》

孟浩然

故人具鸡黍，邀我至田家。

绿树村边合，青山郭外斜。

开轩面场圃，把酒话桑麻。

待到重阳日，还来就菊花。

### 简约型朋友聚会祝酒妙句

◎女士们、先生们，朋友们！来，为了我们大家的友谊，干杯！

◎春有百花秋望月，夏有凉风冬听雪。心中若无烦恼事，便是人生好时节。愿你：晨有清逸，暮有闲悠，梦随心动，心随梦求，为友谊，为幸福，为人生，干杯！

◎所谓好朋友就像我们一样，可以畅谈心中的感觉，彼此关心，彼此照顾，时而哈哈大笑，时而争得面红赤，却不会放在心上。来吧，为我们的友谊干杯！

◎陈酒最好喝，老友最知心，朋友认识越久越值得珍惜，只因共同拥有太多太多的回忆。为我们今天的相聚干杯！

◎一丝真情胜过千两黄金，一丝温暖能抵御寒霜，一声问候送来温馨甜蜜，一杯美酒寄托着我们的情谊，让我们为友谊干杯！

◎山海可以阻隔彼此，却阻隔不了我的思念，距离可以拉开你我，却拉不开真挚的情谊，时间可以淡忘过去，却忘不了永远的朋友。为我们今天的相聚，干杯！

**简约型战友聚会祝酒妙句**

◎战友是天，战友是地，拥有战友，顶天立地；战友是风，战友是雨，拥有战友呼风唤雨；财富非战友，战友即财富。为了我们的友谊，为了我们的往事干杯！

◎军人的生活就像一杯酒，初饮时味苦而且辣，随着时间的积累，会慢慢品出它的醇香与甘甜，有时一辈子饮不醉，有时沾一滴就热血沸腾。

◎也许忙碌的日子让彼此疏离，但知心的战友一生难忘。莫让时间冲淡友谊的酒，莫让距离拉开思念的手，当时光流逝，斗转星移，你仍然是我最好的战友。

◎军人用理想充实头脑，用意志铸造信念，用绿色装点青春，用生命抒写忠诚，把情感打入背囊，把责任荣誉刻入心田。为了我们曾经是军人，干杯！

◎落叶知秋，友情似酒，风渐冷时酒暖人肠；走过的风雨，有过的悲喜，在一声声问候中醇甜如蜜。不论多久未曾相见，我的祝福请你含笑接过，战友，为往事干杯！

◎当兵的做事雷厉风行，当兵的说话掷地有声；当兵的吃苦从不言苦，当兵的倒下也是长城；当兵的恋爱最动真情，当兵的做人特别真诚。当兵的喝酒从不留情，干杯！

◎难忘一段军旅经历，不解一种军旅情结，无悔一种军旅人生，珍惜一种军旅友谊！

**知青聚会祝酒妙句**

◎是那段知青岁月让我们相识，让我们成为知己好友。让我们举起酒杯，为我们的友谊，更为我们的欢乐，干杯！

◎见到往日的知青，我们百感交集，热泪盈眶；千言万语，难诉衷肠。埋怨命运，让我们曾经颠沛流离；感谢苍天，让我们现在欢聚一堂。朋友们，让我们再次携手共进，再创辉煌！

◎岁月如歌，知青情深，一壶酒酬故友，一歌同唱引共鸣，让我们为当年的激情，干杯！

◎留不住的是岁月，挥不去的是记忆，知青这一代人的经历就像是一首难忘的歌。

◎此时我们依依惜别是为了下次的再聚首，愿我们的友谊地久天长，让我们彼此用最真挚的情感道一声：战友们，幸福平安！

◎在知青的心目中，一直藏着只有知青自己才能读懂的特殊的情节。它是那样的深沉，那样的挥之不去，难以磨灭，终此一生。

第四章
# 欢迎祝酒词：接风洗尘，欢迎莅临

古人云：“有朋自远方来，不亦乐乎？”自古为朋友接风洗尘必以酒待之，以示其礼；以词祝之，以示其情。几杯酒下肚，主客亲如一家。因此，热情洋溢的迎宾祝酒词可表示欢迎和尊重，传递增强交流和合作的心愿，营造和强化友好社交的气氛。

## 旅游节欢迎宴祝酒词

尊敬的各位领导，各位嘉宾，女士们，先生们，朋友们：

今宵酒醉情浓，喜迎四方宾朋！“2013中国××旅游节”经过精心筹备，就要开幕了。在这里，我代表中共××县委、县政府和全县67万各族人民，向莅临××县的各位领导、嘉宾和新老朋友表示热烈的欢迎！向多年来关心、支持××县发展的各级领导和各界人士表示衷心的感谢！

××县是一座历史悠久、文化灿烂、风光秀美、物产富饶的著名古城。作为一座国家历史文化名城，××县的风景将自然的、人文的特质有机融合到一处，沉重感也许正是其吸引游人的魅力之精髓。这次，我们以节庆为媒，以沱江传情，举办“2013中国××旅游节”，目的在于扩大对外开放，结交各界朋友，提高××湖旅游知名度，巩固全县经济社会发展成果。我相信“2013中国××旅游节”，一定会成为××县人民与国内外朋友加深友谊、共谋发展的桥梁和纽带，一定会成为各位领导和各位嘉宾的精神文化大餐，一定会办成凝聚人心、振奋精神、扩大开放、提升形象、加快发展的盛会。

最后，祝各位领导、各位来宾在××县生活愉快，给您留下美好的记忆！

现在，我提议：为“2013中国民俗旅游节”成功举办，为我们的真诚友谊和真诚合作，为各位朋友身体健康、家庭幸福、事业兴旺，干杯！

尊敬的省政协×主席，尊敬的省旅游局×局长、省文化厅×书记，尊敬的市委×书记、市政府×市长、市政协×主席，尊敬的各位领导、各位来宾，女士们、先生们：

晚上好！

今晚的××城之夜，灯火璀璨，景色宜人；今晚的东湖之滨，夜色绚丽，美酒飘香。在首届旅游发展大会暨××乡文化旅游节即将拉开帷幕之际，我代表中共县委、县人大、县政府、县政协及百万××乡人民，向莅临大竹的各位领导、各位来宾表示最热烈的欢迎！向长期以来支持、关心××城经济社会发展的各界朋友和嘉宾表示最衷心的感谢！

最近几年，我省旅游产业蓬勃发展，本县根据市委、市政府的重要决定，承办首届旅游发展大会并举办××乡文化旅游节，这是市委、市政府对本县工作的高度重视、关心和厚爱，我们既感到万分荣幸，也深知责任重大。作为承办地，作为东道主，我们将以此为契机，抓住这次难得的机遇，集全民之智，举全县之力，不负众望，推动我县旅游业快速发展，为努力实现市委、市政府提出的“三大目标”和“三大任务”，为“××城争当全省发展排头兵”作出我们最大的努力！

在今天，旅游产业的发展已经成为了经济社会发展的一个重要组成部分。我们将充分发挥区位优势，攻坚破难，乘胜而进，在加快旅游产业的发展中，让各位领导、各位来宾感受到××乡人民“率真质朴、细致入微”的工作热情，百万干群“虚心向上、朴实坚韧”的创业激情，全县上下“诚信包容、勇争一流”的奋进豪情！我们坚信，在省领导、省级相关部门的关怀支持下，在市委、市政府的正确领导下，××城的旅游产业发展一定会再上新的台阶，再写新的篇章。

各位领导、各位嘉宾，我们县委、人大、政府、政协四套班子在此诚请各位共同举杯，为首届旅游发展大会暨竹乡文化旅游节的圆满成功，为各位领导、各位来宾工作顺利、幸福安康干杯！

尊敬的各位领导、各位来宾、女士们、先生们、朋友们：

大家好！

有朋远方来，蓬荜亦生辉。今天，我们怀着无比激动的心情迎来了第八届

××旅游节的召开。在此，我谨代表中共××区委、区人民政府和热情好客的××区全体人民，再次向在百忙中拨冗光临本届盛会的各级领导、各位贵宾、海内外各界朋友表示最热烈的欢迎和最衷心的感谢！

本届旅游节，是××市首次由市辖区单独承办，是各位领导、各界贤达、亲朋好友共话友谊、共谋发展、共襄盛举的一次大聚会。我们相信，有各级领导的关心指导，有海内外各界朋友的大力支持和积极参与，以“展示多元文化，彰显名城风采”为主题的第八届××旅游节，一定能够办成一个加强与海内外各界朋友沟通联系、增进友谊、扩大合作的交流盛会，一个全面展示××市及××城区改革开放成就和丰富旅游资源的展示盛会，一个推动旅游产业发展、互利互动共荣的收获盛会，一个异彩纷呈、令人难忘的旅游盛会。

现在，我提议，让我们共同举杯，为第八届××旅游节的圆满成功，为各位领导、各位贵宾、各位朋友的光临，为大家的身体健康、工作顺利、合家幸福，干杯！

## 招待外国来宾祝酒词

尊敬的×××先生、×××主席、××副市长，来自伦敦的各位女士们、先生们：

大家好！

千山万水隔不断，真挚友情总相连。今天我们高兴地迎来了××国××访问团的各位友人。在此，我代表××地区设晚宴对各位嘉宾的到来表示热烈的欢迎和诚挚的问候。

××地区是以旅游业为主导产业的新兴城市，拥有丰富的旅游资源。建市几年来，××地区依托得天独厚的资源优势，实施“旅游立市、兴市、富市、强市”战略，使以旅游业为主导产业的各项事业取得了飞速发展。2012年，我市确立了1～2年内建设成中国内陆综合性旅游度假区，3～5年内打造国际型旅游名城的奋斗目标。为了让世界更好地认识××，××，始终坚持积极发展对外交流与合作，先后邀请了来自德国、奥地利、法国的专家来××考察，这些专家为××发展旅游业、加强环境保护提出了许多宝贵意见。

为了让××走向世界，我市正在积极建设国际季节性口岸，而口岸的开通，将使中国东北经济区与欧洲的距离显著缩短，两地的交流将会进一步加强。开放的××地区欢迎来自五洲四海的友人，我们相信，互信就能“海内存知己”，合作将使“天涯若比邻”。

女士们、先生们，你们不远万里来到××地区，在纵情于山光水色之余，希望大家能多提宝贵意见，您的意见将会更好地促进××地区的发展。同时也衷心祝愿这里的山水人情能为您带来愉悦的心情和美好的回忆。最后，让我们一起为各位嘉宾、各位朋友的身体健康、旅程顺利，干杯！

## 欢迎领导、专家莅临宴会祝酒词

尊敬的各位领导、各位专家：

大家好！

在这春光明媚、万物复苏的季节里，各位领导和各位专家不辞辛劳到我市考察和指导××电站建设工作，这是我市经济建设和社会发展中的一件大事。在此，我谨代表市委、市人大、市政府、市政协、市纪委和全市640万各族人民向各位领导和各位专家的到来表示热烈的欢迎和衷心的感谢！

××电站建设是国家西电东送工程的重要组成部分。建设好××电站将给我市带来新的发展机遇，对搞好我市境内水资源的开发利用，加快农业化、工业化和城镇化进程，促进经济社会发展具有十分重要的推动作用。

各位领导和各位水电专家此次到我市实地考察和指导电站建设工作，是对我市的信任和支持，我们备受鼓舞振奋。在今后的工作中，我们将尽最大努力积极配合做好电站建设的各项工作，同时，我们也恳请各位领导、各位专家对我市的经济社会发展一如既往地给予关心、支持和帮助。

最后，我提议：让我们共同举杯，为××电站的早日开工建设，为我市的经济发展与社会进步，为各位领导、各位专家的身体健康、工作顺利、家庭幸福、万事如意，干杯！

## 欢迎督察组调研晚宴祝酒词

尊敬的各位领导，各位专家，各位学者，各位来宾：

大家好！

枫叶欲滴，层林尽染，在这深秋的十一月，我们迎来了省××厅督察组来我市调研，这是对我市工作的支持、鞭策和鼓励，我们感到由衷的兴奋。在此，我谨代表市委、市政府和80万××市人民，对各位领导、嘉宾的到来致以诚挚的问候，并表示热烈的欢迎和衷心的感谢！

××市是省内贫困市，财政十分困难，发展也较缓慢，但“一要吃饭、二要建设”是我们始终坚持的原则，增收节支、加快发展、维护稳定是政府的第一要务。近年来，在中央、省、市多部门的关心支持下，我市实施了许多大项目，推动了当地经济的健康发展，财政困难状况逐步缓解，财源后劲不断增强。

××市今后的发展，仍然需要中央和省市的支持，我们要抢抓西部大开发的机遇，用足用活中央和省、市扶持政策，深化改革，扩大开放，艰苦奋斗，扎实苦干，为开创××市“十一五”发展新局面而拼搏。我们真诚地恳请各位领导和各位来宾，对我市的工作提出宝贵意见和建议，并在今后一如既往地关心、支持我市的建设和发展。我们将以这次调研和检查为契机，再鼓干劲，再添措施，以实际行动回报各级组织。

××市，山水秀美，××市人民热情好客，我们衷心地希望这次短暂的××市之行，能给大家留下美好的印象，热忱欢迎各位领导和来宾，常来×××做客，检查指导工作。

最后，衷心祝愿各位领导、各位来宾在××市期间身体健康、工作顺利！为我们的共同友谊干杯！

## 欢迎考察团考察宴会祝酒词

尊敬的×市的各位领导，同志们，朋友们：

大家好！

今夜，华灯璀璨，宾朋荟萃。我们满怀喜悦的心情，在这里举行招待宴会，欢迎××市的各位领导莅临我市考察指导工作。在此，我谨代表××市委、市政府以及全市60万人民，向××市的各位同人的光临表示最诚挚的欢迎！

（介绍我市的概况内容略；介绍兄弟××市的概况内容略。）

我们将认真学习××市在发展经济和卫生教育事业等方面的先进经验和做法，积极推动我市与××市政治、经贸、文化的交流，实现两地经济在“战危机、破危局”中取得新的发展。

各位领导、同志们、朋友们，让我们举起手中的酒杯，为我们的团结友谊，为我市和××市的经济繁荣、社会和谐、人民富足，为各位领导、朋友及家人的事业辉煌、身体健康——干杯！

## 欢迎上级领导考察酒宴祝酒词

各位领导、各位嘉宾，同志们、朋友们：

大家好！

今天，我们以隆重而简朴的仪式，热忱欢迎各位领导、各位嘉宾莅临××指导、考察。各位领导的到来，是××人民的荣幸，是对××工作的肯定，更是××加快发展的希望和动力。

长期以来，各位领导、各位朋友对××经济社会发展倾力帮助、大力支持，这份珍贵的情谊，我们始终铭记在心、深表谢意，并希望在座各位一如既往地关心××、支持××！

最后，让我们共同举杯，为我们的真情友谊、真诚合作，美好生活、美好未来，干杯！

## 【欢迎宴佳词妙句】

**迎宾祝酒佳词**

欢迎光临

久仰久仰

有劳大驾光临

欢迎莅临指导

敬请光临

敬请指导

已恭候多时

大驾光临，蓬荜生辉

大驾光临，深感荣幸

光临寒舍，不胜荣幸

**迎宾祝酒妙句**

◎为“2003中国·凤凰沱江苗族民俗旅游节”成功举办，为我们的真诚友谊和真诚合作，为各位朋友身体健康、家庭幸福、事业兴旺，干杯！

◎各位领导、各位嘉宾，我们县委、人大、政府、政协四套班子在此诚请各位共同举杯，为首届××旅游发展大会暨××文化旅游节的圆满成功，为各位领导、各位来宾工作顺利、幸福安康干杯！

◎女士们、先生们，朋友们！最后我提议：为今后我们之间的密切合作，干杯！

◎有朋自远方来，不亦乐乎？现在，我高兴而友好地提议：为大家愉快的见面，先干一杯！

# 第五章
# 送别祝酒词：以酒代言，祝君平安

有朋友、同学等远行，为其举办酒宴，表达惜别之情。在战争年代，勇士们上战场执行重大且有生命危险的任务时，指挥官们都会为他们斟上一杯酒，用酒为勇士们壮胆送行。在今天，当亲朋好友出远门的时候，我们仍然会设宴为其送行，正所谓“劝君更尽一杯酒，西出阳关无故人。”由此可见，送别酒在人们的生活中也占有重要的地位。

## 欢送老领导祝酒词

各位领导、各位同人：

今天，我们欢聚一堂主要有两个目的。第一，欢送离开×市工作的各位领导，第二，欢迎到×市工作的新同志。首先，我提议：我们以热烈的掌声向为×市经济、社会事业作出巨大贡献的各位领导表示衷心的感谢！向到×市工作的新同志表示热烈的欢迎！

×市建市伊始，是一个非常贫穷与落后的地区，曾被国家列入重点贫困（县）区。面对贫穷与落后，我们不动摇、不气馁，是你们坚持“团结、实干、开拓、奉献”的×市精神，求实奉献、忘我工作，一举摘掉贫困落后的帽子，带领全区80万人民达到了温饱水平！是你们，励精图治，苦干创业，培育出了一大批如春飞、维康、国基等蓬勃发展、实力雄厚的民营企业，使规模企业由5户增加到28户；工业总产值由建区时的5895万元增加到今年的8.3亿元，增幅达20倍之多，使工业成为×市经济发展的主体力量！是你们，白手起家、开拓进取，使城区由建区时的“半边农民街”拓展到现在的近4平方公里，城市设施不断完善，功能不断配套，城市形象不断提升！是你们，开拓创新、实干争先，使全区农业经济稳步提升、农业结构不断优化，农民收入不断增加，在全省树起了“农业产业化”的一面旗帜，开创了土地流转的先河！是你们，解放思想、与时俱进、奋发向上、艰苦拼搏，使×市经济、社会综合实力明显增强、三次产业加快互动共融、城乡面貌发生了翻天覆地的变化！

各位领导，你们的工作，我们不会忘记！你们对×市的贡献，×市人民不会忘记！在此，我再次提议，我们以最热烈的掌声，对你们的成绩表示祝贺！对你们给×市所作出的卓越贡献表示衷心的感谢！

同时，我也真诚地希望：离开×市工作的老领导，请你们把你们的好经验、好做法留给我们，并一如既往地支持、协助×市的发展！即将退下的老同志要站好最后一班岗，对新来的领导干部要起好传帮带的作用，为×市的发展再作新贡献！这次提拔和交流来的新领导，我和你们一样都要带头虚心地向各位老领导学习，深入基层调查研究，尽快熟悉×市情况，尽快进入工作角色，在上一届班子打下的坚实工作基础上，认真学习、认真做人、认真工作，继往开来，努力开创×市跨越发展的新局面！

谢谢大家！

## 欢送出国人员学习祝酒词

亲爱的朋友们：

大家晚上好！

今天是一个令人欣喜而又值得纪念的日子，因为经过公司的决定将派××同志出国学习。这既让我们为××能有这样的机会而感到高兴，也使我们对多年共事相处的同事的即将离开而感到难舍难分。

在公司，××同志为人忠厚，思想作风正派，做事踏实认真、爱岗敬业、严格遵守公司各项规章制度，服从分配、尊重领导，与同事之间关系和睦融洽。他在公司的位置是无人能够代替的。这次出国学习，尽管我们将会非常想念他，但还是衷心祝愿他能够多多学习，然后回公司大展宏图。

在这里，我代表公司的领导和全体人员对××所作出的努力表示衷心感谢。同时公司也希望全体人员学习××同志这种敬业、勤业精神，努力做好自己的工作。

“莫愁前路无知己，天下谁人不识君。”在此我们也希望××与同事之间多多联系，并祝愿他早日学成归来。

最后，让我们举杯，祝××同志国外的学习经历顺利，早日学成归来，干杯！

## 欢送老校长宴会祝酒词

同志们：

今天，我们怀着依依不舍的心情在这里欢送××校长去××中学任校长、书记！

××同志在××中学工作的8年期间，工作上认认真真、勤勤恳恳，分管教育、教学工作成绩突出，实绩优异，为学校的发展作出了很大贡献。在此，我代表3000多名师生，以热烈的掌声向××校长表示衷心的感谢！

同时，我也衷心地希望××校长今后继续支持关心××中学的发展，也希望××中学与××中学结为更加友好的兄弟学校，在教学上互帮互助，为××县的教育事业发展共同进步，更希望××校长在百忙中抽空回家看看，××中学想念您，欢迎您回来。

下面，我提议，为了××校长全家的健康幸福、为××县教育事业的进步，干杯！

## 同事饯行祝酒词

今天我们怀着既高兴又有一些淡淡的伤感的心情聚集在一起，为×君送行。说高兴是因为×君选择了一个他认为更适合自己发展的好单位；说伤感是因为×君与我们共事期间，彼此建立了深厚的友谊，此次分别，让我们大家都有点儿依依不舍。但天下没有不散的宴席，我们还是为×君而祝福，而高兴。

2002年，×君毕业后就进入我们单位，到现在已经10个年头了。10年中，他从一个刚出校门的学生成长为一名优秀的科研工作者、中层管理者、高级工程师、技术专家。×君在这10年中，见证了我们单位由小到大、由弱到强的历史，同时也在这片热土上奉献了青春、洒下了汗水、作出了积极的贡献。这其中，有胜利的喜悦、有失败的痛苦，但是大家风雨同舟走过来了，现在回头看看我们走过的路，感到由衷的欣慰。虽然我们不愿意离别，但还是衷心祝愿×君到新的工作岗位上闯出一片天地，干出一番事业，老朋友们、老同事们永远支持你！

天下没有不散的筵席，×君要到新的单位发展了，我们要让他走得舒心、放心；为了我们共同的事业还要继续在一起工作的同事们要工作得称心、开心，让我们大家共同举杯，衷心地祝愿×君到新的工作岗位上以后工作顺利、身体健康、合家幸福，万事如意，干杯！

## 升学饯行父母祝酒词

尊敬的各位领导、亲爱的朋友们：

大家好！

今天的宴会大厅因为你们的光临而蓬荜生辉，在此，我首先代表全家人对大家能够在百忙之中参加这个宴会表示热烈的欢迎和衷心的感谢！同时也感谢大家多年以来对我的儿子的关心和帮助，借此机会，衷心地说声："谢谢你们！"

这是一个秋高气爽、丰收喜悦的季节，这是一个捷报频传、收获喜讯的时刻。今天大家与我们全家人同喜同乐。感谢老师！感谢亲朋好友！感谢所有的兄弟姐妹！愿友谊地久天长！

儿子，妈妈在这里告诉你：青春像一只银铃，系在心坎，只有不停奔跑，它才会发出悦耳的声响。立足于青春这块处女地，在大学的殿堂里，以科学知识为良种，用勤奋做犁锄，施上意志凝结成的肥料，用你勤劳的双手去耕耘，相信定会创造更加辉煌的明天吧！

今天的酒宴，只是一点儿微不足道的谢意的体现。现在我邀请大家共同举杯，为今天的欢聚，为我儿子能够如愿考上理想的大学，为我们的友谊，还为我们和我们家人的健康和快乐干杯！

尊敬的各位领导、各位亲朋：

首先，对大家能够在百忙之中参加儿子的升学宴表示热烈的欢迎和衷心的感谢！

10多年的寒窗苦读，今日终有了收获。儿子今天终于实现了他的梦想，即将步入大学校园。我和他母亲，一方面为儿子取得的成绩感到骄傲和自豪。另一方面又为儿子即将离家，远赴千里求学而担忧和伤感。慈母手中线，游子身上衣，临行密密缝，意恐迟迟归。这种复杂的心情，我想很多做父母的都和我们一样，都能体会到这种心情。

记得儿子出生时，我们还风华正茂，身体正当年。弹指一挥间，一转眼的工夫，10多年过去了。昔日的情景仿佛就在昨天，今日却倏地一下长这么大了，这么高了。今天，当一个充满阳光、充满智慧、聪明健康的儿子站在我面前，并且即将离开我们走进大学的校门去实现他儿时的梦想时，我总是不敢相信那些逝去的美好时光。曾多少个日日夜夜，我们盼儿子能够快快长大，可如今真的长大，却要离开我们了。此时的心情，是多么的复杂啊！

19多年来，我也曾有过望子成龙的梦想，也曾经让儿子学钢琴、学美术、学书法，并且为此还经常责骂孩子，偶尔失之过严，不可失之于宽。好在我们的努力并没有白费，这些要求对儿子自由健康的成长也起到了一定的作用。特别值得欣慰的是，虽然社会很浮躁，但儿子依然清新纯洁，依然勤奋上进，依然善良单纯，还保留着那份难得的真。当我们生病时，儿子总能关心体贴，端水取药；当我们烦恼时，儿子总能善解人意，哄我们开心，我为有这样的儿子感到欣慰与自豪。因此，我要感谢儿子，感谢儿子为我们带来的快乐和幸福！

明天，儿子就要踏上求学的征程，我对儿子的思念也会永远珍藏在心里。我相信这种思念，必将化作一盏明灯，照亮儿子的征程。

考上大学只是走完万里长征的一小步，人生的道路还很漫长。在这里，我希望儿子将来能做一个对社会有用的人，做一个关爱家庭的人，做一个好好读书的人，做一个认真工作的人，做一个正直善良的人，做一个自食其力的人。也希望儿子今后不管遇到任何事情、任何困难，都要开动脑筋，保有积极乐观的态度，积极努力就一定能取得成功。我们只是天底下最平凡的父母，我们的孩子也只是人世间最平凡的孩子，我们不奢求太多，只是盼望儿子踏上求学之路，走向人生之旅后，能满怀感恩，一路平安！

最后，万分感谢各位亲朋好友的光临。今天是孩子的升学宴会，也是让孩子学会感恩的宴会。多年以来儿子取得的每一点成长进步，都离不开恩师的教诲、同窗的帮助以及亲朋好友的关爱和支持。这些我们都会满怀感激，铭记于心。谢谢大家！下面就请大家尽情开怀畅饮，如有招待不周，还请多多包涵！来，让我们一起干杯，谢谢！

各位来宾，各位至亲好友：

大家好！

在中国传统文化中，金榜题名历来被认为是人生中最大的喜事之一。犬子××在诸位的精心呵护、爱护、培养下，经过十几年的寒窗苦读，终于拿到大学的录取通知书，得以感受这金榜题名时的喜悦时刻。

今天，我们一家三口真诚地邀请各位来此分享我们的快乐。请允许我代表我们全家对百忙之中前来赴宴的各位来宾，表示最热烈的欢迎和最衷心的感谢！

人到中年，多把希望寄托给后代，让后辈圆自己的梦，延续自己的生命，因此，我们这个年龄的人望子成龙的心颇为迫切。但愿犬子以此为起点，在今后漫长的学习岁月里，取他人之长，补自己之短，不断地超越自己、完善自己。学到老，活到老。

现在我提议：请大家共同举杯。

祝各位身体健康，生活愉快，合家欢乐，万事如意！

干杯！再一次感谢各位的光临！

## 升学饯行来宾个人祝酒词

尊敬的各位叔叔、婶婶、伯伯、阿姨们：

大家好！

首先，欢迎各位的到来，今天能够在这里见到大家我感到非常高兴。能够考上××大学，我本人也非常欣喜，能够收到理想大学的录取通知书是对我个人12年学习的一个总结和肯定，这其中既有努力的作用也有运气的成分。

努力不仅有我个人在学习方面所作出的，同样也有我的父母、老师以及在座各位的理解与支持。今天，我在此表示衷心的感谢。

在我人生道路的19年来，父母在为我付出的同时也牺牲了很多，这些我都不会忘记。大学里的一份好成绩，今后的一份好工作都是我努力的目标，我会以这样的实际行动来报答父母的养育之恩。

其次，我想感谢的是所有教导过我的老师，幼时的顽皮以及后来的叛逆都让各位老师费了不少神，操了不少心。今天我借这样一个机会谨代表我个人和我的父母真诚地祝愿我的老师身体健康，工作顺利，万事如意！

今天我还想感谢的就是在座的各位长辈，感谢大家今天能够在百忙之中抽身来到我的学子宴，在座的有我父母的领导、同学、朋友以及同事，对于各位的到来我们一家都感到非常荣幸，我能够取得这样一份成绩同样离不开各位多年来对我们一家人的帮助和支持，谢谢各位！

最后，希望大家今天能够尽兴，干杯！谢谢！

## 升学饯行主持人祝酒词

尊敬的各位来宾，女士们、先生们：

在这天高云淡、秋风习习的日子里，我们欢聚一堂，恭贺×××、×××夫妇的公子××金榜题名，被×××大学录取了。承蒙来宾们的深情厚谊，我首先代表×××先生、×××女士和××同学对你们的到来表示最热诚的欢迎和最衷心的感谢！

所谓人生四大喜事："久旱逢甘露，他乡遇故知，洞房花烛夜，金榜题名时。"我们恭喜××成功地迈出了人生的重要一步，金榜题名。

朋友们，十年寒窗苦，在高考考场过五关斩六将的××同学此时此刻肯定是忆往昔，感慨万分；展未来，踌躇满志。我提议，第一杯酒，为英才饯行！××同学即将远离亲人，远离家乡挑战人生，请接受我们共同的祝福：海阔凭鱼跃，天高任鸟飞！

第二杯酒，祝愿××全家一帆风顺、二龙腾飞、三阳开泰、四季平安、五福临门、六六大顺、七星高照、八方走运、九九同心、十全十美。

第三杯酒，祝各位来宾身体健康，工作顺利，万事如意！朋友们，干杯！

# 谢师（含亲朋）宴会家长祝酒词

尊敬的各位师长、亲朋好友：

中午好！

这是一个朴素的宴会，但因为大家的光临使这个宴会倍增喜庆的气氛。今天对于大家能够在百忙之中参加这个宴会，我代表全家表示热烈的欢迎和衷心的感谢！俗话说：吃水不忘挖井人。×××今天金榜题名，我和我的家人在欣喜之余，内心涌出的更多是感动、感谢、感恩。所以，借此机会，我代表×××以及全家，最想对大家说的两个字就是“感谢”！

首先要感谢精心培养他的老师。“师者，教之以事，而喻之以德者也”。可以说，×××今天的成绩与他从小学到高中的老师们的谆谆教诲息息相关。没有老师的精心培养，就没有×××的健全的人格、善良敦厚的性情，更不会有高考589分的好成绩。

其次要感谢关心爱护他的长辈。在座的许多尊长是看着×××长大的，他的健康成长，不仅有你们物质上的帮助，更有思想、精神、情感上的点拨和提携。×××朴实、善良、诚恳、乐观、自信的良好德行，都是在你们的耐心关注乃至教导中形成的。

再次我要感谢他的朋友和同学。古语有云：“蓬生麻中，不扶而直；白沙在涅，与之俱黑。”×××有今天的如此优异的成绩，还在于他有一群品性纯良、见识开阔、性情相投、心胸豁达、耿直真诚的朋友和同学，他们一起互学互助，攻坚克难，终于共同笑到了最后。

除此之外，作为父亲，借着今天这个美好的时刻，沾着各位师长亲朋的福分，我想对×××说：大学，不仅要学习科学文化知识，还要学习如何做人。先做人然后再做事，做人是做事之本。古人云：“地势坤，君子以厚德载物；天行健，君子以自强不息！”德才兼备是一个大学生的基本人生追求。希望你进入大学后，一要有仁爱之德，二要有感恩之情，三要有豁达之气，四要有进取之心！

在以后的日子里，你会遇到各种各样的问题和困难，只有在挫折中才能练就坚强的翅膀，才能以矫健的姿态雄霸天空。希望你本着对自己人生负责的态度，牢记恩师教诲，心怀感恩，矢志不渝地追求自己的人生理想。

“雄关漫道真如铁，而今迈步从头越”，相信有各位师长和亲朋的关爱，有自己的奋斗不息，有爸爸妈妈做你坚强的后盾，你的明天会更加辉煌、更加灿烂、更加美好，更加不平凡！

在此，再次衷心感谢今天到场的朋友们，所有的感谢都汇聚在今天的这杯酒中，祝大家身体健康，工作顺利，心想事成！干杯！

尊敬的各位来宾和亲友们：

你们好！

首先让我代表全家向今天光临的各位来宾及亲友们表示热烈的欢迎和衷心的感谢！

作为母亲，我为儿子实现自己梦想而无比激动和高兴。所以我今天宴请各位，请各位来分享我们全家的幸福与快乐。希望大家能开怀畅饮，共同度过一个美好的良宵。

儿子能够取得今天的成绩，和他恩师的谆谆教诲分不开，和在座亲友的鼎力相助分不开，所以我还要郑重地说声“谢谢你们”。

芳林新叶催陈叶，流水前波让后波。儿子的成绩让我感到自豪和骄傲。金榜题名也只是他人生旅途步入社会所踏出的第一步，希望他在今后的日子里百尺竿头，更进一步，学业有成，一路高歌。

最后，让我再次向多年来对我儿子关心和帮助的来宾和亲友们表示衷心的感谢，祝福你们家庭幸福、永葆健康、事事如愿、万事通达！谢谢大家。干杯！

## 大学毕业祝酒词

各位同学：

今宵我们又欢聚一堂。只是，今宵的这顿饭也可以被称为散伙饭。吃了这散伙饭，我们就要分离了。今天的聚首是为了离别，在离别前，我们每个人的心里一定有很多话要讲。今天就让我们畅所欲言吧！

4年前，我们从祖国的大江南北、四面八方来到了大学的青青校园。4年的同窗生活中，我们同心并肩，一起走过了许多风风雨雨的日子。往事一件件涌上心头：

犹记得，大海边，我们狂欢一夜听海的声音；

犹记得，长城上，我们不到长城非好汉的壮语；

犹记得，田径场上，我们奋力拼搏争荣誉；

犹记得，教室里，我们琅琅读书；

犹记得，图书馆里，我们早早排队占座的场景。

……

这点点滴滴的生活将成为我们最宝贵的记忆。正是这点点滴滴，情深、意长、味重，我们一生都无法忘记。在10年、20年、30年之后，当我们细细地回想这一切时，我们仍会记得那青青校园里的良师益友，仍会记得那流金岁月里的成长故事。

“十年寒窗苦，今朝凌云志”，我们就要怀着成熟的人生理念、丰富的专业技能踏上工作的岗位了。曾经有一首歌中唱到“再过20年，我们来相会”，今天，让我们也来相约20年。20年后，希望我们在座的各位中既有IT界的精英，又有军队里的将才，更有企业界的巨子，科学界的优秀科学家，我深信我们大家都将会在各自的岗位上作出一番骄人的业绩。

有语云：无酒，何以逢知己；无酒，何以诉离情；无酒，何以壮行色。让我们举起杯，为了我们这4年的相知、相识、相聚；为了我们的相约20年；为了我们辉煌灿烂的明天，干杯！

## 【送别宴佳词妙句】

### 送别酒传统诗句

《别董大》

高适

千里黄云白日曛，北风吹雁雪纷纷。

莫愁前路无知己，天下谁人不识君？

《送友人》

李白

青山横北郭，白水绕东城。

此地一为别，孤篷万里征。

浮云游子意，落日故人情。

挥手自兹去，萧萧班马鸣。

《渡荆门送别》

李白

渡远荆门外，来从楚国游。

山随平野尽，江入大荒流。

月下飞天镜，云生结海楼。

仍怜故乡水，万里送行舟。

《赠汪伦》

李白

李白乘舟将欲行，忽闻岸上踏歌声。

桃花潭水深千尺，不及汪伦送我情。

《送杜少府之任蜀州》

王勃

城阙辅三秦，风烟望五津。

与君离别意，同是宦游人。

海内存知己，天涯若比邻。

无为在歧路，儿女共沾巾。

《芙蓉楼送辛渐》

王昌龄

寒雨连江夜入吴，平明送客楚山孤。

洛阳亲友如相问，一片冰心在玉壶。

《送元二使安西》

王维

渭城朝雨浥轻尘，客舍青青柳色新。

劝君更尽一杯酒，西出阳关无故人。

《山中送别》

王维

山中相送罢，日暮掩柴扉。

明年春草绿，王孙归不归？

《送别》

王维

下马饮君酒，问君何所之。

君言不得意，归卧南山陲。

但去莫复问，白云无尽时。

《送别》

李叔同

长亭外，古道边，芳草碧连天。

晚风拂柳笛声残，夕阳山外山。

天之涯，地之角，知交半零落。

人生难得是欢聚，唯有别离多。

长亭外，古道边，芳草碧连天。

问君此去几时还，来时莫徘徊。

天之涯，地之角，知交半零落。

一壶浊酒尽余欢，今宵别梦寒。

《赋得古原草送别》

白居易

离离原上草，一岁一枯荣。

野火烧不尽，春风吹又生。

远芳侵古道，晴翠接荒城。

又送王孙去，萋萋满别情。

《送别》

王之涣

杨柳东风树，青青夹御河。

近来攀折苦，应为别离多。

《送武判官归京》

岑参

北风卷地白草折，胡天八月即飞雪。
忽如一夜春风来，千树万树梨花开。
散入珠帘湿罗幕，狐裘不暖锦衾薄。
将军角弓不得控，都护铁衣冷犹著。
瀚海阑干百丈冰，愁云惨淡万里凝。
中军置酒饮归客，胡琴琵琶与羌笛。
纷纷暮雪下辕门，风掣红旗冻不翻。
轮台东门送君去，去时雪满天山路。
山回路转不见君，雪上空留马行处。

**送别员工、同事祝酒妙句**

◎常说没有什么人不可缺少，这话通常是对的，但是对于我们来说，没有谁能够取代××的位置。尽管我们将会非常想念他，但我们祝愿他在未来的日子里得到他应有的最大幸福。

◎我知道今晚的每个人都认为××已不是我们的同事，而是我们的一位朋友。她离开我们，将是我们公司最大的遗憾。但我们也非常高兴她现在能够享受她所要的东西。让我们举起杯，向我们最好的一位朋友祝酒。

◎让我们大家共同举杯，衷心地祝愿×君到新的工作岗位上以后工作顺利、身体健康、合家幸福、万事如意，干杯！

**出国送别祝酒妙句**

◎最后，让我们举杯，祝××同志旅途顺利，早日学成归来，干杯！

◎朋友，你今天就要远走，干了这杯酒，忘掉那天涯孤旅的愁，一醉到天尽头。也许，你从今开始的漂流，再没有停下的时候，让我们一起举起这杯酒，干杯！

◎蓝天上缕缕白云，那是我心头丝丝离别的轻愁；然而我的胸怀和天空一样晴朗，因为我想到了不久后的重逢。

◎我不知道离别的滋味是这样凄凉，我不知道说声再见要这么坚强。只有分离，让时间去忘记这一份默契。

◎想说的话很多，可是这样的时刻，这样的场合，能留给你的，只有我默默地祈祷：珍重啊，朋友！

◎你们马上就要出发了，我祝你们一路顺风。尽头这桌酒菜是为你们饯行。来，干杯！

**公务送行祝酒妙句**

◎双方这3年多来的辛劳终于圆满完成了任务，应该干杯庆贺。女士们、先生们，朋友们！现在我提议：为在座的×××同志和×××等工程师3年来的辛勤工作，干杯！

◎今天，你们就要出发了，我祝你们一路顺风。今天这酒宴是为你们饯行。来，干杯！

**退伍送别祝酒妙句**

◎宴席终散，放弃该放弃的是明智；行程如潮，军旅如歌，放弃不该放弃的是懦弱；始终如一，坚定不移，不放弃不该放弃的是执着。

◎相会再别离，别离再相聚；秋风吹旷野，一期只一会。我会珍惜你我的战友情，更期待相会的时刻。

◎明晨行别，但愿云彩、艳阳一直陪伴你走到遥远的天涯；鲜花、绿草相随你铺展远远的前程。来，为我们2年的战友情，干杯！

**毕业宴祝酒妙句**

◎你面前那生活之海的沙滩，是一张金色的稿笺。愿你在这张无边的素笺上，用理想的霞光写出人生的诗篇！

◎不要说一天的时间无足轻重，人生的漫长岁月就由这一天一天连接而成；愿你珍惜生命征途上的每一个一天，让每天都朝气蓬勃地向前进。

◎知识海洋的底层，与生活海洋的底层一样，是一片无比神奇的世界。愿你勇敢地潜到那儿去，探求这神秘世界的无穷奥秘！

◎让时间在知识的枝条上、智慧的绿叶上、成熟的果实上留下它勤奋的印痕！

◎愿你在这短暂的学习时日里，获得高超的本领、顽强的意志、博大的胸怀；像赛马一般，越过一道又一道高栏；让生命扬帆前进，驶向碧波滔滔的大海……

◎天道酬勤。人世间没有不经过勤劳而成为天才的。愿你日夜勤奋，早日成才！

◎春天是碧绿的天地，秋天是黄金的世界。愿你用青春的绿色去酿造未来富有的金秋！

◎衷心地祝贺你，用智慧、才情、胆略和毅力，开辟出一块属于你自己的土地。

◎知识是升天的羽翼，是恐惧的解药，人的自主权深藏于知识之中。让我们争分夺秒，好学不倦，努力使自己成为一个学识渊博、眼光远大的人。

**升学祝酒素材**

◎十年学子苦，半世父兄恩。

◎春色常昭志士，才华乐奉勤人。

◎智慧源于勤奋，伟大出自平凡。

◎苦经学海不知苦，勤上书山自恪勤。

◎青春有志须勤奋，学业启门报苦辛。

◎十年修得金榜名，百年化出人上人。

◎兴华时有凌云志，报国常怀赤子心。

◎入学喜报饱浸学子千滴汗，开宴鹿鸣荡漾恩师万缕情。

◎云泽渡风池津山水如画，清华园未名湖学府唯斯。

# 第六章
# 节日祝酒词：举杯同庆，恭贺佳节

中国人一年当中会过几个重大的节日，比如春节、中秋节等。在这些喜庆祥和的佳节到来之际，一般会安排相应的酒会。俗话说，无酒不成礼。拿起酒杯，只有把话说到人的心坎上，才能把酒的作用发挥到极致。因此，节日的酒会上，开怀畅饮的同时仍少不了节日祝酒词。

## 母亲节祝酒词

各位亲爱的母亲、各位来宾：

你们好！

在母亲节来临之际，我首先代表妇联全体工作人员向在场的各位母亲致以节日的问候和诚挚的敬意！鲜花怒放，情意悠长，母爱是人类社会中一个永恒的主题。母亲总是占据着我们心里最柔软的角落，想起母亲，我们的嘴角都会流露出温柔的微笑；母亲总是无私地付出着自己的爱，却不求丝毫汇报，想起母亲，我们总会从内心深处生出感激的心情。

母亲的爱像是一场细密的春雨，无声无息地滋润着万物；母爱像是一首动人的诗歌，优雅地诉说着情愫；母爱像是一阵和煦的春风吹开了万物的心田；母爱像是一幅淡雅的水墨画，宛转悠扬地徜徉在每个人的心间：无论是天涯游子，还是鸿途归雁，母亲永远是他们心中最为珍贵的一处。在我们这一生中，也许会遇到过很多人经历过很多事，这些人事当岁月流逝以后就会变模糊，只有母亲是永远深藏在我们的心里的：每当我们想起母亲，消沉的情绪就会变成昂扬的斗志，疲惫的心灵也会充满奋斗的勇气；当我们想起母亲，漂泊在外的游子也会升起对故园的无限怀念，彷徨的心灵仿佛也找到了可以安放的地方。

在这个属于天下母亲的节日里，让我们将对母亲的感激和敬爱化作祝福，渗进这一杯清澈的酒中，祝愿天下所有的母亲都能够幸福安康、永远年轻！干杯！

## 父亲节祝酒词

尊敬的爸爸妈妈、各位兄弟姐妹、各位来宾：

大家好！

今天是个特别的日子，是一年一度的父亲节！我们在这里聚会，为我们的父亲、母亲祝福，祝爸爸妈妈幸福安康，福寿无边！

父爱如天，粗犷而深远；父爱如山，高大而巍峨。父爱是深邃的、伟大的、纯洁而不求回报的。听说选定6月过父亲节是因为6月的阳光是一年之中最炽热的，象征了父亲给予子女那份火热的爱。父亲像是一棵树，总是不言不语，却用他枝叶繁茂的坚实臂膀为树下的我们遮风挡雨，一直庇护我们长大。如今，我们已长大，而树却渐渐老去，甚至新发的树叶都不再充满生机。借此父亲节，让我们由衷地说一声：爸爸，我爱你！

每一个父亲节，我都想对您说："爸爸，我爱你！"让我们共同举杯，为父亲、母亲的健康长寿，干杯！

## 三八节祝酒词

女士们、先生们，晚上好！

天时人事日相催，春来阳生现生机。在一片生机盎然的氛围里，全世界人民共同庆祝第100个三八国际劳动妇女节。教育局党委根据实际安排全体女职工携你们的爱人一起欢聚一堂，共同庆祝佳节，共话教育大计。借此机会，我代表教育局领导班子以及全体男同胞们，向广大女职工表示衷心的祝贺和诚挚的慰问：祝你们潇洒靓丽、婀娜多姿、青春永驻，愿你们开心快乐、幸福相伴、安康永远！

感谢各位女同志，你们真正是万里挑一的知识女性，自尊、自信、自立、自爱、自强，多重角色让你们在生活工作中受累了。作为母亲、女儿，你们把自己的力量和爱心献给了家人；作为职工、干部，你们把自己的勤奋和智慧献给了教育事业。曾几何时，为了教育事业的发展你们起早贪黑，身体累瘦了，头发累白了。曾几何时，既要照顾好双方老人，又要做一个贤妻良母。沉重的工作、家庭负担压在肩上，你们都能以博大的胸怀勇敢地挑起来。这一切的一切充分证明女同胞在社会、家庭中的重要地位。在教育局机关你们的重要性显得尤为突出，你们占了全体职工近半的比例，是你们的付出注就了教育事业的更大辉煌。说实在话：你们在承担着比男同志更多负担和压力的同时，仍然能够以主人翁的精神积极投身于各项工作，爱岗敬业、埋头苦干、求真务实，为全县的教育事业作出积极的贡献，用实际行动塑造了“半边天”，赢得了男同志的佩服和尊重。你们永远是我们局机关的骄傲，更是我们局机关的一道靓丽风景，为你们祝贺，为你们自豪，再次谢谢你们，在座的全体女同胞们！

现在，我提议：

为了女同胞笑口常开、青春永驻、家庭幸福；

为了男同胞身心愉悦、事业发达、家庭美满；

为了××的教育事业科学发展、率先发展、跨越式发展，干杯！

三月的蓓蕾绽放早春第一抹殷红，新女性的诗行演绎着奋进的感动；透过大街小巷流动的情绪，我们感受着节日的和风；女人不再是世界的点缀，巾帼不让须眉臂膀同样坚挺。

值此“三八节”来临之际，环城公司党、工、团组织及董事会全体成员恭祝奋战在各个岗位上的姐妹们，开心快乐！健康成长！幸福永远！

“三八节”是我们妇女的节日，它体现了社会对女性的关爱，对女性的尊重，对女性的理解；充满了温馨，充满了体贴，充满了爱心；带给我们的是轻松愉快，自尊自信，乐观向上的精神。

女性的地位在日益提高，我们奋战在各条战线、各个岗位的巾帼英雄们建功立业，硕果累累，用自身的实际行动，作出了令人赞叹的业绩，充分展示了女性的风采。三八红旗手、时代女标兵在各行各业中都层出不穷，尤其是在经济高度发展、社会竞争激烈的今天，追求自由、力求上进、敢为人先、不让须眉的精神风貌构筑了当今世界的一道道绚丽风景。

尊敬的各位女士：

今天是三八妇女节，是女人们的节日，是女人们快乐的节日，是夫人和姐妹们幸福的节日。我在这里向全天下的女性朋友致以节日的祝贺。

女人作为人类的半边天，正在以崭新的姿态展现在世人面前。回顾中国几千年的发展史，一幅女人自强不息奋斗不止的画卷铺展开来：“古有花木兰，替父去从军。今有娘子军，扛枪为人民。”国庆六十周年庆典，豪迈强劲的女飞行员驾驶银色的战机翱翔在蓝天白云之中，英姿飒爽的女民兵方阵博得众多青睐。体坛上八十年代的中国女排创造了七连冠的辉煌，近日中国女子短道速滑队在第21届温哥华冬奥会上又以骄人的成绩谱写了铿锵玫瑰新的篇章……

这些巾帼英雄是女性的光荣，而且男士在事业上的成功，也是女性的光荣。因为每一个成功男人的背后，大都有一位伟大的女性作为他成功的支柱和臂膀。女性是家庭中的人妻人母，女性用柔弱的肩膀，在扛起事业的同时还要扛起家庭，女人用无私的母爱、丰富的情爱、平和的博爱，书写着自己也描绘着社会，让世界更可爱，让人类更光彩！

女人不是月亮，她们在地球的各个角落里发光！

让我们共同举杯，为祝贺三八国际妇女节100周年，为祝福每一位女同胞健康幸福快乐，干杯！

## 八一建军节祝酒词

尊敬的各位来宾、同志们：

大家晚上好！

值此八一建军节之际，今天我们相聚在这里，我们相信，这是税警联结友谊、绽放激情的一次盛会，今晚星光灿烂；今晚灯火通明；今晚我们将更加难忘。

近几年来，××大队与全市国税系统形成了良好的共建关系，税法进警营以及警民共建文艺演出等诸多形式的互动活动，极大地增进了税警之间的了解，加深了彼此间的友谊，这为我们将来进一步深刻开展保持共产党员先进性教育活动势必会奠定坚实的思想基础。

最后，愿我们真诚的笑容和美丽的祝福溢满这承载着友谊的酒杯，为快乐而高歌，为胜利而起舞，请端起手中的酒杯，让我们为青春的飞扬而干杯，为团结的力量而干杯，为美好的明天——干杯！

谢谢大家！

## 教师节宴会祝酒词

尊敬的各位领导、各位嘉宾：

大家好！

在这天高云淡、秋高气爽的9月，我们怀着激动与喜悦的心情迎来了第××个教师节。今天我作为××市的一名小学教育工作者，有幸参加教师节联欢会，感到无上的光荣和强烈的责任感与使命感。

在执教的10年中，我从乡镇到城区，从一名小师毕业生成长为全国模范教师，这一切的取得离不开党和政府对教师的关怀与培养。沐浴着党的阳光雨露，乘着改革开放的春风，我们欢欣鼓舞、自强自立，积极探索实施素质教育的有效策略，尽自己最大努力培养出更多对国家有用的人才。

关爱学生、无私奉献，爱岗敬业、勇于创新，这是党和人民对我们教师的重托，也是我们教育事业永恒的主题。我们将永远沿着这个主题奋勇前进！

最后，让我们共同举杯，祝愿教育事业迈向新台阶，祝愿大家身体健康，工作顺利，万事如意，干杯！

各位老师，女士们，先生们：

晚上好！

今天晚上，我很高兴能够担任这次宴会的主持人。首先，请允许我代表市委、市政府、市人大、市政协，对参加今天庆祝晚宴的所有来宾表示热烈的欢迎！向辛勤工作在教育战线的广大教师和教育工作者，致以节日的祝贺和亲切的问候！向受到表彰的教坛新秀、教坛中坚、教坛宿将和优秀教师表示热烈的祝贺，并致以崇高的敬意！向所有关心支持我市教育事业发展的同志们、朋友们表示衷心的感谢！

同志们，办人民满意的教育是教育发展的宗旨，是时代的呼唤。教育也是培养人才和增强创新能力的基础，在经济社会发展中具有基础性、先导性、全局性和战略性的重要作用。在今天庆祝大会上，×××书记、×××市长对教育工作都作了重要指示，为今后的教育发展指明了方向。我们要牢固树立科学发展观，坚持教育统筹发展，加快高水平普及十五年教育步伐，促进教育优质均衡发展，办让人民满意的教育。为此，我们需要从以下几个方面努力：

首先，要进一步完善教育发展规划。各级党委、政府要从当地经济社会长远发展出发，牢固树立“科教兴市”的思想，在深入调查研究的基础上，进一步完善教育发展规划，真正把教育放在优先发展的战略地位。

其次，要进一步加大教育投入。一方面，要加大对教育基础设施建设的力度。此外，还要不断完善贫困学生扶助制度，确保让农村的孩子和城里的孩子一样都能“念上书”“念好书”。另一方面，要积极鼓励社会力量以多种形式、多种途径办学，促进办学体制改革，激活办学机制。

第三，要进一步提高教育质量。全面实施素质教育和新课程改革，改革教学内容、方法和手段，完善人才培养模式，建立符合受教育者全面发展规律、激发受教育者创造性的新型教育教学模式，努力创造有利于创新人才成长的良好教育环境和社会环境，使每一个受教育者都能充分发挥自身潜能，激发学习成长的主动性，实现全面发展。

第四，要进一步加强教师队伍建设，不断完善师资力量和水平，全面引入竞争机制，充分调动广大教师教书育人的积极性。加大教师培养培训力度，提高教师的学历层次和教学水平，提高教师的综合素质。

第五，要进一步提高教育现代化水平。各级各类学校要充分利用现代信息和传播技术，健全和完善学校计算机网络，加快远程教育建设，实现优质教育资源共享。

我相信，只要我们齐心协力，抓住教育发展有利的时机，开拓创新，求真务实，我们就能够实现××教育的伟大历史使命。

现在，我提议大家举杯，为今年的教师节，为老师们身体健康，工作顺利，为××教育的明天，干杯！

尊敬的各位教职员工、女士们、先生们：

晚上好！

秋风习习，丹桂飘香，硕果累累，喜气洋洋。在这举国上下热烈庆祝第18个教师节的美好时刻，我谨代表××教育发展有限公司××实验学校，向所有为教育事业辛勤耕耘、默默奉献的园丁们，致以节日的问候和崇高的敬意！借此机会，向长期以来关心和支持我校工作的各位领导、各界朋友和各位家长表示诚挚的感谢！

两年多来，在各级领导和社会各界的关心和支持下，经过全体师生员工的不懈努力，我校一路稳健走来，各项工作均迈上了新的台阶：市小学生田径运动会、全国中语会第四届年会暨×××教学研讨会胜利召开，“×××之春”等大型文体表演成功举行；国家级课题《优质教育促进学生健全人格的发展》和省级课题《素质教育个性化发展的研究与实践》顺利实施……这一切都表明我们的工作是卓有成效的，得到了社会各界的一致好评，赢得了社会各界广泛的好评。

回首往昔，成绩骄人，倍感欣慰；展望未来，任务艰巨，仍需努力。同志们，新世纪国际竞争的实质是综合国力的竞争，是科技、人才、教育的竞争。而作为从事教育事业、从事人才培养的教师，其责任是何等重大！这就给我们教师提出了更加严格的要求。

在成绩面前，我们需要戒骄戒躁，踏踏实实，继续努力。同时，我相信，经过大家的齐心协力，我校会取得更好的成绩！

最后，我提议：为了×××的教育事业，为了在座各位的身体健康和美好生活，干杯！

## 记者节祝酒词

尊敬的各位领导、各位来宾、新闻界的朋友们：

大家下午好！

在我们伟大的祖国走过了60周年之际，我们迎来了第10个记者节。真可谓喜上加喜，双喜临门。今天，我们在这里欢聚一堂，共同庆祝我们自己的节日。此时此刻，请允许我代表S市新闻工作者协会，向荣获第八届S市新闻奖和全市优秀新闻工作者的同志们表示热烈的祝贺！向长期辛勤工作在新闻战线的同志们和为党和人民的新闻事业作出贡献的老一辈新闻工作者致以节日的慰问和崇高的敬意！向出席今天大会并为获奖者颁奖的各位领导嘉宾表示衷心的感谢！向所有关心和支持新闻事业的同志们、朋友们，特别是向与我们一起并肩协作、协力办好这次盛典的单位和个人表示诚挚的感谢！

一年来，在市委、市政府正确领导和亲切关怀下，广大新闻工作者团结奋斗、勤奋进取、开拓创新，走过艰辛、铸就辉煌，一大批优秀作品脱颖而出，展示了广大新闻工作者同甘共苦、破浪前行、攻坚克难的精神境界和精神风貌；同时也展示了一代又一代新闻人传承优良传统、尚德敬业、恪尽职守的高尚情操和品德。你们的付出让我们感动，你们的精神让我们自豪，你们的成绩让我们骄傲。

路漫漫其修远兮，吾将上下而求索。我们还将继续肩担道义，用自己手中的笔写出最好的文章，走进社会、服务群众，共同绘就S市美丽与发展双赢的历史画卷，浓墨重彩著华章。让我们一起拼搏，共同努力。

最后，我提议：为了S市的美丽与发展，为了S市新闻事业的再创辉煌，为了各位领导和同志们的身体健康，干杯！

## 端午节祝酒词

在这波光粼粼、浪花朵朵的海边，我们隆重庆祝端午节的到来，我谨代表市委、市人大、市政府、市政协以及全市50万市民对前来出席这次活动的各位领导、各位来宾表示热烈的欢迎和衷心的感谢！

（介绍××市的旅游资源及概况，具体内容略）

这次端午节的庆祝活动是我市举办的一次集旅游推介、文化交流、体育比赛为一体的盛会、希望通过这次活动让更多的人认识××、热爱××、走进××、投资××，让更多的信息、文化在活动中得以传播、交流，通过沟通增进友谊，通过沟通激发感知，真正把庆祝端午节的各种活动办成××展示风貌的窗口、对外交流的平台、加速发展的里程，真正为全市旅游产业的兴起壮大注入新的活力，从而带动和促进全市经济的快速、健康发展。

最后祝大家端午节快乐，身体健康、工作顺利，万事如意！干杯！

## 中秋团拜会祝酒词

各位领导、各位同事、女士们、先生们：

金风送爽，硕果飘香。又是一年中秋月圆时。在这个人人企盼团圆、庆祝团圆的温馨佳节，机关党总支、机关工会、机关团总支在这里共同举办"团圆·家"机关中秋酒会，共叙友情，共庆佳节。首先，让我们对莅临参加这次酒会的公司领导表示热烈的欢迎和衷心的感谢！借此机会，请允许我代表公司机关党总支、机关工会、机关团总支向大家致以崇高的敬意和节日的问候！

"月是故乡圆，人是故乡亲"。虽然我们来自五湖四海，但我们为了一个共同的目标和理想聚集在集团旗帜下，团聚在春城盘龙江畔，与公司同成长、共发展。在这个让人滋生思乡之情的唯美夜晚，大家会有许多身处异乡、远离亲人的思念，但我们更有融入公司这样一个团结、奋进、温暖、和谐大家庭的欣慰与自豪！

今天，让我们举杯邀月，把酒同欢，向远方的亲人传达我们的思念，并通过你们向支持和关心公司事业的亲人们表示衷心的感谢！

各位专家、老师，员工朋友们：

大家晚上好！

在我们中华民族传统节日中，中秋节是欢庆丰收的节日，也是合家团聚、把酒邀月的喜庆之时，更有"嫦娥奔月""吴刚伐桂"等美丽的传说，将中秋月夜点缀得浪漫迷人。

今年的中秋佳节将至，这是我们上海花园妇科医院的全体员工，共同迎来的第一个中秋节。我们举办这次集体聚餐酒会，不仅是为了共同欢度中秋佳节，更是为了加强员工和朋友们之间融合及交流，进一步增进友谊和企业的凝聚力。

明月当空洒银玉，中秋将至喜悦人，月是中秋分外明，且把问候遥窗寄。我愿借此机会，代表总公司的领导，向大家表示节日的祝福，并通过你们，向你们的家人表示节日的慰问！

祝愿你们的家人身体健康！万事如意！

每当风清月朗、桂香沁人之际，家家品月饼、赏明月，喜庆团圆，别有一番风味。

今晚，我们花园妇科医院全体员工相聚顺风酒店，共同饮宴、共诉友情、共祝我们的花园医院快速发展，健康成长。祝愿在座的朋友们节日快乐，人月共圆祝愿我们医院的明天辉煌灿烂！

现在我提议，大家共同举杯，为了我们花园妇科医院美好的明天，为了员工朋友们的身体健康和事业发展，干杯！

尊敬的各位总经理、各位工程师、各位业务骨干，同志们、朋友们：

晚上好！

今天是一年一度的中秋佳节，是一个团圆的节日。在此，我代表中共××县委、县政府和开发建设前线指挥部对××公司多年来的支持与合作表示衷心的感谢！向参与开发建设的各位同人致以最真挚的节日问候和美好的祝福！

中秋月圆之夜象征着家和业旺，人聚业兴。我们今天的开发建设之所以能够取得重大突破和进展，这都是我们××人经过了20多年的不懈努力和执着追求，更是你们勇挑重担，忠诚敬业，吃苦耐劳，无私忘我工作的结果。××发展了，功劳是你们的；××腾飞了，功劳也是你们的！

我们相信有在座各位的齐心协力，同舟共济，你们一定会在磨炼中成长，在竞争中成熟，你们一定会取得新的辉煌，在座的各位也一定能达到事业的辉煌。最后，我再一次向大家致以最美好的祝愿，并通过你们，向你们的家人致以亲切的问候。我提议：为了××的顺利开发，为了朋友们的身体健康、工作顺利，也为××辉煌灿烂的明天，干杯！

祝愿大家节日愉快，工作顺利，幸福安康！

# 国庆招待会祝酒词

尊敬的女士们、先生们，同志们、朋友们：

今晚，浦江两岸，华灯璀璨，新老朋友，欢聚一堂。我们和全市人民一起，共同庆祝伟大的中华人民共和国56岁华诞。在此，我代表上海市人民政府，向全市人民致以节日的问候！向各位来宾表示热烈的欢迎！向所有关心和支持××发展的海内外朋友，表示衷心的感谢！

56年前，新中国的成立，开创了一个文明古国的历史新纪元，也掀开了上海发展的新篇章。56年岁月如歌，56年沧桑巨变。特别是改革开放以来，上海经济持续快速健康发展，社会事业全面进步，城市面貌日新月异，人民生活日益改善。

今年以来，在党中央、国务院和市委、市政府的领导下，全市人民奋力开拓，上海经济社会继续保持良好发展势头，“十五”计划即将画上圆满句号。洋山深水港开港在即，中国人民银行上海总部设立，标志着上海国际航运中心，国际金融中心建设取得重要进展：世博会筹备工作全面启动，推动城市建设和管理再上新水平；国家批准浦东新区进行综合改革试点，为上海改革开放和现代化建设注入了新的活力。当前，我们正在抓紧编制“十一五”规划，集中各方智慧，描绘上海未来发展蓝图。

沧海月明浦江阔，长风浩荡云帆扬。我们要紧密团结在以胡锦涛同志为总书记的党中央周围，坚持以邓小平理论和“三个代表”重要思想为指导，以科学发展观为统领，按照中央对上海发展的新要求，立足科学发展，坚定不移地实施科教兴市主战略：着力自主创新，坚定不移地推进经济增长方式转甄完善体制机制，坚定不移地深化改革、扩大开放、促进社会和谐，坚定不移地为市民百姓建设安居乐业的美好家园，在率先全面建成小康社会、率先基本实现现代化，加快建设“四个中心”的征途中继续阔步前进！

现在，我提议：为庆祝中华人民共和国成立56周年，为祖国的繁荣昌盛和上海的美好明天，为各位来宾和朋友的身体健康，干杯！

女士们、先生们，同志们、朋友们：

60年，一个甲子，激情岁月，春华秋实。在今年，我们伟大的中华人民共和国迎来了60大庆。今夜，××50万人民万众欢庆，××会议厅嘉宾如云。在此，我代表我们市人民政府，向全市人民致以亲切的问候！向所有关心和支持我们发展的同志们、朋友们表示热烈的欢迎和衷心的感谢！

新中国成立60年来的光辉历程，显示了中华民族不屈不挠的意志、艰苦奋斗、顽强拼搏、锐意进取的精神。伴随着祖国的崛起，在这座城市，我们也感受着日新月异的发展。

改革开放以来，党的第二、第三代领导集体和新一届中央领导集体对我们的发展始终深切关怀，倾注心血，为我们这座城市的发展指明了方向。今年，在党中央、国务院领导下，我们把树立和落实科学发展观贯穿于各项工作的始终，坚决、积极、全面、有力地贯彻落实中央宏观调控政策，并取得了显著成效，全市经济平稳健康发展，各项社会事业全面进步，城乡人民生活得到了很大的提高。

我们还要戒骄戒躁，继续求真务实，艰苦奋斗，开拓创新，服务全国，向着社会主义现代化国际大都市和国际经济、金融、贸易、航运中心之一的宏伟目标迈进！

现在，我提议：为庆祝中华人民共和国成立60周年，为伟大祖国的繁荣昌盛，为这个城市更加美好的明天，为各位来宾和朋友的身体健康，干杯！

女士们、先生们，同志们、朋友们：

大家好！

今天，我们欢聚一堂，庆祝伟大的中华人民共和国60华诞。我谨代表××市人民政府，向全市人民和在××生活、工作的海内外朋友，致以节日的问候！向所有关心和支持××发展的同志们、朋友们，表示衷心的感谢！

1949年中华人民共和国成立，中国人民从此站起来了，开启了中华民族伟大复兴的历史新篇章。60年来，在中国共产党的坚强领导下，全国各族人民满怀豪情，团结一致，开拓进取，创造了中国特色社会主义事业的辉煌成就，谱写了中华民族自强不息、顽强奋进的壮丽篇章。

改革开放以来，××这座城市发生了翻天覆地的历史性变化，基本实现了从传统的工商业城市向经济中心城市的战略转变，各项社会事业有了长足发展，人民群众生活持续改善，一个新的社会主义现代化国际大都市正在崛起。

今年以来，面对国际金融危机的严重冲击和××自身发展转型的巨大压力，我们深入贯彻落实科学发展观，坚决执行中央一系列政策措施，在保持了经济平稳发展的良好势头的同时，也保持了社会和谐的良好局面。

现在，我提议：为庆祝中华人民共和国成立60周年，为祖国繁荣昌盛和××明天更美好，为各位来宾的幸福安康，干杯！

## 新老团干部茶话会祝酒词

尊敬的各位领导、同志们：

大家好！

时光如流水。一转眼，又一个激情迸发的5月踏着欢快的脚步向我们走来。5月是全市各族各界青年的节日，更是我们曾经在共青团工作岗位和正在共青团工作岗位上辛勤耕耘的新老团干部的节日，为此，团市委在五四运动80周年来临之际，在此举办全市新老团干部茶话会。今天，我们欢聚一堂，回首过去，憧憬未来，祝福明天。我的心情和大家一样兴奋，一样激动。在此，我代表市委向全市新老团干部致以5月的良好祝愿，衷心祝愿大家身体健康，工作顺利，生活愉快！向关心、支持共青团工作的各位领导和同志们表示衷心的感谢！

这一次相聚，我们的脸上荡漾着新的喜悦、新的希望。今天这份欢乐，来自于全体新老团干部辛勤汗水换来的收获，同时也饱含着我们对各位将来再建新功的深切祝福，这是每一位新老团干部此时此刻所有兴奋与激动的源泉。

来，我们共同举起相聚的酒杯，为了我们长久的友谊，更为了开辟共青团事业的新天地，干杯！谢谢大家！

## 元旦宴会祝酒词

同志们：

值此元旦到来之际，我谨代表区信用社班子成员向一年来为信用社的发展付出辛勤努力、作出积极贡献的广大干部员工拜年了！祝大家在新的一年里身体健康、工作顺利、合家欢乐、万事如意！

2011年，是×××信用社实现历史大跨越、大发展的一年。一年来，在同志们的大力配合下，按照“稳健经营、稳步发展”的经营理念和“创建一流金融机构”的奋斗目标，牢固树立和落实科学发展观，各项工作整体推进、全面提升、成效显著。至12月30日，存款余额达到××亿元，较年初增长××万元，超××分配××亿元计划××××万元，超力争××亿元计划××万元；各项贷款余额××亿元，较年初增长××万元，存贷规模已近××亿元；不良资产下降绝对额×××万元，超××分配任务××万元。全年实现各项收入×××万元，各项支出×××万元，实现账面利润××万元，考核利润××万元，完成××分配计划的××%；员工年人均收入××万元，较去年增加×万元。

2012年存款要保证增长××个亿，力争增加××亿元，总目标是余额达到××亿元；保证不良贷款绝对额下降××万元；新组建联保小组××个；中间业务实现人均收入××元，发行信通卡××张，安装ATM机×台。我希望在新的一年里，同志们要再接再厉，团结一致，确保2012年各项工作再上一个新的台阶。

最后，我提议，让我们举起酒杯，共同祝愿，祝愿××信用社的各项业务快速稳健发展，祝愿我们自己和我们的家人健康、平安，快乐。谢谢大家！

各位女士、各位先生、各位朋友：

大家晚上好！

不知不觉，我们走进了2015年。今年是×××公司成立的第10年。10年是多么的不容易啊！此时此刻，我和大家的心情一样激动、高兴。

在新年来临之际，首先我谨代表×××公司向长期关心和支持公司事业发展的各级领导和社会各界朋友致以节日的问候和诚挚的祝愿！

向辛苦了一年的全体员工拜个年！感谢大家在2014年的汗水与付出。许多生产一线的员工心系大局，放弃许多节假日，夜以继日地奋战在工作岗位上，用辛勤的汗水浇筑了×××不倒的丰碑。借此机会，我向他们说一声：“大家辛苦了！你们为公司发展所作出的努力大家是有目共睹的。”

向现场所有的家人和朋友们拜年！我们的点滴成绩都是在你们的帮助关怀

下取得的，祝你们在新的一年里身体健康，心想事成！

展望2015年，公司已经站到了一个更高的平台上，新的一年，公司将继续推进改革，争取全面提升公司的核心竞争能力。我相信2015年是风调雨顺、五谷丰登的一年，定会圆满实现第一个10年目标。

新的一年，就让我们以自强不息的精神、团结拼搏的斗志去创造新的辉煌业绩！让我们携起手来，为去创造更加美好的未来！干杯！

尊敬的各位来宾，女士们、先生们：

晚上好！

莺歌燕舞春添喜，寅虎奔腾景焕新。今天，我们在这里欢聚一堂，喜气洋洋，辞旧迎新，总结过去，展望未来；回顾成绩，畅想明天。

过去的一年，是××县各项事业不断发展、全面推进的一年。一年来，在市党委、市政府的关心与正确领导下，××县艰苦创业，锐意进取，创造了可喜的成绩，实现了物质文明、精神文明的双丰收。在此，我谨代表××县委、县政府向长期关心和支持我们的社会各界朋友致以新年的问候，向全县人民，致以崇高的敬意和由衷的感谢！

明媚的春光将我们带入了崭新而充满希望的2012年，这也是一个需要我们每一个××人辛勤耕耘的一年。新的一年，我们既面临机遇又面临挑战。我坚信，有上级党委、政府的正确领导，有××县人民的共同努力，有我们的激情澎湃、斗志昂扬的精神，2012年将会取得可喜可嘉的成绩！

下面我提议：为我县的快速发展，为在座各位干部职工的幸福、健康，干杯！

敬爱的各位老师：

光阴似箭，岁月如梭。转眼2011年就要过去。在这辞旧迎新的美好时刻，我们一起回首往事，畅想未来。回首2011年，深挚的感激之情油然而生；迎接2012年，真诚的美好祝愿充溢心田。请允许我代表学校，向兢兢业业、辛勤工作的全校教职工，向关心支持我校发展的各界人士，致以节日的问候和诚挚的谢意！

春华秋实，岁月流金。（介绍2011年所取得的成绩，具体内容略）总结

2011年，我们心怀感激！感激我们的老师，你们兢兢业业、夙兴夜寐，用智慧与汗水催开了满园蓓蕾；你们刻苦钻研、无私奉献，用师德和业绩赢得了社会的尊重和肯定。

春回大地，万象更新。2011年满载着收获远去，2012年伴随着希冀走来。过去的成绩已成凝固的历史，未来的辉煌还要靠我们用双手去创造。新的一年，面对教育发展的新形势，让我们在县委政府和上级教育主管部门的正确领导下，紧紧把握时代的主旋律，把握学校目前良好的发展态势，同心同德，凝心聚力，坚定前行，用成绩点燃激情的梦想，用激情续写发展的篇章，用发展共谱2010年的崭新辉煌！

让我们共同举杯：祝全体××人新年快乐，身体健康，万事如意，合家幸福！祝××事业兴旺，再创佳绩！

各位企业家、女士们、先生们：

晚上好！

今天，我们开发区的企业家欢聚一堂，举行以“携手合作、共谋发展”为主题的新春座谈会。首先，我向大家的到来表示衷心的感谢，对大家在过去的一年取得的成绩表示诚挚的祝贺！

企业是社会的细胞，是财富的源泉，也是××开发区发展的希望，从这个意义上说，企业家是社会最重要的财富，是最重要的人才之一。××开发区走过了10年的风雨历程，特别是2003年以来，取得的成绩是有目共睹的，这其中凝聚了在座各位的艰辛劳作，借此机会，向各位表示崇高的敬意！

2011年××开发区社会各项事业蓬勃发展，基础设施建设有序推进，特别是省委、省政府作出“把××试验区建设成贵州加快发展的经济特区”，赋予××试验区“超前探索、先行试验、封闭运行、大胆创新”的权力，给××开发区带来了新的发展契机，同时也给企业更多优惠的政策。相信政府的大力扶植下，今明两年会有更多的企业加入到××开发区，××开发区“大开放、大开发、大建设、大发展”的基本格局已初步形成，我们广大的企业家朋友们应该对开发区的发展充满信心和希望，让我们携手将开发区的明天打造得更加美好！

最后，让我们举起杯来，为过去一年所取得的成绩，为开发区美好的明天，干杯！

各位来宾、设计师朋友们：

大家好！

很高兴能有机会与×××家装网、××企业服务、设计师俱乐部共同举办今晚的“元旦迎新春嘉年华酒会”，在此，我代表××管理团队欢迎诸位的到来！××在去年面市以来，得到了国内外同行，特别是设计师朋友们的广泛认可和大力支持，借此机会，表示诚挚的问候和衷心的感谢！××已经成为高端厨卫的代名词，设计师实现创意的良好平台。为进一步扩大××品牌影响力，更好地为设计师朋友提供更多的设计创意元素，我们计划在2012年3月与×××携手在××××家具广场开设以“极致生活体验”为主题的家居展示厅。借此机会我与×××总经理、×××先生一道，在此盛情邀请各位届时光临该展厅，共同见证那期待已久的一刻！

各位来宾，各位朋友，在新春到来之际，让我们共同举杯，祝愿大家新年快乐！万事如意！谢谢！

## 春节宴会祝酒词

各位来宾、朋友们：

在牛年春节即将到来之际，××市委、市政府在这里召开迎新酒会，荣幸地邀请各位领导欢聚一堂，共叙往事，把酒未来，喜迎新春佳节。各位曾经在××市工作过的领导，多年来心系××，关注××，通过各种方式支持和帮助××的各项事业发展。在此，我代表全市380万各族人民，向各位领导表示衷心的感谢并致以节日的祝福！

近几年，在上级党委、政府的正确领导和亲切关怀下，在各位领导和朋友们的支持、帮助下，××市经济获得了较快发展，社会各项事业取得了新的进步。2012年GDP增长29%。农牧业产业化步伐加快，工业经济初步形成了食品、矿业、能源、医药四个优势主导产业，新城区建设进展顺利，生态建设和交通、水利等基础设施建设均取得了较大进展。经济发展后劲增强，势头良好。这些成绩的取得，是全市各族人民共同努力的结果，更凝结着在座各位领导的心血和汗水。

面对全国各地和全省各盟市竞相加快发展的新态势，我们提出了到2013年国内生产总值比2000年翻一番。同时依据××的资源优势、区位优势、现有基础和发展潜力，按照上级党委、政府的有关要求，提出了今后一个时期全市经济发展的新定位，即利用21世纪前10年左右时间，争取把××市建设成为辐射周边地区的农畜产品生产加工基地、东北与华北地区重要能源基地、国家矿产资源战略接替基地、草原文化旅游胜地、京津与辽沈地区重要生态屏障、百万人口区域性中心城市和全省最便捷的出海通道。要实现这样的目标和定位，我们具备了一定的基础，决心很大，但困难和压力也不小。衷心希望各位领导一如既往地支持、帮助××发展。各位领导熟悉××，热爱××，工作能力强，接触面广，也一定会对××的发展给予更多的关心和厚爱。

多年来，×××人民一直想念着曾在××工作过的各位领导、同志和朋友们，也盼望着各位领导在方便的时候多回××，探亲访友，视察工作，指导和帮助我们把××的明天建设得更加美好！

现在，我提议：我们的事业兴旺发达，为我们的友谊与日俱增，为各位领导春节愉快、牛年吉祥、身体健康、阖家欢乐，干杯！

各位来宾、朋友们：

在我们喜迎佳节之际，我们在这里隆重聚会，共同恭贺新春，应×××委托，我代表×××向大家拜年了！祝愿大家身体健康，万事如意，家庭幸福，经济收入芝麻开花节节高，日子越过越红火。

一元复始，万象更新。回顾过去的一年，我既有欣喜也有艰辛，我们全场上下领导齐心协力，最终取得了可喜的成绩。展望新的一年，祖国上下一片欣欣向荣的景象，改革开放30年的巨变让我们过着幸福的小康生活，特别是党中央的十七大会议精神的光辉指引和新农村建设的英明举措，富民强国的重要决策为我们描绘出了一条康庄大道。享受这改革开放的成果，我们无比地骄傲和自豪。如今我们的生活，住的房子比以前宽敞了，腰包比以前满了，去超市也敢花钱了。小轿车开进家里已经不再是梦想了。

今天，我看到出席今天酒会的各位宾朋的脸上都荡漾着新春的灿烂微笑。在这里，我祝愿各位越活越年轻，日子越过越兴旺！都忙了一年了，大家辛苦了，为了表达心意，我们今天精心准备了充满祝福的酒席，希望大家能吃好、喝好，关键是能交流出经验来。在此，我建议大家共同举杯，同贺新春，开怀畅饮！

各位女士、各位来宾、领导、同志们：

大家好！

在2012年的新春佳节即将到来之际，我们欢聚在一起，借此新春佳节，我向全公司同人及你们的家人致以新年最诚挚的问候和祝福。祝大家在新的一年，家庭幸福，身体健康！工作愉快，心想事成！

时光如梭，公司一晃走过了10个春秋！在过去的时间里，在公司在座各位的共同努力下，公司的业务逐年攀升，代理产品逐渐增多，在残酷的市场竞争中没有大起大落，而是健康稳步发展。我们体会到了成功的喜悦，当然我们也曾经历过失败，但无论如何，公司有今天，离不开在座各位对我们事业的忠诚和付出的辛勤汗水。在这里，我代表我本人以及最亲密的合作伙伴××先生共同说一句：谢谢大家！

在新的一年，公司即将进入第11个年头，公司已经明确定位，以集体所有制民营科技企业的模式进行规范管理和运作，并努力实现在5年内逐步改制成为按照现代企业管理制度管理的、规范运作的股份合作制公司，并逐渐寻找新的发展机会和市场目标。在管理层的建设上，我们将会从公司员工中提拔中层和高层管理干部，以使公司能够持续、健康、稳定地发展，并使每一位员工能够将××视为自己事业的归宿，最大限度、自由地发挥自己的创造力。

祝大家在新的一年中继续踏实敬业，积极创新，用自己的勤劳和智慧创造和实现自身价值，做一个无愧的××人，让我们继续努力，我们的未来一定会充满希望。一分耕耘，一分收获，我们将用我们的勤奋和智慧创造明天的美好生活。

现在我提议，为大家的健康，为本公司的事业发展，干杯！

各位领导、各位同事、同志们：

大家好！

值此新春佳节来临之际，我谨代表××市建设局党组和全体班子成员，向在座的各位，并通过你们向关心支持建设系统工作的社会各界人士，向无私奉献、默默耕耘在一线的建设系统全体干部职工拜年，衷心祝福你们在新的一年里，身体健康，工作顺利，合家幸福，万事如意！

回顾成绩，振奋与欣慰。2008年，××市再夺“省级卫生城市”“文明城市”的光荣称号。城市基础设施现代化水平不断提高，城市人居环境日益改善。骄人的成绩，饱含着你们辛勤的劳动和汗水，是你们与时俱进、奋发有为精神风貌的体现，是你们齐心协力、兢兢业业、挑战困难、踏实敬业工作的结果，你们辛苦了！借此机会，向你们表示衷心的感谢和崇高的敬意！

展望未来，催人奋进。2009年，市政府提出了城市建设与管理“三化两改一加快”的工作目标，要求我们突出城市绿化和市容洁化工作，实施旧城改造和污水改造工程，加快国家园林城市和卫生城市的创建步伐。这一目标，任重道远，需要我们去努力，去拼搏，去开拓。

最后我提议，让我们为了建设和管理事业更加繁荣昌盛，为了各位的身体健康，为了建设系统全体干部职工的健康、幸福——干杯！

尊敬的各位嘉宾，亲爱的××家人及亲人们：

大家晚上好！

金牛扬蹄昔年去，玉虎腾跃新春来。回首过去，峥嵘岁月，欣慰神驰，展望未来，锦绣前程，壮怀激越。

我们激情满怀地走过了2011年，2011年是××向更高目标发展的关键一年。××公司的蓬勃发展，饱含我们每一个人的付出，同时也带给我们成长和成就的喜悦。在我们充满豪情迎接新的一年、新目标之际，我代表××公司向各位来宾的到来表示热烈的欢迎和衷心的感谢！感谢各位领导、嘉宾对××事业一如既往的关心和厚爱；感谢××家人过去一年在各自岗位上的辛苦努力，感谢××亲人们对公司事业的理解和支持。

回眸激越澎湃的牛年，我们无比欣慰，无比自豪。成绩来之不易，创业充满艰辛。1年来，××公司在社会各界和政府的支持帮助下，在全体××人的努力拼搏下，弘扬××“创新、诚信、奉献、发展”的企业精神，自信笃行，攀高争先，跨越奋进，提前实现了“事业基本腾飞”的发展目标。

展望充满希望的2012年，我们更加斗志昂扬、意气风发。新的一年，新的征程；新的一年，新的希望；新的一年，新的憧憬。在新的一年，公司上上下下，继续发扬艰苦奋斗的精神，顽强拼搏、锐意进取，快速推进××事业向产业集团化进军，实现公司事业全面跨越，实现公司事业1年2亿的企业目标。

最后，我提议：让我们共同举杯，为我们在座每个××人的健康财富梦想。为各位嘉宾、×××家人及亲人们的身体健康、工作顺利、生活愉快、万事如意，干杯！

尊敬的各位领导、各位来宾，女士们、先生们、朋友们：

大家好！

借此新春佳节之际，我给大家拜年啦！

春回大地，万物复苏。今天，各位满怀的深情参加今天的团拜会，我们深感荣幸，倍感亲切。首先，我谨代表中共×市委、市人大、市政府、市政协、××军分区对各位领导、各位老乡和朋友们的到来表示热烈的欢迎！对各位多年来为家乡经济建设和社会发展所给予的关心、支持、帮助表示衷心的感谢！并祝各位新春愉快、工作顺利、幸福安康、万事如意！

回顾过去，我们感慨万分，倍感欣慰。2014年，在全市人民的共同努力下，本市的经济社会发展呈现出增长加快、效益提高、结构优化、活力增强、民生改善、社会进步的良好态势。全市完成地区生产总值408亿元，比上年增长14.8%，增幅为改革开放以来最高。地区生产总值、财政总收入、规模工业增加值、固定资产投资等主要指标增速均处于全省前列。

展望未来，我们信心百倍。2015年，是全面贯彻落实党的十七大作出的战略部署的第一年。我们将紧紧围绕“十一五”期间综合实力跻身全省第二方阵的奋斗目标，进一步解放思想，大力推进改革开放，大力转变发展方式，大力推进新型工业化、新型城市化和社会主义新农村建设，突出抓好招商引资和项目建设，着力保障和改善民生，实现经济社会又好又快发展。

美不美，家乡水；亲不亲，故乡人。各位领导、各位老乡，你们远离故土，奋斗在大江南北的各条战线上，靠自己的智慧和汗水成就了一番事业，在不同的领域，为国家的改革发展稳定作出了较大贡献。家乡人民为你们喝彩，为你们骄傲。多年来，你们身在外地，时刻不忘关心、支持家乡的建设与发展，家乡人民衷心感谢你们。目前，××市面临着良好的发展机遇，已进入发展的快车道，前景一片光明。但我们深知，越是在好的形势面前，越要保持清醒的头脑，做到不骄不躁，埋头苦干，自加压力，负重奋进。为此，我们衷心希望各位对我们的工作多加批评指导，多提宝贵意见；恳请各位一如既往地关心、支持家乡的建设。

最后，我提议：为了××更加美好的明天，为了大家的健康幸福，干杯！

各位来宾、各位亲友、××公司全体同事：

晚上好！

首先我代表××公司全体员工对各位来宾、各位亲友光临今天的晚宴表示热烈欢迎！并对你们一如既往给予我公司的关心、支持和帮助表示衷心感谢！

值此新春佳节来临之际，我谨代表公司向在座的各位致以节日的问候和新春的祝福！

过去的一年，公司全体员工在各自岗位上兢兢业业，勤勤恳恳，公司的各项工作得以顺利完成。特别是奋战在一线的员工，在工期紧、任务重、品质严的情况下，面对重重困难，知难而上，踏实苦干，顽强拼搏，表现出昂扬的斗志，体现出良好的精神风貌，为公司保质保量准时完成订单付出了艰辛，为公司品牌的树立作出了贡献。在此，我向你们道一声：辛苦了，谢谢你们！

新的一年，我们继续以“团结、务实、拼搏、创新”为公司的企业精神，以“十大改进”为新年度工作重心，以“渐进改善，内涵优化，夯实基础，稳健高效”为新年度工作方针，加快现代企业制度建设步伐，提高技术创新能力，提升企业核心竞争力，进一步增强公司的凝聚力、向心力，迎接机遇与挑战，携手共创××美好未来！

最后，再祝各位员工和你们的家人身体健康、新春愉快！谢谢！干杯！

## 元宵节祝酒词

尊敬的各位领导、各位嘉宾：

大家元宵节快乐！

龙飞凤舞，鞭炮齐鸣；灯会展猜，万民同乐。在正月十五元宵佳节之际，我们市文联、作协、市文化体育局携手合作，举办首届灯谜节，并邀请全国灯谜高手前来献技，希望能为××城增添节日的喜气，给父老乡亲带来参与的快乐。在此，我代表灯谜爱好者向××人民问好，向关心和支持这次活动的各级领导、文化部门以及其他赞助单位表示衷心的感谢，并对远道而来的嘉宾和谜手们表示诚挚而热烈的欢迎。

猜灯谜是一项有益于身心健康的传统文化活动。“猜灯谜”又叫“打灯谜”，是从古代就开始流传的元宵节特色活动。每逢农历正月十五，各家各户都要挂起彩灯，燃放焰火，后来有好事者把谜语写在纸条上，贴在五光十色的彩灯上供人猜。因为谜语既能启迪智慧又迎合节日气氛，所以响应的人众多，而后猜谜逐渐成为元宵节不可缺少的节目。

猜灯谜又是一项以汉字音、形、义变化为基础，集猜、制、论、评等为一体的综合性民间艺术，具有增知、益智、怡情及审美作用。经过广大灯谜爱好者的不懈努力，当今中华灯谜事业兴旺，社团蜂起，人才辈出，全国已涌现多个“灯谜之乡”。隶属于中国民间文艺家协会的中华灯谜学会成立已有14年，并成为联系海内外华人，促进文化交流的纽带和桥梁。

今天，首届灯谜节在××举行，我们安排了多项活动。有的面向群众，意在宣传和普及，如灯谜展猜一条街、中华灯谜进校园等，有的请来名家，旨在学习与提高，如全国灯谜邀请赛。我希望大家能够踊跃参与，乐在其中。

最后，再一次向家乡人民致以真诚的祝福，并预祝首届灯谜节圆满成功！谢谢大家！

## 【节日宴佳词妙句】

### 节日宴传统诗词

◎元旦

《元日》

王安石

爆竹声中一岁除，春风送暖入屠苏。

千门万户曈曈日，总把新桃换旧符。

◎元宵

《生查子·元夕》

欧阳修

去年元夜时，花市灯如昼。月上柳梢头，人约黄昏后。

今年元夜时，月与灯依旧。不见去年人，泪满春衫袖。

◎清明

《清明》

杜牧

清明时节雨纷纷，路上行人欲断魂。

借问酒家何处有，牧童遥指杏花村。

◎端午

《端午日赐衣》

杜甫

宫衣亦有名，端午被恩荣。细葛含风软，香罗叠雪轻。

自天题处湿，当暑著来清。意内称长短，终身荷圣情。

◎中秋

《水调歌头》

苏轼

明月几时有，把酒问青天。不知天上宫阙，今夕是何年。我欲乘风归去，又恐琼楼玉宇，高处不胜寒，起舞弄清影，何似在人间。转朱阁，低绮户，照无眠。不应有恨，何事长向别时圆。人有悲欢离合，月有阴晴圆缺，此事古难全。但愿人长久，千里共婵娟。

◎重阳

《九月九日忆山东兄弟》

王维

独在异乡为异客，每逢佳节倍思亲。

遥知兄弟登高处，遍插茱萸少一人。

◎除夕

《守岁》

苏轼

儿童强不食，相守应欢哗。

晨鸡且勿鸣，更鼓畏添过。

**母亲节祝酒妙句**

◎今天是母亲节。但并不是只有在母亲节这天才要特别去“关心”您，365天里，每一天都是母亲节。希望您能天天快乐，日日幸福！

◎世间没有一种爱能超越您的爱，没有一种花能比您美丽，没有一种面容比您慈祥，您还有一个世界上最最好听的名字：妈妈！

◎您是一棵大树，春天倚着您幻想，夏天倚着你繁茂，秋天倚着您成熟，冬天倚着您沉思。亲爱的妈妈，感谢给予我的一切，祝福您节日快乐！

◎走遍千山万水，看过潮起潮落，历经风吹雨打，尝尽酸甜苦辣，始终觉得您的怀抱最温暖！不论我走多远，心中永远眷恋。祝妈妈母亲节快乐！

**父亲节祝酒妙句**

◎我的脉搏里流淌着您的血液，我的性格上深烙着您的印记，我的思想里继承着您的智慧，这一切的一切，我永远不会忘记，我亲爱的父亲！

◎燃烧的岁月，已将父亲的青春焚尽，但那坚强的信念，仍在父亲额头闪光，父亲在我心目中永远高大伟岸，父亲的爱护、关怀和勉励将伴我信步风雨人生。祝父亲快乐！

◎爸爸，您是我们这个家庭的支柱，您的快乐就是全家人的快乐，祝您节日愉快！

◎爸爸，你生我育我，我能到今天，离不开您的支持，可我有时说话不知轻重，冒犯了您，请您别放在心上，今天是父亲节，祝您节日快乐！

◎年少的青春，未完的旅程，是你带着我勇敢地看人生；无悔的关怀，无怨的真爱，而我又能还给你几分，祝父亲永远快乐！

**三八妇女节祝酒妙句**

◎我提议为巾帼不让须眉，为鲜花和美酒，干杯！

◎女士们，先生们，朋友们，现在，我提议：为我们公司上上下下的女孩子、女人们的美丽与幸福，干杯！

◎让我们斟满美酒，共同举杯，祝愿我们所有女性朋友们节日愉快、生活幸福、合家欢乐！干杯！

**八一建军节祝酒妙句**

◎愿我们真诚的笑容和美丽的祝福溢满这承载着友谊的酒杯，为快乐而高歌，为胜利而起舞，请端起手中的酒杯，让我们为青春的飞扬而干杯，为钢铁般的长城而干杯，为团结的力量而干杯，为美好的明天，干杯！

◎最后，我提议：为了××的美好明天，为了各位的健康和幸福，干杯！

**教师节祝酒妙句**

◎最后，让我们共同举杯，为我校的美好明天，干杯！

◎领导们、老师们、朋友们，为了教育事业的明天，干杯！

◎最后，让我们共同举杯，祝愿教育事业迈上新台阶，祝愿在座的各位老师身体健康，工作顺利，万事如意，干杯！

◎现在，我提议：为了我们从事的光荣事业，为了在座各位的身体健康、工作顺利，家庭幸福，干杯！

**中秋节祝酒妙句**

◎现在，我提议：为我县的美好明天，为我们的共同事业，为在座各位的身体健康，干杯！

◎我提议：为了×××的顺利开发，为了朋友们的健康快乐，也为××辉煌灿烂的明天，干杯！

**国庆节祝酒妙句**

◎现在，我提议：为庆祝中华人民共和国成立60周年，为伟大祖国的繁荣昌盛，为各位来宾和朋友的身体健康，干杯！

◎女士们，先生们，朋友们，在这洋溢着友谊与欢乐的节日气氛中，我提议：为庆祝中华人民共和国××华诞，为我们的祖国更加繁荣富强，为我们各族人民的大团结，为今日我们的合作，为在座各位嘉宾和朋友的健康和幸福，干杯！

**重阳节祝酒妙句**

◎重阳节到了，秋高气爽，愿与你赏菊饮酒，登高遥望。

◎秋风徐徐，重阳九九，蒸上九重的粟糕，备好香醇的菊酒，等着与你分享。

◎赏菊饮酒，登高遥望，祝您健康长寿！

**元旦祝酒妙句**

◎为在座各位在新的一年里工作顺利、身体健康、事业有成、合家幸福，干杯！

◎现在，我提议：为我们的事业兴旺发达，为我们的友谊与日俱增，为各位领导春节愉快、鸡年吉祥、身体健康、合家欢乐，干杯！

◎雄关漫道真如铁，而今迈步从头越。让我们以自强不息的精神、团结拼搏的斗志去创造新的辉煌业绩！新的一年，我们信心百倍，激情满怀，让我们携起手来，去创造更加美好的未来！干杯！

**春节祝酒妙句**

◎为县委、县人大、县政府和县政协的正确领导，为在座各位的身体健康，为系统3000多名干部职工的幸福，干杯！

◎最后我提议，让我们为了建设和管理事业更加繁荣昌盛，为了各位的身体健康，为了建设系统全体干部职工的健康、幸福，干杯！

第七章

# 周年庆祝酒词：良辰美酒，继往开来

周年庆酒是对以往感叹、追忆，对未来的展望，起着承上启下的作用。它仿佛是一个驿站，让人整顿行装，准备再出发！

## 公司周年庆典祝酒词

各位×××的同事，兄弟姐妹们：

大家晚上好！

今天是我们×××大家庭10周岁的生日。

我们相聚一堂来回顾过去的10年，我们经历了创业的艰辛和激烈的竞争，见证了家纺行业的起伏沉落，但是我们一直坚守自己的信念：只要我们团结一致，上下齐心协力，×××的明天就会更好。在此，我很高兴能够与大家分享所取得的一些成绩。

10年前，我们还是一个不起眼的只有10来人的小门市，10年后的今天，我们已发展成一个初具规模的拥有200多人的公司，成功地与中国几十个著名家纺品牌企业建立了长期战略合作伙伴关系，也完成了对全国范围尤其是北京、上海等一线城市的业务覆盖，同时也改变了家纺面料行业的经营模式，创立了家纺设计工作室，并且初试锋芒，多次在国内大赛中获奖。我们集设计、研发和营销为一体的核心竞争力正在逐步形成，并走向成熟，我们已经取得了500多款的专利和版权。与此同时，我们的销售业绩也同样连续保持着快速的增长，在家纺行业已经享有了相当的美誉度。

这10年来的成绩，大家是有目共睹的。这可喜可贺成绩的取得是用全体员工的辛勤汗水浇注的。对于×××来说，我们积累下来的最大财富不是我们在家纺行业的领先地位，而是我们拥有了一支不怕吃苦、不断进取、不断成长的团队，还有我们的合作伙伴对我们的信任和支持。

值此10周年店庆上，我发自内心地感谢大家，正是有你们的全心努力、任劳任怨、积极进取，公司才能取得今天的成就！

过去的10年是难忘而精彩的，未来的10年必将迎来更多的精彩和挑战。未来10年，×××将会全力打造以设计航母为核心的集团化联合舰队。这一目标是宏伟的，她的实现将需要我们全体同人再接再厉，一如既往、兢兢业业地战斗在自己的工作岗位上。在此请允许我代表董事会和总经理室，向勤奋工作在各岗位上的同人、向支持×××发展的各位领导和朋友们表示最衷心的感谢！

现在让我们共同举杯，祝愿×××的明天更加美好，祝愿大家度过一个美好而难忘的夜晚！

各位领导，各位来宾，员工们：

大家好！

时间犹如白驹过隙，一转眼，××公司走过了5年。今天，我们在这里为她的生日举行隆重的庆典会。首先，请允许我代表公司全体员工向关心和支持我们的××领导表示衷心的感谢和崇高的敬意，让我们以热烈的掌声，欢迎他们的到来！同时，也允许我代表公司向各位员工表示亲切的慰问。

5年前，××公司成立了，一开始一无所有，之后不断地发展壮大，用汗水和泪水浇灌出了一条平凡而又不平凡的路，取得了辉煌的成绩：企业利税额以较大的幅度连年增长，已发展成我国最重要的××产品开发生产基地之一，实现了××上级机关对我们的要求。这些成绩是在以××为首的原省××机关党组领导的直接关心和直接领导下取得的，与公司原董事长××付出的心血是密不可分的，在此，让我们以热烈的掌声对他表示感谢！

回首往事，一幅幅平凡而充满激情的历史片段在我们每个人的眼前交相辉映，汇集成一段××公司发展的历史，一段××公司人奋斗的历史。

5年来，我们在工作中所形成的“团结、拼搏、创新、进取”的信念，已经形成了一种公司的精神，这是5年来我们最宝贵的精神财富。接下来的日子里，我们还将继续发扬并传承这种精神，共同创造更加辉煌灿烂的明天！

我提议让我们为了公司的美好明天而干杯！

女士们，先生们，各位来宾们：

大家晚上好！

今夜星光灿烂，张灯结彩，值××网站成立1周年之际，来自四面八方的各界朋友齐聚一室，共叙天伦，载歌载舞。在此我代表××网站所有员工向诸位前来参加庆典活动的各位朋友表示热烈的欢迎！向一年来一直关注、支持我们网站发展的兄弟姐妹们表示衷心的感谢！

天地永恒，时空永恒，不断改变的是四季光阴，是如水的岁月，永恒的是我们那经风经雨的友谊。这永恒与天地同在，与时空共存。这是我们的共同心愿，也是大家的良好期待。

把繁复的日子放到美妙的歌声中去飘逸，把人生的短暂放到永恒的情意中去淘洗，这日子便有了滋味，这生活便有了温馨。让我们共同展望那永恒的未来吧！最后，让我们共同举杯祝晚会圆满成功，祝大家在这里度过一个愉快、浪漫的夜晚。谢谢大家！

××公司的全体员工：

秋天天是硕果累累的季节，收获的季节。在这样的时刻，我们又迎来了××公司20周年的庆典，在这样的喜庆时刻，让我们××公司的新老员工尽情欢庆××公司20周年庆典吧。在此，我对一年来辛勤工作的××员工和支持××发展的各界朋友致以真诚的谢意，谢谢大家！

忆往昔，峥嵘岁月稠，××已走过了难忘的20年里程，几多欢声笑语，无数次庆功酒宴，记载了多少××功臣的诗篇；几多激流险滩，留下了我们拼搏奋战的身影。在这20年里，多少××的员工20年一如既往的勤勤恳恳，踏踏实实的工作。这些，公司是有目共睹的。

数风流人物，还看今朝。过去的一年里，在公司全体员工的努力下，取得了显著的成绩，公司早已经走出了初期的艰难时期，经营也已由被动变为主动，稳稳地掌握了发展的主动权。

仁者多助，义者无敌。我们不屈不挠的努力，终于经历了考验我们意志和勇气的严酷寒冬，公平的老天又赐给××明媚的春天。今年，将是公司飞跃发展的一年，是××喜庆收获的一年，我们将在行业上宏图大展，重做行业龙头。让××这条巨龙在东北、华北、华东、华南崛起，腾飞。

最后，我提议祝公司全体员工节日快乐！祝××公司蒸蒸日上！

各位朋友、各位来宾、×××全体同人们：

大家晚上好！

今天是公司成立10周年的大好日子，此时此刻，我心潮澎湃，感慨万分。无论成功与失败、无论快乐与痛苦、无论甘甜与辛酸、无论彩虹与风雨，我们都一直在努力，我们都顽强地走过来了，在此我对所有支持过我们、帮助过我们、关注过我们、与我们携手共进的所有朋友们，表示最真挚的感谢和最由衷的祝福！

俗话说，“十年磨一剑”“台上一分钟，台下十年功”，我在这10年中全部体会过了、感悟到了，我想可能也只有在一个项目上真正磨炼10年的人，才会和我有同样的感受，在此我向所有将一个项目做够10年的人们表示致敬！

虽然我们已经做满了10年，但我们做的还远远不够。虽然去年我们的产品已经在同行业中销量得到了中国第一，但这个成绩却是用了整整9年才拿到的，着实来之不易，而且我们还没有在同行业里形成绝对优势，市场竞争如此激烈，我们要继续努力。过去的成绩只能说明过去，从明天开始，我们又要从“零”开始，又要面对新的十字路口、又要迎接五光十色的挑战，希望在座的和不在座的、十指连心的朋友们、同人们、兄弟们给公司以更大的支持和帮助。

让我们一起端起酒杯，为了我们大家更好的明天，干杯！再次谢谢大家！

## 酒店周年庆暨客户答谢会祝酒词

尊敬的各位领导、各位来宾：

晚上好！

在这个百花盛开、郁郁葱葱的季节，××酒店迎来了1周年店庆。在此，我代表××大酒店向关心支持酒店发展的各位领导及新老客户表示最诚挚的问候和最衷心的感谢，向前来祝贺的各位来宾表示热烈的欢迎。

1年来，××大酒店在上级主管部门及社会各界的鼎力支持和关怀下，始终如一地贯彻“提升品牌、兼顾效益、争创一流酒店”的指导思想，以提升品牌为根本，创新营销，大力实施品牌战略，全方位地提高酒店的舒适度和客人的满意度，呈现出经营业绩稳步攀升，品牌形象和美誉度与日俱增的良好发展势头。特别是这1年来，面对地震、金融危机等恶劣的外部环境，酒店采取积极有效的应对措施，逆势而上，取得了开业以来最好的经营业绩，实现了跨越式发展。

客户是上帝，是我们的衣食父母。今天我们隆重地举行开业1周年庆典及客户答谢会，就是为了答谢这1年来的新老客户。领导的关怀和支持是我们发展的坚强后盾，宾客的建议是我们进步的阶梯，忠诚的客户是酒店赖以生存和发展的基础。为了表示我的诚意，从今天开始到下个月的今天，我们酒店举行吃200元返100元的活动。

这些成绩的取得都属于过去，我们将以1周年庆典为契机，放飞思想、放眼行业、放眼未来，大力弘扬“品质服务、尊崇备至、经营员工、迅速执行”的企业文化，以客人的满意为酒店经营的终极目标，争创××县一流酒店。

最后，我提议，为我们的健康和友谊干杯！

## 学校周年庆典祝酒词

亲爱的老师、同学们：

大家好！

今天××中学迎来了50周年华诞。值此喜庆时刻，我谨代表××中学向多年来为了××中学的发展勤勤恳恳工作的全体教职员工们，为了××中学的荣誉而刻苦攻读的全体学子们，表示崇高的敬意和衷心的感谢！

斗转星移，沧海桑田。风风雨雨，××中学走过了50年的光辉岁月。历经50年的发展，这里已成为一片沃土，一株株幼苗茁壮成长，春华秋实。

在新的岁月里，在新的征程中，我们将紧紧把握时代的主旋律，积极推进“名师”工程，并继续深化新课程改革，大力推进素质教育，向着更高的目标迈进，争取更大成绩，报答所有关心××中学的父老乡亲们。让我们为了明天，干杯！谢谢大家！

老师们、同学们、同志们、朋友们：

大家好！

今天，是我们市一中建校80周年校庆。首先，我代表学校党委，向一中的全体师生表示热烈的祝贺！并向参加这次庆典活动的各位校友嘉宾，表示热烈的欢迎和衷心的感谢！

市第一中学自创立以来，已经走过了80个春秋。在这80年的风雨历程中，我们经历了艰难曲折、奋发向上，并最终取得了辉煌的成就。

80个春秋过去了，一中为祖国培养了大批后备人才，现在已有不少在各界崭露头角，在各个领域作出杰出贡献，这是他们的光荣，也是我们学校的骄傲。今天前来参加校庆活动的，就有著名学者×××、×××、×××等，让我们向他们的到来表示热烈的欢迎。

今天我们举行校庆80周年集会，就是要让新老校友们永远铭记我校的光荣历史，使其一代又一代地传下去，并发扬光大。老校友们已为祖国贡献了青春和才华，小校友们当刻苦学习，掌握知识，将来也一定会为国家、为社会作出重大的贡献！

我坚信，市一中的明天会更灿烂！为了在座各位的身体健康，为了学校美好的明天，干杯！

亲爱的母校、尊敬的老师和同学们：

你们好！

××中学，我的母校，您已50周岁，跨过半个世纪。50年，经历风云变幻，世事变迁，您通览了共和国整个发展历程，伴随着祖国的创立和壮大。

50年，50届学生，真可谓桃李满天下，当年孔夫子弟子三千，可谓盛矣，而您却有学子万千，遍布祖国的各地！

母校啊，母亲！您的博大情怀，培育了多少志士仁人，涌现出了多少令您自豪的英雄模范人物。

我入校时是1988年，正值母校30周岁，而今重返校园恭贺50诞辰，面对母校，我只能说：在母校的哺育下，我踏踏实实做事，堂堂正正做人，活得坦荡！

从学校毕业这十几年，我饱尝了社会的人情冷暖、世态浮沉之后，回到母校，重温师生之情、学友之情，回想起无忧无虑、幸福安宁的学校生活，确也是人生之一大乐事。愿母校继往开来，不断培育栋梁之才！

最后，让我们举杯，祝愿我们的母校宏图更展，再谱华章！干杯！

亲爱的母校、尊敬的老师们同学们：

你们好！

接到母校50周年的校庆通知后，我的心情异常激动！

从2010—2013年，我在母校完成了中等教育，中学时代是我人生的黄金时代，天真烂漫，有青春、有梦想。在母校老师的辛勤培育下，我的德育、智育、体育得到全面发展，为日后在北大6年大学生活打下了坚实的基础。在此，谢谢母校各位老师对我的培养。

我是在2010年进入母校学习的，良好的社会环境和学习氛围对我影响很大。在母校学习这6年当中，老师不仅教我们学习各科知识，还教我们怎样做人，做一个对国家、对社会有用的人。最后我以优异的成绩考入北大，后来又赴美留学。在美国学习期间，我的一项研究备受美国导师看重，他为我办理了留在美国的手续，为我准备了专用实验室，但我谢绝了导师的好意，重新回到祖国的怀抱。因为这里有我的事业，这里有我的母校，条件虽然不够理想，但我心甘情愿，我要用自己的双手创造条件，用双手振兴祖国。后来我又在×××攻读博士，于去年获得博士学位。虽然工作繁忙，但我还是推掉所有事务，怀着急切、兴奋的心情赶来参加母校50周年校庆活动，以表达我对母校的挚爱之情。愿母校为祖国输送更多合格的建设人才！

下面，我提议：让我们举起杯中酒，为×××中学50周年校庆的圆满成功，为××中学明天更美好，为各位身体健康，干杯！

尊敬的各位来宾，女士们，先生们：

大家晚上好！

今天我们以无比欢乐的心情会聚美丽的××，热烈庆祝我们××××园10岁的生日。请允许我代表××大学××学院的8000余名师生员工，向各位尊敬的领导和亲爱的校友在百忙中前来与我们共度这10年华诞的欢乐时光，分享这10岁生日的成功喜悦，表示最热烈的欢迎和最诚挚的感谢！

××大学××学院能在美丽而浪漫的××落户办学并快速成长，得益于国务院侨办的大力支持，得益于××省的热情关照，得益于××市各级领导和人民的特别厚爱，得益于××大学的正确领导和各部门的配合支持。10年的辛勤努力，10年的精心打造，我们每一步的前行，我们每一个成就的取得，都紧紧地和你们相联系。在此，我对大家的关怀与支持表示由衷的感谢！

10年一路走来，酸甜苦辣，风雨兼程，我们有的就是这颗以校为家的心，以业为命的情。10年里，我们营造了一个属于我们××园特有的美丽适意的校园。这是我们生命依存发展的乐园！凡是走进××××园的人们，都会发自内心地说“真漂亮”。在这样的环境里，读书学习，大家都觉得非常舒心。

10年里，我们探索了一个属于我们××园特有的创新教育人才培养模式。这是我们安身之根本，立命之灵魂！我们不再墨守成规，我们要建设创新型多能人才起飞的基地。正因此，我们的学生无论是在校期间参与的各种国内国际的比赛，还是走向社会后的立业发展，都取得了十分突出的成就。

10年里，我们凝聚出了一种属于我们××人特有的创业自强、和谐共进的××精神。这是我们能创造、有特色的动力源！

已经过去的10年，只是一个发展的起点；将来更多的一个又一个的10年，那才是我们××××人播种春天美、收获秋天美的新时代。为了我的美，为了你的美，更为了我们××××园的美上加美，让我们举起这手中的美酒，为美干杯！

各位领导、各兄弟单位、各位校友、老师们：

大家好！

在这秋风送爽，收获丰收果实的美好季节里，我们隆重地举行××中学建校50周年的校庆庆祝活动，我谨代表××中学的全体师生向各位领导、嘉宾、校友表示热烈的欢迎和衷心的感谢！向热情关心、积极支持××中学发展的各位领导、各界友人和广大的校友表示深切的谢意！此刻，这里高朋满座，你们的到来，为我们成功举办校庆活动增辉添彩。

××中学自1960年建校以来，积极秉承“勤奋、进取、文明、诚信”的校训，精诚团结，勤奋务实，开拓创新。50年来，在各级党委政府及教育行政部门的正确领导下，在社会各界及校友的大力支持下，在全体师生的共同努力下，取得了骄人的成绩，如今是桃李满天下，为社会输送了大量人才。

现在我校全体教职工发扬求真务实的精神，与时俱进，锐意改革，为国家培养出栋梁之才而努力奋斗！

最后，我提议：为本次校庆活动的圆满成功，为在座各位领导、嘉宾、校友、全校教职工的身体健康，为增进我们之间的友谊和校运昌隆——干杯！

## ××诗社成立10周年庆典祝酒词

尊敬的各位领导、各位前辈、各位来宾：

“有朋自远方来，不亦乐乎！”非常感谢大家能够来到美丽的古夜郎新晃，参加××诗社成立10周年庆典活动，首先，我代表新晃县委、县政府向各位领导、各位来宾表示热烈的欢迎！

新晃历史悠久，风景秀美，特色浓郁。这使这片乐土充满了无穷的魅力；厚重的文化底蕴，更使这片乐土成为诗词歌赋之乡。文化也就成了新晃对外的一张名片。我们真诚地期望，通过文化桥梁加强与大家的沟通联系，真诚地期望大家能常来新晃做客，一起来体味这浓郁的文化底蕴。

下面我提议，大家共同举杯，祝中华诗词更加发扬光大，祝领导来宾身体健康、万事如意！

## 结婚周年庆典祝酒词

尊敬的各位女士们、先生们：

大家好！

今天是××××年××月××日，是一个平凡而又普通的日子。但是，对于我们夫妻来说，却是一个意义非凡而又值得纪念与回忆的日子——结婚20周年纪念日，又称为“水晶婚”！

古人视水晶如冰或视冰如水晶。它晶莹剔透，被人们认为是“此物只应天上有，人间难得几回寻”。水晶，它是我们平凡人家平凡婚姻的象征——透明的、纯洁的、坚固的、美好。我们牵手走过了20个春秋，相互帮助、信任、支持、谦让、友善、爱护，时间让爱情更加甜蜜，更加幸福。

最后，祝愿大家身体健康、工作顺利、家庭幸福。干杯！

## ×部规划研究院10周年庆典祝酒词

尊敬的各位领导、各位来宾，女士们、先生们、同志们：

岁月如歌，春华秋实。××部规划研究院，已经走过了10年的光辉历程。在过去的10年，我们服务国家和地方政府决策，特别是为交通基础设施建设提供的技术支持而无比自豪！也为拥有一大批既掌握国际先进技术，又具有丰富经验的各类专家和技术骨干而万分骄傲！

今天，我们还为在这个过程中建立和获得的友好关系与良好信誉而感到无上荣光！

今天的庆典不仅是要回顾过去，总结经验，更重要的是展望未来，再创辉煌。刚才，×副部长发表了重要讲话，对我们的工作提出了殷切期望。我们要认真领会，努力贯彻，为建设现代交通业，实现“三个服务”和又好又快发展，构建和谐交通和综合运输体系而不懈努力，作出应有的贡献。

美酒飘香，情意绵长。现在，请允许我提议：让我们共同举杯，为祖国交通运输事业的繁荣兴旺，为规划院的美好未来，为在座各位的身体健康、家庭幸福，干杯！

## ××商会3周年庆祝晚宴祝酒词

各位领导、各位嘉宾、各位会员、各位新闻界朋友们：

大家晚上好！

昨天是春分。一年之计在于春。春天朝气蓬勃，欣欣向荣。就让我们对未来充满无限希望。在这种新的形势下，我们××××界和支持关心××业发展的领导、朋友们同聚一堂，庆祝××市总商会××商会民主选举产生第二届理事会，庆祝××市总商会××商会成立3周年，更加具有十分特殊的意义。

××商会是伴随着××业大发展应运而生的全国第一家××行业组织。3年来，在市领导的亲切关怀下，在社会各界的热心支持下，实行民主化管理、市场化运作，承担起政府与××企业的桥梁和纽带。如今，已经步入了规范化健康发展的轨道。经过大家充分发扬民主选举产生的新一届理事会，从××业长远发展的大计出发，将积极配合政府部门推进各项政策。我们将力拓外埠市场，使会员企业在创新发展中获得更宽广的拓展空间、更壮美的发展前景、更丰厚的企业利益。

前途是光明的，道路是曲折的。只要大家团结一致，我们就一定能把商会的事办得更好，一定会把××××的城市名片打造得更加耀眼、更加亮丽！

最后，让我们大家举杯，为××业的发展、为全市海洋经济的振兴而共同干杯！

## ×省国际友城交往20周年庆典祝酒词

各位嘉宾、女士们、先生们、朋友们：

大家好！

在这个金风送爽，硕果累累的时节，我们欢聚一堂，举杯同庆××省开展国际友城交往20周年。分隔的大洲没有使我们彼此孤立，友城的纽带让我们心手相牵。首先，请允许我代表××省人民政府和××省人民，向今晚出席晚宴的贵宾们，表示热烈的欢迎和诚挚的问候。

2000年前，一条穿越风浪与暗礁的海上丝绸之路从这里延伸，将岭南的问候与神州的风物送达遥远的欧洲和亚非国家，这是一段传唱千年的佳话，也是一方水土拥抱世界的情怀；30年前，一缕改革开放的春风复苏了沉睡的中华大地，××省开风气之先，敞开大门，八方迎客；如今，全省已正式缔结友城关系68对。我们的朋友遍及五洲，回望历史，展望未来，我们分外珍视与国际友城携手20载的真挚情谊。

在××省20年翻天覆地的发展中，国际友城既是良师益友，又是合作伙伴，友城的交流合作无论在过去、现在、还是将来，都是××省对外交往的重要组成部分。今天，新朋故交跨越千山万水聚首在这里，这是一场友谊的盛会，是×省开展国际友城交往20周年的里程碑，也是××省与国际友城走向更美好未来的新起点。今夜，我们欢声笑语；明天，我们快乐启程。最后，让我们大家举起酒杯，为各位来宾的健康，为了共同的友谊，干杯！

## 【周年庆宴佳词妙句】

**厂庆祝酒常用对联**

四化腾飞邦永固，千军奋进厂向荣。

翻天覆地山河壮，革故鼎新日月明。

百年大计开新举，万里长征振虎风。

**会庆祝酒常用对联**

数年风雨发花盛，几载炎凉举业新。

文坛鸟唱和衷曲，协会云拥艺术家。

志趣偕流寻共路，世缘相结乐同春。

几载炎凉酬夙缘，千般苦乐寄此门。

**校庆祝酒常用对联**

教坛千古业，桃李一园春。

讯传连四海，校庆汇三江。

春催桃李遍天下，雨润栋梁竖九州。

百年老校创辉煌，四万桃李争芬香。

洒下园丁千滴汗，赢来桃李一堂春。

尊师爱生风尚美，勤学苦练气象新。

第八章
# 庆功祝酒词：同舟共济，鸿图大展

人逢喜事精神爽。项目签约、做成订单等都是需要庆贺的事情。因此，庆功酒会应运而生。庆功酒会不是炫耀，而是借此机会庆祝。俗话说，美酒佳辞送功臣。庆功宴上的祝酒词，就显得尤为重要。

## 团队庆功宴祝酒词

老师们、同志们：

大家好！

今天，在这里我们隆重举行2009级高考庆功宴。在此，我、×校长和班子集体代表学校党、政、工以及高三毕业班领导小组向2009级的全体同人在今年的高考中所创造的佳绩表示热烈的祝贺！

虽然2008级已谢下了帷幕，虽然2009年高考的硝烟在逐渐散去，但2008级3年的奋斗历程却在我们的脑海里打下了深深的烙印，挥之难去。

新生入校第一天，2009级就有了清晰的目标，大家围绕目标，夯实双基，拓展视野。进入高三，面对08级划时代的跨越，09级自加压力，高位起步，抛弃小我，挑战自我，一路前行，最终以高度的自信、饱满的热情杀进高考的战场……

苦心人，天不负。我们的2009级不愧是敢打硬仗、能打胜仗的团队，终于以优异的成绩再创我校高考历史辉煌。你们向父老乡亲交上了满意的答卷——进一步展示了我们的实力与魄力，你们用集体的智慧和辛勤的汗水又一次谱写了三中毕业班旋律上最美的乐章！

美酒敬英雄，佳肴谢战友，我提议，高举酒杯，为自己喝彩、为2009级喝彩，为我们的三中喝彩，让我们共同祝愿第五中学明天更美好，干杯！

## 优秀员工颁奖祝酒词

尊敬的各位领导：

大家好！

能够得到这个奖，我感到非常荣幸，非常感谢在座的各位领导能够给予我这份殊荣。在此，感谢领导指引我正确的方向，感谢同事们平时对我不吝赐教。此时此刻，心里除了高兴，更多的是感动。公司的这种认可与接纳，让我很感动，我觉得自己融入到这个大家庭里来了。自己的付出与表现已经被回报了最大的认可。我会更加努力！

虽然被评为优秀员工，我深知，我做得不够的地方还有很多，需要学习的东西也还有很多。我会在延续自己踏实肯干的优点的同时，加快脚步，虚心向老员工们学习各种工作技巧，做好每一项工作。这个荣誉会鞭策我不断进步，使我做得更好。

逆水行舟，不进则退。在这个竞争激烈的时代，你不奋斗、拼搏，就会被大浪冲倒。我深信：一分耕耘，一分收获，只要付出了，必定会有回报。从点点滴滴的工作中，我会细心积累经验，使工作技能不断提高，为以后的工作奠定坚实的基础。

让我们携手来为××的未来共同努力，××的明天会更加美好！最后，祝大家工作顺心如意，步步高升！我敬大家！

## 年度经济人物颁奖晚宴祝酒词

同志们、朋友们，女士们、先生们：

大家晚上好！

今天是个大喜的日子。我市第二届经济人物和最具活力企业评选圆满结束。有12位同志和18家企业获得“2015年度××市经济人物”和“××市最具活力企业”光荣称号，这是我市政治、经济生活中的一件大喜事。

由于主办单位的积极努力，这次评选活动自始至终遵循“公开、公正、公平”的原则，各行各业积极参与，主管部门严格把关，广大群众热情投票，评出的先进企业和个人令人信服。我相信，由我们自己评出的先进人物一定会在今后的工作中作出更加辉煌的成绩，为我们共同的事业作出更大的贡献。

同志们，荣誉的取得只能代表过去的成绩，并不能代表现在和将来。我们要贯彻落实省委、省政府，市委、市政府的战略部署，确立朝阳魅力中心城市的地位，摆在我们面前的任务还十分艰巨，希望这次取得荣誉的同志戒骄戒躁，勇往直前，让你们的事业更加辉煌，同时希望你们充分发挥模范带头作用，为我市带出一批充满活力的骨干企业，为事业发展奠定坚实的基础。

同志们，鲜花献模范，美酒敬英雄。让我们共同举杯，为我们自己的经济人物和最具活力企业，为我们自己评出来的英雄——干杯！

## 中国基金业××奖颁奖典礼祝酒词

各位嘉宾，女士们、先生们：

大家晚上好！

感谢各位百忙中抽时间参加××报社主办的第四届中国基金业××奖颁奖典礼活动，并坚持到现在，大家辛苦了！

与往届相比，今年举办的第四届中国基金业××奖评选活动应该说有着特殊的意义。去年受美国金融危机影响，中国股市出现了罕见的熊市行情，这使资产管理难度空前加大。在这种情况下，能够获得基金业××奖尤其难能可贵。可以说，这届××奖含金量更高、成色也更足。

中国基金业××奖评选活动已经年满4周岁，通过举办这4次评选活动，集中展示了一批优秀基金及优秀基金管理公司，为投资者提供了投资参考，扩大了基金业在社会上的知名度与影响力，并推动了基金行业向着规范、健康方向发展。4年来，基金业××奖评选活动始终严格坚持公正、公平、公开、有公信力的原则，并充分尊重基金业的发展规律，因而得到了基金行业和基金监管层的广泛认可，成为行业内最具公信力的权威奖项之一。

我们观察历届××奖得主就可以发现，它们大都经受住了市场风雨的考验，展现了相对出色的持续回报能力。本届持续优胜××奖得主中的绝大多数获奖者，都是历届××奖的上榜者。这也充分表明，××奖确实为投资者挑选出了一批具有持续回报能力的优秀基金。

再次向获奖基金公司表示祝贺，并感谢各位多年来对××报基金业××奖评选活动的大力支持！下面让我们端起酒杯，共同为牛年取得更牛业绩而干杯！

## 全国双拥模范城表彰会祝酒词

同志们：

大家好！

今宵秋高菊香，花好月圆，在中秋节即将到来之际，我们在这里举行“全国双拥模范城”表彰大会宴会。在此，我谨代表市委、市人大、市政府、市政协，向获得表彰的先进单位和个人表示热烈的祝贺！向驻市军警、军烈属、革命伤残军人、转业复员退伍军人和军队离退休干部表示崇高的敬意！向关心、支持国防和军队建设的各级各部门、各族各界人士表示衷心的感谢！

××被评为“全国双拥模范城”，标志着我市“双拥”工作跃上了一个新的台阶。拥军优属、拥政爱民，是我党、我军、我国人民的光荣传统。实践证明，“双拥”工作是一项带有全局性、战略性的工作。“双拥”工作推动形成的军政军民团结，已成为促进我市经济社会又好又快发展、维护民族团结、构建和谐社会的巨大力量。现在，我市“双拥”工作已经处在一个新起点上，面临着新的发展机遇。我相信，在党的十七大精神的指引下，只要我们继续巩固和发展军政军民团结的大好局面，立足新的起点，积极支持国防和军队建设，就一定能够把我市“双拥”工作不断推向前进，为实现全市经济社会发展的历史性跨越作出新的更大的贡献。

下面，我提议，让我们共同举杯，为“全国双拥模范城”的成功创建，为我市“双拥”工作再上新台阶，为各位的身体健康、家庭幸福、工作顺利、事业有成，干杯！

# 庆祝 ×× 演唱会成功酒会祝酒词

尊敬的各位嘉宾，新欣的广大客户们：

大家好！

今天瑞雪飘舞，但××大酒店可谓暖意融融。今天是为庆祝××演唱会成功而举办的酒会。借此机会，我代表中共××市委、××市人民政府向莅临酒会的各位领导表示热烈欢迎！向成功举办庆祝会的××酒业股份有限公司和上海×××娱乐有限公司，表示热烈的祝贺！向光临今天酒会的文艺界名人、新闻界的朋友、各界友人和广大客户表示诚挚的谢意！

××酒业股份有限公司是××市的知名企业，历史悠久，源远流长，××酒业作为酒中极品，曾是清代皇室的必备御酒。

2012年，××市委、市政府与××××公司密切合作，加大对××酒业的投入力度，××××公司以强大的资本实力、先进的生产技术和现代的经营理念，使××酒业焕发了新的生机和活力，在全国同行业中迅速崛起，知名度与日俱增。“酒香也怕巷子深”，新欣酒业一定能够走向全国、走向世界。

在此，我真诚地欢迎各界有识之士来××投资兴业、大展鸿图，并将全力创造一个优质高效的服务环境、宽松和谐的工作环境、严明规范的法治环境和安宁稳定的治安环境，以“你发财我发展”为理念，用实际行动亲商、扶商、富商，使外来投资者能致富、快富、大富。

此次，诚聘著名影星××先生为形象代言人，举办了这次精彩演唱会，是××新欣酒业股份有限公司精心策划、打造知名品牌的神来之笔。在这里，衷心祝愿新欣酒业能和他的形象代言人一样享誉海内外，赢得更多朋友的喜爱。

最后，我提议为了这个美好的祝愿，让我们一起干杯！

# × 报社发行工作研讨会祝酒词

尊敬的各位老师、各位同人，女士们、先生们：

大家晚上好！

今夜风清月朗，今夜柳翠花繁，在这美好的夜晚，大家欢聚一堂，共叙友好情意，共话美好未来。我谨代表××报社全体员工，向各位老师、各位同人致以最衷心的感谢！

今天的会议紧张、热烈而富有成果，大家集思广益、畅所欲言，立足市场，提出了很好的建议，为大会贡献了许多智慧、思想和经验，进一步增进了共识和团结，增强了发展的信心和决心。

会议的召开也充分体现出报社“以市场为导向，以创新为特色，以品牌为核心”的经营理念和创新思路。突出市场的导向作用，建立以市场和客户为导向的组织结构，提升以市场和客户为导向的创新能力，是报社在市场竞争中寻求发展方向和增强竞争力的根本保证。

下一步，报社会继续加强与各位的紧密联系，增强报社的凝聚力和向心力，为各位搭建更加广阔的事业平台和无限的发展空间。报社的发展永无止境，今天的诚信就是明天的市场，让我们以本届大会为起点，继续高扬品牌大旗，焕发创业激情，激发创新活力，努力发扬自强不息、开拓创新的精神，在这份充满希望的事业上，共同谱写××报社更加绚丽多彩的新篇章！

各位老师，各位同人，请大家举起酒杯，让我们开怀畅饮，为本届大会的圆满成功、为我们的事业兴盛、为在座各位的身体健康，干杯！

## 庆祝×公司晋升恒指成分股祝酒词

各位嘉宾、女士们、先生们、同事们：

今天的庆祝酒会非常振奋人心，我们要共同庆祝公司的一大盛事。首先非常感谢各位嘉宾在百忙中抽时间出席这次酒会，感谢各界友好人士对本公司的支持，更加要感谢各位同事多年来的勤奋和努力，最后要谢谢筹备这次酒会的台前幕后工作人员1个月来的辛勤劳动，令酒会取得圆满成功。

作为钢铁业的一员，我们深谙“逆水行舟，不进则退”的道理，我们珍惜公司今天所取得的阶段性成果，并将以自强不息的态度，继往开来，秉承我们一贯的专业水平及奋进精神。

我们的使命是要为股东创造价值及为顾客提供优质服务，他们对本公司的信任是公司成功的关键。我们预期要成为一家盈利增长潜力优厚和管理完善的、具备平衡各方面权益发展策略的，独立性强的，有高度的社会责任和环保意识的大型企业，并力争在同业中占据领先地位。

在此，我借用伟人的诗词同各位共勉："雄关漫道真如铁，而今迈步从头越。"让我们一起再接再厉，为更美好的将来而努力。

再次衷心谢谢大家！

祝各位身体健康，生活愉快！

## ××中学高考庆功宴祝酒词

高三毕业班的老师们：

大家好！

今天，我的心情非常激动，因为这是一个喜庆的日子，这是一个值得我们××五中全体师生员工欢庆并纪念的日子。

高考成绩统计结果已经揭晓，我校2009年高考不但再创辉煌而且还达到了一个前所未有的高度。

高三毕业班的老师们，我代表学校领导感谢你们，我代表五中感谢你们！感谢你们创造了××五中新的辉煌，五中因为有你们而骄傲，五中因你们而自豪。

××五中在2007年、2008年高考取得优异成绩的基础上，2009年高考再创佳绩。2009年高考应届二本以上分段上线率综合排名市区第一；应届二本以上一次上线率位居全市八县三区第二；有4名同学进入全市八县三区文理科前10名；有5名同学进入600分以上高考考生行列。

本届高三毕业班全体教师，脚踏实地，勤恳敬业，奋力拼搏，做了大量卓有成效的工作，用智慧和汗水书写了2009年高考的辉煌。高考成绩得到了教育行政部门的认可和主管市长的表扬。

值得一提的是，在高考备考的冲刺阶段，年级主任、级部主任、班主任每天坚持早7点到校督促学生学习，解答学生疑难问题。直到最后高考自由复习阶段，学生仍按时到校，老师认真解答问题，教学秩序井然。

作为校长，让我向你们道一声感谢：高三毕业班的全体老师们，你们辛苦了！3来，你们放弃了节假日的休息时间，放弃了与家人的团聚，甚至放弃了作为一个父亲或者母亲的职责，与你们的学生一起摸爬滚打，拼搏3年，硕果累累。

现在××五中正处在一个新的发展机遇期。把××五中办成最受人尊敬的学校，让我们五中走出更多的像××这样的优秀学生，让五中成为优秀学生快速成才的摇篮，展望新学年，机遇与挑战同在，信心和困难同在！我坚信，××五中这艘富有生机的航船，一定能承载我们五中人的梦想，在教育的碧海中乘风破浪、扬帆远航！

借此机会，祝大家身体健康，家庭幸福，工作顺利，万事如意！祝愿××五中事业兴旺，前程似锦！

现在，让我们共同举杯，为2009年高考取得的丰硕成果，为五中的美好未来，开怀畅饮，一醉方休！干杯！

## 庆祝商品贸易与产业联盟大会祝酒词

尊敬的×××主席，女士们、先生们：

晚上好！

今晚，我们在著名的××饭店宴会大厅，共同庆祝××年国际豆类贸易与产业联盟大会取得圆满成功。

在这难忘的时刻，我谨代表中国食品土畜进出口商会和中国的豆类业界向国际豆类产业及贸易联盟和各国豆类同行、中外嘉宾对本次年会的大力支持和积极参与表示衷心的感谢，对所有的赞助商表示衷心的感谢，特别向晚宴赞助单位××公司致以诚挚的谢意。

为期两天的会议，有近50名的业内人士和专家做了精彩的讲演。整个会议充满了合作与商机，充满了信心与发展。这是一次高起点、高水平的国际专业会议，必将在推动全球豆类产业发展进程中起到积极的作用。

今天晚上，来自世界各地的朋友们欢聚一堂，共叙友情，我在这里借用中国的一句名言：有朋自远方来，不亦乐乎！希望你们度过一个美好的夜晚。

最后，我提议大家举杯，共祝××年国际豆类贸易与产业联盟会议取得圆满成功，共祝国际豆类贸易与产业联盟发展壮大，共祝在座的朋友们身体健康、事业兴旺。

干杯！

## 【庆功宴佳词妙句】

### 庆功宴常用对联

◎业著光荣榜，花开报喜春。

◎声声颂誉催人奋，朵朵红花向党红。

◎伟业方兴功颂英豪报国，宏图大展名传志士骋才。

◎业绩辉煌无愧英雄本色，鹏风浩荡首推志士精神。

◎功高且把云为鉴，誉重宜将岭作师。

◎巨手回天四化业，群英向党百花红。

◎改革涌新潮群龙戏水，振兴挥壮志大浪催舟。

◎巨龙崛起英雄兴大业，华夏腾飞时势造新人。

◎壮志凌云英雄奇迹惊天宇，凯歌动地时代新潮奏乐章。

### 庆功宴祝酒妙句

◎美酒敬英雄，佳肴谢战友，我提议，高举酒杯，为自己喝彩、为2011级喝彩，为我们的三中喝彩，让我们共同祝愿三中明天更美好，干杯！

◎同志们，鲜花献模范，美酒敬英雄。让我们共同举杯，为我们自己的经济人物和最具活力企业，为我们自己评出来的英雄——干杯！

◎再次向获奖基金公司表示祝贺，并感谢各位多年来对中国证券报基金业××奖评选活动的大力支持！下面让我们端起酒杯，共同为牛年取得更牛业绩而干杯！

◎走出寒风的怀抱，投入阳春的温暖。女士们、先生们！为我们项目的成功，干杯！

◎女士们、先生们！我提议：为了××远洋队，为了我们中华民族的骄傲，干杯！

◎女士们、先生们，朋友们！现在，我高兴而友好地提议：为我们的密切合作，干杯！

◎最后，我提议大家举杯，共祝2004年国际豆类贸易与产业联盟会议取得圆满成功，共祝国际豆类贸易与产业联盟发展壮大，共祝在座的朋友们身体健康、事业兴旺。干杯！

◎下面，我提议，让我们共同举杯：为“全国双拥模范城”的成功创建，为我市“双拥”工作再上新台阶，为各位的身体健康、家庭幸福、工作顺利、事业有成，干杯！

◎××和××今天联手，真是所向无敌，来，我们为这对黄金搭档干一杯！

第九章
# 婚宴祝酒词：天作之合，喜结良缘

人生四大喜事之一，“洞房花烛夜”无疑是人生中最喜庆、最幸福的事情了。婚宴上，妙语连珠的祝酒词也是必不可少的，既能活跃气氛，又能使新人的幸福感倍增。婚宴上的祝酒词，一般赞颂新人的人品、相貌、才华等，并祝愿他们婚后幸福美满、白头偕老，一定要是发自内心真诚的良好祝愿。

## 父母主婚祝酒词

尊敬的各位来宾，女士们、先生们：

大家好！

合欢偕伴侣，新喜结亲家。

今天是小儿××和儿媳××结婚的大喜日子。在此我代表全家向大家的到来表示热烈的欢迎和衷心的感谢，并祝大家心想事成，身体健康，合家幸福！

儿子结婚，做父亲的心情非常激动，非常高兴。等了××年，盼了××年，终于等到了今天，了却了心中一大愿。

借此机会，我想对儿子和儿媳说几句：希望你们俩要互敬互爱，在人生漫长的道路上建立温馨幸福的家，希望你们同甘苦，共创业，永结同心，百年好合。从今以后，无论发生什么事，都互敬互爱，互帮互助，以事业为重，以家庭为重，用自己的聪明才智和勤劳双手创造美好的未来，用一生的时间忠贞不渝地爱护对方，在人生的路途上心心相印，白头偕老。也希望你们有了自己的小家后，能常回家看看。

好了，也就说这么多吧！自愧厨中无佳肴，却喜堂上有贵宾。粗肴薄酒，不成敬意，请各位开怀畅饮。如有招待不周之处，敬请各位原谅，谢谢！

来，让我们共同举杯，祝大家身体健康、合家幸福。

尊敬的各位领导、各位亲朋好友：

大家好！

今天是我女儿（儿子）××和××喜结良缘的大喜日子，承蒙各位领导、各位亲朋好友的支持与厚爱，在百忙中大驾光临致贺。首先请允许我代表我的夫人、代表我的亲家和两个孩子对各位亲朋好友的到来表示诚挚的欢迎和衷心的感谢！您的光临是我们的荣耀和幸福，不胜感激之至。

缘分使我女儿（儿子）××和××结为夫妻，作为父母感到十分高兴。他们经过相知、相悉、相爱在今天终于携手走进婚姻的殿堂，最终成为夫妻。

在这温馨美好的时刻，我们做父母的看到两个孩子结为伉俪感到由衷的高兴，也对两个孩子表示深深的祝福。希望你们两人结婚以后，要在生活中互相照顾，在工作上互相支持，做对社会有用的人，对家庭有责任的人。要孝敬长辈，和睦家庭，忠诚友爱，永结同心，用勤劳和智慧去创造美好的生活和未来。

同时，我也衷心祝愿各位领导、亲朋好友合家幸福、万事如意！

谢谢大家！我提议：为他们的幸福，干杯！

各位来宾、女士们、先生们：

大家好！

今天是我儿子（女儿）××与××小姐（先生）喜结良缘的大喜日子，承蒙各位来宾远道而来，在此表示最热烈的欢迎和衷心的感谢！

我儿子（女儿）××和××小姐（先生）结为百年夫妻，作父母的感到十分高兴。他们通过相识、相知到相恋、相爱，到今天结为夫妻。从今以后，你们要互敬、互爱、互谅、互助，以事业为重，用自己的聪明才智和勤劳双手去创造美好的未来。

最后，祝你们新婚愉快、早生贵子、幸福美满！我提议：让我们共尽一杯酒，祝福这对新人百年好合，天长地久，干杯！

各位来宾：

今天是我的儿子和儿媳喜结良缘的大喜日子，作为孩子的家长，我首先衷心的感谢各位来宾的光临。

此时此刻，当我看到两位新人携手步入神圣的婚礼殿堂并举行这样隆重的婚礼，我无比激动，也无比喜悦。

我要对儿子、儿媳说：从此以后，你们已经长大成人，在今后漫长的人生路途中，你们要同心同德、同甘共苦、同舟共济。

作为家长，我也衷心地祝福在座的各位来宾，祝你们家庭美满幸福，事事如意！

最后，让我们举起手中的酒杯，共同祝福这对龙凤新人新婚愉快、白头偕老、永结同心，干杯！

各位来宾：

今天是我女儿×××和女婿×××百年好合，永结同心的大喜日子。首先，我要向各位来宾的光临表示最诚挚的欢迎。

作为家长，此时此刻我无比激动，我有千言万语要对我的女儿、我的女婿说：愿你们夫妻恩爱，从今以后，无论是贫困，还是富有，你们都要一生一世、一心一意，忠贞不渝地爱护对方，在人生的路途中永远心心相印，百头偕老，美满幸福。

同时，我还衷心地希望你们：尊敬父母孝心不变，依然是好儿子、好女儿，还要当好女婿、好媳妇。最后，我提议：让我们干了这杯酒，共同祝这对新人相知相爱、互谅互让、举案齐眉、白头到老。

最后，我再一次衷心的感谢各位来宾的光临，谢谢！

大家好！

今天是我儿子××和儿媳×××结婚的大喜日子，我感到非常高兴和荣幸。高兴的是这对新人今天携手共同走进了他们婚姻的殿堂，开始了他们新的人生，我们也算了却了自己的一个心愿。

荣幸的是有那么多的亲朋好友和父老乡亲送来了他们真挚的祝福。在此，我谨代表双方的家长向这对新人表示衷心的祝福，同时，我也借这个机会，向多年来关心、支持、培养我们全家的各位领导、各位同事、各位朋友表示最衷心的感谢！

结婚是人生的大事，也是每个家长的大事。面对台上这对新人，面对台下这么多的亲朋好友，我送三句话给这对新人：一是希望你们互相理解，相互包涵，在人生的道路上风雨同舟；二是要尊敬和孝敬你们的父母，你们结婚了，意味着你们的父母老了，他们更需要你们常回家看看；三是不断进取，勤奋工作，要用实际行动来回报社会、回报父母、回报单位。

最后，我还想感谢我的亲家，培养出一个这么优秀的女儿。

借此机会，我再一次地祝福这对新人生活幸福、互敬互爱，并且衷心祝福来参加我儿子媳妇婚礼的各位来宾身体健康、家庭幸福！来，为了这一美好祝愿，我们大家共同干杯！

各位来宾、各位至亲好友：

今天，是我们×家女儿和×家之子举行结婚典礼的喜庆日子，我对各位嘉宾的光临表示热烈的欢迎和真诚的感谢！

在这喜庆的日子里，我希望两位青年人，凭仁爱、善良、纯正之心，用勤劳、勇敢、智慧之手去营造温馨的家园，修筑避风的港湾，创造灿若朝霞的幸福明天。

在这喜庆的日子里，我万分感激从四面八方赶来参加婚礼的各位亲戚朋友，对你们这些年来的关心、支持、帮助我深表谢意。你们是我最尊重和铭记的人，我也希望你们在以后的岁月里一如既往地关照、爱护、提携这两个孩子。谢谢大家了，在此，我向大家鞠躬！

今天我还要感谢主持人，谢谢他精彩的主持，使今天的结婚盛典更加隆重、热烈、温馨、祥和。

最后，我再一次谢谢大家。干杯！

各位亲朋、各位好友：

今天是我女儿、女婿永结百年之好的大喜日子，大家在这里欢聚一堂，我的心情特别高兴。我代表我们全家，向前来助兴的所有亲戚、所有朋友，表示热烈的欢迎。今天中午在这里备薄酒招待大家，希望大家在这吉祥喜庆的时刻，共同祝愿他们白头到老，幸福永远！也希望各位宾朋好友，今天中午吃得高兴！喝得痛快！谢谢大家！

## 新人家族长辈祝酒词

各位嘉宾、各位朋友：

良辰吉日，两家联姻，承蒙×××先生莅临证婚，并如箴勉，介绍人×××先生致祝贺词，语重心长，情意恳切。我作为主婚人，在此表示衷心的感谢。男婚女嫁是人生大事，小辈良缘既定，我们作为长辈的心事也就可以了却了。从今以后，新郎新娘务必勤俭持家，奉公守法，在外要各尽职责，在内要互慰辛劳，这也是对我们长辈最好的报答。最后，再次向各位表示感谢，请大家不嫌简慢，多饮几杯。

各位来宾、各位亲朋好友：

今天是两位新人的大喜之日，作为新郎的舅舅，我代表在座的各位亲朋好友向新郎、新娘表示衷心的祝福，同时受新郎、新娘的委托向各位来宾表示热烈的欢迎。

在人生最喜庆的时刻，我衷心祝福他们小夫妻能够互谅互让、互相尊重理解，互相取长补短。在这个喜庆祥和的日子里，你们应该开心，所有的亲友都在为你们的新婚祝福，你们也将永远幸福、快乐地生活在一起。

从今以后就意味着你们要在一起过日子。生活中不可能处处浪漫，有很多现实的问题，希望你们能够有个心理准备。同时，也希望你们能够在今后的生活中相互磨合、相互宽容与谅解。

最后，我提议，为了两位新人的富足生活，为了双方父母的身体安康，也为在座诸位嘉宾的有缘相聚，干杯！

## 领导主婚祝酒词

各位来宾、各位朋友：

大家好！

下玉镜台笑谈佳话，种蓝田玉喜结良缘。

今天，我们单位××小伙为我们迎娶了一朵警花。作为主婚人，我感到十分荣幸。在此，请允许我代表在座的各位来宾，向两位新人致以真诚的祝福。同时，受新郎、新娘的委托，向参加今天婚礼的各位来宾，表示热烈的欢迎和衷心的感谢！

新郎××现在我们××公司工作，担任企划总监。小伙子英俊潇洒，工作认真，是一位才华出众、年轻有为的好青年。新娘××现在市公安局××分局工作。新娘正如她的名字一样，不仅俊俏美丽，而且具有典型东方女性的内在美；不仅美丽善良，温柔体贴，聪明能干，而且有一种高贵典雅的气质美。她心灵手巧，勤奋敬业，积极向上，是一位知性女子。新郎因此深深为她倾倒。他们的结合，真是才子配佳人，仙女配董郎，相依花好月圆，相伴地久天长！

我们相信他们一定能建立一个幸福美满的家庭。

衷心祝愿他们在今后的人生旅途中互敬互爱，互学互让，事业上作比翼鸟，生活上作连理枝，共同创造美好生活，实现事业家庭的双丰收。希望你们饮水思源，报答父母和长辈的养育之恩，以出色的工作来回报社会、领导和朋友的关怀与支持。

最后，让我们一起举杯祝福两位新人生活甜美、早生贵子，也祝各位来宾家庭幸福、前程似锦！

各位来宾、朋友们：

你们好！

×先生是我们单位的业务主干，×女士温柔贤惠，今天是你们大喜的日子，我代表××单位的全体员工衷心地祝福你们：新婚幸福、美满！

愿你俩百年恩爱双心结，千里姻缘一线牵！

海枯石烂同心永结，地阔天高比翼齐飞！

相亲相爱幸福永，同德同心幸福长！

为你们祝福，为你们欢笑，因为在今天，我的内心也跟你们一样快乐！现在，我提议；大家干一杯，祝这对新人百年好合，白头偕老！

各位嘉宾：

大家好！

春回大地，万象更新，在这个暖意融融、喜气洋洋的日子里，一对新人——××和××甜蜜地携手，共同组成新的家庭。首先，我代表新娘单位——×××公司的领导和员工为新人送去最真诚、最美好的祝福！

××是我们公司技术部的一名业务骨干，日常工作中，她才华出众，任劳任怨，深受客户的好评；文体活动中，她积极参与，出类拔萃，在联欢会上展示的优美舞姿获得大家的一致好评；待人接物方面，她落落大方，热情诚恳，是一名领导信任、同事喜欢的优秀员工，相信这位美丽可爱、聪慧伶俐的好姑娘一定会在事业上进一步展示才华，在生活中更加幸福美满。

今天，我看到新郎是这样一位英俊潇洒、温文尔雅的青年才俊，是与××非常般配的好青年，我作为新娘单位的领导也感到十分的欣慰和高兴。美好的情缘让你们相知相恋，长相厮守，希望你们珍惜缘分，互敬互爱，在人生旅途中永远忠贞不渝，心心相印。最后让我们举杯同祝这对新人——生活甜蜜、事业辉煌、爱情永恒、早生贵子！

各位来宾、各位朋友：

大家好！

受新郎新娘的委托，我非常荣幸地担任××先生与××女士的主婚人！在这神圣而又庄严的婚礼上，在这幸福、欢快的时刻，能为这对珠联璧合、佳偶天成的新人主婚，我和各位的心情一样，特别高兴，格外开心。首先，我们一起祝福这对新人永结同心、幸福美满！

帅气的新郎××，人如其名：他真诚善良、工作敬业、情趣高雅，无论是工作圈还是生活圈，都是一位公认的才华出众、品德高尚的好青年；美丽的新娘××，名副其实：她清纯可人、积极上进、温柔大方，是一位文静贤惠、漂亮可爱的好姑娘。他们的结合，郎才女貌，天作之合，真是才子配佳人，称心又如意！

新婚是人生的一个里程碑，标志着新生活的开始，也意味着新人从此将肩负起更多的社会和家庭的责任。婚姻既是爱情的结果，又是爱情和生活的开始；婚姻既是相伴一生的约定，更是一种永恒的信任。

新开端，新美景，念念不忘夫妻情。希望你们在今后的人生旅途中互敬互爱、互学互让，共同创造美好的未来，早日收获爱情的结晶。

水有源，树有根，念念不忘养育恩。希望你们饮水思源，努力回报父母和长辈的养育之恩，回报社会、领导和朋友们的关怀爱护。

最后，让我们举起酒杯，祝愿这对新人天长地久，也祝各位来宾、各位朋友平安健康，家庭幸福，工作顺利！干杯！

## 其他主婚人祝酒词

各位来宾、各位女士、各位先生：

今天，我受新郎新娘的重托，十分荣幸地担任××先生与××小姐结婚的主婚人。在这神圣而又庄严的婚礼仪式上，能为这对珠联璧合、佳偶天成的新人作主婚人，我感到非常荣幸，也是难得的机遇。在此向来参加婚礼的来宾朋友们表示热烈的欢迎和衷心的感谢！

各位来宾，新郎××，不仅外表英俊潇洒，高大帅气，而且还有颗善良的爱心，为人和善；不仅工作上认真负责，任劳任怨，而且在业务上刻苦钻研，成绩突出，是一位才华出众的好青年。新娘××小姐，不仅长得漂亮可爱，而且具有一种古典美；不仅温柔体贴，而且聪明机灵，品德高尚，心灵纯洁；不仅能当家理财，而且手巧能干，是一位可爱美丽的好姑娘。古人说：心有灵犀一点通。是情是缘是爱把他们联系在一起，使他们俩好梦得圆，从此肩并肩一起走。此时此刻，新娘新郎结为恩爱夫妻。从今以后，无论贫困，疾病，环境恶劣，生死存亡，你们都要一生一世、一心一意、忠贞不渝地爱护对方，孝敬双方老人。在共同的生活中，互敬、互爱、互谅、互助；在人生的旅程中永远心心相印，白头偕老。最后，让我们大家祝新人相爱一生，永结同心，美满幸福。

干杯，谢谢大家！

## 证婚人祝酒词

尊敬的各位领导、各位来宾、亲朋好友们：

中午好！

今天，××大酒店高朋满座，同贺新禧！我受新郎××先生和新娘××小姐，及其双方父母的委托，为两位新人证婚，心里由衷地高兴。

现在，我代表中华人民共和国民政部郑重宣布：新郎官××先生，新娘子××小姐的婚姻，符合现行《中华人民共和国婚姻法》的规定，从即日起，他们持证上岗，合法有效，受爱情和婚姻法的双层保护！

希望××先生、××小姐在事业上相互支持，在生活上相互关心，在爱情上相敬如宾。让我们大家为共同见证他们的爱情而干杯吧！

谢谢！

各位来宾、女士们、先生们、朋友们：

今天，我受新郎新娘双方的委托，担任证婚人，能在这神圣而又庄严的时刻，为×××、×××这对珠联璧合、佳偶天成的新人证婚，我感到十分荣幸。新郎×××先生，在市×××工作，英俊潇洒，忠厚老实，才华出众。新娘×××小姐，在×××医院工作，美丽大方，温柔体贴，勤奋好学。

两位新人从相识、相知、相恋，并且在远离故乡的×××走入了婚姻殿堂，他们经受了时间的检验和空间的验证。衷心希望你们在今后的生活中，互敬、互爱、互谅、互助，无论顺利还是坎坷，无论富裕还是贫穷，无论健康还是疾病，都要相互扶持，相互信赖，共同走向美好的明天。

最后，我提议：让我们举杯祝愿这对新人的幸福就像这酒杯中的美酒一样，越久越醇，来，我们干杯！为了他们的结合而开怀畅饮！

各位来宾：

在这神圣而庄重的婚礼仪式上，能为这对珠联璧合的新人作证婚人，我深感高兴。

新娘不仅长得漂亮、可爱，而且具有中国传统女性的优点，不仅能当家理财，而且心灵手巧，是一位不可多得的好姑娘。新郎忠厚诚实，为人和善，不仅工作认真负责，而且在业务上刻苦钻研，成绩突出，是一位品貌端庄，才华出众的好青年。

是爱情把他们联结在一起，此时此刻，新郎新娘结为恩爱夫妻，从此往后，无论贫穷、富裕、疾病、健康，都要一心一意、忠贞不渝地爱护对方，在人生的旅程中永远心心相印。最后，祝新人钟爱一生，同心永结，幸福美满。

来，我提议让我们共同举杯见证这一美好的时刻！

各位女士、各位先生、各位来宾：

今天是×××先生和×××小姐喜结良缘的日子，在这喜庆吉祥、嘉宾盈门的时刻，我作为证婚人更感到格外的高兴和荣幸。

×××小姐热情奔放温柔大方。×××先生不但为人忠诚善良，而且多才多艺。

俗话说："有缘千里来相会。"他俩是一见钟情，一看倾心，两颗真诚的心撞在了一起，瞬间便闪烁出爱情的火花。他们相爱了，他们志同道合，他们的结合是天生一对，地作一双。

在他们新的生活即将开始的时候，我希望新郎、新娘互帮互助，互谅所短，互见所长，爱情矢志不渝，幸福无疆。让我们一起举杯，衷心祝福这一对新人情切切，意绵绵，百年偕老，永沐爱河。干杯！

各位嘉宾、各位朋友：

大家好！

我受新郎新娘的委托，担任今天婚礼的证婚人，感到既高兴又荣幸。

新郎×××先生和新娘×××小姐经人介绍后产生爱情，互相倾慕，相依相恋。今天他俩走进婚姻的殿堂，从此风雨同舟。

新娘×××小姐可爱、贤惠、温柔、善良，新郎×××先生为人热情，积极、阳光，工作认真，不怕吃苦，聪明能干。

男大当婚，女大当嫁。在茫茫人海中，他们寻寻觅觅，寻找自己的另一半。一个偶然的机会让他们俩相遇，从此便相知、相识、相恋。

今天，他们按照中国人的传统习惯，举行隆重的结婚仪式，请众位亲友和嘉宾做个见证，同时分享他们的喜悦和幸福。

作为长辈，我还想对新人说上几句：你们正处于人生最美好的时间段，愿你们以事业为重，为社会为国家多做贡献！

最后，我提议，让我们大家共同举杯，祝他们白头偕老，美满幸福。谢谢大家！

尊敬的各位来宾：

大家好！

今天，受新郎×××、新娘×××的重托，我担任他们的结婚证婚人，感到非常荣幸。同时，能在这神圣而庄严的婚礼仪式上，为这对珠联璧合、天赐良缘的新人作证，致证婚词，我也感到分外激动。

各位来宾，新娘×××小姐现在×××单位工作。新娘不仅长得漂亮可爱，而且性格温柔、心灵纯洁，不但在工作上勤奋好学，而且善于当家理财，手巧能干，是一位难得的好姑娘。

新郎×××先生现在×××单位工作，新郎为人和善，不仅在工作上认真负责，而且在业务上刻苦钻研，是一位出众的好青年。

古人常说：有缘千里来相会。上天在冥冥之中把他们撮合在一起，有情、有缘、还有爱，使他们相知、相守在一起。

此时此刻，你们结为恩爱夫妻，从今以后，无论贫富、疾病、环境恶劣、生死存亡，你们都要一生一世地爱着对方，在人生的旅程中永远心心相印、相濡以沫。最后，还要祝福你们永远钟爱一生，幸福美满。

再次感谢大家的光临，祝朋友们一生平安。谢谢大家！干杯！

## 好友祝酒词

各位亲友、各位嘉宾：

鹤舞楼中玉笛琴弦迎淑女，凤翔台上金箫鼓瑟贺新郎。

在这风和日丽、春色宜人的美好时刻，欢迎并谢谢各位前来参加××先生和××小姐的结婚庆典。

作为新郎的挚友，今天能够为他们的婚宴致辞，我感到莫大的荣幸！

一祝小夫妻今后以心换心、心心相印。“心”字正好有三点，这就是说，一个人的心并不完全属于自己，可以一分为三。三分之一给父母，三分之一给朋友，三分之一给爱人。一心三点，两人六心，因此，我还要以“六心”相赠，忠心献给祖国，孝心献给父母，爱心献给社会，痴心献给事业，诚心献给朋友，信心留给自己。

二祝小夫妻恩恩爱爱、地久天长。既然走到今天这一步，就要同甘共苦，携手相伴一生。

三祝小夫妻今后的日子过得幸福美满、红红火火。新郎××先生是一名公务员，××小姐是一名教师。两人从事的可都是让人们非常羡慕的职业。党是阳光，教师是太阳下最光荣的职业，有了太阳和阳光，婚后的生活一定会很幸福，生命之花一定会常开不败，绚烂多彩。

最后，请允许我吟一首小诗表示对新人的祝贺：

粉面佳人××，

仪表堂堂××。

瓜熟蒂落结连理，

农家大院酬宾朋。

谢谢大家，并请各位开怀畅饮！干杯！

## 介绍人祝酒词

各位来宾、各位亲朋：

同大家一样，能够参加两位新人的结婚庆典，我感到无比高兴与激动，而作为他们的介绍人，看到他们能够在这么多位亲朋好友的见证下喜结良缘，我也很有成就感，我又成功地为一对新人牵线搭桥。

今天是你们幸福生活的起点，你们承载着大家的殷殷期望，昭示着我们的和平友爱，希望从今天开始你们互帮互助，携手并肩，谱写工作、生活中最动人的篇章！干杯！

各位至亲、各位来宾：

今天参加这个喜气洋洋、宾客盈门的婚礼，我作为××先生和××女士的介绍人，感到非常荣幸。新娘这么漂亮，新郎又有才干，这正是天作之合。今天，我的任务已经完成，新婚夫妇的美好前途即将开始，谨借此机会表达我的祝贺意愿。在此，让我们一起干杯祝福这对伉俪白头偕老，永沐爱河。

各位至亲、各位来宾：

大家好！

今天是××先生和××小姐百年好合的大喜日子。作为他们的介绍人，参加这个新婚典礼，我感到非常荣幸。同时，也感到惭愧，因为我这个介绍人只做了1分钟的介绍工作，就是介绍他们认识，其余的通信、约会，以及花前月下的卿卿我我等，都是他们自己完成的。这也难怪，你们看新娘这么温柔贤惠，新郎这么一表人才，确实是郎才女貌，天作之合。我衷心地祝福他们百年偕老，永远恩爱。来，大家一起干杯！谢谢！

## 新郎新娘婚礼祝酒词

新郎：尊敬的各位领导和嘉宾，今天是××年×月×日，是我们举行结婚典礼的日子。

新娘：欢迎众位嘉宾及亲友莅临××酒店参加我们的婚礼，为我们见证这个美好的时刻。同时也感谢没能到场的朋友送给我们的祝福。

新郎：洞房花烛夜是人生四大喜事之一。今天我感到万分的激动和无比的幸福。今天我和心上人××结婚，我们的父母、长辈、亲戚、知心朋友和领导在百忙当中远道而来参加我们的婚礼庆典，给今天的婚礼带来了欢乐、喜悦和真诚的祝福。

新娘：在这里，请允许我俩再一次真诚地感谢父母把我们养育成人，感谢领导的关心，感谢朋友们的祝福。

新郎：我会永远爱我的妻子，并通过我们勤劳智慧的双手，创造美满幸福的明天。

新郎、新娘：最后，祝大家工作顺利，万事如意！干杯！

各位领导，各们亲朋好友：

今天我和××小姐结婚，我们的长辈、亲戚、知心朋友和领导在百忙之中远道而来参加我们的婚礼庆典，给今天的婚礼带来了欢乐，带来了喜悦，带来了真诚的祝福。借此机会，让我们真诚地感谢父母把我们养育成人，感谢领导的关心，感谢朋友们的祝福。

我还要深深感谢我的岳父岳母，您二老把你们手上唯一的掌上明珠交付给我，谢谢你们的信任，我绝对不会辜负你们。在这里，我要说的是，我可能这辈子也无法让您的女儿成为世界上最富有的女人，但我会尽我最大的努力使她成为世界上最幸福的女人。

人生能有几次最难忘、最幸福的时刻，今天我才真正从内心里感到无比激动，无比幸福，更无比难忘。

最后，祝在座的各位来宾工作顺利，万事如意、合家幸福。请大家共同举杯，与我们一起分享这幸福快乐的时刻。谢谢！

各位亲朋好友、各位领导：

今天是我与×××向大家宣布永结同心、百年好合的日子，借此机会我想表达我心中对父母、对岳母、岳父的感谢。感谢你们含辛茹苦20余年，把我们养大成人。从我们呱呱落地的那一刻起，你们把所有的爱都给了我们，这说不尽、道不完的父爱和母爱是无法言表的。可我们在成长的过程中，常常不懂事，惹你们生气，让你们担心。如今，我们都已长大成人组成家庭，现在是我们尽孝心、赡养你们的时候了，×家（男方家）多了个女儿，×家（女方家）又多了个儿子，请父母们放心，我们一定会和睦相处，将会是世界上最幸福的一家人。

最后，请大家与我们一起分享这杯承载着幸福的美酒。祝大家万事如意，心想事成。干杯！

## 来宾代表祝酒词

各位来宾，各位朋友，女士们，先生们：

大家好！

在这喜庆而又祥和，神圣而又庄严的婚礼仪式上，能代表所有来宾，向这对珠联璧合、佳偶天成的新人献上温馨的贺词，我感到十分高兴。首先，让我们以热烈的掌声，向一对新人××先生和××小姐的美满结合表示由衷的祝福和真诚的祝贺！

从今天起，你们将携手走过人生的漫漫旅途。10年修得同船渡，百年修得共枕眠。希望你们加倍珍惜这百年修来的姻缘，互敬互爱，互帮互助，用勤劳智慧之手，创造美好明天。

生我养我者父母，助我者朋友。希望一对新人，不要忘记双方父母养育之恩，领导长辈提携之情，亲朋同事相助之意。事业上相互支持，相互勉励；生活上相互关心，相敬如宾，鸾凤和鸣；单位中尊敬领导，团结同事，不断进步；家庭中孝敬父母，和睦邻里，和谐相处，早日让老人抱上下一代。

最后，再次深深地祝福一对新人，祝他们：家庭幸福，婚姻甜蜜，白头到老！也祝在座的所有嘉宾，身体健康，工作顺利，合家欢乐，万事如意！干杯！

尊敬的先生们、小姐们，在座的各位领导和嘉宾们：

大家好！

今天是两位新人的大喜之日。新郎×××以他的忠诚和智慧，赢得了新娘×××小姐的芳心。更重要的是，我们的×××小姐以她的热情和美貌，彻底征服了新郎×××先生。

我十分荣幸受邀参加你们的婚礼并代表嘉宾讲话。在此，我深深地被你们的幸福所感染，更被你们的真爱所打动。有情人终成眷属。最后让我们共同举杯祝你们相亲相爱，白头偕老！

新郎、新娘、主婚人、各位来宾：

今天是×××先生和××小姐喜结良缘的日子，承蒙主人邀请，能够得以参加盛会，我实在是万分荣幸。在此，我代表全体来宾，祝福新郎新娘新婚愉快，美满幸福。×××先生和×××小姐，郎才女貌，佳偶天成。在此，希望他们能够夫唱妇随，互助互谅，共同进步，创造一个美满幸福的家庭。最后祝愿新郎新娘婚姻幸福，白头偕老。干杯！

今天欢声笑语，今天喜上眉梢。在此良辰美景，让我们举起酒杯，向新人们表示真诚的祝福。

祝福你们，新郎新娘，祝贺你们美满结合。从相识、相恋到喜结良缘，你们经历了人生最美好的时光。你们的爱情是纯洁的、真挚的。千里姻缘，天作之合。在对理想和事业追求中建立的新家，正是你们谱写美妙爱情交响曲的延伸。

祝福你们，新郎新娘，祝贺你们爱情之树常青。愿你们相亲相敬，恩恩爱爱，和和睦睦，白头偕老；愿你们尊敬孝顺父母，婚后依然是好儿子、好女儿，还要当个好女婿、好儿媳；愿你们工作、学习和生活，步步称心，事事如意。

祝福你们，新郎新娘，祝贺你们新婚快乐到永久。中国有句俗话："男大当婚，女大当嫁。"两性结合的爱情是人间最大快乐，也是人间最美妙的乐章。今年洞房花烛夜，来年生个胖娃娃。愿你们良宵花烛更明亮，新婚快乐比蜜甜。真诚祝愿热恋中的你们，尝遍人生欢愉和甘甜。

衷心祝福沉浸在新婚欢愉中的你们，幸福甜蜜到永久！

女士们、先生们、朋友们：

大家好！

今天是好朋友×××的大喜日子，小弟得以参加喜宴，万分荣幸，心里无比高兴与激动。在此，我谨向他们表示热烈的恭贺和美好的祝愿，向养育他们成长成才的双方父母、亲眷和向前来贺喜的各位来宾、好友表示真挚的谢意与问候！

两位新人可谓郎才女貌，天造一对，地设一双。

十年修得同船渡，百年修得共枕眠。无数偶然堆积而成的必然，前世五百次的回眸，才换得今生的相遇，怎能不是三生石上精心镌刻的结果呢？珍惜这份难得的缘分吧，用真心去呵护吧。

我希望你们互助互谅，共同努力，创造美满幸福的家庭。

最后，我祝愿新郎、新娘健康快乐，鸾凤和鸣，白头偕老。干杯！

## 伴郎祝酒词

尊敬的各位来宾、朋友们：

大家好！

今天作为×××的伴郎，我感到十分荣幸。同窗十载，岁月的年轮记载着我们许多美好的回忆。曾经在上课时以笔为语，传送小纸条，谈论着我们感兴趣的话题；曾经在宿舍内把酒问天，激昂慷慨，曾经“逃课”去吃早饭、一起去游玩，回来时在讲师严肃的目光下相视一笑，正襟危坐。即便是这样，我们还是能潇洒地考到班上的前几名，这让班上的其他同学都羡慕不已。

在一次同学聚会上，我们闲聊，问他可有让自己心动的女孩？他说他很喜欢一个叫×××的女孩，说准备去追她。

如今，他成功了，终于如愿以偿地娶到了这位美丽而柔婉的×××。我由衷地替他感到高兴。

结婚是幸福、责任和一种更深的爱的开始，请你们将这份幸福和爱好好地延续下去，直到天涯海角、海枯石烂，直到白发苍苍、牙齿掉光！最后，让我们共同举杯，祝愿这对佳人永结同心，白头偕老！干杯，谢谢！

尊敬的各位长辈，女士们，先生们：

大家好！

我今天很荣幸能够参加我最好的朋友的婚礼，并且以一个伴郎的身份在这里讲话。

这个世界最宝贵的是真爱，真爱是两个人无论何时何地都能够深切地感受到对方的存在。我最好的兄弟，真是一个非常非常幸运的人，因为他找到了自己的真爱，找到了自己的幸福。恭喜你，我的好兄弟。来，干杯！

## 伴娘祝酒词

女士们、先生们：

大家好！

我作为新人的伴娘，感到无比的荣幸。今天我们一同站在×××的婚礼上，感受一段新的美好姻缘。

我和新娘是从小玩到大的朋友。对于新人的这段姻缘我也是有目共睹的。用两个字概括，那就是坎坷。首先地域的阻隔，使得两个人没少承受相思之苦。其间有欢乐，有悲伤；有戏言，有争吵；有时哈哈大笑，有时泪流满面。

谁说恋爱只会有笑容，只有这种经过风雨洗礼的感情才会更加历久弥坚。

如今，他们走到了一起，他们的爱情开花结果。我一直在想，是什么让他们坚持到了最后？我想，爱、信任和彼此对未来的信心使他们笑到了最后，走到了今天。

最后，让我们再次祝福这对新人。愿你们互相珍惜，同心永结；用幽深的明眸去读无垠的高原；用轻盈的脚步去蹚美丽生活的芳草园；用劈浪的英姿去搏击人生路上的烦恼；用深沉的爱去温馨父母夕阳般的暮年；最后举杯祝你们共享爱情，共擎风雨，白头偕老！

尊敬的各位来宾、朋友们：

大家好！

×××以其美丽与品德在同学和朋友中深受欢迎，今天她终于将自己今生信托之手交给了与她相知相爱的另一半。

我与×××是大学同学，4年的相处让我们成为无话不谈的闺中密友。毕业后我们又在同一个城市打拼，彼此经常聚会见面。当我知道自己将要作为×××的伴娘时，心中的喜悦不言而喻。

在此，我祝愿你们永结同心，执子之手，与子偕老，祝愿你们的爱情如莲子般坚贞，可逾千年万载不变；祝愿你们婚后能互爱互敬、互怜互谅，携手并肩，一起走过人生的风风雨雨。岁月愈久，感情愈深，祝愿你们的未来生活多姿多彩，儿女聪颖漂亮，永远幸福！干杯！

## 随员祝酒词

×先生、×小姐：

你们好！

在这阳春三月、欣欣向荣的大好日子里，我接到了你们的喜帖，于是喜气洋洋地赶来祝福。新郎的潇洒、新娘的美貌可谓是这年春天最美丽的画卷。春天是播种的季节，是希望的季节，预祝你们的生活和事业像春天般欣欣向荣！

## 打工人员婚礼祝酒词

正值新春佳节之际，××先生和××女士喜结良缘。新春佳节办喜事可谓喜上加喜，皆大欢喜。新郎新娘都是有志向、有抱负的青年，他们远离家乡，来到这座充满机遇与挑战的城市，不靠天，不靠地，用自己勤劳的双手，凭借自己的智慧，开创出属于自己的新天地。今天他们终于小有所成，在收获了事业的同时，也收获了爱情。他们俩是在一起拼搏的日子里，互相产生了爱慕之情，结出爱情的果子，今天终于瓜熟蒂落结秦晋之好。愿他们共同开辟一块爱的土壤，让梦想的种子结出现实的甜果。让我们衷心祝福他们百年好合，勤劳致富，再创佳绩。干杯！

今天是×××先生和×××女士的大喜之日，春风送暖，百花争艳。一个是来自北方的忠诚憨厚的小伙儿，一个是来自江南水乡轻灵俊俏的姑娘。有句古话："有缘千里来相会，无缘对面不相逢。"爱，既非环境所能改变，亦非时间所能磨灭。如今，他们已是佳配成双，事业有成，真可谓是天作之合，地造一双。我相信，他们定会在今后的人生旅途中再创辉煌。最后让我们举杯祝愿他们新婚甜蜜，百年好合。

## 商界人士婚礼祝酒词

今天是××先生和××女士同奏和谐之歌，喜结百年之好的日子。彩灯高照，宾客盈门，吉祥如意，结婚成家是立业的基础，只有巩固好大后方，才能更加安心地开辟事业。新郎新娘未到而立之年就在商界崭露头角，实属年轻有为，后生可畏。我深信，在今后的工作、生活中，他们定会互相支持，携手并肩开创出更加广阔的新天地。家庭是休整的营地，家庭是宁静的港湾，在事业上打拼累了，就回到自己的小家歇歇脚，享受一下那宁静的幸福。相信，今日的结合，明日你们定能在商海中劈波斩浪，大有作为。在此，为新郎新娘以后的美满幸福生活而干杯！

## 老年人婚礼祝酒词

今天是×××同志和××同志重建家庭的结婚典礼，是一个大喜的日子，新朋老友同来庆贺，为他们喜结良缘而举杯共庆，愿他们相伴到老。新郎新娘都已是知天命的年龄，在人生的旅途中历经坎坷和不幸，然而好人自有好报，有情人终成眷属。

在即将进入暮年之际，他们结成夫妻，相信他们定会相敬如宾，互助搀扶，互相照顾，使晚年生活过得更加浪漫，更加美好。在此我代表所有新朋老友，祝他们生活之树常绿，生命之水长流，老来更加幸福美满！来，大家一起干杯！

## 再婚婚礼祝酒词

女士们、先生们、各位来宾：

大家好！

今天是个特殊的日子，×××先生和×××女士，两个大龄中年人经过岁月的磨炼和考验，终于携手再次步入了婚姻的殿堂！

新郎是个使命感、责任感很强的男士，在单位人缘好，业务精，他身上的优点不计其数。新娘端庄秀丽、善解人意、知书达理，是一位典型的贤妻良母。

在生活中，我们最不愿意接受“红色罚款单”，但有时候生活也是很无奈的。今天这张“红色罚款单”是我们最愿意接受的。在迟到的春天里，两人一见如故，一见钟情，很快坠入爱河，沐浴在爱的春风里。

在座的各位将见证×××先生和×××女士幸福生活的开始。借此机会我提议：在座的朋友们用最热烈的掌声对他们表示衷心祝贺！

×××先生和×××女士都是很有上进心的人，他们有共同的理想，有共同的人生追求，这就让他们有了更多的兴趣和爱好。经历了一些风风雨雨之后，他们更加深刻地领悟到了爱情的真谛，更加懂得珍惜彼此，从此会相依相偎，能够更好地经营自己的感情与婚姻。希望他们婚后更好地工作，在各自的工作岗位上创造出更加优异的成绩。同时也希望他们在今后的日子里，无论风雨，都携手并进，在人生的旅途中相敬如宾、恩爱到老、携手一生。让我们为他们以后的幸福生活干杯！

## 城市青年婚礼祝酒词

今天是××先生和×××女士喜结良缘之日，艳阳高照，风和日丽。新郎与新娘是同班同学，两人在校时品学兼优；毕业后在同一单位上班，两人均积极努力、踏实肯干，比翼齐飞，在长期的学习、工作中建立了深厚的感情，今天结为秦晋之好。

我坚信他们在今后的家庭建设、社会贡献方面一定会加倍努力，百尺竿头，更进一步。在此祝愿他们美满幸福，相爱一生！干杯！

## 农村青年婚礼祝酒词

今天是咱们××家和××家两姓合婚、缔结秦晋之好的喜庆日子。风和日丽，宾客盈门。新郎新娘，一个住村东，一个住村西。他们是在劳动中相识、相知、相恋，经过一个时期的了解，今天喜结良缘。相信他们在今后的劳动、生活中，小日子一定会过得红红火火。最后，让我们举杯同祝他们，夫妻俩白头偕老，幸福到永久！

## 军界人员婚礼祝酒词

今天是××同志和×××女士结婚大喜之日，首长、战友和亲朋好友欢聚一堂，共同庆贺他们喜结良缘。俗话说："有缘千里来相会"。新郎新娘，一位是飒爽英姿的好儿郎，一位是心灵手巧的俏娇娘；一个戍守边疆报效祖国，一个经营家庭孝敬父母；真可谓珠联璧合，夫唱妇随。趁此青春图骏业，振兴华夏献丹心。两人天作之合，恰比红花绿叶，交相辉映。在此，祝你们新婚快乐，白头偕老，愿你俩在人生的旅程中永远互相关心、互相帮助，并肩前进。来，朋友们，倒满手中的酒杯，一起为咱们军人的幸福而干杯！

## 集体婚礼主婚人祝酒词

尊敬的各位领导、来宾、各位亲友，女士们、先生们：

中午好！

彩球高悬，笙箫引凤，鼓乐迎宾。今天是个特殊的日子，公元××年×月×日，在这美好的日子里，208对才子佳人喜结连理。我们大家欢聚一堂，共贺416位新人的新婚之喜，共度美好时光。在此，我代表××单位，对前来参加本次婚礼的所有亲朋好友及领导、嘉宾表示热烈的欢迎和衷心的感谢！

有情人终成眷属。今天416位新人终于牵手，共度一生，是上苍在冥冥之中安排与撮合，让他们从相识、相知，到相恋、相爱，让他们在今天修成正果，梦想成真，找到自己的如花新娘与如意郎君，踏上了红色地毯，走进神圣的婚姻殿堂。真是可喜可贺！

成家立业是人生旅途的重要里程。208对新人相知相爱、情深义重，终成眷属，乃天作之合。本主婚人对416位新人的美满姻缘表示热烈的祝贺与诚挚的祝福！愿新人们在今后的生活中相互关心，事业上相互支持。并祝两位新人快乐安康，甜蜜美满、尊老爱幼、白头偕老、比翼双飞、早生贵子、百年好合！（鼓掌）

今朝同饮幸福酒，在此，我同时请各位来宾共同分享新人们的激动与快乐，开怀畅饮，一醉方休。并祝大家心想事成，身体健康，万事如意！

各位嘉宾、各位朋友：

大家好！

今天是公元××年×月×日，是个喜庆日子。今天我们欢聚一堂，共同祝福28对新人的新婚盛典。

并肩走过甜蜜的恋爱岁月，携手走进幸福的婚姻殿堂，一对对情侣脸上挂满迷人的笑容，一对对新人心中充满无限的喜悦。作为主婚人，我感到无比荣幸。

各位潇洒的新郎、各位漂亮的新娘，请你们永远记住这难忘的时刻，希望你们心心相印到永远！

作为主婚人，我希望新人们在今后的生活中，互敬互爱，相敬如宾，夫妻永远恩恩爱爱，让爱情之树永远常青。夫妻并肩携手，共创美好的未来。希望新人们在今后的工作中，互相帮助，互相理解，共同凝聚幸福的点滴。也希望新人们继承和发扬中华民族的优良美德，肩负起为人父、为人母的家庭责任，尊老爱幼，合家欢聚，共享天伦之乐。

最后，再一次祝福在场的28对新人永远奏响幸福温馨的乐章。祝愿在座的各位身体健康，家庭幸福。

干杯，谢谢！

## 集体婚礼证婚人祝酒词

尊敬的各位来宾、各位亲朋好友，女士们、先生们：

大家好！

今天，阳光普照，天赐良缘，宾朋满座，同贺新禧！

我受新郎：××先生，受新娘：××小姐及其双方父母的委托，为66位新人证婚，感到非常荣幸。

参加此次婚礼的66对新人，既有来自工作在企业战线的优秀员工，也有默默耕耘在三尺讲台上的辛勤园丁，还有金融机构、机关团体的优秀青年。

在此次集体婚礼活动中，他们既是参与者，又是积极、文明、健康文化的倡导者。他们这种敢于创新、积极进取的精神风貌值得青年人学习。

在今天这个大喜的日子里，我谨代表××公司经理、党委书记××，及全体干部职工，向66位新人表示热烈的祝贺和美好的祝愿。衷心地希望你们在今后的日子里，能够勤奋工作、互敬互爱、孝敬老人、关爱孩子，事业红红火火，家庭甜甜蜜蜜。

现在，我代表中华人民共和国民政部郑重宣布：

新郎××先生和新娘××小姐、新郎××先生与新娘××小姐、新郎××先生和新娘××小姐、××先生和新娘××小姐、××先生和新娘××小姐……的婚姻，完全符合《中华人民共和国婚姻法》的规定，婚姻真实、合法、有效！即日起，双方均受到法律的保护。

我提议，让我们干杯。祝愿他们甜甜蜜蜜、恩恩爱爱、红红火火、百年好合、相约百年！

谢谢！

## 集体婚礼新婚夫妇代表祝酒词

各位领导、各位嘉宾、女士们、先生们：

今天是我们伟大的祖国成立60华诞的大喜日子，我们28对新人在各级领导和同志们的关怀下，在奥林匹克森林公园举行集体婚礼，我们感到万分荣幸，喜悦的心情难以言表。

我们这28对青年分别来自祖国的四面八方，能在不同岗位上找到各自的意中人，这离不开各级组织和同事们的关怀。在此，我代表28对新人向你们表示深深的感谢。俗话说："滴水之恩，当涌泉相报。"我们今后一定要以百倍的努力，为祖国、为人民作出更大的贡献！

在此，再一次向各级领导和同志们表示深深的谢意。干杯！

## 【婚宴佳词妙句】

### 有关婚姻、爱情传统诗词

《诗经·关雎》

关关雎鸠，在河之洲。
窈窕淑女，君子好逑。
参差荇菜，左右流之。
窈窕淑女，寤寐求之。
求之不得，寤寐思服。
优哉游哉，辗转反侧。

参差荇菜，左右采之。

窈窕淑女，琴瑟友之。

参差荇菜，左右芼之。

窈窕淑女，钟鼓乐之。

《诗经·邶风·击鼓》

执子之手，与子共著；

执子之手，与子同眠；

执子之手，与子偕老；

执子之手，夫复何求？

《诗经王风·采葛》

彼采葛兮，一日不见，如三日兮。

彼采萧兮，一日不见，如三秋兮。

彼采艾兮，一日不见，如三岁兮。

《上邪》

东汉·乐府诗歌

上邪！我欲与君相知，长命无绝衰。

山无棱、江水为竭。

冬雷震震，夏雨雪，天地合，乃敢与君绝。

《春宵》

苏轼

春宵一刻值千金，花有清香月有荫。

歌管楼台声细细，秋千院落夜沉沉。

《枉凝眉》

曹雪芹

一个是阆苑仙葩，一个是美玉无瑕。

若说没奇缘，今生偏又遇着他；

若说有奇缘，如何心事终虚话？

**订婚宴祝酒妙句**

例一

这是在庆祝女儿订婚的聚会或聚餐会上，由未来新娘的父亲做的正式宣告。在看到桌上每个人的杯子都已斟满后，男主人起立，举杯说：“我提议为×××和她决定永久去爱的男人×××的健康干杯。”

例二

×××的母亲和我总是盼望着见到她准备嫁的男人。她选择了×××，实现了我们的所有期望。我们想让你们所有人知道我们在今晚宣告他们订婚的时刻有多么高兴。请和我一起祝愿他们的婚姻天长地久吧！

**结婚宴祝酒妙句**

例一

朋友们、来宾们：

酒过三巡，菜过五味，笑逐颜开，一片欢歌笑语。祝愿二老双亲健康长寿；祝愿兄弟姐妹和和美美，事业有成，生活快乐，万事如意，荣华富贵！请大家高举金杯——干杯！

例二

朋友们、来宾们：

娘家戚，实在亲，热乎乎互相尊，儿子姑娘结百好，双方亲属遇知音。今后常来往，互助见精神，亲亲密密，相敬如宾。请娘家戚高举金杯——喝他个通心酒，干杯！

例三

来宾们、朋友们：

在这大红喜字光照下，在欢乐乐曲演奏中，我们为×××、×××喜结良缘，光临助兴。祝新婚夫妻幸福美满，心想事成。请大家高举金杯——干杯！

例四

朋友们、来宾们：

尊老敬贤是我们中华民族的美德；文明礼貌是每个公民遵守的准则；胸怀坦荡，以诚相待，粗犷豪放是我们的性格。喜酒就要喝得痛痛快快，让爱的小溪永不干涸！请各位长辈高举金杯——干杯！

例五

大姑娘们、小伙子们：

参加婚礼，心花怒放，人家真爱，你别晃荡，哪有男子不动情？哪有女子不怀春？敢追求，敢向往，一醉方休借吉利，回家赶快找对象！请年轻的朋友们举起杯——干杯！

**结婚祝福常用佳句**

◎愿你俩恩恩爱爱，意笃情深，此生爱情永恒，爱心与日俱增！

◎伸出爱的手，接往盈盈的祝福，让幸福绽放灿烂的花朵，迎向你们未来的日子。祝新婚愉快！

◎百年好合，新婚愉快，甜甜蜜蜜，早生贵子！

◎让这缠绵的诗句，敲响幸福的钟声。愿你俩永浴爱河，白头偕老！

◎相亲相爱好伴侣，同德同心美姻缘。花烛笑迎比翼鸟，洞房喜开并头梅。

◎相亲相爱幸福永，同德同心幸福长。愿你俩情比海深！

◎百年恩爱双心结，千里姻缘一线牵！

◎为你祝福，为你欢笑，因为在今天，我的内心也跟你一样的欢腾、快乐！祝你们百年好合，白头到老！

◎海枯石烂同心永结，地阔天高比翼齐飞！

◎珠联璧合洞房春暖，花好月圆鱼水情深！

◎花烛笑迎比翼鸟，洞房喜开并头梅。

◎金屋笙歌偕彩凤，洞房花烛喜乘龙。

◎敬祝百年好合，永结同心！

◎今天是你们喜结良缘的日子，我代表我的家人祝贺你们，祝你俩幸福美满，白头偕老！

◎恭喜你找到好的归宿！

◎好事连连，好梦圆圆。

◎合家欢乐，双燕齐飞。

◎人生四大喜，亲爱的朋友，在你新婚的日子，让我诚挚地祝你新婚快乐！

◎梧桐枝上栖双凤，菡萏花间立并鸳。

◎辛劳了半辈子，贡献了几十年，在这丰收安稳的日子，恭贺您再婚之喜，正所谓“夕阳无限好，萱草晚来香。”

◎两情相悦的最高境界是相对两无厌，祝福一对新人真心相爱，相约永久，恭贺新婚之喜！

◎十年修得同船渡，百年修得共枕眠。于茫茫人海中找到她，分明是千年前的一段缘，祝你俩幸福美满，共结连理。

◎为你祝福，为你欢笑，因为在今天，我的内心也跟你一样的欢腾、快乐！祝你们百年好合，白头到老！

◎男尊女女尊男男女平等，夫敬妇妇敬夫夫妇相亲。

◎你们本就是天生一对，地造一双，而今共结连理，今后更需彼此宽容、互相照顾，衷心地祝福你们！

◎你们是天生的一对，如今终于共结连理，祝福你们白头到老，永浴爱河！

◎千禧年结千年缘，百年身伴百年眠。天生才子佳人配，只羡鸳鸯不羡仙。

◎让这缠绵的诗句，敲响幸福的钟声。愿你俩永浴爱河，白头偕老！

◎新婚快乐，早生贵子！

◎愿爱洋溢在你甜蜜的生活中，让以后的每一个日子，都像今日这般辉煌喜悦！

◎愿你俩恩恩爱爱，意笃情深，此生爱情永恒，爱心与日俱增！

◎用满怀真挚的友谊给你祝福千千万的贺礼！

◎由相知而相爱，由相爱而更加相知。人们常说的神仙眷侣就是你们了。祝相爱年年岁岁，相知岁岁年年！

◎愿你俩用爱去缠着对方，彼此互相体谅和关怀，共同分享今后的苦与乐。敬祝百年好合，永结同心。

◎愿你们能永远拥抱着爱情的甜蜜。

**结婚周年纪念祝酒妙句**

例一

今晚我们中的许多人都能够记得25年前的今天，我们举杯祝愿×××和×××未来的幸福。显然我们的祝愿已经发挥出作用。因此，我非常想请你们大家——新老朋友，起立，同我一道举杯为他们分享过的25年恩爱幸福生活祝酒。

例二

××，我非常高兴，能够在你和××的结婚50周年纪念日向你们祝酒。今晚的晚会非常精彩。我们所有的人都祝愿你们，首先是恩爱，其次是健康、富裕、快乐地生活。

**结婚祝酒喜联**

◎贺新婚祝酒通用喜联

百年佳偶，一世良缘。

夫妻恩爱久，鸾凤和鸣长。
并蒂花最美，同情心更长。
二姓合婚，百年偕老。
珠联璧合，凤翥鸾翔。
当门花并蒂，迎户树交柯。
天成佳偶，金玉良缘。
吹箫能引凤，攀桂喜乘龙。
丹心锦联，白头偕老。
向阳红花争艳，比翼俊鸟齐飞。
志如云得来，人似月中来。
喜望红梅放，乐迎新人来。
月圆花好，凤舞龙飞。
锦瑟调鸿业，香词谱凤台。
祥云辉绣辇，瑞气霭华堂。
四季娇花长好，百年皓月永圆。
百年恩爱双心结，千里姻缘一线牵。
和睦门庭风光好，恩爱夫妻幸福长。
双双黄鹂鸣翠柳，对对红鳞戏碧波。
红叶题诗欣赠嫁，青梅煮酒庆于归。
喜结鸳盟相永爱，壮怀鹏志共双飞。
百岁夫妻常合好，千秋伴侣永和谐。
两情雨水春为伴，百脉爱丝谊永联。
花深处鸳鸯并立，稀枝间凤凰共栖。
吉日红烛光闪闪，良宵美景月圆圆。
良日良辰成良偶，佳男佳女结佳缘。
琴瑟永谐三敬酒，芝兰同茂百年春。
喜酒喜糖办喜事，新婚新俗树新风。
天高地厚情常在，石烂海枯心永连。
一朝喜结千年侣，百岁不移半寸心。
蝶趁春光忙结伴，人逢吉日喜成亲。

◎春季结婚喜联

春融花并蒂，日暖树交柯。

柳气眉间展，梅花陌上生。

柳欲先梅绿，春将合镜妍。

春风春雨春常在，喜日喜人喜事多。

春光映院花容艳，喜气满堂人意和。

春临大地迎新岁，喜到人间贺佳期。

春花绣出鸳鸯谱，明月香斟琥珀杯。

春露滋培连理树，春风吹放合欢花。

花好月圆欣喜日，桃红柳绿幸福时。

乐新春丰年宴客，庆喜日盛世联姻。

佳儿佳女成佳偶，春日春人舞春风。

鸾凤和鸣昌百世，鸳鸯合好庆三春。

两情鱼水春做伴，百年恩爱花常红。

秦晋联姻春意闹，凤凰比翼彩虹飞。

柳暗花明春正半，珠联璧合影成双。

春雨润春色春色处处艳，新人办新事新风人人夸。

日丽风和果结如意树上，春暖冰融花开幸福泉边。

春节喜联姻良日良辰良偶，岁朝欣合卺佳男佳女佳缘。

新人办新事新风传梓里，春日播春晖春色满门庭。

大地香飘蜂忙蝶戏相为伴，人间春到莺歌燕舞总成双。

◎夏季结婚喜联

红烛映红靥，白莲并白头。

莲花开并蒂，兰带结同心。

榴开映碧水，蝶舞乘东风。

绿竹恩爱意，榴花新人情。

朝阳彩凤双双舞，向日红莲朵朵开。

雏燕呢喃歌大喜，榴花放彩映红妆。

花间蝴蝶翩翩舞，水上鸳鸯对对游。

翡翠翼交连理树，藻芹香绕合欢杯。

酷暑锁金金屋见，荷花吐玉玉人来。

花开并蒂蝴蝶舞，连理同根杨柳青。

莲开绿雨同心果，香吐红榴幸福花。

千顷金涛迎喜至，一枝红杏入墙来。

双飞黄鹂鸣翠柳，荷塘并蒂当知时。

喜酒香浮蒲酒绿，榴花艳映佩花红。

玉宇欣看金鹤舞，画堂喜听彩鸾鸣。

绣阁烛映鸳鸯立，花坛影偕蝴蝶飞。

雅奏鸣鸾谐佩玉，佳期彩凤喜添翎。

枝上榴花红艳艳，帏中凤侣意绵绵。

花烛光中莲开并蒂，笙簧声里带结同心。

并蒂花开莲房有子，同心缕结竹簟生凉。

麦浪芳菲莺花共艳，桃潭浓郁鱼水同欢。

槐荫连枝千年启瑞，荷开并蒂百世征祥。

翠竹碧梧丽色映屏间孔雀，绿槐新柳欢声谐叶底新蝉。

◎秋季结婚喜联

喜望金菊放，乐迎新人来。

新笔红叶句，华堂友琴章。

百合香车迎淑女，中秋朗月照宾朋。

不劳鸿雁传尺素，且喜秋声入洞房。

丹桂香飘云路近，玉箫声绕镜台高。

吉日恰逢桂子熟，新婚喜共月儿圆。

九华灯映绡金帐，七孔针穿彩绿帏。

人间好句题红叶，天上良缘系彩绳。

诗题红叶同心句，酒饮黄花合卺杯。

秋色清华迎吉禧，威仪徽美乐陶情。

双星牛女窥银汉，并蒂芙蓉映彩霞。

喜看新郎争采桂，欣迎淑女乐留枫。

银汉一泓看鹊渡，金风万里待鹏飞。

酒酿黄花情联鸾凤，诗题红叶梦协熊罴。

玉镜人间传合璧，银河天上渡双星。

鸾凤和鸣秋光满月，雁翔比翼壮志凌云。

玉律鸣秋鹊桥路近，金风涤暑鱼水欢谐。

朗月庆长圆光照庭前连理树，卿云何灿烂瑞符天上吉奎星。

试问夜如何牛女双星缠碧汉，欲知春几许凤凰比翼下秦台。

◎冬季结婚喜联

凤振双飞翼，梅开并蒂花。

红梅开并蒂，雪烛照双花。

雪里红梅放，门前新人来。

遗风雄雀化，明月凤凰飞。

彩日流辉迎凤辇，祥云呈瑞覆鸾妆。

大雁比翼飞万里，夫妻同心乐百年。

苍松翠柏沐喜气，玉树银枝迎新人。

吉日花开梅并蒂，良宵家庆月双圆。

梅花芳讯先春试，柏叶吟怀小雪初。

交柯松树傲腊雪，并蒂梅花报新春。

梅雅兰馨称上品，雪情月意缔良缘。

评花赋就梅妆额，咏絮诗成雪满阶。

雪案初吟才女絮，玉盆新供水仙花。

偕年佳偶同心结，凌雪梅花并蒂开。

摇落红梅毡铺地，飘来瑞雪花缀帏。

雪雁双飞严寒退，红梅并放坚冰融。

咏雪庭中迎淑女，生花笔下是才郎。

载雪梅花飘绣阁，临风兰韵入香帏。

白雪无尘如爱情纯洁，红梅有信似婚姻初新。

合卺交杯洞房花烛三冬暖，并肩携手佳偶英名四化香。

# 第十章
# 寿诞祝酒词：松鹤长春，福寿无疆

不管是孩子周岁生日宴会，还是百岁老人做寿，在生日庆典仪式上，当你拿起手中的酒杯时，不可避免地要说一些祝福或祝寿的话，引导人们像哲人那样回顾往昔，畅想未来；盘点岁月，思考人生。

## 父母生日祝酒辞

尊敬的各位领导、各们长辈、各们亲朋好友：

大家好！

在这喜庆的日子里，我们高兴地迎来了敬爱的父亲（母亲）岁的生日。今天，我们欢聚一堂，举行父亲（母亲）华诞庆典。

在这里，我代表我们兄弟姐妹和我们的子女们大小共人，对所有参加我们父亲（母亲）寿礼的各位领导、长辈和亲朋好友们，表示热烈的欢迎和衷心的感谢！

我们的父亲（母亲）几十年含辛茹苦、勤俭持家，把我们一个个拉扯长大成人。常年的辛勤劳作，他们的脸留下了岁月刻画的年轮，头上镶嵌了春秋打造的霜花。所以，在今天这个喜庆的日子里，我们首先要说的就是，衷心感谢二老的养育之恩！

我们相信，在我们弟兄姐妹的共同努力下，我们的家业一定会蒸蒸日上，兴盛繁荣！我们的父母一定会健康长寿，老有所养，老有所乐！

最后，再次感谢各位领导、长辈、亲朋好友的光临！再次祝愿父亲（母亲）晚年幸福，身体健康，长寿无疆！大家共同干一杯！

# 奶奶生日祝酒词

各位爷爷、奶奶、伯伯、叔叔、阿姨、婶婶、所有亲朋好友们：

今晚，我怀着激动的心情代表我的父母和大姨、小姨的全家在奶奶的生日宴会上致辞。我是爷爷奶奶的长孙，叫×××。首先我代表我们全家对各位亲朋好友能够在百忙之中来参加奶奶的生日宴会表示热烈的欢迎和衷心的感谢。

我从小是爷爷奶奶带大的，也是爷爷奶奶最疼爱的孙子，如今，我已是一名大学生了。我所取得的成绩离不开爷爷奶奶对我的关心与爱护。今天借着奶奶的生日，我想亲口对爷爷、奶奶说一声："谢谢你们，辛苦了！"（深深鞠一躬）

在今天的生日庆典上，我要把最美好的祝福送给奶奶：奶奶，你至今没有烫过一次发、没有穿过一件名牌、没有浪费过1元钱，你把爱、汗水、精力全部倾注在我们身上，在此我代表大家说一声：谢谢你，奶奶！祝奶奶1年四季平平安安；1年52周周周健健康康；1年365天天天快快乐乐！顺祝各位亲朋好友们身体健康、合家欢乐、幸福长寿！让我们把生日的歌儿唱起来："祝你生日快乐……"

最后，让我们共同举杯，祝二老福如东海，寿比南山，身体健康，永远快乐！

# 友人生日祝酒词

各位来宾、各位亲爱的朋友：

晚上好！

生日的蜡烛辉映着我们的笑脸，祝福的歌声荡漾着我们的心潮。借着金色的阳光，伴着优美的旋律，我们迎来了×××先生的生日，在这里，我谨代表各位好友祝×××先生生日快乐，幸福永远！

在这个世界上，人不可以没有朋友。没有朋友的生活犹如一杯白开水，平淡无味。因为没有朋友，所以生活变得寂寞难耐，生命将变得没有乐趣，没有任何风采。

朋友是春日来临时吹开我们心中冬日的那一丝春风；朋友是我们走在夏日大雨滂沱中手里撑着的一把雨伞；朋友是收获季节里我们陶醉在秋日私语中的那杯香醇的美酒；朋友是我们站在窗前欣赏冬日飘零的雪花时手中捧着的一盏热茶……

现在，我提议大家都举起手中的酒杯，为×××先生祝福！祝他身体健康、家庭幸福、事业有成！干杯！

## 丈夫生日祝酒词

各位女士、各位先生：

晚上好！

感谢大家来到今晚我先生的生日会！大家提议让我讲几句，其实也没什么事讲的。你们从我一脸的灿烂足可以看出我内心的幸福。那请大家容许我对我亲爱的老公说上几句。

老公，你抱怨我不懂浪漫，其实看得出来你满心欢喜；你说只要我有这份心，你就很开心。我们曾是那样充满朝气，带着爱情和信任走入婚姻，我要感谢你，给了我现在拥有的一切世上唯一的爱和我所依恋的温馨小家！很多人说，再热烈如火的爱情，经过几年之后也会慢慢消逝，但我们却像傻瓜一样执着地坚守关彼此的爱情，我们当初钩小指许下的约定，现在都在一一实现和体验。

今生注定我是你的唯一，你是我的至爱，因为我们是知心爱人，让我们携手一起漫步人生路，一起慢慢变老！爱你此生永无悔！

最后，祝愿各位爱情甜蜜，事业如意，干杯！

## 妻子生日祝酒词

各位朋友、各位嘉宾：

大家晚上好！

今天是我太太的生日，首先我代表我太太对大家的到来表示热烈的欢迎和衷心的感谢。

在今天这个特别的日子里，我要对我的太太说几句心里话。

老婆，你总“抱怨”我不懂浪漫，其实我是个深沉的人，不愿意把一切都表现出来，其实我是非常非常的爱你的。还记得，你那次生病，我彻夜难眠，守候在你的身边。总觉得，我们手牵着手，相伴一生就好了，互相看着对方慢慢变老。

我们曾是那样充满朝气，带着对彼此的爱恋与信任走入婚姻，我要感谢你，给了我现在拥有的一切——世上唯一的爱和我所依恋的温馨小家！很多人说，再热烈如火的爱情，经过岁月的打磨之后也会慢慢消逝，但我们却不同，依然那么执着地坚守着彼此的爱情，我们当初勾小指许下的约定，现在都在一一实现和体验着。

今生注定我们互为彼此的唯一。我们是知心爱人，将永远携手走过漫漫人生路，一起慢慢变老！

最后，请大家斟满酒杯，祝各位爱情甜蜜，事业如意，干杯！

## 老师寿宴祝酒词

各位领导、老同学们：

大家好！

值此尊敬的×××老师80岁寿辰之时，我们欢聚一堂，庆贺恩师健康长寿，畅谈离情别绪，互勉事业腾飞，这一美好的时刻，将永远留在我们的记忆里。

曾经有位作家说：“在所有的称呼中，有两个最闪光、最动情的称呼：一个是母亲，一个是老师。老师的生命是一团火，老师的生活是一曲歌，老师的事业是一首诗。”的确如此，老师是太阳下最光辉的事业，她默默无私地燃烧了自己，点亮了别人。

××老师在人生的旅程上风风雨雨，历经沧桑80载。在青壮年时，他血气方刚、喷焰闪光，在暮年时，流霞溢彩，一片夕阳红。

××老师的一生，视名利淡如水，看事业重如山。回想恩师当年惠泽播春雨，喜看桃李今朝九州竞争妍。最后，衷心地祝愿恩师福如东海，寿比南山！

现在，我提议，首先向老师敬上三杯酒。第一杯酒，祝贺老师年年有今日，岁岁有今朝；第二杯酒，感谢老师的教育之恩；第三杯酒，祝愿老师身体健康，万寿无疆！

## 领导生日祝酒词

各位朋友、各位来宾：

你们好！

今天是我们尊敬的工会书记×××的生日庆典，我受邀参加这一盛会并讲话，深感荣幸。×××是我们企业的重要领导核心之一。他对本企业的无私奉献我们有目共睹，他那份“拥有小家不忘大家”的真诚与热情，更是多次打动过我们的心弦。他对事业的执着让同龄人为之感叹，他事业有成更令同龄人为之骄傲。

在此，我们祝愿他青春常在，永远年轻！更希望他在步入金秋之后，仍将傲霜斗雪，流香溢彩！

人海茫茫，我们只是沧海一粟，由陌路而朋友，由相遇而相知，这就是我们口中常说的缘分，路漫漫，岁悠悠，我们要惜缘惜福，永远守住这份珍贵。

在此，请大家举杯，让我们共同为×书记的华诞而干杯！

## 百岁大寿祝酒词

各位老师、各位来宾：

今天我们济济一堂，隆重庆祝××先生百岁大寿。在此，首先我代表在座的各位嘉宾向××先生表示热烈的祝贺，衷心祝愿××先生身体健康，笑口常开！同时，也向今天到会的各位老师表示热烈的欢迎和诚挚的谢意。感谢大家多年来为学校的发展、特别是教育以及科研事业所作出的努力与贡献！

××先生是我们学校物理学科的开拓者和学术带头人之一，也是我国物理研究领域的一位重要人物。××先生德高望重，学识渊博，在长达50多年的教学和研究生涯中，他淡泊名利，不畏艰难，孜孜不倦，在物理学以及光电子学中作出了突出的贡献。

××先生不仅著书立说，为学术界贡献了许多足以嘉惠后世的优秀学术论著，还教书育人，言传身教，培养了许多优秀人才。他的学生如今已在各行各业中崭露头角，今天也不乏有学生亲自到场为恩师祝寿。

几十年来，××先生以自己的学识和行动，深深影响和感染了他周围的同事和学生，为后辈树立了道德和学术的楷模。

在××先生百岁寿辰之际举行这样一个庆祝会，重温他的学术经历，是非常有意义的，必将激励大家以××先生为榜样，进一步推进全校的师德建设和学科建设。

最后，再次衷心祝愿××先生身体健康，万寿无疆！祝大家全家幸福、万事如意。干杯！谢谢大家！

尊敬的各位嘉宾，女士们、先生们：

大家好！

时值8月，丹桂飘香。人瑞之寿，松鹤吉祥。八方亲友，欢聚一堂，共同庆祝××先生百岁大寿。喜气绕宅生，瑞霭罩华堂。祥云笼烟树，华气飘山庄。

×××老先生可谓阅尽人间沧桑，饱览人间大小文章。老先生生性纯朴善良，居家贤孝，处事公正；一生勤劳务农事，春耕夏耘，含辛茹苦，秋收冬藏，四季忙忙碌碌。

老先生勤俭持家，家道兴旺，邻里和睦，帮亲济友，德高望重，十里八乡都很有名望。这正是×山巍巍颂功德，×水潺潺贺韶光。这真可谓是和睦家庭百事顺，善良老人福寿长。

喜今日×××老先生百岁华诞，真是花甲又添四十流年，古稀更添三十春光，南极星辉，光照寰宇，彭祖含笑，喜满华堂。自古道：寿登期颐，喜称人瑞，年到百岁，松青鹤唱。

孝子8个，个个孝顺有出息，老人心满意足；贤孙7人，人人贤孝，老人很是欣慰；重孙成群，个个聪明，老人知足常乐，笑口常开。吉星高照，五世同堂。真可谓蟠桃三千仙翁献果，百岁高龄椿庭增光。

来，大家举起这杯酒，恭祝×老长寿健康，福祉无疆，青松不老，家运兴旺！

## 耄耋大寿祝酒词

尊敬的各位来宾、各位亲朋好友：

大家好！

各位亲朋好友前来祝寿，使父亲的90大寿倍增光彩。我们对各位的光临表示最热烈的欢迎和最衷心的感谢！

人生七十古来稀，九十高寿正是福，与人为善心胸宽，知足常乐顺自然！我们的父亲一生老实、善良，乐于助人。他尊老爱幼，重亲情、友情，使×家的所有亲戚都保持来往，代代相传！可谓是和睦至极，让人羡慕。

今天，在欢庆我父亲90大寿之际，他身边的子孙亲人，住得近的都到现场来了，在外地的能赶过来的就都过来了，不能来的，也都写信或者致电，都发自内心用不同的方式祝福他老人家：福如东海长流水，寿比南山不老松！

今天，在欢庆我们的父亲90高寿之时，我代表全家衷心地祝愿父亲万寿无疆，也恭祝各位亲友：诸事大吉大利，生活美满如蜜！

庆贺我们的父亲90大寿，为加深彼此的亲情、友情，让我们共同举杯畅饮长寿酒，共享寿宴！谢谢大家！

阳光明媚，吉庆祥和，今天是××年×月×日，是我们的父亲90大寿之日。一个“我发”（谐音）很吉利的日子，象征着洪福齐天。

值此举家欢庆之际，各位本家、亲属、嘉宾、邻居、朋友也前来祝寿，使父亲的90大寿倍增光彩。父亲及其子孙对各位的光临，表示最热烈的欢迎，最衷心的感谢！

人生七十古来稀，九十高寿正是福；与人为善心胸宽，知足常乐顺自然！

我们的父亲在九十个寒来暑往中，历经清朝、民国、伪满、国民党的统治和新中国的成立，阅尽世道沧桑，尝遍人间苦辣酸甜，欣逢改革开放的盛世，才得以安度幸福的晚年！

我们的父亲本性纯良，与人为善。他扶贫济困，友好四邻；他尊老爱幼，重亲情，讲友情，使×家的老亲故友，上上下下保持来往，代代相传！

我们的父亲一辈子清白做人，与世无争。他当店员、做小商、当社员、作出纳，待人亲亲热热，说话和和气气，靠信誉生财，凭良心致富。虽然没有读过多少书，但是他喜欢看报，关心国家大事；他以读书为乐，他更以书中的警句名言勉励子孙耿直做人，踏实做事，勤奋学习，努力工作，为家族增光，为社会作出贡献。

今天，在欢庆我们的父亲90大寿之际，他的子孙们，能来的都来了，因工作远在外地的也都打电话祝贺。每一个晚辈都发自内心地诚挚祝福他老人家：福如东海，寿比南山！真可谓是儿孙满福啊！

为庆贺我们的父亲90大寿，为加深彼此的亲情、友情，让我们共同举杯畅饮长寿酒，喜进长乐餐。

## 80岁寿诞祝酒词

尊敬的各位长辈、各位亲朋好友：

大家好！

今天是个喜庆的日子，今天会是一个令人终身难忘日子。我们高兴地迎来了我敬爱母亲80岁的生日，我们欢聚一堂，共同庆祝母亲80岁生日华诞。谨此，我代表兄妹们及子女，对所有光临的各位长辈和亲朋们表示热烈欢迎和衷心的感谢！

今天，阳光明媚，春意盎然，今天看到这么多的亲朋好友，特别是远道而来的姨姨、姨夫和我的好哥们，我们欢聚一堂，举杯同贺。特别是看到我们的母亲能这么健康地、笑容可掬地、一脸灿烂地在我们中间，此刻的心情真是既激动又兴奋、既喜悦又复杂。

母亲一辈子，辛勤劳作，为我们这个家付出了太多太多，特别是从老父亲得病至今，她老人家不离不弃，精心照顾，为儿女们分担了很多很多。母亲以她特有的博爱与慈祥，关注着我们的生活、关注着我们的一朝一夕。这里，我由衷地向母亲道一声：母亲，您辛苦了，儿女们祝您和老父亲永远健康长寿！

同时，也祝愿在座的各位长辈、亲朋好友们身体健康、笑口常开，万事如意！

今天，为了答谢大家，在全鱼大酒店略备薄酒，请各位吃好喝好，在此，我们姊妹们为大家深深地鞠上一躬，谢谢大家！

敬爱的母亲，孩儿这里给您鞠躬了！

各位亲友、各位来宾、女士们、先生们：

今天是我母亲的80大寿，我们子妹四个率领家人，和在场的亲朋好友相聚一堂，共同来为我的母亲祝寿。养育之恩如滔滔江水，绵绵不绝；寸草之心，实难报三春艳阳之光辉！值此母亲80诞辰这个美好时刻，我谨代表我们全家在此祝贺母亲的80寿辰，祝福您老人家健康长寿，福乐绵长，春秋不老，耄耋又新！并向光临寿筵现场的至爱亲朋致以衷心感谢和诚挚的问候！

我们的母亲出身贫寒，性格温柔；几十年如一日辛勤劳动，在这几十年的岁月中，颠沛流离，艰苦备尝。您虽没有经天纬地之才，却缔造了我们兄妹四人的整个世界；您虽没有鸿鹄大雁之志，却成就了我们兄妹四人的全部智慧。是您，给了我们生命；是您给了我们母爱。您教会了我们勤劳和豁达，您教会了我们从容与感恩，您教会了我们学习和生活。在最艰难的岁月里，是您维护着我们家庭的生计，在困苦的环境里，是您完成了赡养长辈哺育儿女的双重重任。您的一方一行，感化着我们后人，激励着我们儿孙；您的含辛茹苦，为家庭撑起了一片生活的蓝天，替儿女扬起一叶远航的船帆，给后代铺就一条成长的道路。母亲，我们对您有报不完的恩、述不完的情。

“满目青山夕照明”，愿母亲晚年幸福，健康长寿。晚霞灿烂落红美，人到花甲正金秋。对于我们来说,最大的幸福莫过于有理解自己的父母，我们得到了这种幸福，并从未失去过，所以在您的生日，我们要对您说声：母亲，谢谢您！在母亲辛劳了几十年的今天，喜庆四世同堂，共享天伦之乐，祝您寿与天齐！

您的生日让我想起您对儿女们的体贴，还有您为儿女们所做的一切。我们只希望您所给予儿女们的幸福，儿女们将同样回报给您。祝福母亲事事顺心，幸福无边！梦中萦怀的母亲，您是我们至上的阳光，我们将永远铭记您的养育之恩——值此母亲寿辰，敬祝您老人家健康如意，福乐绵绵！

母亲，感谢您给予我们生命和无私的奉献。您以爱心为我们建了一个温馨的世界，祝福您，我亲爱的母亲！愿您在未来的岁月中永远快乐健康！

最后我们大家举起酒杯共同祝愿您老人家：福如东海，寿比南山！

祝各位亲朋好友身体健康、万事如意！感谢大家！

## 古稀寿辰祝酒词

尊敬的爷爷、奶奶，各位长辈，各位亲朋好友：

大家好！

今天是我敬爱的爷爷70大寿的好日子。在此，请允许我代表我的家人，向爷爷、奶奶送上最真诚、最温馨的祝福，同时对大家的到来表示最热烈的欢迎和最衷心的感谢！

爷爷、奶奶70年的人生历程，同甘共苦，相濡以沫，品足了生活的酸甜苦辣，在结下了累累硕果的同时也积累了无数珍贵的人生智慧，即勤俭朴实的精神品质，真诚待人的处世之道，相敬、相爱、永相厮守的婚姻幸福之道！

爷爷、奶奶是普通的，但在我们晚辈的心中永远是神圣的、伟大的！我们的幸福来自于爷爷、奶奶的支持和鼓励，我们的快乐来自于爷爷、奶奶的呵护和疼爱，我们的团结和睦来自于爷爷、奶奶的殷殷嘱咐和谆谆教诲！在此，我代表全家向爷爷、奶奶表示：我们一定要牢记你们的教导，团结和睦，积极进取，在学业、事业上取得双丰收！让我们共同举杯，祝二老福如东海，寿比南山，身体健康，永远快乐！

各位亲友、来宾：

今天，亲友们百忙之中专程前来，欢聚一堂为我祝寿，我本人并代表家庭子女对诸位的到来表示热烈的欢迎和衷心的感谢！

子女、亲友为我筹办这次寿宴，我是非常高兴和感激的。这使我感受到亲友的关怀和温暖，也体会到了子女孝敬老人的深情，使我能够颐养天年尽享天伦之乐！

我觉得，懂得乐观、不屈、感恩，人就能拥有幸福。生活中处处有快乐和幸福，它需要我们去不停地追求。最后，祝各位亲友万事如意，前程似锦！干杯！

尊敬的各位领导、各位长辈、各位亲朋好友：

大家好！

在这喜庆的日子里，我们高兴地迎来了敬爱的父亲70岁的生日。在这里，我代表我们全家，对所有光临寒舍参加我们父亲寿宴的各位领导、长辈和亲朋好友们，表示热烈的欢迎和衷心的感谢！

我们的父母几十年含辛茹苦、勤俭持家，把我们一个个养大成人。常年的辛勤劳作，使他们的脸上留下了岁月的年轮，他们的脊背也因为过度劳动一点点被压弯，把昔日满头的黑发染成了白发。所以，在今天这个喜庆的日子里，首先要说的就是衷心感谢二老的养育之恩！谢谢你们，辛苦了。

我们相信，在我们兄弟姐妹的共同努力下，我们的家业一定会蒸蒸日上，兴盛繁荣！我们的父母一定会健康长寿，共享天伦之乐！干杯！

## 花甲生日宴祝酒词

在这天高云淡、金秋送爽的金秋10月，在这个欢乐祥和的夜晚，我们迎来了我爸爸60岁生日庆典，我代表我们兄妹三人及我们家族的后辈们向前来光临宴会的嘉宾表示热烈的欢迎和最诚挚的谢意！感谢你们对我们的关心和照顾。

请大家举起酒杯，首先祝福我爸爸的爸爸，我的爷爷，祝他老人家福如东海，寿比南山！

接下来祝福今天的主角，我的爸爸，祝爸爸60岁生日快乐、幸福安康，笑口常开。祝他老人家年年有今日，岁岁有今朝。

风风雨雨六十载，爸爸可谓是阅尽人世沧桑，他一生中积累的最大财富是他那勤劳善良的朴素品格，他那宽厚待人的处世之道，他那严爱有加的朴实家风。这些都是我们做儿女最宝贵的财富。

今天，我们在这里为爸爸庆祝60大寿，是我们做儿女的一份孝心，通过这种形式让下一代学习怎样尽孝。最后，让我们献出热烈的掌声，为我的爷爷和爸爸送去无穷无尽的祝福！最后，祝各位嘉宾万事如意，让我们共同度过一个难忘的今宵，谢谢大家！干杯！

尊敬的各位来宾：

大家好！

今天是我人生中又一个值得纪念的日子。在幸福、欢乐的气氛中，我迎来了自己的60岁生日。此时此刻承蒙各位从百忙中抽空，光临我的生日寿宴，并为我带来了许多真诚的祝愿，给这个生日宴会增添了无限喜庆的气氛。值此，我谨代表我全家对各位亲朋好友的到来表示最热烈的欢迎和衷心的感谢。

在幸福、欢乐的生日祝福中，我吹灭了象征着自己人生历程的烛光，默默地许下几个心愿，为自己，也为大家。那就是：祝各位嘉宾天天有个好心情，笑口常开；月月有个好收入，四季发财；年年有个好身体，青春常在；终生有个好家庭，夫妻恩爱。

60岁正好是退休的年龄，面对众位，我无限感慨。多年来，是大家的帮助、支持、关怀使我工作不断进步，家庭日益幸福。你们的友情，是我人生的宝贵财富。我将永远珍惜，并用真情去悉心浇灌我们的友谊之树，让它永远枝繁叶茂。

最后，让我们共同举杯，为了各位的健康，为了我们的友谊，干杯！

尊敬的各位朋友、来宾：

晚上好！

值此父亲花甲之年、生日庆典之日，我代表我们全家向前来光临寿宴的嘉宾表示热烈的欢迎和最深挚的谢意！

爸爸，您老人家含辛茹苦地抚养我们长大成人，起早贪黑、披星戴月地去外面赚钱养活着这个家。曾经多少次，我们把种种烦恼和痛苦洒向您那饱经风霜、宽厚慈爱的胸怀。爸爸对我们的付出，我们一辈子都难以报答。爸爸，我代表我们姐弟，向您鞠躬了！

在此，我祝愿爸爸您老人家福如东海水，寿比南山松。愿我们永远拥有一个快乐、幸福的家庭。最后，祝各位嘉宾万事如意，让我们共同度过一个难忘的夜晚，谢谢大家！

我提议，为我们父亲的健康，也为在座诸位的幸福，干杯！

# 天命生日宴祝酒词

各位亲朋好友、各位尊贵的来宾：

上午好！

今天是家父50岁的寿辰，我代表我们全家对大家的到来表示最热烈的欢迎和最衷心的感谢。树木的繁茂归功于土地的养育，子女的成长归功于父母的养育。在父亲博大温暖的胸怀里，真正使我感受到了爱的奉献。父亲的爱是含蓄的、深沉的、内敛的，每一次严厉的责备，每一回无声的付出，都诠释出一个父亲对儿子的那种包容、慈祥的关爱。它是一种崇高的爱，只是给予，不求索取。在此，请让我深情地对您说声谢谢！

今天我们欢聚一堂，为您庆祝50岁的寿辰，祝愿您今后的日子里，越活越年轻，越活越充实，祝愿您与母亲的感情越来越温馨！

祝各位万事如意，合家欢乐。

最后，请大家欢饮美酒，与我们一起分享这个难忘的夜晚。

各位朋友、各位来宾：

你们好！

今天是×××老先生的50岁生日庆典，受邀参加这一盛会并讲话，我深感荣幸。在此，请允许我以个人名义，向×××老先生致以最衷心的祝福！祝福他年年有今日，岁岁有今朝。

×××老先生是我们阳光保险公司的核心领导之一。他对本公司的无私奉献我们大家有目共睹，他那份“有了小家不忘大家”的真诚与热情，更是多次打动我们每一个人。他对事业的执着让我们为之感叹，他事业上所取得的成就更令他人为之骄傲。

在此，我们祝愿他青春常在，活力常在，永远年轻！更希望看到他在步入50岁之后，仍傲霜斗雪，流香溢彩！

人海茫茫，我们由陌路而朋友，由相遇而相知，谁能说这不是缘分？我真诚地希望我们能永远守住这份前世修来的缘分。

在今天这个隆重的宴会上，我诚恳地请求诸位同我一起举杯，为×××老先生和在座各位来宾的健康和幸福，干杯！

## 不惑生日宴祝酒词

各位亲朋好友、各位来宾：

今天是我敬爱的妈妈40岁的生日，首先，我代表我的母亲及全家对前来参加生日宴会的各位朋友表示热烈的欢迎和深深的谢意。今天，我要敬三杯酒。

这第一杯酒，就感谢各位的光临。

尽管我已经成年，可母亲事事都在为我操心，时时都在为我着想。这让我非常的感动与过意不去。母亲对儿女的爱是无微不至的，是最无私的。母爱是崇高的爱，这种爱只是给予，不求索取，母爱的崇高有如大山，深沉有如大海，纯洁有如白云，无私有如田地，我从妈妈的身上深刻地体会到这种无私的爱。

这第二杯酒，是我敬在座的最令人尊敬和钦佩的各位母亲。

最后这杯酒，要言归正传，回到今天的主题，再衷心地祝愿妈妈生日快乐，愿你在未来的岁月中永远快乐、健康、幸福！

## 而立生日宴祝酒词

各位亲爱的朋友：

非常感谢大家能够在百忙之中来参加鄙人30周岁的生日聚会。常言道：30岁是美丽的分界线。30岁前的美丽是青春，是容颜，是终会老去的美丽；30岁后的美丽，是内涵，是气质，是永恒的美丽。

如今，30岁的我已经没有了20岁的天真烂漫、清纯可爱的笑容；也没有了25岁咄咄逼人、好战好胜的气势。但经过岁月的打磨之后，现在的我拥有更加自信阳光、处变不惊和一颗宽容忍耐的心。

30岁，这是人生的一个阶段，无论这个阶段里曾发生过什么，我依然怀着那颗感恩的心去面对一切！谢谢父母赐予我的生命，谢谢我生命中健康、阳光的30岁，谢谢30岁给我的雍容、典雅、大方。

我是幸运的，也是幸福的。我从事着一份自己喜欢的工作；上天又赐给我一个爱自己的老公和一个健康聪明的孩子。健康、关爱我的父母给了我一份内心的踏实，让我更加勇敢地向前；和我能真正交心的知己又是我生命中的宝贵的财富。我希望，在今后的人生路上，自己能走得更坚定。好，我就不再多说了。千言万语凝为一句，为了各位的幸福，也为了我的幸福，干杯！

## 弱冠生日宴祝酒词

各位来宾、长辈、亲爱的同学们：

大家好！

首先请允许我对于你们的到来表示热烈的欢迎和衷心的感谢。今晚是我20周岁的生日，在这美丽宁静的夜晚，因你们的光临我倍感幸福，也因你们的祝贺让我感觉到我20周岁生日的不同寻常，具有重要意义。从现在开始，我将更加认真学习，更加疼爱我的爸爸妈妈和所有关心我的长辈、同学、朋友们，并更加热爱这美丽的世界，当然我也会变得更加成熟可爱！

我知道，爸爸妈妈在这20年中，对我精心呵护，我的一举一动都牵动着他们的心，为了我的健康成长，爸爸妈妈始终无怨无悔地劳作，在此请允许我先对亲爱的爸爸妈妈说声：爸爸妈妈，谢谢你们！你们辛苦了，我将用实际行动来报答你们！（深深鞠一个躬）

在伯伯、叔叔、阿姨们的眼里，我也许还是个没长大的孩子，但从今天开始，我长大了，我绝不会忘记你们平时对我的关爱，不会忘记你们对我调皮时的宽容和谅解。

今夜在这儿的还有我平日里形影不离的好朋友和朝夕相处的同学，我真的很高兴你们能来参加我20周岁的生日晚会，谢谢你们！有了你们的陪伴，我的生活将会更加多姿多彩，愿我们永远是好朋友、好同学！

20周岁生日的今夜，我已经长大了，虽然翅膀还有点稚嫩，但足以自由地去飞翔。

20周岁生日的今夜，我感受到了大家对我的关心和呵护，我会用实际行动去报答你们。

20周岁生日的今夜，我知道了时间的宝贵，让我懂得了珍惜时间，加倍努力。

20周岁生日的今夜，我更感觉到了亲情的温馨、友情的难得，在以后的日子里我会加倍珍惜我们之间的缘分！

20周岁生日的今夜，我沉浸在前辈、朋友、同学们赋予我的幸福中，谢谢你们，谢谢大家！

最后，我真诚地希望，在我接受来自大家无私的祝福的同时，我也祝福你们。来，为20岁的风华正茂干杯！

各位来宾、长辈、亲爱的同学们：

大家好！

不知不觉间，竟然走过了20个春秋。从当初的小孩变为现在的成人，内心无限感慨。当初无数个日日夜夜，我静静感受青春走来时的滋味，既有淡淡的甜，也有微微的苦。

对人生来讲，20岁是个开始，也是青春的大好年华。20岁是一首歌，每一步都是一个节拍。20岁也是一首诗，字里行间透着青春的活力与激情，20岁是多么的美好！

20岁生日，首先要感谢爸爸妈妈，他们把我带到这个美丽的世界上，含辛茹苦地养育我，以最深、最真的爱拥抱着我。我一帆风顺地考上了重点高中和大学，他们说我是他们生命的骄傲，在这里，我想对他们说："我生命里的所有辉煌都归功于你们。没有你们，就没有我的今天。爸爸妈妈，辛苦了！"

20岁是画家描绘的最美的景色，是早晨最美的那道美丽的霞光。畅想未来，我已经做好迎接挑战的准备，我将信心百倍地去迎接新的征程。

让我们为我爸爸、妈妈以及在座各位的身体健康，干杯！

## 18 岁生日宴长辈祝酒词

18岁，多么美妙、多么令人羡慕的年龄！在儿童、少年的眼里，你是大哥哥（大姐姐）；在中年人、老年人眼里，你又是那么的年轻，是岁月的富翁。

18岁，这是一个多么美丽而又神圣的字眼，是一个由小孩到成年人的分界线。它意味着从此以后，你将更加成熟，思考得更多，开始逐渐认识自己，面对自己，完善自己，思考人生以及未来；你要将理想转化为现实，将依赖变为自立；你的世界观、人生观、价值观也将得到进一步确立和坚定。

18岁，人生中一个新的里程碑，是人生旅途中一个新的起点。从这一刻开始，你将以更加自立自强的姿态去面对人生和社会；你将享有宪法所赋予的权利，并履行宪法所规定的义务；你将和所有成年人一样，担负起国家、社会和家庭所赋予的神圣而庄严的使命。

18岁了，就该懂事了，玩心和伤心都要悄悄收起，告别过去的莽撞、青涩、害羞，告别自己的孩童和青少年岁月，从此走进人生的新阶段。在新的生活里，你将体会到人生路上真正的付出与收获、成功与失败、幸福与艰辛，因为你已经长大了，有了自己思考问题的方式，有了明确的价值取向和人生态度，有了主见，所以说，你将拥有真正的生活。

从一个呱呱坠地的婴儿长到18岁成人，经历了6570个日日夜夜。在这个过程中，爸爸妈妈见证了你每一天的成长。当你摔倒时，是爸爸妈妈让你擦干眼泪，独自站起来；当你伤心哭泣的时候，是爸爸妈妈倾听你的心声，抚平你的伤痛；当你生病的时候，是爸爸妈妈彻夜守候在你的床边给你喂药端水；当你进步、欢笑、取得成绩的时候，爸爸妈妈跟着你一样开心快乐。最后，我想说的是无论你多大，走到哪里，爸爸妈妈都永远支持你。

18岁，你将带着父母、亲人的热切期盼，面对庄严的国旗许下铿锵誓言，光荣地成为共和国的成人公民，迈出成人第一步，踏上人生新征途。

让18岁成为人生的一个崭新开始，一步一个脚印，带着勇气、知识、信念、追求去搏击长空，创造自己的新生活。我们也祝福你在今后的人生道路上，一路拼搏，一路精彩。以青春为动力，以理想为方向，用年轻的臂膀去开创一片属于自己的天空。坚定信念，为生命的多彩而高歌！

来，为×××的成年人礼而干杯！

## 13周岁生日宴上父亲祝酒词

各位长辈，各位来宾，亲朋好友们：

大家好！

今天，我们欢聚在一起，共同祝贺犬子××的13岁生日。首先，我代表我们全家向大家的光临表示衷心的感谢！

13年前的今天，伴随着一声响亮的啼哭，我和我的另一半××怀着喜悦的心情迎来了我们爱情的结晶，由于出生在夜晚，伴着星光，因而为之取名××。

时光飞逝，而今，我的孩子已经从当初襁褓中的婴儿成长为今天潇洒帅气的英俊少年。这期间，在我们的精心呵护和照料下，在亲戚、朋友、老师、同学们的关爱和帮助下，××生活幸福，学习优秀，健康茁壮地成长，我为拥有这样一个活泼可爱、富有爱心和同情心的儿子而感到高兴和自豪。

在此，我要对我的孩子说：今天你1岁了，就多了一份智慧，像小鸟初展新翅；明天，你就要像雄鹰一样展翅飞翔、鹏程万里！在你的人生道路上，爸爸妈妈永远呵护你、支持你、祝福你！祝你生日快乐、早日成才，早日实现自己的理想！

同时，我也代表我们全家将最美好的祝福送给大家：祝大家身体健康、生活幸福、工作顺利、万事如意。再次感谢大家在百忙之中的光临，大家一定要喝得尽兴、吃得舒心、玩得开心。如有招待不周，还请多多包涵。

让我们大家共同举杯，为犬子13周岁生日，干杯！谢谢大家！

## 10周岁生日宴祝酒词

各位亲戚、朋友：

大家中午好！

今天是我女儿10岁生日的大好日子，我祝愿我的女儿生日快乐，学习进步，健康快乐，将来成为国家的栋梁之才！

各位亲朋好友能够从百忙中抽出时间来参加我女儿的生日宴会，我代表我们全家对你们的到来表示热烈的欢迎和最衷心的感谢！我也祝愿各位身体健康，工作顺利、合家欢乐、万事如意！

宴会现在开始，请各位尽情享用！如有招待不周，请多多包涵！

来，让我们共同举杯，祝各位身体健康、工作顺利、万事如意！干杯！

各位亲戚、朋友：

大家中午好！

今天是我女儿10周岁的生日，我代表全家对大家的到来表示热烈的欢迎和衷心的感谢！在今天这个特别的日子里，我借着这次宴会，我要对我的女儿说几句心里话。

孩子，今天是你的10岁生日，10年前的今天，妈妈在经历了长达13个小时的痛苦挣扎后，终于把你平安地带到了这个世界上。看到你呱呱坠地的那一刻，我哭了，是激动与喜悦的泪水。

你刚学会走路，就开始试着自己走，很少让大人抱。你7岁上小学后，老师布置的作业你都能按时独立完成，从来不让爸爸妈妈操心。从你走进学校到现在，3年以来，老师每次家访或者学校开家长会，你都是老师表扬的对象，你是爸爸妈妈的骄傲。我们曾经担心你，怕你上学学习不好或者跟同学的关系相处不好。但今天看来，我们是多虑了。我们亲爱的女儿是那么懂事，那么让人放心。我们相信，你长大后一定会成为一个充满希望和怀有美好信念的人。今天你满10岁了，已经度过3650个日日夜夜，这是你人生的第一个10年，在你今后的人生中，你将度过很多个10年。所以，在你第一个10岁生日之际，我们想和你郑重地说一句：今后你的路不管是平坦还是坎坷，都希望你能珍惜每一天，学会坚强、勇敢和乐观，做一个有知识、有修养的人。

孩子，你是爸爸妈妈的骄傲，将来不管你走多远，我们永远默默地支持你，以最深挚的爱祝福你，一生平安快乐，孩子，生日快乐！

好了，以上就是我今天要对女儿说的心里话。下面，让我们大家举杯，为我女儿10周岁生日，干杯！

尊敬的爷爷奶奶，敬爱的伯伯叔叔阿姨，亲爱的小朋友们：

你们好！

今天是我的10岁生日，站在这个引人注目的舞台上，这是我第一次跟你们说我的心里话，既高兴又激动。在这里，我首先要代表我的全家感谢你们在百忙之中抽空来参加我的生日宴会，我相信，你们的光临会给我的童年留下最美好的回忆，是你们见证了我的成长。对此，我们全家感到非常的荣幸！

从一个襁褓中的小婴儿，成长为一个小学三年级的学生。在这10年中，离不开爸爸妈妈、爷爷奶奶、叔叔阿姨、伯伯婶婶的关心和爱护。今天，借此机会，我要向你们表达我深深的谢意，给大家鞠躬了。我会永远铭记你们的恩情，用实际行动来回报你们对我的殷切希望！

在这里，我还要对我的爸爸、妈妈说“我爱你们！”请你们相信我，今后我会更加地勤奋努力，做一个你们喜欢的诚实善良好学的乖儿子。

我还要感谢我的老师，我的同学，因为有你们，才有了我丰富多彩的学习生活，让我的求学路上充满了欢乐与阳光！

最后，祝在座的爷爷奶奶身体健康！祝伯伯叔叔阿姨们工作顺利，心想事成！祝所有的同学朋友们健康、快乐！让我们共同举杯，为了这个美好的愿望，干杯！

女士们、先生们，各位亲朋好友们：

大家好！

今天，是我儿子10岁的生日，从今天开始，儿子就迈进了十字头的年龄。

回想起儿子刚出生的时候，肥乎乎、圆滚滚（8斤1两）、粉嫩嫩的小脸蛋儿，滑如丝，软如绵。第一次看到他时，我有丝丝的困惑：这就是我的儿子？这就是我十月怀胎所生的小家伙吗？呵呵，后来我知道，原来刚出生的小孩都这样。过了两天，儿子就变得漂亮了。渐渐地，在儿子哭的时候，我的心也被牵动，开始本能地感受到儿子的喜怒。牙牙学语的儿子喜欢上了睡前听我唱歌，还要求多多：同一支歌不可以重复两遍，中间停顿不可以超过10秒钟。累和辛苦是不必说了，可还是从心底里高兴。每天下班一回到家看到儿子，这些辛苦就消失得无影无踪了。“儿子，你要快快长大哦！妈妈要和你一起跳舞。什么时候能圆妈妈这个梦呢？”

儿子在不经意间长大，第一天背着书包上学的时候，我望着他进入学校的背影，眼前模糊了：儿子呀！你从这里就开始准备起飞了，妈妈愿你飞得高、飞得远，可是那样你离妈妈也会远了……儿子如今长得比同龄孩子高出了一大截，已经高过我，白天儿子把我拥在怀里，绅士般地与我共舞，当时，我激动得哭了，我的愿望终于在儿子10周岁的时候实现了。我的心愿满足了，我是最最幸福的妈妈。

飞吧，儿子！妈妈希望你将来能够插上理想的翅膀飞得更高更远，等到你远飞的那天，妈妈答应你，一定不会让你看到我哭泣的眼神。

好了，这就是我今天要对儿子说的心里话。下面，让我们共同举杯，祝愿在座的各位朋友们：身体健康、工作顺利、生意兴隆、万事如意！干杯！

各位领导、各位来宾、亲爱的朋友们：

大家晚上好！

今天是我的儿子××10岁生日的大好日子，非常高兴能有这么多的亲朋好友前来捧场，至此，我代表我们全家对各位能在百忙中抽空来参加犬子10周岁的生日宴会表示最热烈的欢迎和最衷心的感谢！

10岁是一个非常美好的年龄，是人生旅途中的第一个里程碑，在此我祝愿我的儿子生日快乐，学习进步，健康、快乐地成长，我更希望他能成长为一个有知识、有能力、大家都喜欢的人，愿爸爸、妈妈的辛苦没有白费，愿他将来能有一个美好的前程，实现自己的梦想。

同时，××的成长也有劳各位长辈的关心和厚爱，希望大家能一如既往地给他鼓励和支持，这些都会给他的人生带来更多的动力和活力。最后，让我们共同举杯，为我儿子10周岁生日，干杯！谢谢大家！

## 1周岁宝宝生日宴会祝酒词

各位亲友，各位来宾：

大家好！

首先对大家光临我儿子的周岁宴会表示最热烈的欢迎和最诚挚的谢意！此时此刻，此情此景，我们一家三口站在这里很激动，面对这么多的亲朋好友济济一堂为我儿子××的周岁生日庆祝，我们感慨颇多，下面我就简单说说我此时此刻的心里话。

第一，不养儿不知父母恩。

××今天刚满1周岁，在过去的365天中，我和××尝到了初为人母、初为人父的幸福感和自豪感，但同时也真正体会到了养育儿女健康成长的无比辛劳。

今天在座的有我的父母，还有公公婆婆，对于他们30年的养育之恩，我们无以回报。今天借这个机会向四位老人深情地说声：谢谢了！你们辛苦了！并衷心地祝你们平安、健康长寿！

第二，朋友多了路好走。

这些年来，我和××以朴实与友善的品质结交了许多好朋友，过去的日子里，在座的各位朋友曾给予我们许许多多无私的帮助，让我感到无比的温暖。人们常说："财富不是朋友，朋友却是财富。"今天，我和××为有这样一笔宝贵的财富而感到骄傲和自豪。在此，请允许我代表我们一家三口向在座的各位亲朋好友表示十二万分的感激！现在和未来的时光里，我们仍奢望各位亲朋好友善意地批评教导，真诚地提携奖掖。

今天以我儿子××周岁生日的名义相邀各位至爱亲朋欢聚一堂，菜虽不丰，但是我们的一片心意，酒纵清淡，但是我们的一份热心。若有不周之处，还盼各位海涵。来，让我们共同举杯，祝各位工作顺利、万事如意！谢谢！

各位嘉宾，亲朋好友们：

大家好！

非常感谢大家在百忙之中来参加我儿子的周岁宴会，对此，我和我妻子向各位表示最热烈的欢迎和最衷心的感谢！此时此刻，我们一家三口心情非常激动。

不养儿不知父母恩。××今天刚满1周岁，在过去的365天中，我和妻子尝到了初为人父人母的幸福自豪，同时也真正体会到了作为父母的艰辛与责任，对于"父母"两个字有了更深的体会。在这一年中，我的父母、岳父、岳母为我这个儿子，倾注了不少心血。今天借此机会想对我的父母，岳父、岳母说："谢谢，你们辛苦了。"

在过去的日子里，在座的各位朋友曾给予我们许许多多无私的帮助，让我们感到无比温暖。在此，请允许我代表我们一家三口向各位表示万分的感激！

今天以我儿子1周岁生日的名义相邀各位至爱亲朋欢聚一堂，为表情意，特备酒菜，请大家尽情享用！若有不周之处，还盼各位海涵。让我们共同举杯，祝各位身体健康、万事如意！谢谢！

我们最亲爱的小外孙女，××：

你的第一个生日到来了！你知道外公外婆此刻多么激动吗？在这个特殊的日子里，外公外婆希望等你识字的时候，能够读懂我们此时的心情。自从有了你，我们的生活就围着你转，你是我们心中的小太阳，是我们精神与生命的无限寄托！

记得××年×月×日晚，我们一夜未眠，心中默默祝福你平安降生。第二天上午，你终于来到了这个世界。推窗远望，那是一轮充满朝气的红日，这就是我们的小外孙女，你就是我们的小太阳。

今天是你的第一个生日，我们相信不久的将来，你将是一个聪明漂亮、学识渊博、永远向前的聪明孩子。我们盼望着你长大，盼望着你成才，盼望着你早日成为国家的栋梁。

来，让我们大家共同举杯，为我小外孙女××1周岁生日干杯！谢谢大家！

## 小孩满月祝酒词

各位来宾、各位亲朋好友：

你们好！

非常感谢你们能在百忙之中，抽出时间来参加我的小宝贝××的满月酒会！

从××生下来到现在这一个月，为着这个小家伙，我们全家忙得不亦乐乎，尽管非常辛苦，可是每个人的脸上都挂满笑容。事实上，从小××呱呱落地的那一天起，我们家就充满了欢声笑语，巨大的幸福洋溢在我们家每一个人的脸上。

我心中更是充满了幸福，充满了一个做父亲的男人的神圣责任感。我几乎每时每刻都在念着：感谢老天，把一个这么漂亮可爱的孩子赐给我们这个家。作为男人，作为一个骄傲的父亲，我该做些什么，才能让这个小宝贝每天都开开心心、快快乐乐地长大？

现在，对着这个小家伙，我想说：孩子，你是幸福的！因为有爱着你的爸爸妈妈，有这么多疼你的爷爷奶奶、叔叔伯伯、姑姑阿姨、哥哥姐姐，你一定会每天生活在阳光与欢笑之中。今天，为了我们这个刚满月的小太阳，我们欢聚在一起。让我们举起杯来共同畅饮吧！祝福他的明天如日东升，祝愿我们每个人的生活都蒸蒸日上！干杯！

各位来宾，亲朋好友：

大家好！

此时此刻，我的内心是无比激动和兴奋，唯有肢体语言才能表达我此时的情感，我要向各位行三鞠躬，一鞠躬，是感谢，感谢大家能亲身到××酒家和我们分享这份喜悦和快乐。二鞠躬，还是感谢。因为在大家的关注下，我和妻子有了宝宝，升级做了父母，这是我们家一件具有里程碑意义的大事。对“不养儿不知父母恩”有了更深的理解，也让我们怀有一颗感恩的心。除了要感谢生我们养我们的父母，还要感谢我们的亲朋好友，单位的领导同事。正是有了各位的支持、关心、帮助，才让我们感到生活更加甜蜜，工作更加顺利。衷心希望大家能一如既往地支持我们、帮助我们。三鞠躬，是送去我们对大家最真诚的良好祝愿。祝大家永远快乐、幸福、健康。

今天，我们在××酒家准备了简单的酒菜，希望大家开怀畅饮，尽情享用。如有招呼不周，还请多多包涵！

我提议：让我们举起酒杯，为我儿子美好的明天，也为在座诸位的健康，干杯！

各位来宾、各位朋友：

大家好。今天是我们×××先生的千金满月的大喜日子，在此，我代表来宾朋友，向×××先生表示真挚的祝福。

在过去的时光中，当我们感悟着生活带给我们的一切时，我们越来越清楚地认识到人生最重要的东西莫过于生命。×××先生在工作中是一个严谨、奋进、优秀的人，他创造了新的生命，奉献给这美丽的人生，则是一段无比美妙的歌声。

下面我提议，让我们举杯祝愿这个新的生命：×××先生的千金，也祝愿各位朋友的下一代，能够茁壮成长，成为国家栋梁之才！也顺祝大家身体健康，全家幸福，万事如意。

## 【寿诞宴佳词妙句】

### 祝寿记岁优美诗词

◎50岁

蟠桃上寿鹤南飞，常爱南山坐翠微。
画堂月映三株树，绮席香飘五色衣。
人似孔融宜服政，年如卫玉已知非。
兴羡向平婚嫁毕，登山临水醉忘归。

◎60岁

朱颜白发洵堪夸，海屋添筹甲子赊。
伏胜自能通掌故，冯唐岂复滞京华。
帘前杖倚鸠衔玉，花外尊开鹤啄沙。
知尔丹台名藉甚，不须洞口问胡麻。

◎70岁

南极祥光接翠微，簪冠藤杖古来稀。
衔杯日就青山醉，结伴长从白社归。
千里骅骝多蹀躞，数枝花萼自芳菲。
鹿门喜睹庞公乐，海鹤风姿洵可依。

◎80岁

柳堤花巷且徜徉，八十如君鬓未霜。
喜数鹤筹添海屋，快扶鸠杖出沧浪。
才名自昔推三凤，文采于今灿七襄。
此去期颐知不远，百年还醉六千觞。

◎90岁

翩翩风度甚雍容，弧矢新悬瑞气浓。
清酒留宾常十日，谈经夺席已三重。
问年独冠香山首，稽古休夸伏胜胸。
最喜称觞集谢凤，亭亭绿水立芙蓉。

◎100岁

玉露盈盈丹桂荣，欣瞻风度冠耆英。

彩云常向歌筵绕，春酒频将舞袖倾。

四代衣冠真英武，百年琴瑟喜同声。

更看凤羽联翩起，应有蒲轮谷口迎。

**寿诞祝酒优美对联**

◎男寿祝词

名高北半，寿比南山。

德为世重，寿以人尊。

菊水不皆寿，桃源境是仙。

露滋三秀草，云护九如松。

寿考征宏福，和平享大年。

鹤算千年寿，松龄万古春。

南山欣作颂，北海喜开樽。

上苑梅花早，仙阶柏叶荣。

坐看溪云忘岁月，笑扶鸠杖话桑麻。

岭上梅花报春早，庭前椿树护芳龄。

人如天上珠星聚，春到筵前柏酒香。

杏花雨润韶华丽，椿树云深淑景长。

寿考维祺征大德，文明有道享高年。

琥珀盏斟千岁酒，琉璃瓶插四时花。

天上星辰应做伴，人间松柏不知年。

海屋仙筹添鹤算，华堂春酒宴蟠桃。

左吟太行右挟东海，光浮南极星起老人。

室有芝兰春自韵，人如松柏岁常新。

体健身强宏开寿域，孙贤子肖欢度晚年。

花好月圆庚星耀彩，兰馨桂馥甲第增辉。

喜享遐龄寿比南山松不老，欣逢盛世福如东海水长流。

◎女寿祝词

玉树盈阶秀，金萱映日荣。

岁寒松晚翠，春暖蕙先芳。

瑶池春不老，寿域日方长。

萱草千年绿，桃花万树红。

慈竹青云护，灵芝绛雪滋。

玉露常凝萱草翠，金风远送桂花香。

兰桂腾芳开寿域，儿孙英俊继家声。

芝兰玉树竞娟秀，青鸟蟠桃共岁华。

青鸟飞来云五色，碧桃献上岁三千。

宝婺辉联南极晓，萱花彩舞北堂春。

岭上梅花报春信，庭前椿树护芳龄。

西望瑶池降王母，南极老人应昌寿。

祥鸾仪羽来三鸟，慈姥峰峦出九霄。

麻姑酒满杯中缘，王母桃分天上红。

萱草含芳千岁艳，桂花吐艳五株新。

瑶池喜晋千年酒，海屋欣绿百岁筹。

愿慈母百岁不老，祝松柏万年长青。

蟠桃子结三千岁，萱草花开八百年。

唯盛世才多长寿，是贤母始能兴家。

云捧彩鸾王母至，花开金凤天星来。

蟠桃果熟三千岁，慈竹筹添八十春。

乃冰其清乃玉其洁，如山之寿如松之青。

兰阁风熏瑶池益寿，萱堂日永彩悦延龄。

**母亲生日祝酒妙句**

◎满头白发是妈妈对我的牵挂，弯曲的脊梁是妈妈辛劳的见证。岁月年年深，祝福表我心，妈妈生日快乐！

◎看见妈妈的白发，我知道那是岁月的风霜；抚摸妈妈的皱纹，我知道那是疲惫的年轮；倾听妈妈的脚步，我知道那是操劳的音律。妈妈，祝您生日快乐！

◎送一箩开心果，愿母亲乐乐呵呵；送一首快乐歌，愿母亲美美生活；送一条知心结，愿母亲幸福多多；送一句祝福话：祝母亲生日快乐！

◎亲爱的妈妈，祝您：生日快乐，身体健康！愿我的祝福伴随您四季：春天送您一缕芬芳，夏天送您一丝清凉，秋天送您一盘果瓤，冬天送您一屋热浪。

◎您的怀抱，胜过阳光的温暖；您的付出，从不抱怨；您的恩情，难以偿还；母亲的爱永在你我身边，祝妈妈生日快乐！

◎您的唠叨是我行动的坐标，可是我却是刚刚知晓，您的关怀是温暖的阳光，在我生命里不知疲倦的照耀。妈妈，今天是您的生日，祝福您生日快乐！

◎年轻的岁月已走过，经历的岁月成蹉跎，持家的岁月为生活，操劳的岁月沧桑磨，今天是您的生日，祝母亲健康快乐，福运多多！

◎亲爱的妈妈呵护的是我，慈祥的妈妈牵挂的是我，温柔的妈妈关心的是我，无私的妈妈最爱的是我。祝妈妈生日幸福，快乐如意！

◎亲爱的妈妈，岁月的磨砺让你的青春老去，风雨的洗涤让你的红颜褪色，但是在儿女的心中，你就是那朵最美丽的牡丹花，富贵又吉祥；祝妈妈生日快乐！

◎母爱是把伞，红尘滚滚让我们感到温暖；母爱是双鞋，人在旅途让我们不怕艰难；母爱是头牛，大千世界让我们享受幸福。妈妈，祝你生日快乐又吉祥！

◎世界上最动听的声音，是妈妈声声的呼唤；世界上最温暖的笑容，是妈妈的笑脸。妈妈，祝您生日快乐，一切安好。

**父亲生日祝酒妙句**

◎你是大树，为我遮蔽风风雨雨；你是太阳，普照的光芒，为我们的生活带来光明。亲爱的父亲，儿子为你送上生日祝福，祝您健康、长寿！

◎父亲，我会在你所赋予的世界中明白你给我的每一个关怀，在满怀感动之时，向你表达最诚挚的生日祝福！父亲，祝你生日快乐！

◎父爱，伟岸如青山；圣洁如冰雪；温暖如骄阳；宽广如江海！父亲，生日快乐！永远爱您的女儿！

◎爸爸，你用温暖的双手给我信心，给了我无穷的力量，用强有力的肩膀带着我乘风破浪，谢谢你，爸爸，祝你生日快乐！

◎爸爸的教诲像一盏灯，为我照亮前程；爸爸的关怀像一把伞，为我遮蔽风雨。祝您生日快乐！

◎您像一棵大树，春天倚着您幻想，夏天倚着你繁茂，秋天倚着您成熟，冬天倚着您沉思。女儿对父亲感激无法言语，谢谢你，爸爸，生日快乐！

◎多少座巍巍大山也不能勾勒出您伟岸身躯，多少个超凡岁月也不能刻画出您面容风霜，爸爸，祝您生日快乐！

◎天有多高，您的伟岸就有多高；地有多广，您的胸襟就有多广；海有多深，您的情感就有多深；茶有多浓，您的父爱就有多浓。祝父亲生日快乐！

◎父爱如山，海纳百川。父爱如河，承载夙愿。父爱如路，蜿蜒缠绵。父爱如天，支撑家园。父爱如港湾，滋养温暖。祝父亲生日快乐，健康平安！

**爱人生日祝酒妙句**

◎今天是你的生日，我的老婆，感谢多年来对这个家庭的付出，我才能更加安心地在外打拼。谢谢你给我的爱！

◎时光永远不会改变我对你深沉的爱恋，时间的流逝只会使它愈加深厚，祝你生日快乐，我的爱人！

◎请接受我的礼物，它带给你温存的爱慕和深情的思念，祝愿你生日快乐，欢欢喜喜又一年！永远快乐！

◎特别的爱，给特别的你，愿我的祝福像阳光那样缠绕着你，真诚地祝愿健康和快乐永远伴随你，生日快乐！

◎我没有五彩的鲜花，没有浪漫的诗句，没有贵重的礼物，没有兴奋的惊喜，只有轻轻的祝福，祝你生日快乐！

◎在宁静的夜晚，点着淡淡的烛光，听着轻轻的音乐，品着浓浓的葡萄酒，让我陪伴你度过一个难忘的生日！

**朋友生日祝酒妙句**

◎难忘的是你我纯洁的友情，可贵的是永远不变的真情，高兴的是能认识你！献上我最爱的康乃馨，祝你生日快乐！

◎悠悠的云里有淡淡的诗，淡淡的诗里有绵绵的喜悦，绵绵的喜悦里有我轻轻的祝福，生日快乐！

◎送你一杯我精心特调的果汁，里面包含100毫升的心想事成，200毫升的天天开心，300毫升的活力十足，祝生日快乐！

◎羡慕你的生日是这样浪漫，充满诗情画意，只希望你的每一天都快乐、健康、美丽！

◎在你生日的这一天，将快乐的音符作为礼物送给你，愿你一年365天快快乐乐，平平安安！

◎这一刻，有我最深的思念。让云捎去满心的祝福，点缀你甜蜜的梦，愿你度过一个温馨浪漫的生日！

◎祈望你心灵深处芳草永绿，青春常驻，笑口常开。祝你生日快乐，健康幸福！

◎酒越久越醇，朋友相交越久越真；水越流越清，世间沧桑越流越淡。祝生日快乐，时时好心情。

◎两片绿叶，饱含着同根生的情谊；一句贺词，浓缩了我对你的祝福。愿快乐拥抱你，在这属于你的特别的一天，生日快乐！

◎我为你收集了大自然所有的美，放在你生日的烛台上。将能说的话都藏在花蕾里，让它成为待放的秘密。生日快乐！

◎日光给你镀上成熟，月华增添你的妩媚，在你生日这一天，愿朋友的祝福汇成你快乐的源泉，一起涌向你……

◎长长的距离，长长的线，长长的时间抹不断，今天是你的生日，远方的我一直在惦念着你，祝你生日快乐，我最关心的朋友！

◎只有懂得生活的人，才能领略鲜花的娇艳。只有懂得爱的人，才能领略到心中的芬芳，祝你有一个特别的生日！

## 中篇

# 应酬语：应对如流自从容

无论是生活中还是社交场合中，都避免不了参加宴会应酬。在公众应酬上，讲话不仅能够反映一个人独特的魅力，还能够给大家留下好印象。所以，不管是出席什么场合的宴会应酬，都要有从容不迫的讲话能力。

拥有好口才才能在各种应酬场合如鱼得水：从容自若地与各色人等巧妙周旋；口吐莲花，为自己赢得商业伙伴的青睐；恰到好处地接过对方的话头……会应酬的人会说话，会说话才能会应酬。

第一章

# 如何说好应酬语

应酬往来不仅需要有熟练的交往技巧，更需要有较高的语言表达技巧。从某种意义上说，应酬语言的优劣是应酬成败的关键性因素，万万疏忽不得。那些应酬高手，总是能够在各种应酬中把话说得滴水不漏，热情而不失态、真诚而不虚伪、委婉而不隐晦、客气而不俗气。总的来说，应酬语要做到语气平和，态度谦和，称呼得当，措辞准确，应对得体。

## 说好应酬第一句话

一般说来，商务、政务、外务等各种情景应酬语言的内容，可从如下几个方面去考虑。

**1. 以社会热门话题开始**

在应酬交际的时候，语言的内容非常广泛，说不上有什么固定的话题，更无所谓话题的好坏，关键在于根据对方的情况，因时、因地制宜，恰当选择，灵活运用，使之真正起到加深了解、加强合作的作用。

一般说来，可以选择社会上人们比较熟悉的热门话题开始自己的交谈。如时令、气候、环境以及时事、新闻，是人们比较关注的话题。由此引出话题自然贴切，还可以从中发现对方的一些独特见解，引起对方的交谈兴趣。

**2. 从对方的性格、爱好入手**

人们的性格、爱好、烦恼、隐私等与感情的喜怒哀乐有着紧密的联系，它牵扯着一个人大脑中的许多兴奋点。从这些方面入手寻找寒暄的话题，常常可以进入对方的心灵，引起对方感情上的共鸣。

**3. 选择对方的职业和发展方向**

这是最易触动对方那根敏感神经的话题。人人都关心自己的前途，对自己的未来有无数的遐想，你能与他“谈”在一起，你便是他的“同盟”。

**4. 用疑问表示关切与问候**

根据对方的情况和客观环境特点进行嘘寒问暖，表示关切与问候。如“近来身体好吗？”“年底工作忙吧？”“孩子们听话吗？”“生意怎么样？”这些问话需要先有某种程度的了解，并带有一定的针对性。

**5. 用肯定的语气表示夸赞**

根据对方的所见所闻，针对对方的某些长处和成绩予以诚心诚意的夸赞，以满足对方作为普通人所期望得到的肯定与承认的心理需求，引发“认同感”。比如：“老张，你创造的那种新工艺，应该得到发明奖。它不仅能缩短工时，还能提高产品质量，非常不错。”肯定式的陈述比那种感叹更客观、更具体，容易深入人心。

**6. 通过反问满足对方的优越感**

你能恰到好处地表示出自己“不知道”，便可激发对方的表现欲，满足对方的优越感。例如：“是吗？我怎么不知道呢？”当你这样说话时，对方会很得意地把他所知道的全告诉你，同时补充他自己的看法。

**7. 规避“空当”**

谈话人在说到兴头上时，会留下许多空当。你若能及时而准确地谈出对方想要说出的内容，你就能同他的思想感情融为一体。因此，细心地倾听对方说话，积极地配合对方的思路进行思考，这是非常重要的。

## 应酬介绍语的说法

应酬中介绍分为自我介绍、给他人介绍两种。

顾名思义，自我介绍就是把自己介绍给别人。在商务应酬的场合，我们想要结识一个人，或者当你随着朋友来到一个陌生人身边，可是你的朋友却没有介绍你的时候，就需要自我介绍了。

自我介绍一般的方法是首先主动和对方握手，然后说出你的名字：“你好，我是王辰。我在双飞计算机公司工作……”一般来说，自我介绍要包括打招呼，说出你的名字和你的工作。

自我介绍的方式要根据场合而改变。比如说你去参加一个宴会却迟到了，这时候你就要主动到主人面前道歉，然后再作自我介绍。

如果你并不认识对方但是又想结识对方，这个时候你可以说："您好，请问您是哪位？"等到对方介绍完自己，然后再作自我介绍。自我介绍的时候注意声音要清晰，要让对方听清楚，态度不可忸怩。

自我介绍最重要的一点是要注意分寸。不可喋喋不休长篇大论，也不要过多地提到你的职位和财务情况，这样让人厌烦。除此之外，自我介绍不要过分热情，否则会让人感到你是要推销什么。

为他人介绍要注意很多问题，首先要了解双方的背景。在了解双方的背景的情况下，简短地说明一下双方的情况。包括双方的姓名、职业等。最好可以找出双方的共同点，比如两人共同的爱好，或者来自同一个地方等，都可以让两个人尽快熟悉起来。当两个人交谈开来，你就可以离开了。记住介绍别人的时候不要过多地牵涉到自己，提到自己的地位、身份等都是不礼貌的。比如说，你介绍一个人，说他在你手下工作，这就暗示了你的地位，容易让人产生抵触情绪。

需要注意的是，不要过多评价一个人，特别是你拿不准的时候，否则当这个朋友出现了问题，就是需要你承担责任的时候了。但是真诚的称赞可以对对方产生很大的影响，令双方尽快熟悉。比如说："幸亏王辰，我们的工作才会完成的这么顺利。"令被介绍的一方很容易给人留下良好的印象。

介绍他人的时候要注意介绍的顺序。一般来说，国际上公认的顺序是：第一，将男性介绍给女性；第二，将年轻者介绍给年长者；第三，将职位低的人介绍给职位高的人；第四，将客人介绍给主人；第五，将晚到者介绍给早到者。如果被介绍的客人同时具备以上五个原则中两个以上的原则的时候，我们应该按照后一个原则来介绍。

例如，当一个晚到的女客人遇到一个早到的男客人的时候，你就需要把晚到的女客人介绍给男客人；当一个年轻的女子遇到一个年长的男子的时候，就要把女子介绍给长者。

但是，介绍的顺序应该注意场合。如果是严肃的工作场合，就要按照职位的高低来判断，把职位低的人介绍给职位高的人。而对于公司的客户，你要注意，客户永远都是上帝，就算是一个公司的总裁面对一个普通的客人，你也要把总裁介绍给客人。

为他人作介绍的时候，要注意自己的肢体动作，你要站在要介绍的二人之间，向哪个人作介绍的时候面孔和身体都要微微倾向于那个人。然后把手指向要介绍的人，一边指一边说你要介绍的内容。此时需要注意的问题是千万不要用一根手指来指向某人，因为这是一种十分不礼貌的行为。

## 应酬称谓语的说法

应酬交际中，合宜的称呼不仅可以拉近两个交谈者的距离，而且可以体现一个人的教养和学识。而不合适的称呼却可以让对方反感甚至产生误会，导致交往的破裂。那么在称谓上我们要知道些什么呢？

常见称呼别人的方法分为以下几种：

（1）一般性的称呼。这是最常见的对普通公众的称呼，包括先生、小姐、太太、夫人、同志、同学，等等。其中，对未婚女士统称为“小姐”，已婚女子称为“夫人”或者“太太”。如果不能判断她的婚姻状况，可以全部称为“女士”。而在工作场合，“女士”这种称谓也是普遍使用的。

（2）姓名称呼。这种称呼一般是在关系比较亲密或者年龄职务相仿的人之间使用的。而对于自己的上级或者长辈，这种称呼十分不礼貌，不要随便使用。

（3）职务头衔称呼。如“王经理”“李局长”等。

（4）亲属称呼。如“李叔叔”“王爷爷”等。生活中用的比较多，不要带到工作中，给人带来不好的印象。

（5）职业称呼。如“陈老师”“服务员”等。

在不同的地域国家，称呼他人的方式有所不同。比如，在日本，妇女一般不称呼“小姐”“女士”，反而会称呼“先生”。

在很多国家包括英国，都可以在职务后面加上“阁下”的称呼，但是在美国、德国和墨西哥等国家却没有这种称呼，在国际应酬中应该注意这些区别。

# 应酬敬语、谦语、雅语的说法

敬语，亦称“敬辞”，它与“谦语”相对，是表示尊敬礼貌的词语。除了礼貌上的必须之外，能多使用敬语，还可体现一个人的文化修养。

敬语的运用场合：

第一，比较正规的社交场合；

第二，与师长或身份、地位较高的人的交谈；

第三，与人初次打交道或会见不太熟悉的人；

第四，会议、谈判等公务场合等。

我们日常使用的“请”字，第二人称中的“您”字，代词“阁下”“尊夫人”“贵方”等，另外还有一些常用的词语用法，如初次见面称“久仰”，很久不见称“久违”，请人批评称“请教”，请人原谅称“包涵”，麻烦别人称“打扰”，托人办事称“拜托”，赞人见解称“高见”等都是常用的敬语。

谦语，亦称“谦辞”，它是与“敬语”相对，是向人表示谦恭和自谦的一种词语。

谦语最通常的用法是在别人面前谦称自己和自己的亲属，如称自己为“愚”，称家人用“家严、家慈、家兄、家嫂”等。

自谦和敬人，是一个不可分割的统一体。尽管日常生活中谦语使用不多，但其精神无处不在。只要你在日常用语中表现出你的谦虚和恳切，人们自然会尊重你。

雅语，是指一些比较文雅的词语。雅语常常在一些正规的场合以及一些有长辈和女性在场的情况下，被用来替代那些比较随便，甚至粗俗的话语。多使用雅语，能体现出一个人的文化素养以及尊重他人的个人素质。在待人接物中，要是你正在招待客人，在端茶时，你应该说：“请用茶。”如果还用点心招待，可以用“请用一些茶点”。假如你先于别人结束用餐，你应该向其他人打招呼说：“请大家慢用。”雅语的使用不是机械的、固定的。只要你的言谈举止彬彬有礼，人们就会对你的个人修养留下较深的印象。只要大家注意使用雅语，必然会对形成文明、高尚的社会风气大有益处，并对我国整体民族素质的提高有所帮助。

## 应酬答谢语的说法

答谢讲话主要是指对别人的帮助或招待表示感谢。来而不往非礼也，对于别人的帮助和招待及时致谢，才是人之常情。答谢讲话广泛应用于各种应酬中，对于沟通情感、巩固友谊等都能起到很好的效果。

答谢讲话的基本要求如下：

（1）态度要热情礼貌，感谢要真诚自然，做到热情、谦逊有礼。

（2）要善于从现场找话题或引用对方熟悉的事例，拉近彼此的心理距离，增强双方的认同感。

（3）即使预先准备了答谢词，也要根据应酬情境做好紧急修改补充的准备，或因情因境临场应变发挥。

（4）答谢讲话要表现出谦虚谨慎、不骄不躁的美德，要表达对对方表示出自己由衷的谢意。

（5）语言要庄重得体，简洁明了，篇幅要力求简短。

## 宴会交谈有规则

宴会为应酬和交流提供了一个很好的平台。一般来说，参加宴会的客人很难相互认识，交流是宴会上人们相互了解和结识的前提，因此要注意宴会上的谈话内容的选择，要尽量达到大部分参加宴会的客人都有兴趣。一般比较适合谈一些愉快健康的见闻或真切的感受等。谈话的形式可分为以下三种。

一是，全体客人同时参与谈话，而对于这种交谈，通常最近的新闻大事，社会消息、市场经济为大家谈论的焦点。

二是，临近座位上两人的谈话，如个人爱好、个人最近身体或工作情况等都是不错的开场论题。

三是，多人谈话包括同席人，但不是全体，谈话时，最好找一个适时的主题开始，如文学艺术、体育、音乐等。

谈话的同时还要注意谈话时气氛的调节，切忌只同亲近的人或就近的人谈而冷落了全席的人，不应该闭口不谈，应始终找些共同的话题，引起全席人的情绪，调动氛围，使气氛热烈而欢快。但交谈时尽量不要涉及政治方面的问题，因为政治上大家难免有不同看法，甚至完全对立，造成话不投机半句多的局面，闹得宴席上很不愉快。谈话时也尽量不要谈及职业问题，一谈起职业来就容易使人感到有比高低之嫌。

## 商务交谈 6 大原则

交谈是商务谈判的中心活动。而在圆满的交谈活动中，遵守交谈礼仪具有十分重要的作用。

**1. 尊重对方，谅解对方**

在交谈活动中，只有尊重对方，理解对方，才能赢得对方感情上的接近，从而获得对方的尊重和信任。因此，谈判人员在交谈之前，应当调查研究对方的心理状态，考虑和选择令对方容易接受的方法和态度，了解对方讲话的习惯、文化程度、生活阅历等因素对谈判可能造成的种种影响，做到多手准备，有的放矢。交谈时应当意识到，说和听是相互的、平等的，双方发言时都要掌握各自所占有的时间，不能出现一方独霸的局面。

**2. 与他人保持适当距离**

说话通常是为了与别人沟通思想，要达到这一目的，首先必须注意说话的内容，其次必须注意说话时声音的轻重，使对话者能够听明白。这样在说话时必须注意保持与对话者的距离。另外还存在一个怎样才更合乎礼貌的问题。从礼仪上说，说话时与对方离得过远，会使对话者误认为你不愿向他表示友好和亲近，这显然是失礼的。然而，如果在较近的距离和人交谈，稍有不慎就会把口沫溅在别人脸上，这是最令人讨厌的。有些人有凑近和别人交谈的习惯，要知道别人顾忌被自己的口沫溅到，于是先知趣地用手掩住自己的口。这样做形同“交头接耳”，样子难看也不够大方。因此，从礼仪角度来讲一般保持一两个人的距离最为适合。这样做，既让对方感到有种亲切的气氛，同时又保持一定的“社交距离”，在常人的主观感受上，这也是最舒服的。

**3. 恰当地称呼他人**

无论是新老朋友，一见面就得称呼对方。每个人都希望得到他人的尊重，人们比较看重自己业已取得的地位。对有头衔的人称呼他的头衔，就是对他莫大的尊重。直呼其名仅适用于关系密切的人之间。你若与有头衔的人关系非同一般，直呼其名来得更亲切，但若是在公众和社交场合，你还是称呼他的头衔会更得体。对于知识界人士，可以直接称呼其职称。但是，对于学位，除了博士外，其他学位，就不能作为称谓来用。

**4. 及时肯定对方**

在谈判过程中，当双方的观点出现类似或基本一致的情况时，谈判者应当迅速抓住时机，用溢美的言辞，中肯肯定这些共同点。赞同、肯定的语言在交谈中常常会产生异乎寻常的积极作用。当交谈一方适时中肯地确认另一方的观点之后，会使整个交谈气氛变得活跃、和谐起来，陌生的双方从众多差异中开始产生了一致感，进而十分微妙地将心理距离拉近。当对方赞同或肯定己方的意见和观点时，己方应以动作、语言进行反馈交流。这种有来有往的双向交流，易于双方谈判人员感情融洽，从而为达成一致协议奠定良好基础。

**5. 态度和气，语言得体**

交谈时要自然，要充满自信。态度要和气，语言表达要得体。手势不要过多，谈话距离要适当，内容一般不要涉及令人不愉快的事情。

**6. 注意语速、语调和音量**

在交谈中语速、语调和音量对意思的表达有比较大的影响。

交谈中陈述意见要尽量做到平稳中速。在特定的场合下，可以通过改变语速来引起对方的注意，加强表达的效果。一般问题的阐述应使用正常的语调，保持能让对方清晰听见而不引起反感的高低适中的音量。

第二章
# 不懂礼仪，说不好应酬语

礼仪之于应酬，犹如绿叶之于红花。有的人只注重应酬中的说话之道，而忽视了礼仪在应酬中的重要作用。殊不知，你一个细微的言谈举止上的礼仪失误，会让你的说话大打折扣，让你的应酬前功尽弃。得体的礼仪可以为你的言谈润姿增色，让你的形象光彩四射，让你的应酬游刃有余。

## 宴会桌次与座位的安排

在宴请中，桌次与座位是一个不可忽视的问题。按习惯，桌次的高低以离主桌位置远近而定，右高左低。桌数较多时，要摆桌次牌。宴会可用圆桌、方桌或长桌。一桌以上的宴会，桌子之间的距离要适中，各个座位之间的距离要相等。团体宴请中，宴桌排列一般以最前面的或居中的桌子为主桌。

餐桌的具体摆放还应与宴会厅的地形条件而定。各类宴会餐桌摆放与座位安排都要整齐统一，椅背达到纵横成行，台布折纹要向着一个方向，给人以整体美感。

礼宾次序是安排座位的主要依据。我国习惯按客人本身的职务排列，以便谈话，如夫人出席，通常把女方排在一起，即主宾坐在男主人右上方，其夫人坐在女主人右上方，两桌以上的宴会，其他各桌第一主人的位置一般与主人主桌上的位置相同，也可以面对主桌的位置为主位。

在具体安排座位时，还应考虑其他因素，如双方关系紧张的应尽量避免安排在一起，身份大体相同，或同一专业的可安排在一起。

一般家庭举行宴请，因正房为坐北向南，故方桌北面即向门一面为客人的位置。现在则以迎门一方的左为上，右为下，是为首次两席。两旁仍按左为上，右为下依次安位。主人则背门而坐。

恰当的用餐桌次和座位的安排会显示你的地位，表达你的尊敬，将会为你的赴会和宴请增添礼仪之邦的风采，并取得特定的效果。

## 宴请要注意的事项

宴请大都要发出请柬，事先口头约定的也要补发，这既是礼节、礼貌上的需要，也是起提醒、备忘之用。请柬要在宴请前1–2周发出，以便被邀请者有所准备。国际上习惯对夫妇两人发一张请柬，我国习惯每人发一张。宴请的时间应对主、客双方都合适。

被邀请的客人到来时，主人应在门口迎候来宾，有时还可由少数其他主要人员陪同主人列队欢迎客人。客人抵达后，宾主相互握手问候，随即由工作人员将客人引进休息厅。休息厅内安排有相应身份者接应客人，并以饮料待客。若无休息厅，可请客人直接进入宴会厅，但不落座。

主宾到达后，主人应陪同主宾进入休息厅与其他客人见面。当主人陪同主宾进入宴会厅时，全体客人就座，宴会即可开始。

如果主人和主宾要发表讲话，一般安排在热菜之后，甜食之前进行。主人先讲。双方讲话有时也可安排在一入席时进行。吃水果后，主人与主宾离座，宴会即告结束。

西方习俗中客人抵达宴会厅时，有专人负责唱名。而在宴会上以女士为第一主人，人们入座、用餐、离席，均应以女主人的行动为准，不得抢先。

客人离去时，主人应送至门口，热情话别。在较正式场合时，在门口列队欢迎客人的人们，此时还应列队于门口，与客人一一握手告别，表示欢送之意。

## 赴宴前要注意什么

作为被邀请者，在宴会期间有诸多应该注意的礼仪。在赴宴的时候，应该时刻注意自己的举止和言谈，掌握宴会中应注意的礼仪。作为被宴请者，在礼仪方面必须做到以下几个方面。

### 1. 赴宴前应修饰仪表

仪表的修饰要大方得体，符合宴请的内容及气氛。一般说来，参加喜庆宴会时，女宾可以穿着色彩艳丽的裙装或套装，男宾可以着西装或中山装。穿着过分华贵的服装（指超过了主人）或衣衫不整，都是对主人的不敬重。在仪容上，女宾要认真梳理，并适当化妆，男宾也要根据个人情况，注意仪表仪容。包括事先要理发、修面等。总之，在仪表仪容上要做到端庄大方，不媚不俗。

### 2. 按时赴宴

接到赴宴的邀请，应首先搞清宴会的时间、地点、事由，以及参加人员。一般情况下都应接受邀请，这是一种礼貌，如因重要事情确实无法参加，应及时与主人联系，说明原因，婉言道歉。

赴宴要遵守约定的时间，既不得迟到，也不要太早。迟到是非常失礼的，去早了显得急于进餐，宴会方未准备好，难免尴尬，也不得体。最好按时到达，迟到四五分钟也可以原谅，但千万不能迟到一刻钟以上，否则到时为难的不是别人，而是你自己。万一迟到了，要向主持人解释迟到的原因，并表示歉意。你可以事先探询一下，可依据请柬注明的时间，稍微提前一点。如果你与主人关系密切，则不妨早点到达，以帮助主人招待宾客，或做些准备工作。

### 3. 向与会者礼貌打招呼

当你抵达宴请地点时，先到衣帽间脱下大衣和帽子，然后前往主人迎宾处，跟主人握手，问候致意。按当地习惯，可送礼品。对其他客人，无论认识与否，都应礼貌问候，见到熟人落落大方地打招呼，见到生人可礼貌地微笑致意。如果迟到了，在你坐下之前，应先向所有客人微笑打招呼，同时说声抱歉。

## 宴会入席有哪些讲究

宴会入席，也要遵从一定的礼仪。

通常来说，席位早已安排好。入席时应该按照请柬上的座次，不要随便乱坐。但是不同情况要不同对待，在主持人没有到场的情况下，即使请柬上写着你的桌次和座号，也应以听服务人员招呼和安排为好；若没有安排座次，你可以与你的朋友和熟人坐在一起。男士在上桌之前要帮右边的女士拉开椅子，待女士坐稳后自己再入座。

就座时，要向其他客人表示礼让，不要旁若无人地就座。落座之后，主持人拿餐巾，你就跟着拿餐巾。不管这时出现什么情况，主持人没拿餐巾之前你不能拿餐巾。

入座后，坐姿要端正，不可用手托腮或将双臂肘放在桌上，也不要随意翻动菜单，摆弄餐具或餐巾，这些举动都会给人以迫不及待的坏印象，最好是将一双空手放在自己的大腿上。尽管脚是别人看不见的，但同样也应该守规矩，要平放在自己的座位下，把脚搁在椅档上或伸出去踢着别人会使旁人和自己都感到尴尬。有时，坐定以后，服务人员还会递上一方湿毛巾，此时应礼貌地接下来并轻轻擦拭自己的双手和嘴角，不可用它擦脸，更不能用它擦颈脖或手臂。

当主人示意用餐可以开始，便可将桌上的餐巾抖开，平摊在自己的双腿上。但要请注意，中式餐是将餐巾全部打开，西式餐的午餐也是如此，而西式餐的晚餐则是将餐巾打开到双折为止。将餐巾塞在颈脖里或系在腰带上的做法早已过时。拿餐巾来擦餐具或酒具的做法更是失礼的行为，因为这至少表明你对餐酒具的清洁持怀疑态度。假如中途需要离开一下时，可将餐巾稍微折一下放回到桌上，也有人将其放在椅子上。

宴会结束时，如果你不想太引人注目，最好不要第一个告辞，也不要最后一个离开，在这其间你什么时候告辞都可以，只是一旦告辞就应该爽快地离开。

## 宴会饮酒应酬礼仪

饮酒是各种宴会中不可缺少的一个项目，在正式的宴会上，服务员打开酒瓶后，先要倒上一点递给主人品尝。主人应先饮一小口仔细品评，然后再尝一口，感到所上的完全合乎要求时，再向服务员示意，可以给客人们斟酒了。斟酒的顺序是先主宾，然后才是其他客人。斟酒时，酒杯应放在餐桌上，酒瓶不要碰到杯口。拿酒杯的姿势因不同种酒杯而有所不同。有的要用整个手掌握住，而高脚杯则应以手指捏住杯腿。

饮酒前，应有礼貌地品一下酒。可以先欣赏一下酒的色彩，闻一闻酒香，继而轻啜一口，慢慢品味。不要为显示自己的海量，举起酒杯看也不看便一饮而尽，使酒顺着嘴角往下流，也不宜一边抽烟，一边饮酒。鉴于酒后易失言、失礼，故宴请活动中饮酒的酒量要控制在自己平日酒量的一半以下。

敬酒要适可而止，意思到了就行了，不要成心把别人灌醉，更不要偷偷往他人饮料杯中倒上烈性酒。对于穆斯林不允许敬酒，甚至不能上酒，因为穆斯林饮酒是违背教规的。

在宴会上不会喝酒或不打算喝酒的人，可以有礼貌地阻止他人敬酒，但不要什么都一概拒绝，至少要喝上一点汽水、果汁或其他饮料，使举座尽欢。为拒绝他人敬酒通常要主动要一些非酒类的饮料，并说明自己不饮酒的原因。

让对方在自己面前的杯子里少许斟一些酒，然后轻轻用手推开酒瓶。按照礼节，杯子里的酒是可以不喝的。当敬酒者向自己的酒杯里斟酒时，用手轻轻敲击酒杯的边缘，这种做法的含义是“我不喝酒，谢谢”。当主人或朋友们向自己热情地敬酒时，东躲西藏，或把酒杯翻过来放，将他人所敬的酒悄悄地倒在地上，都是失礼的。

祝酒是席间的一个重要礼仪程序。正式宴会中主人皆有敬酒之举，会饮酒的人应当回敬一杯。敬酒时，上身挺直，双腿站稳，以双手举起酒杯，待对方饮酒时再跟着饮，敬酒的态度要热情大方。祝酒时，应主人与主宾先碰杯，碰杯时应目视对方（眼鼻组成的三角区）以示致意，不目视对方被认为是不礼貌的。人多时可同时举杯示意，不一定碰杯。交叉碰杯是必须避免的。

参加外方宴请，应事先了解对方饮酒习俗和祝酒的讲究。在宾主双方致辞祝酒时，应停止饮酒和交谈。奏国歌时更不能饮酒。在国外正式的宴会上，通常应由男主人首先举杯，并请客人们共同举杯。若是他要为在座的女士们的健康而干杯，就不应忘掉任何一位女士。客人、晚辈、女士一般不宜首先提出为主人、长辈、男士的健康干杯。女士接受他人祝酒时，不一定要举起自己的酒杯，以微笑表示感谢即可，自然稍微喝上一点更好。当为尊贵的人物的健康而干杯时，酒杯中的酒最好一饮而尽；若自己的酒量不行，事先应只斟少许酒。

## 商务午餐和晚餐礼仪

商务午餐和晚餐中，入座与进餐时应听从主人的安排，如邻座是年长者或妇女，应主动协助他们入座。取菜时，自己食盘内不要盛得太多，如遇本人不能吃或不喜欢的菜，服务员上菜或主人劝菜时，不要拒绝，可取少量放在盘内，并及时致谢。对不合口味的菜，切勿露出难堪的表情。吃东西时不要发出声音，要闭嘴咀嚼，鱼刺、骨头、硬壳等，不要直接外吐，应用筷子取出（西餐时，吐在叉上），然后放在骨盘内，不要放在桌上。用过的牙签等细小物品最后也都应放进食盘里面。

无论主人还是客人，都应积极参与同桌人的交谈，特别是左右邻座。不能仅同熟人或只同一两人交谈。邻座如不相识，可先作自我介绍。

祝酒时不要交叉碰杯。在主人和主宾致辞、祝酒时，其他人应暂停进食，停止交谈并注意倾听。碰杯时，目光要正对对方以表诚意。另外，主人为了便于工作和进食，还常常采用自助餐的形式来招待客人。吃自助餐时应注意以下礼仪，即进餐厅后，先看一圈，对菜点的摆布和服务设施有个了解，这样取菜时可做到心中有数。每种菜点取用时都不要贪多，特别是大家都爱吃的东西更如此，宁可吃完后再取，也勿取满满一盘让人笑话，甚至吃不下造成浪费。取菜时要有秩序，顺序排队取，不要挤在一起取菜。人多时可礼貌地在一旁等一会儿。取菜点时要依菜点原来摆放的样子顺序取，不要在盘中翻来找去，这样既不美观，又不礼貌。热菜、冷食要分开放入自己盘中，切勿堆成一团。取到自己盘中的菜点，即使不爱吃，也绝不能再放回去，可剩在盘中，放在边桌上，待服务员取走。尽量做到吃什么取什么，吃多少取多少，不够再取，避免浪费。如不小心取多了菜点而没吃完，可待服务员收盘时道声“对不起”。

第三章

# 商务应酬语：觥筹交错，携手双赢

俗话说，宴会上好办事。宴会上会大大缩短人与人之间的距离，许多在办公室、洽谈室谈不成的生意，往往在宴会上的成功率会更高。尤其是应酬语的成功往往会决定着商务上的成功。因此，掌握商务中的礼仪和应酬语的要领很重要。

## 出席经贸盛会贵宾宴应酬语

尊敬的各位领导、各位嘉宾，女士们、先生们：

今天，在4年一度的经贸盛会——中国××第五届边境、地方经济贸易洽谈会开幕之际，我谨代表洽谈会筹备委员会热烈欢迎国内外工商界新老朋友到会，洽谈贸易和经济技术合作项目，进一步加强相互了解，加深友谊，共同促进双方友好合作的发展，并预祝各位在本届洽谈会上取得丰硕成果。

预祝这次大会圆满成功，各位身体健康，事业顺利！

## 商务发展高级研讨会应酬语

尊敬的各位领导、各位来宾，女士们、先生们：

有朋自远方来，不亦乐乎！今晚，我们欢聚一堂，共同祝贺中国民营企业商务发展高级研讨会胜利召开。值此良辰美景，请允许我代表中共××市委、××市人民政府，向出席宴会的各位领导、各位来宾表示热烈的欢迎！

近年来，××市经济社会快速发展，市场繁荣，经济发达，社会安定，人民富裕。2003年经济社会发展综合水平位居全国县市第17位，综合竞争力列

××省县级市第一名。一年一度的小商品博览会已连续举办9届，先后被评为2005年度中国会展业十大新闻事件和2006年度中国十大会展新星，展会规模和外商参会人数跃居国内经贸类展会第三名。这些成就的取得，与在座诸位长期以来的关心、支持和参与是密不可分的。借此机会，我谨代表全市人民向大家表示衷心的感谢！

商务部在这里举办民营企业商务发展高级研讨会，必将为民营经济的发展和提高起到极大的推动和促进作用。衷心希望莅临大会的各位领导、各位专家在会议期间到××走走、看看，深入了解××、了解此次研讨会，为发展献计献策。

预祝这次大会取得圆满成功！

## 银企合作协议应酬语

尊敬的各位领导、各位来宾，朋友们：

大家晚上好！

今晚高朋满座，良宵难得。值此中国××银行与本公司××合作协议暨3亿元贷款合同签订之际，我谨代表公司向出席今天晚宴的各位领导、各位来宾和各位朋友表示衷心的感谢并致以诚挚的敬意！

“××”工程是本公司今年乃至今后很长一段时期的重要发展项目，是全省2006年的重点工程建设项目。在以×局长为领头人的州市各级党委、政府、职能部门的无限关怀下，在××银行等社会各界的鼎力支持下，在各位朋友大力关注下，经过工程建设人员的努力拼搏，目前工程进展迅速，现已进入设备安装阶段，即将于明年5月投产运行。

我们愿与所有关心和支持公司建设和发展的各界人士和所有参加本次盛会的嘉宾相互合作，共同努力，共创更加美好的明天。

现在，请各位朋友举起杯中的美酒，为今天××合作协议暨贷款合同签订仪式的成功举办，为我们的精诚合作，为各位嘉宾的幸福、安康，干杯！

# 公司订货会应酬语

各位领导，各方来宾，广大经销商朋友：

今晚华灯璀璨、高朋满座，我们欢聚一堂，共同祝贺××分公司2016年秋季订货会圆满结束。值此良辰美景，请允许我代表××分公司全体员工对大家的光临表示热烈的欢迎，同时对各位对我公司的大力支持，表示真诚的感谢！

通过本次订货会，××分公司拓宽×品牌的知名度、认知度、美誉度，同时我们还要充分利用本次十运会的大好机会，全方位整合以往较为狭窄的传播渠道，实现第一次较为集中的品牌传播，拉动××市场的销售，让来自各地的经销商见证××分公司的整体优势及对品牌运营的大手笔！使原本较为暗淡的活动重获生机！

现在我提议，为这次订货会的顺利召开，为我们今日的相聚，为我们的美好明天，宴会开始！

# 酒业订货会应酬语

尊敬的各位来宾：

上午好！

莺飞燕舞，繁花似锦。在这美好而又充满希望的季节里，我们相聚在×大厦，寻求互利共赢的机会。在此，我谨代表××公司，对今天出席订货会的各位嘉宾、新老朋友，致以热烈的欢迎和衷心的感谢！

现在市场竞争日益激烈，企业的发展不容易，尤其是像有着百年历史的老店更是不容易。在不断变革、创新，与时俱进中，××的历史还在继续：从××品牌到××品牌，从区域品牌到全国品牌，我们不断超越、不断突破自己。新产品的研发，家用酒、礼品酒、餐饮酒产品系列的形成，营销区域的不断扩展，××公司正一步步走向辉煌。

艰苦奋斗、勤俭创业是××人的优良传统，勤劳、善良、俭朴是××人的美德，善于接受新事物、开拓进取是××人的观念，谋发展、求进步是××人的强烈愿望。××人一直认为“行动为王”。让好产品卖得更好，让人们生活得更好，这一直是我们的宗旨。做中国最好的保健酒，一直是我们不断追求的目标。在有计划、有行动、有坚持的目标中，我们迎来了成功的喜悦。我相信，在××人的共同努力下，我们一定会在新时期焕发出新的光彩！

××公司拥有无可比拟的文化传承，顺应时代的纯植物中草药，经过历史检验的科学配方，几百万人的消费基础，使××公司的产品成为可持续经营的大项目。因此，可以说，××公司是一块蕴藏着丰富资源的土地，是一片有着巨大潜力的矿藏。

我们应该抓住这一契机，与厂商携手合作，这是企业短时间内“经营获利”的良好途径。与××公司建立良好的合作关系，共同感受市场的丰盛与活力，感受丰收的喜悦，实现共同的发展、共同的繁荣。我们愿意在客户的关心与支持中成长，我们所追求的目标就是实现双方的共赢。

感谢多年来与××公司共同发展的老朋友，同时欢迎加入××公司的新朋友。你们选择了××公司，绝对是正确的选择，绝对是财富快速增长的选择！

再次感谢在座的所有朋友，祝愿大家今年都有更大的收获！

## 项目推介招待会主持人致辞

尊敬的各位嘉宾，女士们、先生们：

大家好！

春风送暖，万物复苏，在这欣欣向荣的季节里，在第××届中国××投资贸易博览会盛大开幕之际，××市委、市政府今天在这里隆重举行××市项目推介招待会。

出席此次招待会的市领导有……应邀出席今天招待会的嘉宾有……

首先，我代表中共××市委、××市人民政府及中国××投资贸易博览会××市组委会，向出席今天招待会的各位嘉宾和各界朋友们表示诚挚的欢迎和衷心的感谢！

首先请中共××市委书记××致辞（具体致辞内容略）；

下面请中共××市委副书记、市长××作项目推介（具体内容略）。

××是一座充满活力的新兴城市，优越的地理位置、丰富的资源、四通八达的交通决定了它是一座蕴涵无限发展潜力和商机的城市！在这里，一定会有你们事业发展的新空间。开放的××欢迎你们，××市人民欢迎你们！

希望借助中国××投资贸易博览会这个良好的发展平台、借助这次酒会，进一步增进了解，加深友谊，促进合作，共同发展。

现在，我宣布，招待宴会正式开始，请全体嘉宾入席，共饮美酒、共话情谊！

## 城乡××投资说明会应酬语

尊敬的各位嘉宾，女士们、先生们、朋友们：

春风送暖万物生，繁花似锦待宾朋。今天我们欢聚在美丽的××城，庆祝××统筹城乡发展——××投资说明会的顺利召开。在此，我谨代表××县委、县政府和80万××人民对各位领导、各位朋友的光临致以热烈的欢迎和衷心的感谢！

近年来，××县委、县政府以经济建设为中心，坚持科学发展，构建和谐，实现了经济快速发展与社会的和谐稳定，展现出良好的发展态势。昨天××的成就，凝聚着大家的心血和汗水，如今，我们立足于新的平台，全力打造一个富裕、文明、和谐、开放的新××，更需要大家的关心和呵护。我们相信，有你们的创业热情和一如既往的支持，有我们的真诚服务和坚持不懈的努力，就一定能实现合作共赢的目标，就一定能创造新××的美好生活！

下面我提议，让我们共同举杯，为××县美好的明天，为各位嘉宾的身体健康、事业辉煌干杯！

## ××省××市洽谈会应酬语

尊敬的各位来宾，女士们、先生们、朋友们：

大家中午好！

值此“2016年××省××市洽谈会”即将举行之际，我们非常荣幸地邀请到各位领导、各位乡友、各位来宾欢聚一堂，这是乡情的盛会，这是发展的盛会。今天中午，××县人民政府在这里举行招待会，对各位嘉宾的到来表示热烈的欢迎！对各位长期以来给予××市的关心、支持和帮助表示衷心的感谢！对各位在各行各业所取得的骄人业绩表示热烈的祝贺！

随着经济全球化和一体化的日益加剧，沿海产业向内陆转移已成为当今发展的必然趋势。这次我们专门组团参加××洽谈会，并隆重举行××县推介暨乡友座谈会，目的在于为××和沿海各地搭起友谊的桥梁，融洽彼此感情，寻求合作空间，为我们的共同发展创造更多的机遇和舞台。

“海内存知己，天涯若比邻”。我们热切期望，通过这次乡友座谈会，我们的乡情友情进一步融洽；我们真诚希望，通过这次共聚交流，各位一如既往地关注××、关心××、推介××，积极当好××承接沿海产业转移的宣传员、信息员；我们更热忱欢迎各位商界精英在谋划产业转移、拓展发展空间时，优先考虑××、选择××、投资××。我相信，有大家的积极参与和关心支持，××的明天一定会更加美好！

现在，我提议：为各位来宾的身体健康和工作顺利，为××更加灿烂辉煌的美好明天，宴会开始！

## 第×届国际产品研讨会应酬语

各位领导、各位专家，女士们、先生们、朋友们：

晚上好！

为了庆祝中国人造金刚石的45周年华诞，中国和世界金刚石业界的同人们聚首中国历史文化名城——××，参加第×届××国际超硬材料及制品研讨会，共同研讨世界金刚石行业光辉灿烂的历史、欣欣向荣的现状和充满希望的未来，相互交流技术、产品和商贸信息；会见老朋友，结交新朋友；希望本次会议开成世界同行的友谊大会，开成新技术、新产品的展示大会，开成商贸合作的洽谈大会。通过全方位多层次的交流，我们相信会议会取得丰硕成果！

世界金刚石已经走过了54年的光辉历程，中国人造金刚石也走过了45年的不平凡道路。金刚石行业的发展催生了如石材加工业等一些新生行业的发展，也为传统加工业带来了革命性变化，为世界经济的发展作出了应有的贡献。但仍有许多应用领域亟待开发，我们的任务还很重，道路还很长，21世纪将是金刚石业大显神威的世纪！

中国金刚石虽已在数量上雄踞世界首位，但质量水平与发达国家相比还有差距，我们和世界同行既是竞争对手，又是合作伙伴。我们之间的互补性很强，合作空间很大，我们要相互促进，不断开拓超硬材料应用新领域，推动世界各国金刚石行业的共同发展，为世界经济发展贡献力量，为世界人民造福！

值此世界同行大团聚的时刻，预祝大会圆满成功！

## ××城青花瓷研讨会应酬语

各位专家、各位朋友：

大家好！

值此秋高气爽、硕果累累的丰收时节，中国古陶瓷学会召集大家欢聚在古城××，专题研讨唐代青花瓷鉴赏及相关问题。我代表××市人民政府对大家的到来表示热烈的欢迎！

33年前，我们在××遗址出土了一片唐代青花瓷器标本；25年前，我们在原址又发现了好几片唐代青花瓷标本，因其造型多样、纹饰丰富而引起了古陶瓷学术界的重视，并因此而把中国青花瓷器的产生历史提前了5个世纪。近10年来，随着唐代青花瓷器在××被进一步陆续发现，××的青花瓷研究和艺术创作越来越活跃，不仅成立了青花瓷艺术所，而且产生了具有“当代青花王”之誉的青花瓷艺术大师×××先生。

这次，几十位专家云集××，共同研究近10年新发现的唐青花瓷资料。我相信，这样的研讨一定会有力地提高我国古陶瓷研究水平，对弘扬青花瓷艺术产生积极的影响。我也衷心地预祝这次研讨会取得圆满成功。

今晚，××市文物局在这里略备水酒，招待远道而来的各位朋友。我提议，让我们为有缘相聚在××，为青花瓷艺术的发展，同品佳宴，共话情谊！谢谢诸位！

# 酒店客户交流会应酬语

各位来宾，女士们、先生们：

大家晚上好！

今晚，×××酒店高朋满座，蓬荜生辉！各位朋友能在百忙之中莅临我店，我们深感荣幸。首先，请允许我代表×××酒店全体员工，向出席今晚联谊会的各位来宾、各位朋友致以衷心的感谢和诚挚的问候！祝各位身体健康，家庭幸福，万事如意！

×××酒店自2000年开业以来，已走过了10年不寻常的发展历程。10年的艰辛，10年的辉煌。10年来，我们与社会各界朋友尤其是与在座的各位嘉宾建立了深厚的情谊，并先后荣获了全国“×××先进单位”等荣誉称号。这些成绩的取得，是与在座各位朋友的关心和支持分不开的。在此，我代表酒店的全体干部员工对各位来宾、各位朋友表示衷心的感谢。在今后的岁月里，我们仍需要各位朋友一如既往地给予我们更多关爱和支持，我们也一定会以更优质的服务来回报各位，让×××酒店成为您的第二个家。

最后，让我们举起酒杯，为共同的理想和美好的明天，为我们的友谊天长地久，干杯！

# 电信客户交流会应酬语

尊敬的各位领导、各位嘉宾：

新年新气象，好岁好情怀。值此新春佳节到来之际，能与在座各位领导和朋友欢聚一堂，我感到非常的荣幸。在此，我谨代表××集团对多年来一贯的关心、关爱和支持我们发展的各位领导和朋友们表示衷心的感谢，对各位的光临表示热烈的欢迎！

大客户事业历来是我们服务和经营工作的重中之重。2014年，我集团将继续秉承“用户至上，热诚服务”的理念，努力提升大客户服务水平和能力，为全县的大客户提供优质、优良、优异的个性化和一站式服务，努力畅通大客户“绿色通道”，努力为大客户提供更加丰富的、一揽子的通信产品解决方案。

同时，我们将继续致力于政府信息化、行业信息化、企业信息化、社区信息化和农村信息化工作，为我县的经济建设和企业发展，继续作出应有的贡献。

各位领导、各位来宾，客户成功，我们才成功。你们的关爱，就是我们的动力，你们的希望，就是我们的目标。在此，我代表×××电信所有员工，再一次对各位表示衷心的感谢，也真诚地希望社会各界一如既往地对×××电信的工作给予更大的支持和帮助。

最后，为我们的相聚，为朋友们的身体健康，干杯！

## ××市旅沪客家联谊会应酬语

尊敬的各位领导、各位嘉宾、各位会员：

大家晚上好！

瑞雪飞舞庆新春，我们××市旅沪客家联谊会经过精心组织和筹备，今天胜利举行了。这是一次团结鼓劲、凝聚人气的大会，我谨代表客联会全体理事向光临今天大会的各位领导、各位嘉宾、各位会员致以最热烈的欢迎和衷心的感谢！

××是我们共同的家乡，××历史悠久，人杰地灵，山好水好人更好，××悠久深厚的文化底蕴和穷则思变的人文精神造就了一大批走南闯北的能人，在沪的客家乡亲传承了家乡人勤劳朴实、乐观向上，团结奋进的优秀品质，以机智敏锐的发展眼光，不屈不挠的拼搏精神，永不满足的创业激情，在上海这个国际化的大都市辛勤工作、锐意进取，取得了令人振奋的业绩，谱写了人生奋进的篇章。

每一份付出都会获得回报，过去的一年，是客家乡亲的又一个丰收年。据统计：2009年在沪购买房产或在老家建造或购买房产的老乡有145人，购买新车的老乡有69人，新开张的工厂、公司和店铺有328家，正在筹备的有40多家，今年是牛年，大家牛气冲天，明年是虎年，大家也一定会虎虎生威，取得更多的成就！

客联会成立一年多来，在所有理事会成员的共同努力下，在广大会员的热心支持参与下，取得了可喜的成就，知名度不断提高，得到了快速发展，已经成为××省在沪较有影响力的社团组织之一。

相通血脉让我们携手并肩，万水千山隔不断桑梓之谊！让我们共同祝愿客联会越办越好！也祝愿我们财源广进，事业发达；更祝愿大家身体康健，合家幸福，来吧！让我们共举杯！

谢谢大家！

## 企业家国际商务洽谈会应酬语

尊敬的女士们、先生们：

大家晚上好！

今天下午，我们在××国际博览中心成功举办了中国××青年企业家国际商务洽谈会，来自德国、澳大利亚、美国和印度各国信息化领域的协会及企业在各国相关政府部门的带领下与××业界青年会聚一堂，就各自的信息技术产品，应用和服务展开了充分而热烈的交流。我们很高兴地看到，大家经过有针对性的商务洽谈，分别取得了不同程度的初步合作意向，这正是我们举办此次活动的初衷。

信息化是当今世界发展的大趋势，它也是推动经济社会变革的重要力量。大力推进信息化，是覆盖中国现代化建设全局的战略举措，是贯彻落实科学发展观、构建社会主义和谐社会和建设创新型国家的迫切需要，也是××市加快实现“四个率先”、加快建设“四个中心”和社会主义现代化国际大都市的必然选择。在××市这个充满蓬勃朝气的城市中，信息产业正在高速、全面地发展，优秀××人才正满怀创业激情、热切期待着面向世界的多层次合作。

青年是××市信息化建设的主力军和生力军。长期以来，××市都非常关心重视信息化领域人才队伍尤其是青年人才队伍的建设。越来越多的信息化领域优秀青年，更加富于责任感、更加有创造性地投身到了××市信息化建设的伟大实践中，并能不断关心信息化、支持信息化、投身信息化、推动信息化的良好氛围。

××市共青团、青联组织历来十分重视青年人才工作，不断探索开发××市青年人才资源、培养青年人才特别是创新型人才、发挥高层次人才作用的方式和途径。今天举办的××市××青年企业家国际商务洽谈会活动，旨在通过搭建国际合作交流平台，为××市的××青年企业家增强创新创业精神、开展国际性商务合作、开拓国际市场提供更加良好的环境，同时也为世界各国的××企业能够更好地走进××市、融入××市、实现企业的更大发展提供更多更好的服务。

今天的活动是热烈而充实的。我们看到了××市××青年的国际化发展热情和综合素质，这是我们敞开胸怀、真诚合作的基础和前提。然而，下午洽谈会的时间毕竟是有限的，各位的结识和交流才刚刚开始，相信中外代表们的深入沟通仍然意犹未尽。于是晚上，我们又共同来到美丽的浦江之上，来到了饱经百年历史沧桑的外滩，也来到了充满现代气息的陆家嘴金融区。大家欢聚一堂，与××市信息产业主管部门的领导以及来自世界各国的政府、协会以及企业界朋友深入交流，共商××市信息化发展的大计，这也是一次难得的交流机会。

借着璀璨的美景和香醇的美酒，让我们将朋友们的深情厚谊融入心中、将面向未来的创业激情挥洒天空，让中国××市的母亲河来见证城市信息产业又将掀起的新一轮“合作与共赢”的伟大浪潮！

预祝大家度过一个美好的夜晚！谢谢！

## ××沪洽周应酬语

尊敬的各位领导、各位乡友、各位来宾，女士们、先生们：

大家中午好！

值此××投资贸易洽谈活动周之际，我们在这里欢聚一堂，共叙乡情，共谋发展。在此，我谨代表全县80万父老乡亲，对各位的到来表示衷心的感谢！对各位在各行各业所取得的骄人业绩表示热烈的祝贺！

我相信，通过这次交流会，我们的乡情友情能进一步深化。我们更热烈欢迎各位乡友、各位来宾在方便的时候，能常到××来看看，能到××来投资兴业，共同开创××更加美好的明天！

现在，我提议，让我们共同举杯，为各位领导、各位乡友、各位来宾身体健康，工作顺利；为××的明天更加灿烂辉煌——干杯！

# 高新技术交易会应酬语

尊敬的各位领导、各位来宾、各位朋友，女士们、先生们：

大家好！

明天，万众瞩目的第六届中国国际高新技术成果交易会即将拉开帷幕。今夜，华灯璀璨，美酒飘香，我们非常荣幸地迎来了从海内外莅临会聚到深圳的各位领导、嘉宾和朋友们。借此宝贵机会，我谨代表中共深圳市委、市人民政府，代表热情好客的深圳人民，向远道而来参加高交会的各位领导、各位来宾、各位朋友表示热烈的欢迎！

在党中央、国务院的高度重视和关怀下，在各主办、协办单位的密切、精诚、通力合作下，在海内外朋友的大力支持和积极参与下，高交会正在完成从初创到走向成熟的跃升，规模一届比一届扩大，成果一届比一届丰富，影响一届比一届广泛。明天开幕的第六届高交会将移师至新落成的深圳会展中心举行，21个国家和国际组织、国内36个省、自治区、直辖市和计划单列市、31所重点高校将组团参展。展览总面积比上届扩大了3倍，参会国家数、政府组团数、跨国公司数等多个方面均创历届高交会的最高纪录。一台规模空前、精彩纷呈的盛会即将展现在我们面前。让我们衷心祝愿本届科技盛会撮合更多的项目成交，促进更多的高科技成果为人类造福，迸发出更多的创新思想火花。作为举办地东道主，我们真诚地希望与海内外的高科技企业、教育科研机构、科研技术人员和广大的投资者携手合作，共同推进高新技术的发展，让中国和世界各地的人们共享科技进步的成果。深圳市委市政府也衷心感谢国家各部委和全国各地多年来对深圳的大力支持，希望各位领导和同志们、朋友们借参加高交会之机，检查指导深圳的各项工作并提出宝贵意见。

谨祝第六届中国国际高新技术成果交易会取得圆满成功，各位幸福健康，友谊地久天长！

## 【商务应酬佳词妙句】

◎现在，我提议：为中国民营企业商务发展高级研讨会和全国民营企业出口促进工作会议的圆满成功，为各位领导、各位来宾身体健康，事业顺利，干杯！

◎女士们、先生们，朋友们！现在，我提议：为××活动的圆满成功，为我们的真诚合作，为在座各位的事业辉煌、身体健康、家庭幸福，干杯！

◎女士们、先生们，朋友们！最后我提议：为在座各位生意兴隆、事业发达、身体健康、家庭幸福，干杯！

◎女士们、先生们，朋友们！现在，我高兴而友好地提议：为各位领导和各位同志的身体健康、合家幸福、工作顺利，干杯！

# 第四章
# 政务应酬语：政通人和，同铸辉煌

开展政务，少不了应酬。现代的政务应酬不仅是一个增加彼此交情的场所，更是一个开展政务活动、实现政务目标的绝佳舞台。作为社交辞令的政务应酬语，巧妙地将政治和利益、社会关系、人际规则融于其中，以宴会来助兴，情谊更浓。

## 市工商联工作会议应酬语

尊敬的各位领导，同志们、朋友们：

大家好！

在这万物复苏、欣欣向荣的美好时节，我们迎来了全市工商联工作会议在××的胜利召开，市领导亲临指导，兄弟县鼎力相助，这体现了市委、市政府对工商联工作的厚望和鼓励，也凝聚着兄弟县心系老区巨变的真挚情意。在此，我谨代表中共××县委、县人大、县政府、县政协和百万老区人民向会议的胜利召开表示热烈的祝贺！向参会的各位领导和各位朋友表示热烈的欢迎！向一直关心、支持××发展的各级领导和同志们表示衷心的感谢！

（介绍近年××的发展，具体内容略。）

随着全球经济一体化的迅猛发展，对外开放突飞猛进，区域间合作日益增强，共享资源、共谋发展，已成为全社会的强烈愿望和普遍追求。这次，全市工商联工作会议的召开，对促进我县各方面的工作，特别是对外开放和经济发展大有裨益。我们诚挚地感谢大家对××经济建设与社会事业的关心和支持，我们热忱欢迎大家更多地了解××、关心××，对我们的工作提出宝贵意见和建议，组织更多的工商业者投资××。我们将以此为契机，加快发展，为区域合作作出新的贡献。

各位领导、同志们、朋友们，回顾过去，我们为共同的努力和奋斗所取得的成就而自豪和欣慰；展望未来，我们抓住机遇，加强合作，争取取得新的胜利。我们要借这次会议的东风，学习借鉴兄弟县的先进经验，充分发挥自己的优势，进一步加强协作，谱写新时代的篇章，力争如期实现“3年内有大变化”目标，共创更加美好的明天。

预祝本次会议获得圆满成功，并祝愿我们合作愉快，各位领导和朋友们的健康幸福！现在，我提议，宴会开始。

谢谢大家！

## 省高校工委会议应酬语

尊敬的各位领导、各位同人、朋友们：

大家中午好！

今晚，星光灿烂；今晚，嘉宾满座。非常感谢省委高校工委及兄弟高校对××大学的信任，将会议选在我校召开，给我们提供了宝贵的交流与学习机会。

首先，我代表××大学的全体师生员工向与会的各位领导、各位同人表示最热烈的欢迎和最诚挚的问候！

近年来，省委高校工委在规划、指导我省高校学生思政工作方面做了大量工作。思政教育研究会也充分发挥了载体、平台的作用，促进了高校思政工作的理论研究和教育实践。今天，我们又一次相聚在一起，畅谈新形势和新情况，研讨新思路和新措施。谋求新发展，共筑新辉煌！

预祝此次会议圆满成功，祝愿在座各位身体健康、工作顺心、合家欢乐！

## 省社会治安工作现场会应酬语

尊敬的××书记，各位来宾：

大家好！

数九寒天，虽寒意甚浓，但在××酒店，嘉宾满座，暖意融融。今天，我们迎来了省社会治安综合治理工作现场会，有幸与全省的各位领导配合，祝愿此次会议取得圆满成功。

我受市委书记××同志的委托，代表中共××市委、××市政府和全市120万人民，向到会的省领导，向参加会议的省直有关部门和各地、市的各位领导与来宾，表示真挚的问候和衷心的祝愿，并向所有关心支持××市成长的来宾表示衷心的感谢。

在省委、省政府的正确率领下，××市人民勇于创新、锐意进取，踏实肯干，我市各项工作都取得了快速、协调、健康成长。这些成就的取得，是以胡锦涛同志为总书记的中共中央和省委、省政府顽强率领的功效，是邓小平理论和“三个代表”重要思想正确指引的功效，是实践科学发展观的结果，是全市各族人民团结奋斗的结果。这些成绩，是与省有关部门和全省各地、市的关心、支持分不开的。

在新世纪新阶段，我们将奋勇前进，继续落实协调可持续的科学发展观，一手抓成长，一手抓不变，以昂扬的精神状态，坚持与时俱进、艰苦奋斗，全力实现“两个率先”的方针。

我们衷心祝愿，省直各有关部门、全省各地、市的领导们一如既往地关心和支持××市的成长与发展。愿我们的明天更加美好！

## 县域节庆论坛应酬语

尊敬的各位领导、各位专家、各位嘉宾，女士们、先生们、朋友们：

大家好！

“有朋自远方来，不亦乐乎！”今天，我们怀着万分喜悦的心情，与各位领导、各位嘉宾、各位朋友欢聚一堂，感到十分高兴和荣幸。在此，我代表××县委、县政府和35万××人民向各位领导、各位嘉宾、各位朋友表示热烈的欢迎！对大家关心和支持本次论坛的举办表示衷心的感谢！

各位都是研究县域规划发展的知名专家，具有丰富的成功经验和远大的战略眼光。我殷切地期待在“中国节庆论坛首届年会”上，听到你们对××社会发展提出的宝贵意见和建议。我相信，通过这次论坛活动，我们的沟通将会更加频繁密切，我们的合作将会更加富有成效，我们的友谊将更加深厚久远！

今天我们相聚一堂，格外亲切，令人难忘。预祝这次论坛获得圆满成功，并祝愿我们合作愉快，友谊长存，各位事业辉煌、身体健康！

## ×××商会×届×次理事会应酬语

尊敬的各位女士、朋友们：

大家晚上好！

金秋送爽，丹桂飘香，在举国欢庆中国共产党第十七次全国代表大会胜利闭幕之际，我们相聚滨海之城——××，参加×××商会×届×次理事会。在此，我谨代表×××商会，向各位远道而来的理事、嘉宾朋友们，表示热烈的欢迎和诚挚的感谢！

团结奋斗创伟业，继往开来写辉煌，党的“十七大”报告描绘了科学发展、社会和谐的蓝图，为×××业的发展带来了更多的机遇，也提出了更高的要求，希望我们的全体会员和广大×××同人抓住新的机遇，深入贯彻落实科学发展观，办好自己的工厂、做大自己的生意，为发展中国特色的社会主义，促进社会和谐，作出×××更大的贡献。

让我们在“十七大”光辉照耀下，在全国工商联领导下，团结一致，友爱互助，为建设和谐商会而共同努力！

最后，衷心祝愿在座的×××同人们身体健康、工作顺利、财源广进！

## 城市建设项目方案评审会应酬语

尊敬的各位领导、各位专家、同志们：

有幸与大家共商××发展大计，我们倍感荣幸。在此，我谨代表中共××县委、××县人民政府和全县30万人民，向各位领导、各位专家表示热烈的欢迎和衷心的感谢！

××县历史悠久，资源丰富。地处××市西北部，辖4镇8乡164个村委会，总面积3 681.5平方公里；累计完成退耕还林面积0.15平方千米；探明石油、天然气储量1.5亿吨；去年全县完成地区生产总值20.1亿元，完成原油产销102万吨；全县财政总收入12.2亿元，其中地方财政收入8.3亿元。××县是中央红军长征胜利落脚点、全国退耕还林第一县、全国沙棘面积最大县、国家活体羊储备基地县、全国县域经济增速最快百县、陕西十强县。

为了统筹城乡经济社会发展，进一步整合区域资源，科学确定城市重点建设项目规划方案和单体设计，我们专门邀请相关领导、各位专家和部分人大代表、政协委员召开这次城市重点建设项目规划设计方案评审会，广泛听取各位领导、各位专家和社会各界人士的意见和建议。两天来，各位领导、各位专家和同志们不辞劳苦、不厌其烦，反复看、认真议，积极建言献策，提出了许多建设性的意见，对我们很有意义。我坚信，有各位领导的亲切关怀，有各位专家的积极指导，有各位同志、社会各界的鼎力支持和积极参与，我县的城市建设一定会谱写出更加辉煌的篇章。

谨祝本次城市重点建设项目设计方案评审会的圆满成功，为××城市建设的美好未来，各位领导、各位专家和同志们的工作顺利、身体健康、万事如意！

## 爱心慈善晚宴应酬语

尊敬的各位领导，各位嘉宾，同志们，新闻界的朋友们：

大家晚上好！

在2016年的春天即将到来之际，我们在这里隆重举行××希望工程2016年迎新春爱心慈善晚宴，为农村贫困地区的孩子们献上我们的爱心。

首先，请允许我代表××省青少年发展基金会，××省希望工程办公室，对出席今天爱心慈善晚宴的各位领导、各位嘉宾、各位朋友表示热烈的欢迎！并借此机会，以××希望工程的名义，向长期以来关心支持××希望工程事业的各位领导、各位嘉宾，社会各界的爱心人士和朋友们，致以崇高的敬意和衷心的感谢！

××希望工程事业，是吸纳爱心、传播爱心的桥梁，是广大社会公民参与群众性精神文明建设的有效载体，是广大团体企业奉献爱心，播撒希望的可靠平台，是建设社会主义和谐社会的有效途径。

目前，在多方的帮助与支援下，××希望工程事业在其15年的发展历程中，取得了辉煌成绩。目前，全省共建希望小学480多所，有15万名孩子受到希望工程的资助。2014年，省希望工程办公室省本级筹资首次突破1000万元。2015年，省希望工程办公室省本级筹资突破1500万元，成为我省希望工程历史上筹资额最多的一年。××希望工程事业，以其鲜明具体的公益理念和显著的社会公益效益，已经成为我省公益领域中最为知名的社会公益品牌。

××希望工程2016年迎新春爱心慈善晚宴的举行，是××省希望工程办公室借鉴经济发达地区的经验，拓展新的捐助形式的一次有益尝试。通过这种形式，呼吁和动员包括今天在座的各位嘉宾在内的社会各方面的爱心人士，关注并热情参与我省的希望工程事业，让我省的希望工程事业在爱心的抚育下健康成长，发展壮大。通过爱心慈善晚宴这种形式，募集一笔资金，救助一批孩子，是我们的初衷之一。但更重要的是，我们要通过各位嘉宾的爱心义举，在今天这个充满爱心的殿堂里，高扬希望工程“扶危济困，无私奉献，孕育希望，放飞理想”的社会公益理念，使希望工程这面社会公益旗帜更加鲜艳夺目，使希望工程的社会公益理念更加深入人心，使希望工程事业获得更加深厚、更加巩固的社会群众基础。

各位领导、各位嘉宾、朋友们，希望工程事业是爱心凝聚的事业，是真情铸就的事业，是永远走向春天的事业。我们真诚地希望，在希望工程的旗帜下，能有更多的爱心人士，积极参与××希望工程事业中来。用我们的爱心，为更多的孩子点燃希望之火，为××的教育事业和社会公益事业的发展，作出更多的贡献。

各位领导、各位嘉宾、朋友们，今天，我们带着拳拳的爱心，为了一个共同的目标，在这里相聚。在不久的将来，我们今天所凝聚的爱心，将随着春风，温暖那些受资助的孩子们的心灵。我们的爱心，种下的是孩子们的梦想和希望，我们收获的将是祖国和民族灿烂的未来！

现在，我宣布，××希望工程2016年迎新春爱心慈善晚宴正式开始。祝愿我们的希望工程事业明天更美好，孩子们的明天更美好，在座的各位领导、各位嘉宾和朋友们明天更美好！

# 市政建设回顾领导应酬语

各位来宾，各位同志，各位朋友们：

2013年2月，××市实施新一轮区划调整，以原××区、××区行政区域合并为新的××区行政区域；3月28日，新××区正式揭牌成立。区域面积49.11平方公里，户籍人口71.62万人，常住人口103.2万人。新××历史文化底蕴深厚，商贸商务繁荣发达，区位优势十分明显，科技创新潜力巨大，公共服务较为完备，蕴含着无限的空间和活力。

当前及今后一个时期，区委一届一次全会确立了“全力打造国际商务商贸中心、现代金融服务中心、文化休闲旅游中心，全力打造创新驱动发展高地，努力把××建设成为现代化国际性人文绿都核心区”的发展定位。我们将按照空间重构、资源重组、品质重塑和体制机制创新的总体要求，牢牢把握转型升级、提质增效主线，抓好“三中心、一高地”的规划实施，全面推进经济社会发展，加快率先基本实现现代化进程。

我们热忱欢迎各界朋友到××来投资创业，共享资源，共谋发展。我们真诚期望与各位携起手来，为推进××率先基本现代化的宏伟目标，共同努力、共同发展、共同进步！

# 林区领导交流会应酬语

尊敬的各位领导、各位来宾：

晚上好！

秋高气爽、丹桂飘香，在这个美好的收获季节，我们十分荣幸地迎来了全省市州、直管市、林区党委组织部干部科（处）长交流会的召开。首先，我谨代表林区党委、林区政府向来我区指导工作的关处长及各位领导表示衷心的感谢，向来我区传经送宝的各位与会代表和来宾表示最热烈的欢迎！

神农架，是一片神秘的土地，这里因华夏始祖神农氏搭架采药而得名，是全国唯一以林区命名的行政区；神农架，是一片多情的土地，这里是全球生物多样性保护示范地，是举世瞩目的绿色奇迹，是×××唯一的生态旅游目的地。多年来，各位领导对神农架的建设和发展给予了高度重视和大力支持，神农架的每一步发展、每一个变化，都凝聚着各位领导的亲切关怀和殷切期望。

宾朋荟萃叙情谊，好同携手奔前程。在这美好的时节里，让我们通过会议增进交流、共同提高；让我们通过了解，促进友谊、携手共进。借此机会，真诚地祝愿各位领导和与会代表身体健康、旅途愉快！

## ××政协会议应酬语

各位委员，同志们：

大家好！

今天，我们怀着万分喜悦的心情，迎来了政协××区九届四次会议的召开。在此，我代表中共××区委，向本次大会的胜利召开表示热烈祝贺！向全体政协委员和与会同志致以诚挚的问候！

今年以来，我们认真贯彻落实市委四届四次全会精神，深入贯彻全市“五大功能区”划分战略，科学谋划完善发展思路；高位审视制定战略规划，提出了“一体两翼”大城市战略布局；注重健全完善体制机制，建立了思想动力、工作运行、考核激励、选人用人体制机制；创新载体强化队伍建设，干部队伍战斗力、凝聚力、创造力大幅提升；统筹兼顾推进科学发展，区域综合经济实力进一步增强。特别是在市委、市政府的坚强领导和亲切关怀下，在历届领导班子和广大干部群众的孜孜以求、不懈奋斗下，××成功实现撤县设区！这是永载××史册的大事，这是具有里程碑意义的喜事。成绩的取得，凝聚着广大政协委员和社会各界人士的智慧和汗水。

长期以来，政协始终坚持高举团结、民主的旗帜，认真履行政治协商、民主监督、参政议政等职能职责，为××科学发展、加快发展做了大量卓有成效的工作。

一是服务中心有为。紧紧围绕发展提速、产业升级、统筹城乡、生态环境等重大问题和热点难点问题，通过专题常委会、专项视察调研、委员提案等形式，提出了许多真知灼见，促进了科学决策、民主决策。

二是推动发展有力。政协领导班子积极主动参与××发展一线，特别是在重点工作推进、重大项目建设中，政协领导班子成员分别负责多个工作指挥部或招商团，工作成效明显、助推发展有力。广大政协委员都能立足岗位、创先争优，在各行各业奋发进取、建功立业。

三是民主监督有方。政协紧紧围绕就业、社保、教育、医疗、住房等群众关注的焦点问题，扎实开展专题民主监督活动，反映群众呼声，回应民生关切，大胆提出批评建议，促进政风行风建设和干部作风好转，取得了良好社会效果。

四是汇聚力量有效。政协充分发挥自身优势，立足发展大局，积极化解社会矛盾，协调各方关系，团结广大人民群众，巩固和发展了爱国统一战线，为××经济社会发展营造了良好氛围。

各位委员，同志们，新的目标催人奋进，新的任务光荣艰巨。让我们更加紧密地团结起来，同心同德、同力同向，共同谱写人民政协事业发展的新篇章，为着力打造××工业化、城镇化主战场，加快建设幸福美好新××而努力奋斗！

最后，预祝大会圆满成功！祝各位委员和全体与会同志身体健康、工作顺利、万事如意！

## 政务新媒体建设经验交流会应酬语

尊敬的各位领导、各位同人、各位专家学者、各位新闻媒体的朋友们：

当前，互联网日益成为创新驱动发展的先导力量，深刻改变着人们的生产生活，有力推动着社会的进步和发展。在中央网信办有力指导下，在各级领导的指导下，在全省网信战线和新闻战线各线同人的努力下，我们坚持管得住是硬道理、正能量是总要求，牢牢掌握网上舆论工作的主导权、话语权，主旋律更响亮，正能量更强劲，网络空间日渐清朗。

在移动互联网发展大势下，全国省级各部门抢抓机遇、抢占先机，大力推进政务新媒体建设，积极运用微博、微信、客户端等“两微一端”新媒体手段服务社会、服务民生，着力推动外在“管网”向内在“治网”转变，改善了网络舆论生态，汇聚了网络正能量，构建起了为民、文明、诚信、法治、安全、创新的网络空间，各级各类政务新媒体正逐渐成为强大网军建设的重要力量。

××省委、省政府始终高度重视互联网发展，坚持“用”“管”并重，扎实推进全省“一张网”建设，大力发展政务新媒体，积极推进媒体融合发展，在全省上下唱响了网上好声音。

目前，全省拥有4136万网民，12万多家网站，共开通政务微信公众账号3639个，架起了广大网民与各级党委政府沟通的桥梁，实现了网相连、民相亲，为河北创新发展、绿色崛起增添了新鲜动力，营造了浓厚氛围。在此，特别感谢各级领导的大力支持和悉心指导，感谢新闻媒体朋友们的大力支持！

大力发展政务新媒体，是大势所趋、时代所需。2015年，我们将与全省网信战线和新闻战线的同志们一道，在中央网信办带领下，紧紧抓住传播正能量这一核心任务，以政务新媒体为平台，集全网之势，汇全民之力，积极传播健康向上的知识信息，网聚正能量、共筑中国梦！

衷心希望大家给我们的工作多提宝贵意见。祝愿大家工作顺利、身体健康、阖家幸福！

谢谢大家！

## 【政务应酬佳词妙句】

◎预祝此次会议圆满成功，也祝愿在座的各位新春愉快、身体健康、工作顺心、合家欢乐！

◎谨祝本次会议成功举办，祝愿各位领导、各位朋友身体健康，为我们的合作和友谊而热烈庆贺！

◎今天我们相聚一堂，格外亲切，令人难忘。我相信，通过这次论坛活动，我们的沟通将会更加频繁密切，我们的合作将会更加富有成效，我们的友谊将更加深厚久远！现在，我提议，宴会开始！

◎衷心祝愿本次论坛取得圆满成功，祝愿我们的友谊与合作不断加深，祝愿各位事业辉煌、身体健康！

◎最后，预祝本次会议获得圆满成功，祝愿我们的合作进一步加深，友谊日益增进，祝愿各位领导和朋友们健康幸福！

◎现在，我提议：衷心祝愿本次东部产业转移战略对话会议取得圆满成功，祝愿在座各位的事业辉煌、身体健康、家庭幸福！现在，我提议，会议正式开始！

◎让我们共同祝愿社会主义新农村繁荣昌盛，预祝论坛圆满成功！现在，我提议，本次会议正式开始！

# 第五章
# 外务应酬语：永结情谊，共谋发展

外务是指一个国家的外事活动。随着我国改革开放的不断深入，同周边以及其他一些国家的合作越来越密切，交往也越来越频繁，那么，宴请也就是顺理成章的事了。在这些场合的应酬语，往往是代表了一个地区、一个国家的形象。因此，这类应酬语应予以高度重视，在遣词造句上一定要注意。

## 驻 ×× 总领事在 × 国国庆宴会应酬语

尊敬的×××副省长，尊敬的×××副主席、××副市长，尊敬的广东省、福建省、广西壮族自治区和海南省各省市领导，尊敬的各位驻×总领事们，女士们，先生们，亲爱的同胞们，亲爱的朋友们：

我们今晚一起在这里庆祝法国国庆节。这是我国历史上一个非常重要的时刻，因为这一天标志着以自由、平等、博爱为国家箴言的法国第一共和国的成立。而这一国家箴言和胡锦涛主席提倡的和谐社会理念遥相呼应。这是我们这两个国家长期追求的目标。法国是第一个与新中国缔结外交关系的西方国家。同时它作为中国的战略伙伴，与中国继续紧密合作。法国萨科齐总统对中国进行的第一次国事访问就证明了这一点，他不久将会来北京参加奥运会开幕式，也再次证明了这一点。萨科齐总统去年年底的访问达成了大量对两国都有利的合同，其中有多个庞大的项目跟华南地区有关。我首先想到的是将要在台山建设的两个第三代核电站，就是我们所说的EPR核电站。我还想到了赛诺菲—巴斯德集团在深圳投资建设的疫苗生产线，CMA-CGM达飞轮船运输公司在厦门的集装箱深水码头项目，还有南方航空公司对空客飞机新机型的采购，其中包括最大的民用客机A380。这一客机在2007年底在××上空首次飞行。

在此，我想感谢慷慨赞助了今晚国庆酒会的公司们：丽思卡尔顿酒店，我在此向它的总经理龙嘉德先生和他的同事们致谢，法国电力公司集团和阿海珐核能集团，家乐福，AGS爱集斯国际运输服务有限公司，深圳卡斯特酒业有限公司，蒙迪艾尔旅行援助服务有限公司，法国东方汇理银行，保乐力加公司，给我们提供Perrier矿泉水的美夏国际贸易公司，法国航空公司，法国兴业银行，骏德酒业，还有我们的中国伙伴华为技术有限公司和南方航空公司，悍马文化和××流行前线艺术团。他们一起见证着法国公司在华南地区的蓬勃朝气，见证着把华南地区的中国大集团与法国联结在一起的这种紧密无间的合作关系。

2008年的7月14日对于正准备开始装修扩展工程的法国驻广州总领事馆也是一个非常重要的时刻。

对于我来说，这是我任职法国驻××总领事以来的第一个法国国庆。

如果要我对过去一年我们的工作做一个总结的话，我非常高兴地看到：华南地区的法国人人数继续增长，在领馆登记在册的已经有大概1800人。尤其值得一提的是，在××的法国人人数已经超过了在××的法国人人数。估计在华南地区的法国人总共有3000人左右。

法国学校的学生人数也在增加，既有法国小朋友，也有其他国家讲法语的小朋友。我借这次机会特别向法语大家庭里的其他国家：比利时，柬埔寨，加拿大和越南，致意，这些国家在广州也设有领事馆。

法国企业和它们设立在华南地区的260家分支机构发展良好，它们占在中国的法国企业总数的15%。

明年就要庆祝在××设立20周年的广州法语培训中心今年取得了特别好的业绩，超过3000多名中国学生在那里学习。

去法国的留学签证申请今年增加了30%，和旅游签证、商务签证一样保持着相当高的申请量，每年华南地区大概有3万左右的中国公民前往法国。

在过去的一年里，法国的省市和华南地区的省市之间的地方合作也进展迅速：法国下诺曼底大区在厦门开设了代表处，法国维埃纳省的议会议长到深圳进行了访问。

在文化和教育方面，众所周知，法国在这两方面也都非常优秀，我为我们在这两方面的合作得到不断加强而感到喜悦：

我首先想到了“法中文化交流之春”项目，这个项目2008年在华南地区总共举办了10多项法国文化活动，而在2007年只有2项。

在科技合作方面，我想提到中山大学和巴黎高等师范学院合作建立的中法数学物理中心。

最后，在我们两国的军事交流方面，继法国“瓦尔”号补给舰在湛江停靠访问之后，我们将会在××迎接“葡月”号军舰。

在结束我的讲话之前，我想提醒大家，从7月1日开始，法国就已经成为欧盟轮值主席国了。这就是为什么今天在法国和中国国旗旁边，还有欧盟旗。旗上的12颗星星代表和谐和统一，这也是我们的中国朋友们非常珍视的原则！

欧盟当中的12个国家在华南地区设立了代表机构，如果算上瑞士和挪威的话，就有14个欧洲国家了。虽然瑞士和挪威不是欧盟成员国，但是他们也是欧洲这个广阔市场中的一员。这样算来，目前在××设有总领馆的34个国家中，欧盟所占的份额相当大。

而且，我还想提醒大家，欧中首脑峰会将会在12月与××结成友好城市的法国第二大城市——里昂举行。

法国这次执掌欧盟定下了四个工作重点：能源和气候移民和难民条约、食品安全和共同农业政策欧洲安全和防务政策。在这四个方面，我们必定有很多合作的机会，尤其是在能源和气候方面，这对于珠江三角洲，就像对于全球每一个地方一样，都是一个需要应对的重要挑战。

最后，我希望，在我们的共同努力下，越来越多的法国人和法国公司到华南地区来，法国在华南地区的地位越来越重要。

让我们为法国和华南地区的友谊和合作举杯！

## 亚太经合组织贸易部长会议应酬语

各位部长，各位来宾，女士们，先生们：

晚上好！

今天晚上，我很高兴主持这次宴会招待各位贵宾。首先，请允许我代表中华人民共和国对外贸易经济合作部，对各位部长、同事们和所有来宾到中国参加2001年亚太经合组织贸易部长会议，表示热烈的欢迎！

2001年是亚太经合组织的“中国年”。我们非常高兴能在中国加入亚太经合组织10周年之际主办今年亚太经合组织的有关活动。江泽民主席和中国政府高度重视亚太经合组织的发展。今天，江泽民主席专门向我们的贸易部长会议发来了贺函，这充分表明了中国政府和人民加强亚太地区经济合作的良好愿望。

在过去的10年里，中国与其他经济体一起，目睹了亚太经合组织的成长、发展和壮大，也经历了金融危机、经济调整的动荡和挑战。依靠合作的精神和集体的智慧，我们创造性地探索了区域经济合作的新模式，在众多领域推进了亚太地区贸易投资自由化、便利化和经济技术合作的进程，促进了经济的增长，增进了人民的幸福。回顾过去，我想我们有理由为这个论坛取得的成就感到光荣并受到鼓舞。

我认为，只要我们坚定地支持开放的区域主义，并以实际行动实施各项合作计划，就一定能赢得国际社会和公众对亚太经合组织的理解、信任和支持。贸易部长会议是为年度领导人非正式会议做准备的重要机制之一，其讨论的问题涉及亚太经合组织的中心工作，意义重大，影响深远。令人欣慰的是，我在主持今天的会议过程中，深切地感受到各位同事们真诚合作的精神和积极务实的态度。所以，今天我在这里主持的宴会，不仅是为感谢你们对我工作的支持，更是为了感谢你们为亚太经合组织的发展所作出的努力和贡献。

女士们，先生们，我们今天聚集在上海，都为了实现一个明确的目标：加强合作交流，扩大彼此间的开放，为亚太地区的经济增长和社会发展增添活力。我相信我们有足够的智慧解决面临的问题，迎接新世纪的挑战。我在此也愿重申，中国将始终不渝地奉行改革开放的政策，积极参与亚太区域经济合作和多边贸易体制建设，努力在亚太地区和国际社会中发挥建设性的作用。

最后，我要特别感谢世贸组织总干事迈克·穆尔先生专程来参加这次贸易部长会议，我和在座的部长同事们都深感你对此次会议关于世贸组织有关问题的讨论作出了主要的贡献。另外我还要感谢上海市政府为会议提供的方便。

现在，我提议，为亚太经合组织的发展，为这次贸易部长会议的成功，也为大家的真诚合作，大家举杯庆贺！谢谢大家！

# 第×届亚欧非正式人权研讨会应酬语

女士们，先生们，朋友们：

首先，请允许我再次代表中国外交部欢迎大家来到中国，来到苏州，出席第×届亚欧非正式人权研讨会。今天，各位积极参与会议，一定有很多收获。我向大家表示祝贺。

中国有句妇孺皆知的话：“上有天堂，下有苏杭。”苏州有着2500余年悠久的历史，素以风景优美、人杰地灵著称。就在今年6月，第×届世界遗产大会在苏州举行。在那次会议上，来自100多个国家的500多名代表又为世界评选出了34项遗产。

我们这两天的会议，虽然比不上遗产大会的规模和影响，但主题的源起也可以称得上人类的遗产，这就是对于“人”的珍视。

中国古代就有“天地之间，以人为本”的观念。欧洲启蒙运动时期也明确提出了“天赋人权”的人文思想。世界各种文明对“人”的珍视是全人类最宝贵的共同财富。

亚欧两大洲相距遥远，对当今人权领域的一些具体问题有各自的理解和实践，这是非常自然的。幸运的是，亚欧非正式人权研讨会就像欧亚大陆桥一样把我们联结在一起。

通过这座交流之桥，各方增进了解，扩大共识，取长补短，共同进步。通过这座理解之桥，成员们不同的面孔之后，正不断地培养着开放、包容的心胸，平等和互相尊重的精神。通过这座合作之桥，我们已经并将继续为亚欧人权合作和亚欧人权事业的健康发展作出积极的贡献。

在全球化飞速发展的今天，我们这些人权领域的“国际流动者”应继续积极传播和互相学习有益经验，探讨形成适合各国自身情况的人权保护方式，切实造福于亚欧人民的福祉。我祝大家取得成功。

最后，衷心祝愿本届研讨会获得圆满成功，祝愿亚欧人权合作得到深入发展，祝愿我们的友谊天长地久，愿苏州的明天更美丽，祝愿在座各位身体健康！

## 中小学校长国际论坛招待会应酬语

尊敬的××××厅长，各位领导、各位专家、各位校长：

大家晚上好！

在这华灯初上、暖意浓浓的美好时刻，我们欢聚在这里，共同庆祝“××××中小学校长国际论坛”的隆重举行。

今天的论坛议程紧凑、成果众多。国内外十多位从事教育管理工作的领导发表了热情洋溢的致辞，省教育厅×××厅长作了主题报告，中央教科所×××所长，以及×××等几位专家发表了精彩的主题讲演。今天下午，××××省教育厅还与××××度×××区教育部门签订了合作协议。

论坛在×××举行并取得丰硕的成果，作为东道主，我们对此感到由衷的高兴，并表示热烈的祝贺！今晚，×××市人民政府在这里设宴，招待参加论坛的各位领导、各位专家、各位校长。现在，我提议，为有缘相聚在×××，为论坛取得的成果，为教育事业的发展，让我们共同举杯庆贺！谢谢！

## 外事侨务办会议应酬语

尊敬的各位领导、各位同人、先生们、女士们：

2015年，在上级部门的关心指导下，在市委、市政府的坚强领导下，××市外侨办党组带领全办同志，围绕全市工作大局，积极组织国际会议和活动，宣传推介××，推动务实合作，服务城市发展，出色地完成了国家赋予的各项外事活动任务，有力提升了西安美誉度和竞争力。

春华秋实，辛勤工作收获了累累硕果，2016年3月，在××市2015年度目标责任考核工作总结部署会议上，我办荣获中共××市委、××市人民政府授予的“2015年度全市目标责任考核优秀单位”荣誉称号，这是我办第二次获得此项荣誉。我办还获得了外交部领事司授予的“因公护照工作协作奖”“××市市级文明机关”等荣誉称号。

阳春布德泽，万物生光辉。忽如一夜春风来，千树万树梨花开。当我们沉浸在荣誉的幸福中时，浮现在我眼前的是一个又一个忙碌的日子，一个又一个加班的身影，一场又一场圆满的活动、会议。

雄关漫道真如铁，而今迈步从头越。2016年，全市外事侨务工作将紧紧围绕为国家总体外交服务、为建设丝绸之路经济带新起点服务、为全市经济社会发展服务、为民服务，办党组将继续带领全办同志发扬抢抓机遇、创新有为、埋头苦干，勇于争先的良好作风，为××融入“一带一路”伟大战略、建设具有历史文化特色的国际化大都市作出新的更大的成绩，让外事侨务工作的成果更多的惠及市民！

感谢大家对××外事侨务工作的关心和支持。欢迎大家对我们的工作提出宝贵意见和建议。祝愿大家身体健康，事业顺利！

## 外交部 ×× 全球推介活动应酬语

尊敬的王毅部长，尊敬的各位驻华大使、驻华代表，各位媒体记者朋友，各位嘉宾，女士们、先生们、朋友们：

大家上午好！阳春三月，万物复苏，这是一个播种希望的美好季节。今天，中国外交部在这里首次举行“开放的中国：从宁夏到世界”主题推介活动，王毅部长亲自出席会议并发表热情洋溢的致辞，充分表明了中国对外开放的姿态，体现了中央政府对西部地区、民族地区、宁夏回族自治区对外开放的重视和支持。我们高兴地看到今天众多驻华大使、代表和中外媒体朋友汇聚在这里，把目光投向宁夏，把镜头对准宁夏，助推宁夏对外开放，走向世界、融入全球，让我深受感动。在此，我谨代表宁夏回族自治区党委、政府和660多万回汉各族人民，向各位嘉宾和各位朋友表示热烈欢迎！向王毅部长和外交部，向关心、关注、支持宁夏的各位嘉宾和朋友表示衷心感谢！

中国改革开放的总设计师邓小平指出，现在的世界是开放的世界，中国的发展离不开世界。中国改革开放的历史性抉择，让13亿中国人民走上了幸福安康的广阔道路。党的十八大以来，以习近平同志为总书记的党中央，以胸怀世界的大视野大战略，实施更加积极主动的开放战略。特别是2013年，习近平总书记发起共建“一带一路”的倡议，引起了丝路沿线国家的广泛共鸣和积极参与，为包括沿线国家在内的世界各国政策沟通、设施联通、贸易畅通、资金融通、民心相通开辟了一条阳光大道。今年初，习近平总书记访问中东3国，就中阿共建“一带一路”提出互利共赢的“中国方案”，为中阿务实合作描画了新的宏伟蓝图。

宁夏是一片古老神奇的土地，自古就是多民族、多文化交融交汇的地方。3万年前就有人类在这里生息繁衍，公元前3世纪秦始皇统一中国后，在宁夏设北地郡，派兵屯垦，兴修水利，开创了引黄灌溉的历史。1038年党项族首领李元昊以宁夏为中心建立西夏国，在现在的银川定都，称之为兴庆府。开放的中国造就了开放的宁夏。《马可·波罗游记》中记载了西夏时期兴庆府的繁荣景象，称赞西夏织造的驼毛布为“世界最佳美”，远销“契丹及世界各地”。这也是对我们宁夏这一古丝绸之路必经之地和商埠重镇的生动写照。

改革开放以来，宁夏主动融入全国和世界发展大格局，打“开放牌”、走“开放路”，使宁夏焕发出了勃勃生机。改革开放38年来，宁夏GDP从1978年的13亿元增长到2911.7亿元，增长了224倍；财政收入从3.16亿元增长到373.7亿元，增长了118倍；固定资产投资从4.27亿元扩大到3533亿元，增长了827倍；城镇居民收入从346元增长到25186元，增长了73倍；农民收入从116元增长到9119元，增长了79倍，累计减少贫困人口290万人，今日宁夏人民幸福、民族团结、宗教和顺、社会繁荣。宁夏的发展变化是中国改革开放的真实写照。

当今，在国家“一带一路”战略的带动下，宁夏历史性地站在了开放的前沿。中央政府批准宁夏全省域建设内陆开放型经济试验区，建设银川综合保税区，进一步推动开放宁夏建设。2010年以来，宁夏在国家外交部、商务部、贸促会等部委的大力支持下，举办了3届中阿经贸论坛和2届中阿博览会，得到了阿拉伯国家的普遍欢迎和热情参与，共有29位国内外政要、336位部长级官员、139家大型商协会和6500家大中型企业参会参展。去年的中阿博览会上共签署合作项目241个，合同金额1830亿元。习近平总书记在今年阿盟总部演讲时指出，中阿博览会已成为中阿共建“一带一路”的重要平台。在习近平总书记和沙特国王萨勒曼的见证下，我国与沙方签订了国际产能合作备忘录，宁夏、广东省与沙特阿美石油公司3家共同成立合资公司，建设沙特吉赞经济城“中沙工业园”，推动我国的钢铁、水泥、玻璃、清真食品等企业走向阿拉伯国家。在去年中阿博览会上，我们与阿曼签订合作协议，建设阿曼杜古姆“中国产业园”，这个园区面积1200公顷。目前园区总体规划已编制完成，20个项目列入“一带一路”战略项目库，首批建设项目8个，投资近60亿元，今年4月将举行产业园奠基典礼。两个园区的建设，不仅对宁夏对外开放产生重大的带动作用，而且为中阿务实合作搭建新的载体。在加强对阿开放的同时，宁夏与世界各国的交流合作不断扩大，与欧美、中东、东北亚等120多个国家和地区进行贸易往来，先后有880多家境外企业来宁投资，累计投资超过百亿美元；宁夏在28个国家和地区设立了95家境外企业，其中32家设在“一带一路”沿线国家，对外直接投资累计达到20亿美元。

各位嘉宾，女士们、先生们、朋友们：

海纳百川、有容乃大。宁夏既是中国的宁夏，也是世界的宁夏。正如王毅部长刚才讲的，宁夏是中国以改革促发展、以开放促发展的缩影，是中国推动“一带一路”建设、促进国际友好合作的缩影，是中国社会开放包容、和谐共处的缩影。我们将以更加开放的胸襟、更加包容的心态、更加宽广的视角，与世界各国一道，共建共享，共同推进“一带一路”建设。我们热忱欢迎世界各地的企业和客商能够走进宁夏，到宁夏投资置业。我们将为每一个投资者和企业提供良好服务和法治保障。我们也诚挚邀请各位大使、各位代表、各位记者有机会到宁夏走一走、看一看，亲身感受宁夏的发展变化，体验宁夏人的热情好客，品尝葡萄美酒、享受清真美食，欣赏自然美景，通过你们的视角宣传推介宁夏，让更多的朋友、客商和企业家了解宁夏、走进宁夏！

最后，预祝本次宣传推介活动圆满成功！

谢谢大家！

## 外务宣传册首发式应酬语

尊敬的驻华外交使团团长诺拉纳·塔·阿马大使阁下，尊敬的各位驻华使节，各位来宾，女士们，先生们：

下午好。很高兴与大家共聚蓝厅，畅叙友谊，共同见证《中国外交2014》画册的正式发行。

《中国外交2014》画册是过去一年中国对外关系蓬勃发展的真实写照，它以2014年中国重大外交事件为主线，从不同角度再现了丰富多彩的外交场景，真实记录了中国坚持走和平发展道路的历程。画册通过300多幅精美图片，生动地展示了中国积极开展高层交往、促进与各国务实合作的重大活动，再现了在上海世博会、广州亚运会上中外友好交流的生动场景，彰显了中国建设性参与国际多边合作的政策理念，记录了中国政府全力维护海外侨胞合法权益的重大行动。希望通过这本画册，大家能更多地了解中国外交，更直接地感知中国与各国人民一道推动建设持久和平、共同繁荣的和谐世界的坚定信念。

女士们，先生们，

当前，国际形势继续发生深刻变化，在总体和平稳定的大背景下，动荡和风险因素有所增多。世界经济复苏缓慢，一些国家主权债务问题突出。西亚北非局势持续动荡，对有关国家经济和社会发展产生深远影响。国际恐怖主义威胁仍很严峻，能源资源、气候变化、水和粮食安全等全球性问题十分突出。面对纷繁复杂的形势，面对在维护社会稳定、实现可持续发展方面所面临的共同挑战，世界各国加强协调、深化合作的共同愿望进一步上升。以合作促发展，以合作谋安全的理念更加深入人心。

中国坚持独立自主的和平外交政策，积极扩大互利合作，与世界各国的友好关系不断发展。胡锦涛主席年初访美，中美双方就共同努力建设相互尊重、互利共赢的中美合作伙伴关系达成重要共识。胡主席在《中俄睦邻友好合作条约》签署10周年之际成功访俄，中俄全面战略协作伙伴关系进一步深化。中欧高层互访频繁，“中欧青年交流年”成功开启。中国与周边国家睦邻友好继续加强，积极参加区域合作机制，加强防灾减灾合作，努力推动热点问题降温，为促进本地区和平发展发挥了积极作用。中国与发展中国家的团结合作不断扩大，成功举办金砖国家领导人第三次会晤，推动其成为南南合作的平台和南北合作的桥梁，深化了各领域务实合作。中国积极参加国际多边合作，主张联合国在国际事务中发挥核心作用，支持二十国集团峰会在全球经济治理中发挥更大作用，大力促进国际经济对话协调，坚持反对保护主义。中国政府秉承“以人为本、外交为民”宗旨，全力应对海外安全突发事件，中国公民和机构的海外合法权益得到有效保护。

展望未来，中国与世界的关系正在进入一个合作更加广泛、联系更加密切的时期。随着“十二五”规划的全面启动落实，中国将加快经济发展方式的转变，以实现国民经济又好又快发展。根据“十二五”规划，中国2014年经济规模将达约8.6万亿美元，预计未来五年将进口近10万亿美元的商品，与世界各国经贸合作将进一步扩大。中国的发展离不开世界，中国的发展也将为世界带来更多的机遇。我们将坚定不移地走和平发展道路，坚定不移地奉行互利共赢的开放战略，与国际社会一道，共同促进世界的和平、发展与繁荣。

女士们，先生们，

随着中国与世界互动脚步的加快，世界了解中国的愿望也更加迫切。为了进一步拓宽信息发布、对话沟通的渠道，我们决定从9月1日起对外交部新闻发布制度进行一次大的“升级”，例行记者会将从每周两次增加到五次，记者会的时效性和信息量都将提高。希望这项举措能更好地帮助大家了解中国的外交政策，增进互信与合作。

画册首发仪式后，我们将请国家交响乐团为大家准备一场中西结合、轻松美妙的音乐会，在此我愿对各位音乐家的精彩演出预致谢意，也希望各位来宾在轻松的音乐中度过一段美好的时光。

最后，祝大家工作顺利，阖家幸福，万事如意。谢谢大家！

（2014年8月26日　外交部长杨洁篪）

## 【外务应酬佳词妙句】

◎为全人类的幸福而努力，这是多么壮丽的事业！愿我们永远为这个伟大的目标奋斗不息！

◎人类历史前进的道路总是曲折的，但我们深信，通过坚持不懈的斗争，世界人民将迎来一个更加灿烂辉煌的未来。

◎我始终相信，通过双方的共同努力，双边关系在新世纪一定会获得新的、更高的发展。祝愿我们的交往不断深入，拓展！祝愿两国人民的友情长存！

◎最后，我希望，在我们的共同努力下，越来越多的×国人和×国公司到华南地区来，×国在华南地区的地位越来越重要。让我们为×国和华南地区的友谊和合作举杯！

◎中国古诗曰：“任凭风浪起，稳坐钓鱼台。”这里的钓鱼台泛指世界各国的钓鱼台，也包括我们所在的这个钓鱼台。希望并相信各位同事将以自己的远见、智慧、耐心、勇气和对和平事业的诚意寻求共赢。为此，我提议，为北京六方会谈成功，为大家在钓鱼台“稳坐”愉快，为和平、健康干杯！

◎通过对话，冰山可以消融，敌意可以化解，信任可以培育。

# 第六章
# 就职应酬语：再接再厉，再攀高峰

人生得意须尽欢，莫使金樽空对月。在自己得到提升、就职之际，可以备一桌宴会，邀上自己的上司、下属，叙叙感情。就职酒中有真意，妙语连珠，尽显才能；赴宴者诚挚道贺，祝福四起。

## 中学校长就职致辞

尊敬的各位领导、各位老师：

大家好！

今天是我第一天就职的日子，我的心情格外激动。首先，我衷心的感谢县政府、县党委、县教委对我的信任与提拔，同时也感谢各位老师、各位领导对我的关爱和支持。在此，我向各位领导、老师们表示衷心的感谢！

作为一名××中学校长，我深知自己的人文底蕴、政治素质、学科知识、决策能力、服务精神、领导水平等都还不够，还需要进一步提高。因此，以后我会更加努力地学习，同时也希望大家积极协助我，支持我。我会尽自己最大的努力，把学校办得越来越好，提高我们的教学质量以及升学率。

最后，祝愿大家身体健康、工作顺利，合家幸福！

尊敬的各位领导、各位老师：

大家好！

对我来说，今天是一个特别隆重的日子。首先，我衷心的感谢县教委、镇党委、政府和教办室对我的信任与培养，感谢各位老师对我的关爱和支持，尤其是前任校长，他的艰辛努力为学校的今后发展奠定了坚实的基础。在此，我向各位领导、老师们以及我们前任校长表示衷心的感谢！

作为一名校长，我深知自己的政治素质、人文底蕴、决策能力、服务精神都还需要进一步提高，要胜任这一职位，必须付出艰苦的努力……

此时此刻，我想用一位先哲的诗来表达我的心情，那就是“智山慧海传真火，愿随前薪作后薪”！

最后，祝愿大家身体健康、万事如意！

## 医院院长就职致辞

尊敬的各位领导、同事们：

大家好！

根据组织安排，我到××市立医院任职并主持工作。这对我来说是莫大的荣幸。同时，我也深知肩上担子的分量和责任的重大。

作为全市医疗机构的龙头，多年来，在市委、市政府的正确领导下，在历届领导班子打下的坚实基础上，我们医院无论是整体外观形象还是内部建设，无论是基础设施改善还是医疗水平提高，无论是学科建设还是医德医风树立，各方面都有了长足进步。就我市来讲，其医疗和服务水平。毋庸置疑；其地位和作用，不可替代；其设施和技术，无可比拟。

今后，让我们大家共勉，使医院的工作迈入新的台阶。

最后，祝大家身体安康、生活幸福、工作顺利！

## 总经理就职致辞

各位朋友：

大家好！

我是×××，从3月1日开始就任××商贸有限公司总经理。我们公司是贸易型企业，长期以来，一直以及时为顾客提供质优价廉的商品为宗旨。但遗憾的是，到目前为止，我们公司尚未建成能实现这种使命的坚实基盘。

作为总经理，我将进一步改善经营管理，不断发展壮大我们的公司，并继续为客户及时提供价格低廉、品质优良的商品，使之在今后更加激烈的市场竞争中遥遥领先。为实现这一目标，我也将重新整合、加强公司内部各种组织结构和制度建设。

因此，为了我们共同的目标，我希望大家能够积极配合，同时也希望各位干部平时能成为员工学习的典范，发挥模范带头作用，更加自觉自律，名副其实地尽职尽责。

营造和谐愉快、干劲十足的工作氛围是大家的共同愿望。相互尊重，不断交流，让我们的职场环境一天更比一天好！

我非常期待与诸位一起合作共事，希望我们大家能够工作愉快，共同为××商贸有限公司发展壮大贡献自己的一份力量。让我们共同努力吧！谢谢大家！

## 门店经理就职致辞

尊敬的各位领导、亲爱的同事们：

大家晚上好！

在今天上午举办的选举活动上，经过激烈的角逐，我荣幸地当选了我们公司××分店的门店经理。今晚，大家能够在这里为我举行欢迎仪式，我内心十分地感动。在这里，我衷心感谢各位的支持，感谢各位今晚的光临，请让我向各位领导，同事们深深地鞠一躬，谢谢大家！

我到××电器公司工作已经有5年了，一直在××分店工作，先后担任过销售助理和销售副经理。在这个过程中，我积累了丰富的推广和销售经验，赢得了客户及同事们的一致好评。

经过多年的工作经验的积累，带着对这份工作的热爱，我的内心迫切地寻求更好的施展自身能力及才华的舞台。十分感谢公司此次为我提供了这个机会，使我可以充分地展示自己，使大家可以充分地认识我、了解我。此次竞聘不仅是对我的一次重大考验，同时也是一个重要的激励。通过此次竞聘，我的心理素质以及表达和沟通能力不仅得到了充分的施展和锻炼，同时我也看到了自身的许多不足，明确了未来自我提升的方可以说收获颇丰。

很感谢各位对我寄予的高度的信任和肯定，从今往后，我一定会再接再厉，将各位对我的支持转化为工作的动力。我将努力带领大家实现以下几个目标：第一是协助各部门搞好店面销售，提高岗位执行力，高质量地做好计划、组织、领导、控制和管理工作；第二是努力完善自我，提高工作能力；第三是创新解决问题的方法，加强技术交流和对外协作；第四是加强应用开发，利用先进的方法进行科学管理，提高管理成效。希望大家对我进行严格的监督，并建言献策，希望我们共同携手，为××门店创造出更优秀的业绩。

最后，衷心地祝贺大家身体健康、工作顺利、阖家欢乐！

## 理事会会长上任致辞

尊敬的各位领导、同志们：

大家晚上好！

非常感谢大家对我的信任和支持，推选我担任××县外来人才联谊会第一届理事会会长。对于这一殊荣，本人备感荣幸，同时也深感自己身上的责任重大。

从各位殷殷的目光中，我看到的是大家的期望与重托。我必将在任职期间与理事会全体成员一起，按照联谊会的章程规定，尽心竭力开展工作，努力向全体会员交出一份满意的答卷。

作为一名外来者，我到××已经有18年，期间我亲历了××经济社会所发生的巨大变化，这里所有的成就让我备感自豪，也让我对××的发展越来越有信心。

与此同时，在这里所有的外来人才也找到了充分施展自己才华的舞台，可以说，这次我们联谊会的成立就是展示个人才华和能力的机会。

作为会长，我必定以身作则，为联谊会的发展尽最大努力。事实胜于雄辩，请让我用实际行动来向大家证明吧。

最后，祝愿我们的联谊会事业兴旺，祝愿大家身体健康，万事如意！

## 办公室主任就职致辞

尊敬的各位领导：

今天，会议审议通过了我担任县政府办公室主任的提请，在此，我向大家表示衷心的感谢！感谢各位领导长期以来对我的信任、支持与厚爱。我定将不负使命。我深知办公室主任这一职务，不仅是一份责任，更是一份义务。因此，在工作中，我一定恪尽职守、勤奋敬业，用优异的工作业绩来报答党的关怀、代表的信任和人民的重托。

堂堂正正做人，踏踏实实干事，是我一生所信奉的做人做事准则。我将严格遵守关于廉政建设的有关规定，坚持“自重、自省、自警、自励”，永葆共产党员的先进性。

在严于律己的同时，我还要宽以待人，与班子成员多沟通、多商量、多交心，依靠集体的智慧和力量，全力开创办公室工作的新局面。在以后的工作中，我将用满腔的热情，回报党和人民，为××县的发展贡献出自己的力量。

最后，祝愿大家身体健康，工作顺利，万事如意！

## 公安局局长就职致辞

同志们：

今天，我能成为××市公安局×××地区分局中的一员，感到特别高兴。××局是一个有素质、有能力的群体；是一个讲团结、讲大局、讲奉献的群体，可以说是非常优秀的团体，能和大家一起工作更是我的荣幸。

我非常感谢组织对我的信任，也是对我能力的认可。这将成为我奋发向上、勤奋敬业的动力。我将竭尽全力，认真履行职责，按照市委领导跟我谈话时提出的要求和希望，努力把×××地区的公安工作做好，不辜负市委和全区人民的重托。

公安事业是一项崇高的事业。从行政岗位来到公安局工作，对我来说领域崭新、跨度很大、压力也很大。因为目前我对公安工作的业务不熟悉，对公安机关的人员也不熟悉。另外，在××同志为局长的过去5年里，××同志带领全体民警为××地区的公安工作打下了很好的基础，所以我这一任的起点、要求就更高了，压力也就更大了。

我深知这个岗位的责任重大，我殷切地期望能得到本局全体同志的支持和帮助。我一定牢记肩上所担负的历史使命，堂堂正正做人、清清白白做官，向党和人民交出一份满意的答卷。

在此，祝愿所有的来宾朋友身体健康，全家幸福，事业进步，万事顺达！谢谢大家！

## 省长就职致辞

各位先生、各位女士、各位朋友、各位嘉宾们：

为了××省×××多万人民群众的重托，担任××省人民政府省长一职。首先，感谢大家对我的信任与支持，我一定不负重托，尽职尽责，不辱使命，以实际行动将××省建设得更加美好！

×年前，我从××来到××省，亲历和见证了××省日新月异的变化。我深情地热爱这片雄浑辽阔、生机勃勃的土地，深情地热爱这里朴实勤劳、自强不息的各族人民，我个人的一切已同××省紧密相连，休戚与共。××省在历任×届省委、省政府的领导下，已经建设成为全国排名第×大省，当前，我省正处发展的关键阶段。在接下来的工作中，深入贯彻落实科学发展观，解放思想，坚持改革开放，推动科学发展、促进和谐稳定，实现全面小康是我们工作的重点。我深感任务艰巨、责任重大，但我相信，勤能补拙，众志成城，有党中央、国务院对××工作的高度重视和有力支持，有省级各大领导班子的团结合作，有现在良好的发展态势和坚实的工作基础，我对做好工作充满信心。

尽管前进道路上充满困难．面临挑战，尽管个人学识和能力有限，但我会秉承工作的本质，先天下之忧而忧，后天下之乐而乐，两袖清风，将人民的利益放在首位，实事求是，与时俱进，为实现××美好的明天而鞠躬尽瘁，为××省人民的幸福生活竭尽全力、拼搏奉献，让党中央和省委放心，让全省各族人民群众满意！

最后，衷心祝愿各位身体安康，工作顺利，阖家幸福！

## 【就职应酬佳词妙句】

**就职宴会应酬妙句**

◎我敬大家一杯，非常期待与诸位一起合作共事，希望我们大家能够工作愉快，共同为××商贸有限公司发展壮大贡献自己的一份力量。让我们共同努力吧！谢谢大家！

◎作为会长，我必定以身作则，为联谊会的发展尽最大努力，帮助更多的外来务工人员找到更适合自己的工作，做到人尽其才。最后，祝愿我们的联谊会事业兴旺，祝愿大家身体健康，工作顺利，家庭幸福，万事如意！

◎女士们、先生们，朋友们！我提议：为我明日即将赴新的工作岗位而干杯！

**升迁祝福妙句**

◎恭喜，恭喜，恭喜你荣升！尽管这来得是有点迟，但我仍然万分为你高兴，并以饱满的热情等候你请我们“撮一顿”。

◎恭喜事业蒸蒸日上，愿你更上一层楼！

◎祝福是份真心意，不是千言万语的表白。一首心曲，祝你升迁事事如意！

◎年轻有为，少年得志！希望你再接再厉，勇攀高峰！永远支持你！

◎恭喜！恭喜升官发财！

◎升了官可别忘了我们这些老朋友啊！祝你在官场上如鱼得水，步步高升！

◎芝麻开花节节高，一天胜过又一天！

◎您今天所取得的成绩，是您实力的证明，祝贺您又取得了一次胜利。

◎我认为您能获得这一职位是再自然不过的了，因为您有广泛的经验，工作勤奋，愿您今后事事顺利，财源滚滚，身体健康！

◎英才得展，大展宏图。

◎高瞻远瞩，步步高升。

◎祝你的事业欣欣向荣，节节高升！

◎听到你升职的消息，我好高兴，祝愿以后职务多多地升，薪水多多地拿！

# 第七章
# 答谢应酬语：衷心问候，谨致谢忱

在商务、社交活动日趋频繁的当代社会，答谢宴也越来越盛行。答谢应酬语顾名思义就是在答谢宴上说的语言，它是一种最高级别的致谢形式。它有情有声，声情并茂，能够最充分、最有效地表达谢意。良言一句三冬暖，浓情美意谢嘉宾。千恩万谢，一语致谢。

## 客户答谢会应酬语

尊敬的各位来宾、女士们、先生们：

大家好！

在我们满怀激情迎接新的一年之际，我们以最真诚的感谢、最真挚的祝福在这里举办迎新春答谢客户酒会。首先我代表××××大厦，向大厦入住的各位新老客户朋友们表示谢意，并祝你们在新的一年里身体健康、工作顺利、生意兴隆、万事如意！

过去的一年是××××大厦快速发展的一年，我们在集团公司的领导下、在各位客户公司老总的支持下，经过全体员工的共同努力取得了一定的成绩：顺利通过国家建设部关于国家级示范大厦的复检，继续享有着物业管理最高荣誉；全面启动了ISO9001质量管理体系试运行，全面强化了基础管理工作；荣获了市物业管理先进单位和市公安局经保系统先进单位等光荣称号。2008年客户对大厦各项服务满意率又有新的上升。各项服务水平又有新的提高。

回首过去峥嵘岁月欣慰神驰，展望未来锦绣前程壮怀激越。在新的一年里我们将继续努力，不断取得新的突破，来回报广大客户的厚爱，为您事业的成功尽我们微薄之力。我们将以百倍的努力、良好的服务以及崭新的精神风貌服务于您，我相信经过我们相互支持、友好合作，我们一定能实现双赢的目标。

让我们携手奔向美好的明天！

让我们举杯共祝全厦客户及各公司员工新年快乐、万事如意，祝各位事业辉煌、如日中天！祝各单位百业俱兴，宏业大展，前程无限，吉年大发！

## 公司营销表彰暨客户答谢会致辞

尊敬的各位领导、各位朋友、女士们、先生们：

中午好！

为了庆祝××农药有限公司2011年度厂商营销总结表彰大会胜利召开，为了答谢各位领导、各位朋友的深情厚谊，公司特设午宴以示庆贺和答谢！

在过去的一年中，我们取得了年销售200万的好成绩，这一切的取得都与在座各位的努力是分不开的。

现在我提议：为感谢各位领导、各位朋友的深情厚谊，为2011年度厂商营销总结表彰大会的胜利召开，为我们更加灿烂辉煌的2012年，干杯！

## 公司年终答谢会致辞

尊敬的各位来宾，各位朋友：

大家上午好！

值此一年一度的新春佳节来临之际，我们在此欢聚一堂，话往事，谈新春。首先我代表×××电设备有限公司的全体成员，向一直关心和大力支持×××事业发展的新老客户和社会各界人士致以最真诚的问候和热烈的欢迎。

×××公司成立至今，一直以“选择客户需要的产品，提供客户满意的服务”为己任，致力于中国电器事业建设，努力将自己打造成“真诚服务客户，倾情回报社会”的低压电器厂商。面对日益激烈的市场竞争，我们及时调整战略，抛弃传统经营模式，突出自己的特色，果断地迈出了具有战略意义的一步，全面地进入了低压成套市场，走出了一条专业化、多元化的发展道路。我们深知，我们所取得的成绩与在座的各位是分不开的。

新的一年，新的起点；新的一年，新的气象；我们×××公司在新春曙光的照耀下将更快速发展。2012年我们会在各位朋友的鼎力支持下，继续开发自己的特色，坚定务实地开拓和发展新局面，继续全面实施“以市场为导向，以技术为领先”的战略，坚持不懈地走多元化道路，保持公司健康、稳定、持续的发展。朋友们，路就在我们的脚下，机会就在我们的眼前，我们以海纳百川的气度，风雨同舟，一路前行。

最后，衷心祝愿各位朋友、同人新春快乐，事业腾达，万事如意！

## 工业园区研讨推进会答谢词

尊敬的各位领导、各位来宾，女士们、先生们、朋友们：

晚上好！

××县工业园区研讨推进会在各位的大力支持下已经圆满结束。在此，我代表县委、县政府对各位来宾、各界朋友的真诚协助、热情谏言，表示最衷心的感谢和最诚挚的敬意！

为了答谢大家对××的厚爱，也为增进我们之间的感情，进一步加强合作，我们特在这里举行宴会，共祝我们的事业兴旺，我们的友情地久天长！

今天这个推进会，是我们寻求合作、寻求发展的契机，更是与大家共创美好今天的前奏。我们真诚地希望各界朋友关心支持工业园区发展，也真诚地欢迎大家到工业园区投资兴业，与我们共谋发展、共创伟业。

最后，让我们举杯，祝福××工业园区早日发展强大；祝福大家身体健康，工作顺利，事业兴旺，财源滚滚！干杯！

## 公司订货会答谢词

各位来宾、广大经销商朋友们：

大家晚上好！

在送走了牛年的同时，我们马上又迎来了虎年了。值此新春佳节来临之际，各位能在百忙之中来到××，共聚于××服装“2010年春夏服装订货会”，我们深感荣幸！借此机会，请允许我代表××服装有限公司全体员工，向出席今晚宴会的各位来宾、各位朋友致以最热烈的欢迎和最诚挚的问候！

××服装自2000年创立以来，走过了10年不寻常的发展历程。10年来，我们与社会各界朋友尤其是与在座的各位嘉宾建立了深厚的感情，结下了浓浓的友情。也正是在大家的关心和支持下，我们虚心听取各位的宝贵意见，不断改善，让服装的款式更加符合当前的广大消费者的需求。同时，我们也每半个月就去经销商那儿做市场调研，看看我们还有哪些地方需要改善。正是在这种追求更加完美的目标下，我们的服装取得了很大的成就。在刚刚过去的2009年里，××服装先后荣获了第五届中国（广州）国际品牌服装服饰交易会“广州十佳女装奖”“特殊贡献奖”、第二届“茗”牌中国国际女装设计大赛“特殊贡献奖”等荣誉称号，这些成绩的取得，和在座各位的支持分不开。在此，感谢大家多年来对××服装的厚爱！谢谢大家！

展望2010，××将秉承“专注、创新”的经营宗旨，在新的一年里不断推出高品质、高市场占有率的服装，在企业做大做强的同时，让在座的各位也都红红火火、生意兴隆！让我们举杯共祝：新的一年，新气象；新的一年，新面貌！

最后，提前祝福大家春节愉快、身体健康、合家欢乐、虎年吉祥！

## 公司年度订货会答谢词

女士们、先生们，各位来宾，广大经销商朋友：

今晚，我们欢聚一堂，共同祝贺山东××采暖设备有限责任公司2009年度全国订货会圆满结束。值此良辰美景，请允许我代表公司全体员工，向出席今晚宴会的各位来宾、各位朋友表示热烈的欢迎和诚挚的问候！并致以最真诚的感谢！

今天在座的各位来宾中，有许多是我们的老朋友，我们之间有着良好的合作关系。公司近半个世纪以来能取得今天的成绩，离不开老朋友们的真诚合作和大力支持。对此，我们表示由衷的钦佩和感谢！同时，我们也为有幸结识来自全国各地的新朋友感到十分高兴。在此，我谨再次向新朋友们表示热烈欢迎，并希望通过这次合作能与大家建立广泛的联系和深厚的友谊。

朋友们，金秋送爽，既意味着我们收获辛勤耕耘的回报，更预示着我们开始迈向新一轮的风雨征程。

庆祝今天的合作成功，分享收获喜悦！

感谢各位多年来的关怀厚爱、鼎力支持！

祝福大家身体健康、家庭幸福、万事如意、大展鸿图！

祝愿在未来的岁月中，我们的友情更深、心情更好、生意更旺！

## 【答谢应酬佳词妙句】

### 答谢朋友传统诗词

《送李端》

卢纶

故关衰草遍，离别正堪悲。路出寒云外，人归暮雪时。

少孤为客早，多难识君迟。掩泣空相向，风尘何所期。

《送人东游》

温庭筠

荒戍落黄叶，浩然离故关。高风汉阳渡，初日郢门山。

江上几人在，天涯孤棹还。何当重相见，樽酒慰离颜。

《雨霖铃》

柳永

寒蝉凄切，对长亭晚，骤雨初歇。

都门帐饮无绪，留恋处，兰舟摧发。

执手相看泪眼，竟无语凝噎。

念去去，千里烟波，暮霭沉沉楚天阔。

《送魏万之京》

李颀

朝闻游子唱离歌，昨夜微霜初度河。

鸿雁不堪愁里听，云山况是客中过。

关城曙色催寒近，御苑砧声向晚多。
莫见长安行乐处，空令岁月易蹉跎。

《送綦毋潜落第还乡》

王维

圣代无隐者，英灵尽来归。遂令东山客，不得顾采薇。
既至金门远，孰云吾道非。江淮度寒食，京洛缝春衣。
置酒长安道，同心与我违。行当浮桂棹，未几拂荆扉。
远树带行客，孤城当落晖。吾谋适不用，勿谓知音稀。

**答谢父母常用妙句**

◎母亲是赋予我们生命的女人。普天下最平凡的是母亲，最伟大的也是母亲。母爱就像一场春雨，一首清歌，润物无声，绵长悠远。母爱是天涯游子的最终归宿，是润泽儿女心灵的一眼清泉，它伴随儿女的一饮一啜，丝丝缕缕，绵绵不绝。

◎母爱，是人类一个亘古不变的主题。我们赋予它太多的诠释，也赋予它太多的内涵。

◎没有历史史诗的撼人心魄，没有风卷大海的惊波逆转，母爱就像一场春雨，一首清歌，润物无声，绵长悠远。

◎唐代诗人杜甫，一生颠沛流离，栖止不定。他在安史之乱后回到家乡时，已田园寥落，物是人非。凄苦忧愁，睹物伤怀，他将忧国忧民之心与思母之情相融合，互相生发，写成感人肺腑的《无家别》。“永痛长病母，五年委沟溪。生我不得力，终身两酸嘶。人生无家别，何以为蒸黎！”言辞悲切，凄苦哀绝，足以令人慷慨动容，流下千秋之泪。

◎“慈母手中线，游子身上衣。临行密密缝，意恐迟迟归。谁言寸草心，报得三春晖。”唐代诗人孟郊，历经坎坷，穷困愁苦，而母亲的笑容却时刻令他梦萦魂牵。在他得知母亲将来的时候，掩不住脸上的笑容，按不住心中的喜悦，抖落衣冠上层累的风霜，拂去心头积淀的风尘，携妻将雏，到溧阳城外迎接母亲。芳草萋萋，花香阵阵，白云舒卷，碧野晴川，处处洋溢着儿子不尽的思念。母子相依，热泪盈眶，握着妈妈温暖的双手，望着母亲苍老的容颜，不禁怆然饮泣，感慨万千，提笔赋诗，情思涌动，在孟郊笔下，这首饱含母爱的《游子吟》，诚挚深切，传诵千年。

◎东汉末年，蔡文姬被乱兵掳至匈奴，作别家国，万里投荒。在被汉使赎回时，母子诀别，含悲引泪，亲朋相送，凄凉感伤。她在所作《悲愤诗》中写道："已得自解免，当复弃儿子。天属缀人心，念别无会期……号泣手抚摩，当发复回疑。"凄怨哀伤，声节悲凉，读之使人落泪。唐人曾以此为题，作胡笳之曲，如泣如诉，欲歌欲哭，一种醇烈的母子之情充溢于曲调之间。

**答谢老师常用妙句**

◎太阳底下最光辉的职业，人类灵魂的工程师。

◎三尺讲台，三寸舌，三寸笔，三千桃李。十年树木，十载风，十载雨，十万栋梁。

◎春蚕到死丝方尽，蜡炬成灰泪始干。

◎三人行，必有我师。

◎老师就像蜡烛，燃烧自己，照亮别人。

◎师生情，情深似海；教诲恩，恩重如山。

第八章

# 乔迁应酬语：恭贺迁居，皆大欢喜

所谓乔迁宴就是指主人在新居落成入住之时宴请亲朋好友所摆的宴席，主人大多会邀请单位领导、亲朋好友等共享喜庆时刻。乔迁宴上，送上一句吉祥动听的祝词，既能温暖人心，又能增添喜庆气氛。假如你的朋友或者是老同学搬入新居，特设家宴，邀请你参加，并在宴会上请你发言，你应该说些什么呢？

## 同学乔迁贺词

大哥、大嫂好，各位兄弟好：

非常感谢孙老大给宿舍兄弟欢聚一堂提供了难得的机会，感谢大嫂盛情安排和张罗了这么丰盛的家宴。更要以最大的热情，祝贺孙老大和大嫂乔迁新居。以前你们就住着大房子，现在换了复式楼，标志着老大和大嫂不断地从成功走向了更大的成功，我由衷地为你们感到高兴，因为根据以往的经验（注：孙在宿舍同学中无论事业还是爱情都先行一步），你们的今天就是兄弟们的明天。

今天，来到老大的新家，我深切地感受到老大大嫂是一对很有品位的都市白领。一进门的这个照壁就是中西合璧，整个房间的色调明黄搭配淡蓝和淡粉，华而不奢，大到家具、小到盆栽，无不透露出主人高雅的情趣和对生活品质的追求。特别是老大还把宿舍兄弟们的合照放在书房最显眼的地方，显示出老大有情有义，苟富贵，勿相忘，心里还惦记着咱们几个兄弟们。

工作十年多来，各位兄弟投身商海，在不同的岗位上打拼出来自己的一片天空，都已经独当一面。我虽然走上了不同的路，但你们一直是我学习的榜样。特别是老大，刚毕业的时候加班加点，走着路都能睡着，把头都磕破了。

我一直记着达件事，每当我想偷懒的时候，就告诉自己要向老大学习，向各位兄弟学习。

十年时间，老大实现了当初的梦想，白手起家，有了自己的公司，实现了财务自由。这是他刻苦努力和奋斗的结果，也与他有一位贤内助密切相关。大嫂不仅在自己的事业上取得不俗成绩，而且为家庭作出了很多牺牲，这是我们有目共睹的。老大大嫂相亲相爱，举案齐眉，值得我们大家学习。

各位兄弟在各自的岗位上也是捷报频传，相信很快大家会步老大后尘，换更大的房子，拥有自己渴望的宽敞明亮的新住房，过上称心满意的生活。

春节快到了，我越俎代庖，提议大家举杯，共祝老大、大嫂再创新辉煌，祝各位兄弟事业再上新台阶，祝兄弟之情天长地久！

尊敬的各位来宾、女士们、先生们：

大家中午好！

在元旦即将到来之际，我的同学××同志迎来了他的乔迁之喜，这是一个可喜可贺的日子。

首先，真诚地感谢社会各界人士及亲朋好友的光临，对你们的到来表示热烈的欢迎和衷心的感谢！

我的同学××同志是××集团安全生产战线上的一位老兵，从事安全生产工作十几年来，情系百姓，坚持“以人为本，安全第一”的工作理念，极大地保护了人民群众生命财产的安全，为我县的安全生产工作作出了积极的贡献。可以说“倾心为党三十年，情系百姓抓安全。五十二载闲庭步，今朝始得安家园”。

家，是男人的大本营，是女人的港湾！给人以幸福，给人以温暖。××如今终于有了自己的家园，不必再像过去一样三番五次地租房子。

下面我提议请大家斟满酒杯，为我的同事——××乔迁一起干杯！祝贺他：吉日乔迁新居，良辰纳福宝地。常住宝财楼阁，生活富富有余！

为答谢大家，××同志借××酒店这块风水宝地，特备丰盛的午宴，诚请大家吃好喝好。谢谢大家！

# 朋友乔迁宴贺词

尊敬的女士们、先生们：

大家晚上好！

宅起祥云托北斗，楼升瑞气映今朝。今天是我们×××局的×××同志与他的爱人×××女士乔迁新居的大喜日子，首先，作为这个家庭的老友，我代表他们夫妇两人，对今天所有光临本次宴会的来宾朋友们，表示最热烈的欢迎和衷心的感谢！

大家都知道，×××同志是我们的老科长，×××性格憨厚朴实、为人谦和热情，工作能力强，事业心强，在单位的同事、朋友面前都口碑极强、人缘极好！而他的夫人×××女士，又是一位地地道道的能说会干的巧媳妇，不仅人长得漂亮，而且在生意场上也是叱咤风云，称得上是一位地地道道名副其实的女强人！夫妇两人无论是生活上，还是工作上可以说是夫唱妇随、配合默契！两位经过十几年来的辛勤耕耘、合力打拼，小日子过得红红火火，日新月异！

今天他们夫妇两人在我市的水岸人家小区购得一幢面积180多平方米的宽敞新宅，在此，让我们以热烈的掌声恭贺他们夫妇喜得新居、乔迁之喜！同时祝福他们夫妇的事业一日千里，生意兴旺发达，小日子越过越红火！

搬华宅勤劳依旧，迁新居气象更新！都说人逢喜事精神爽，此刻，×××夫妇两人心情也是特别的喜悦激动，面对多年来一直关心、支持、帮助过自己的同事、朋友、战友，×××有许多感激的话要对大家讲，下面让我们报以热烈的掌声请×××同志讲话。

（具体讲话内容略）。

主人的话，句句饱含真诚，饱含谢意。为了表达这份深情厚谊，×××夫妇为大家准备好丰盛的酒宴，在开席之前，我提议，让我们共同举杯，祝贺×××一家鱼跃龙门随变化，莺迁乔木喜飞腾，华构生辉福满湖，新居焕彩喜盈门！

尊敬的亲朋好友、先生们、女士们：

大家晚上好！

我先来说一首小诗：

典藏福禄气平和，
春纳财源喜事多。
全家和心进新居，
天上人间好生活。

在座的各位，这首诗说的是乔迁之喜。同时这首诗也引出一段荡气回肠的佳话故事。故事发生的时间：2009年6月13日11点。地点：著名的××酒店。主人公：就是这对年轻的夫妇。客人：就是在座的各位。事件：乔迁贺喜。

且先看这男主人公，聪明绝顶、才华横溢，满腹软件硬件，名副其实的大师级的人物。女主人公，美丽大方、贤淑端庄，满腔英语文章，也是一个不让须眉的巾帼英雄。再看客人，今天的满堂宾客都是各领域的精英骨干，都在各自的领域里统治着一方天下。此情此景，借用王勃《滕王阁序》的句子“十旬休暇，胜友如云；千里逢迎，高朋满座”来形容今天受主人全家的委托，对各位亲朋好友、各路英才的到来，表示热烈的欢迎和真诚的感谢。

今天是××全家高兴的日子，因为他们终于如愿以偿的住进了新居。新居坐落在××花苑，该花苑环境幽雅、布局合理，购物方便，是工薪阶层居住的首选，热情好客的某某夫妇欢迎各位到新居做客（去的时候希望大家手里别空着，主人好有理由留人吃饭）。最后让我们祝福某某夫妇乔迁快乐，生活美满幸福，同时也祝福在座的所有的人工作愉快事事顺心。

下面我宣布，某某夫妇乔迁喜宴现在开始。

各位亲朋好友：

大家好！

今天是个好日子，阳光明媚，东风送情，我们欢聚在这里喜迎我们的某某乔迁新居。鞭炮响，吉日良辰已来到；祝贺你搬家了，新天新地新福绕，新宅新院新财罩，新邻新友新吉兆，欣欣向荣新面貌！祝贺你搬新家了，愿你的生活越过越好！

喜迁新居喜洋洋，福星高照福满堂。客厅盛满平安，卧室装满健康，厨房充满美好，阳台洒满好运，满屋到处是财气逼人。恭贺你乔迁新居！

新家好生活，我们大家真心祝贺你乔迁之喜！恭喜！恭喜！搬新家啦！

## 家庭乔迁喜宴主持人贺词

各位来宾、女士们、先生们：

大家好！

在这辞旧迎新的喜庆日子里，我们在此欢聚一堂，共同祝贺×××、×××夫妇乔迁新居之喜。首先我代表×××先生与×××女士对各位的到来，表示最热烈的欢迎和衷心的感谢！

×××、×××夫妇工作上兢兢业业，生活上勤俭持家，如今事业有成，家庭美满、幸福。所以，我在这里也要代表各位来宾，向×××、×××夫妇乔迁新居表示衷心祝贺！

为感谢各位来宾的深情厚谊，×××在这里略设便宴，粗茶淡饭，薄酒一杯，不成敬意，望各位来宾海涵赐谅。

各位来宾，让我们共同祝福×××、×××一家一帆风顺、二龙腾飞、三阳开泰、四季平安、五福临门、六六大顺、七星高照、八方来财、九九同心、十全十美！祝各位来宾财运亨通，四季康宁。

现在，我宣布：鸣炮，开席。

让我们一起举杯，为×××的乔迁之喜干杯，为众位嘉宾的身体健康干杯！

各位嘉宾，朋友们：

大家好！

今天，我们欢聚一堂。在这里祝贺××先生乔迁之喜，首先我代表××先生向在座的宾朋表示热烈的欢迎，同时我也代表所有的来宾对××先生乔迁新居表示热烈的祝贺！并祝他："楼舍乐成增如意，新居进住呈吉祥。"

今天来参加乔迁之喜庆祝宴的都是××先生的亲朋好友，共计××人。户地呈现新气象，儒门不忘旧家风，下面有请××先生讲话（具体讲话内容略）。

进华堂勤劳依旧，迁新居气象更新，在这个吉祥的日子里，××乔迁新居，我们衷心地祝福他身体健康，事业有成，相信他在新的一年里，一定会大有作为。

下面请亲朋好友赠送喜幛和镜屏，贺乔迁喜联。

（赠礼、赠联活动略）

从我们刚才宣读的喜联、喜幛和镜屏中可以看到今天不但是朋友的聚集，还是群英聚会，这一件件礼物，充满文学色彩，犹如瑞气云集。

燕喜新居春正暖，莺适乔木日出长，让我们奏起欢乐的乐曲，让我们共同祝愿××先生乔迁之喜！

尊敬的各位领导、各位来宾、朋友们：

大家上午好！

昨夜白雪降祥瑞，换来今日暖意升。在这个晴朗又吉祥的日子里，我们迎来了×××先生、×××女士的乔迁庆典。他们夫妻两人通过多年的努力、不懈地打拼，完成了小户型向大户型的升级过渡，从此永远结束了“蜗居”时代。作为×××先生工作中的同事，我代表×、×两家向前来祝贺的县教委领导、××三中的同事、亲友和来宾，致以诚挚的感谢和热烈的欢迎。

在×××夫妻购买和乔迁新居的过程中，得到了单位领导、同志及其亲友给予的不同程度的帮助支持，提供种种的方便，在这里一并致谢！

×××先生克勤克俭，善于持家，夫妻两人又都是在职语文老师，具有较高的语文专业水平。×××先生对装修有深刻的研究，经他设计的房间，是在“旁”“中”“侧”几方面都独具匠心。总之，一句话×××先生的乔迁，符合天地的恩泽、人伦的健康。下面就请×××先生发表他的答谢辞（讲话内容略）和乔迁感言。大家鼓掌欢迎！

最后，再次对前来祝贺的领导、来宾和朋友表示谢意。同时祝各位身体健康，工作顺利，万事如意！下面进行乔迁庆典最后一项。乔迁酒宴现在开始！鞭炮齐鸣！让我们共同迎接这欢乐的时刻！

×××先生克勤克俭，善于持家，又兼有精明的投资理念。在全球经济低迷的危机中，洞察出××市房价上涨的潜在商机，果断投资，既实现了旧房向新楼的战略转移，又刷新了保值升值的理财创意。下面有请×××先生发表他的乔迁感言。大家鼓掌欢迎！

（具体讲话内容略）。

好，对前来祝贺的来宾和朋友表示谢意。祝各位，身体健康，工作广交财源！下面乔迁庆典最后一项：乔迁酒宴现在开始！鞭炮齐鸣，举杯畅饮，请大家吃好、喝好！

尊敬的各位来宾、各位朋友：

大家上午好！

正所谓天遂人愿，在清新、爽朗又吉祥的日子里，迎来了×××先生、×××女士的乔迁庆典。夫妻两人多年的努力、不懈地打拼，终于实现了旧房向新楼的升级过渡，从此永远结束了租房时代，为去年的收获画上了一个圆满的句号。作为×××先生工作中的同事、合作多年的搭档，我代表×、×两家向前来祝贺的亲友、来宾致以诚挚的感谢和热烈的欢迎。

在×××和×××夫妻购买和乔迁新居的过程中，得到了亲朋好友的大力帮助和支持，尤其是×××、×××、×××。在这里，主人向大家致以衷心的感谢！

## 家庭乔迁喜宴主人贺词

女士们、先生们：

大家晚上好！

首先我要代表我的家人，对各位的光临表示由衷的谢意！谢谢、谢谢你们。

俗话说，人逢喜事精神爽。今天对于生活在大都市的现代人来说，解决住房，装饰一个温馨舒适的家，已成为不亚于嫁娶的大事。

君不见，朋友相逢谈论最多的就是房子问题！也就是说，今天人们的生活中又多了一喜，那就是乔迁之喜。今天本人正是沉浸在这乔迁之喜的喜气之中。

知道我装修新房，有同事和朋友很早就打招呼：喂，什么时候请客啊？搬没搬呀？喝你的酒可真不容易啊！

听了朋友们的问候，我是既感动又惭愧。感动的是，同事们、朋友们的问候充满了真诚；惭愧的是这些年，也确实欠下了大家不少的酒债。

以前由于身处陋室，实在是不敢言酒，更不敢邀朋友畅饮，怕朋友们误解主人待客不诚，怕委屈了如归的嘉宾。

今天不同了，因为今天我已经有了一个能真正称得上是“家”的家了。这个家虽然不如杜甫老先生追求的那么广大，虽然谈不上富丽堂皇，但，它不失恬静、明亮，不失舒适与温馨。

更重要的是，这个家洋溢着、充满着爱！有了这样一个恬静、明亮、舒适、温馨的家，心情能不高兴、能不舒畅吗？今天特意备下这席美酒，就是要把我乔迁之喜的喜气与大家分享；更要借这席美酒为同事、朋友对我乔迁的祝贺表示我最真诚的谢意；还要借这席美酒，祝各位身体健康，工作顺利，前程似锦！

尊敬的各位来宾、女士们、先生们、亲朋好友们：

大家晚上好！

迎宾客春风得意，迁新居高朋满堂。首先让我代表全家人向各位的到来表示热烈的欢迎和衷心的感谢！

说句心里话，拥用一套称心如意的房子一直是我们全家人最大的愿望，如今，在全家人的共同努力下，我们终于如愿以偿，实现了这一梦想，此时此刻我们的心情，用宋丹丹的一句话来说——我们的心情那是“相当”的激动！

今天借××酒店这块宝地宴请各位，请大家来分享我们的幸福和快乐。希望大家能够开怀畅饮，吃得愉快，喝得尽兴，共同度过一段美好的时光。有招待不周之处，恳请在座的各位多多包涵！

在此，让我代表全家人向多年来对我们家关心和帮助的来宾和亲友们表示衷心的感谢，并祝福你们家庭幸福、永葆健康，工作顺利，事事如愿！

同时也衷心感谢为今天宴请忙碌的主持人、各位朋友及酒店的工作人员！现在，我提议，宴会开始！

## 企业乔迁喜宴领导贺词

各位领导、各位来宾：

今天是个令人欢欣振奋的日子，××市××局隆重举行办公大楼乔迁庆典。首先，请让我代表××局向前来参加庆典活动的各位领导、各位来宾表示热烈的欢迎，并致以崇高的敬意！

为适应××业资源管理事业发展的客观要求，带动×××开发区建设，我局办公大楼经市政府常务会议研究决定，于2006年4月正式动工兴建。在办公楼建设过程中，我们积极筹划，确保建设资金到位，先后向上级主管部门及其他相关部门争取资金，得到了省市领导的高度重视和大力支持。

为做到合理规划布局、科学设计，把××局大楼建设成××开发区的一个亮点，得到了市规划部门、建设部门、质监部门的支持和帮助。为依法依规按程序操作，我们自觉接受监督，公开、公平、公正招标施工单位，严格执行工程预算、核算方案，得到上级领导和社会各界的理解和肯定。为不增加财政负担，我们发扬自力更生、艰苦创业的精神，在足额完成财政上缴任务的前提下，既求生存，又图发展，秉着厉行节约的原则，紧缩开支，保证了建设速度，保证了安全施工，保证了工程质量。尤其是后期工程建设，为加快建设进度，施工单位克服重重困难，加班加点，日夜苦战，取得了较好的经济效益和社会效益。

经过艰苦努力，××局大楼现已正式落成，总建筑面积××平方米，总造价400多万元。××局大楼的落成乔迁，倾注了省××厅领导的热情关怀，体现了市委、市人大、市政府、市政协领导的英明决策，得到了相关单位和社会各界的大力支持，也凝聚了建设施工单位的艰辛劳动。

××局大楼的落成乔迁，改善了我局的办公条件，创造了优美舒适的办公环境，必将给我局带来光辉的发展前景。目前，我局工作势头良好，取得了令人瞩目的成绩。在新的工作环境中，我们决不辜负上级领导和社会各界的殷切期望，我们将在新的起点，以崭新的姿态，切实增强使命感和责任感，牢固树立忧患意识，爱岗敬业，求真务实，与时俱进，开拓创新，为我局文明建设和全市××业事业作出更新更大的成绩，为促进全市经济发展，全面建设小康社会作出应有的贡献，我们的明天将会更加美好。

最后，我代表×××市××业全体干部职工，向所有关心支持我局办公楼建设的各级领导、有关单位、社会各界人士，以及参加大楼建设的全体施工人员表示衷心的感谢，祝各位领导、各位来宾身体健康、工作顺利、万事如意！谢谢大家！

同事们、朋友们：

大家好！

今天是我们××有限公司值得纪念和庆贺的日子，经过积极努力，××有限公司今天正式乔迁新址。值此喜庆之际，我谨代表××有限公司对各位新老员工表示热烈的欢迎与感谢，向所有关心、支持公司成长和发展的各界人士表示衷心感谢！

回顾过去，令人欢欣鼓舞；展望未来，更是信心满怀。过去已成为历史，从今天开始我们将翻开新的一页，迈出新的一步。用一流技术，树一流形象，创一流业绩，用真诚与奉献赢得客户的信任与支持。××全体员工将秉承“敬业、求实、创新、开拓、进取”的企业文化，认真工作，快速学习，为客户创造更大的价值，为公司创造更知名的品牌。希望各位朋友能继续关爱与支持杭州凯旋，让我们共同创造更加美好的未来！

祝愿公司事业蒸蒸日上，不断发展壮大！祝愿大家身体健康、阖家幸福！

尊敬的各位嘉宾、各位朋友，女士们、先生们：

金风送爽，喜迎乔迁。我谨代表××会计集团，对各位朋友的到来表示最诚挚的欢迎与感谢！多年以来，诚信会计在各位朋友的关怀与帮助下，取得了长足的发展。

今年以来，先后有两家会计师事务所以各种不同的方式并入××会计这个大家庭，真可谓双喜临门。包括成员所在内，员工人数已接近300人，服务客户千余家，其中不乏国内外知名的大企业，如×××集团、×××公司等；我们的服务范围也从简单的代理记账与会计顾问发展到审计、IT咨询、税务规划、企业并购、管理咨询等，可以为不同类型的客户提供高品质的会计与咨询一条龙服务。

××分公司经过6年的发展，员工从初始的5人发展到如今的50多人，客户从一家发展到200多家，办公面积也从50平方米扩展到500平方米，我们取得的成就是巨大的，也是令人可喜的。

成绩是属于过去的，希望××分公司全体员工能秉承“诚信、专业、合作、激情、开拓、创新”的企业文化，认真工作，快速学习，为客户创造更大的价值，为公司创造更知名的品牌。

更希望各位朋友能继续关爱与支持××会计，让我们共同创造更加美好的未来！祝各位嘉宾身体健康，工作顺利，万事如意！谢谢大家！

尊敬的各位嘉宾，女士们、先生们：

大家好！

今天，我们在这里欢聚一堂，举办××集团公司办公大楼乔迁庆典，我谨代表××指挥部、××地铁项目部向集团公司领导、集团公司全体员工表示最衷心地祝贺和最美好的祝愿。

我们××指挥部自2006年成立，先后承揽了××××项目。目前×××主体工程已安全优质完工，其他项目也在按计划建设中。我们十八局能够平稳快速良好地发展到今天，是集团公司主管领导大力关爱的结果，是全体员工大力支持的结果，更是集团公司近几年科学发展、快速发展、卓越发展的结果。

更让人高兴的是，如今集团公司机关从××顺利迁址到××开发区。这标志着集团公司跨上了新起点、新发展、新征程。集团公司曾在古城××创造了巨大成功，来到××开发区后，必将凭借总部经济效应，创造出更大更辉煌的成功，为中国铁建、为北京市增光添彩；必将为集团公司所属单位、指挥部、直管项目部搭建更高、更大、更坚实的发展平台，推动各单位上水平、上台阶、上档次；同时也必将实现集团公司1.2万名职工求富、求强、求发展的美好愿望。

在企业发展的大好形势下，我们××指挥部全体员工绝不辜负集团公司的殷切希望，开展好市场，做好项目，实现好滚动发展，为集团公司创誉增效、加快发展、做大做强，作出更大贡献。

最后，我提议：为了早日实现集团目标，为了在座各位领导、嘉宾的身体健康、工作顺利、事业有成、家庭幸福，举杯同庆！

各位尊敬的领导、同事：

大家好！

在金秋收获的9月里，我们相聚一堂，携手欢庆，迎来了瞩目已久的大喜事——办公楼乔迁庆贺典礼。首先，我谨代表全体干部职工，向百忙之中抽空前来庆贺的省市领导以及到会的所有兄弟单位的领导同志们致以诚挚的谢意和美好的祝福。

近年来随着社会保障体制改革的完善，服务对象的增多，原来的工作环境简陋、工作手段落后已与承担的工作任务和职责不适应，不相称。搞好基础设施建设，改善服务环境，改善办公环境，既创造良好的工作条件，提高工作质量和效率，也是为广大群众创造良好的服务环境。为了让办公环境和工作条件有一个更大的改善，我们在财力十分紧张的情况下，以举办文化节为契机，争取当地政府的重视，积极筹措资金，通过努力将办公楼装饰一新，大大提高了现代化的办公条件和水平。

回顾过去，令人欢欣鼓舞；展望未来，更是信心满怀。昨日已成为历史，从今天开始，我们将翻开新的一页，迈出新的一步。全体干部职工一定要用高度的使命感和责任感，切实担负起各阶层人民赋予我们的重要责任，在具体工作中进一步奋力拼搏，扎实苦干，真正干出让人看得见、摸得着的实绩，用一流素质，树一流形象，创一流业绩，赢得人民的信任与支持，用真诚与奉献为职工编织晚年生活的安全网，谱写社会保障新的篇章。面对机遇，面临挑战，面向未来，我们已经开始了新的生命历程。各位来宾，让我们肩靠得更近，手挽得更紧，心相连，情相系，昂首阔步，高歌猛进，走向辉煌的久远。

祝愿大家身心健康，工作顺利，事业有成！

## 企业乔迁喜宴员工贺词

各位同事、朋友：

大家好！

昨夜斗已回北，今朝岁更起东。通过8年的不懈努力与追求，××物流已成为行业中的佼佼者。现阶段，公司硬件设施的建设和服务体系已经走向成熟。多年来，公司始终坚持以客户的要求为宗旨，不断提高自己的服务质量，现已和多家知名企业建立了合作关系。如今，总公司在繁华的大都市××已经扎下了稳健的根基，这次乔迁标志着公司又上了一个新的台阶，公司将以全新的面貌展现给大家，以全新的理念和品质服务于我们的客户！物流行业是一个充满挑战和机遇的行业，但是我们相信通过全体员工的努力一定会渡过难关，公司会不断地稳步向前发展。

作为公司员工的我们，除了为总公司的乔迁欢欣鼓舞外，还需要做些什么呢？我想一是要自觉地维护××物流的企业形象，以人为本，借助公司良好的发展平台，努力工作，共谋双赢。因为我们每个人从加入××物流的那一天起，我们的职业发展和收获就已经和公司紧紧连在一起了，公司不断地壮大，我们自然就有更多成长的机会和收获。

看今朝，我们热血激荡；展未来，我们豪情满怀。但愿全体××物流人从今天开始，以饱满的工作热情，良好的精神状态，打造××物流全新的辉煌；以百倍的努力，共同托起××物流明天的太阳！

谨祝公司明天更美好！祝愿大家身体健康、工作顺利、阖家幸福！

## 企业乔迁喜宴嘉宾贺词

各位来宾，女士们、先生们，家乡的父老乡亲们：

大家好！

欣闻××公司新办公楼启用暨××先生新居乔迁大喜，本人有幸受邀参加典礼，倍感荣幸！

××先生是××市的优秀民营企业家，几年来紧跟时代潮流，励精图治、锐意进取，使×公司取得了骄人的业绩，带领一大批乡亲走上了共同致富道路，并成为全镇的纳税大户，为全镇经济发展作出了突出的贡献！

今天，××公司办公大楼的落成，是一件可喜可贺的大事，它凝聚了××先生和公司全体员工辛勤劳动、奋勇拼搏、开拓进取的精神。公司办公大楼的落成，是一种信心、实力的标志，它见证着××先生在事业上的成就，也标志着××公司企业形象的全面提升。

最后，让我们共同举杯祝愿×先生全家和×公司一帆风顺、二龙腾飞、三阳开泰、四季平安、五福临门、六六大顺、七星高照、八方来财、九九同心、十全十美！祝各位来宾和父老乡亲财运亨通，四季康宁！

# 【乔迁应酬佳词妙句】

**乔迁常用贺词**

◎公司乔迁贺词

鸿犹大展 骏业肇兴 大展经纶 万商云集 货财恒足 陶朱媲美

骏业日新 骏业崇隆 大展宏图 多财善贾

◎个人搬家乔迁贺词

良禽择木 乔木莺声 莺迁吐吉 德必有邻 高第莺迁 莺迁乔木

新居落成 乔迁志庆 良辰安宅 吉日迁居

**乔迁祝贺成语**

秀茁兰芽 玉荀呈祥 瓜瓞延祥 饴座腾欢 兰阶添喜 莺迁乔木

燕入高楼 鸣凤栖梧 燕贺德邻 室接青云 堂构增辉 鸿猷丕展

弘基永固 新居鼎定 福地人杰 瑞霭华堂 昌大门楣 华堂集瑞

华堂集福 华堂祥瑞 华屋生辉 德门仁第 宏碁鼎定 堂开华厦

华厦开新 金玉满堂 新基鼎定 堂构更新 焕然一新 福地人杰

**乔迁常用对联**

◎新居

美轮美奂启真道，肯堂肯构蒙主恩。

神光高照信徒宅，灵火常临圣人家。

五旬圣灵临斗室，八福真道萃新居。

神光照临聿新栋宇，主爱覆庇高筑华堂。

新屋落成欣主赐，高堂筑就乐神恩。

信宅宏开肯堂肯构，恩家作颂仁爱仁慈。

何须玉宇琼楼方称杰构，只要道门义宅便可安居。

庭前芳草皆生意，树上流莺作比邻。

秀水绕门蓝作带，远山当户翠为屏。

福星高照勤劳宅，喜气长留俭朴家。

择地适值东风劲，上梁正遇丰收年。

承家事业辉堂构，经世文章裕栋梁。

择居仁里和为贵，善与人同德有邻。

莺歌燕舞乐金谷，花红柳绿映画堂。

燕喜新居春正暖，莺迁乔木日初长。

紫气迎祥双阙晓，彤云献瑞五门春。

移取春风门栽桃李，蔚成大器材备栋梁。

安居乐业喜庆乔迁乐，国隆家昌盛赞勤俭家。

◎迁居

大展宏喜迎乔迁，幸福生活年年好。

莺迁到处寻基督，燕贺择栖步保罗。

燕喜新第欣主赐，莺迁上林乐神恩。

莺迁仁里感主爱，燕喜德邻谢天恩。

门前绿水声声笑，屋后青山步步春。

云间树色千重翠，门外山光万叠青。

荣迁新居神恩满溢，进住高厦主爱充盈。

吉日迁居万事如意，良辰安宅百年遂心。

迁入新宅吉祥如意，搬进高楼福寿安康。

乔迁喜天地人共喜，新居荣福禄寿全荣。

沧海桑田无限诗情画意，春风秋雨几多古往今来。

树雄心创伟业为江山添色，立壮志写春秋与日月增光。

**乔迁之喜祝贺语**

◎你面对挑战总是那么自信！祝贺你，又成功向前迈了一步。

◎朋友，祝事业越办越红火！大展宏图！

◎阳光明媚，东风送情，喜迁新居，德昭邻壑，才震四方！

◎莺迁仁里，燕贺德邻，恭贺迁居之喜，室染秋香之气！

◎一纸信笺，一份真情，一份信念，祝乔迁吉祥，大富启源！

◎喜迁新居喜洋洋，福星高照福满堂。客厅盛满平安，卧室装满健康，厨房充满美好，阳台洒满好运。恭贺乔迁新居！

◎水往低处流，人往高处走，黄道吉日乔迁真是好时候；你迁向福源地，会越过越富有，福旺财旺人气旺，健康平安乐悠悠。

◎生活精彩常常有，换个地方喝小酒，不同风景都来瞅，乔迁大喜热闹守，平安幸福紧紧搂，送完祝福不想走。乔迁大喜呀！

◎迁宅吉祥日，安居大有年，恭祝乔迁之喜！

◎搬新家，好运到，入金窝，福星照，事事顺，心情好，人平安，成天笑，日子美，少烦恼，体健康，乐逍遥，朋友情，忘不了，祝福你，幸福绕。

第九章

# 开业应酬语：门迎千客，店纳万金

开业其实只是一个统称。在不同的场合，往往会采用其他名称。例如，开工酒会、奠基宴会、竣工宴会等。它们的共性，都是要以热烈而隆重的宴会，来为本单位的发展创造一个良好的开端。公司开业、店铺开张之时，同行、领导、好友前来庆贺，主宾互致贺词，以致喜庆贺，并表酬谢。在传递双方情感的同时，也提升了酒店、公司的形象。

## 大厦开盘会致辞

尊敬的各位来宾，女士们、先生们：

大家晚上好！

今晚我代表×大厦项目的全体成员队伍站在这里，想说的只有三句话。

第一句话，感谢。感谢大家在百忙之中抽出时间和我们一起在这里共同分享大厦的成长欢乐，更要感谢大家一直以来对×大厦的关注和厚爱。没有你们的支持，就不会有×大厦的今天。在这里，我表示感谢。

第二句话，感动。今天我和在场的每一位来宾一起经历了一个难忘的日子：×大厦在经过10个月精心筹备之后，终于在这个月正式和大家见面了。在过去的10个月里面，×大厦在全体员工的共同努力下，在各位朋友的支持和关注下，从诞生走向成熟，从默默无闻发展成为备受多方关注的商业地产项目。今天，莅临酒会的各位朋友和我在这里一起共同分享×大厦成长的快乐，共同祝愿×大厦的辉煌未来。

第三句话，承诺。×大厦承诺以保障每个客户的利益作为我们考虑问题的根本出发点。对于每一个投资×大厦的客户，我们都会充分替您考虑到可能面对的风险和问题，并且我们会从操作模式上来充分保障您的收益。在这一点上，请相信我们。

最后，再次感谢大家光临×大厦的庆祝酒会，在不久的将来，我们会以项目的成功运作与良好的回报对每一个关注×大厦的客户作出回答。朋友们，让我们举杯共祝×大厦美好的明天，同时也祝在座的各位朋友身体健康，事业兴旺！谢谢，谢谢大家。

## 房屋中介开业宴会致辞

尊敬的各位朋友，公司各位同人，女士们，先生们：

大家好！

在这秋高气爽、硕果累累的收获季节，××房屋中介在今天宏业骏开。在此，我谨代表公司全体同人，向一贯支持本公司筹备、发展的社会各界人士表示诚挚的谢意！

举起这杯酒，心中感触良多。与其说是祝酒词，不如说是致谢词，这酒杯当中不仅仅是浓郁的芬芳，更是醇厚的感情。在公司开业筹备的这段日子里，既有社会各界朋友的帮助，又有公司各位同人的努力，更有家人殷实的鼓励与支持。在此，我敬上各位三杯酒，以表谢意，请允许我第一杯酒敬我的各位挚友，感谢各位对公司的帮助，相信在今后的道路上，我们会携手共创更多的合作佳绩；请允许我把这第二杯酒敬予我的战友们，我知道，没有你们，就不会有今天的开业大吉，也不会有明天的辉煌业绩，我敬各位；这第三杯酒，我要敬予我的家人，妻子和我的父母，是你们的支持，才有我的今天。

我相信，有这么多人支持我，我一定会战胜一切困难，在房屋中介领域中大展宏图之志，创造不朽的辉煌！再次谢谢各位！

## 担保投资贸易市场揭牌仪式致辞

各位女士、先生们：

非常感谢××商会和××钢贸商会在这里举办的××担保投资××钢材贸

易市场揭牌仪式。在这里我向各位介绍一下××担保投资公司的简况以及我们的服务承诺。

××担保投资有限公司是由××省民营科技实业家协会牵头，于1998年成立的，公司致力于为民营科技企业融资，扶持民营科技企业发展，现注册资金9.05亿元。我是省民协的副会长兼秘书长，也是公司的首席执行官。现在应××钢贸商会和杭州商会的盛情邀请，很荣幸能在你们这里设立服务窗口，为促进××钢贸事业的发展贡献我们的微薄之力，我们感到万分荣幸。在这里，我特向各位同人作出我们的服务承诺：

公司特色和服务标准，简称“321”，即：“三高两低一目标”，三高是，高服务质量，高服务效率，高素质人员；两低是，低融资成本，低运行风险；一目标就是持续进行投融资服务创新。

在这个揭牌仪式的酒会上，我诚挚地祝愿光临本次庆祝酒会的各位朋友身体健康，生意兴隆，万事如意！

## 公司开业致辞

尊敬的各位领导、各位来宾，女士们、先生们：

××公司今天正式开业，这是一个值得庆贺的日子。我们有幸请来市有关部门领导、各乡镇政府主要领导和社会各界朋友欢聚一堂，感到非常高兴。我谨代表××公司及其全体员工，对各位领导、各位嘉宾的光临，表示热烈的欢迎和衷心的感谢！

××公司在××市良好的经济、社会发展环境下，将努力为当地的团体和个人客户提供热情周到的服务。我相信，在各位领导、各位嘉宾的关心、支持下，我们的发展前景将会更加美好！同时，我也希望大家相互交流、广交朋友、寻求合作、共同发展！

最后，请大家举杯。我提议，为各位领导和嘉宾的身体健康、事业有成、家庭幸福，干杯！

## 公司综合楼落成暨开业宴会致辞

尊敬的各位领导、各位来宾，女士们、先生们、朋友们：

大家中午好！

今天是我们××公司综合楼落成及开业庆典的喜庆日子。各位嘉宾的光临，更是使××公司蓬荜生辉、喜气洋洋。首先，请允许我代表××公司的全体员工，向你们表示最热烈的欢迎和最诚挚的谢意！

××公司的成长，凝聚着你们的期望、智慧和辛劳，××公司的发展，也将承载着你们的信心、光荣和骄傲！我们将以此为新的起点，不负各位的信任、关怀和期望，继续奉行“博采众长、开拓创新、追求卓越、服务民生”的经营理念，秉承勤勉的创业精神和严谨的企业作风，同社会各界朋友携手开创美好的未来！

现在，我提议：为××公司的发展壮大，为我们的友谊长存和各位的健康、幸福，干杯！

## ××中心开业宴会致辞

尊敬的×××市长，省、市、区政府及各部委办局领导，全国各兄弟省市协会（商会）领导，还有来自全国的纺织服装客商及国内外媒体朋友们：

大家中午好！

在这个风轻日暖的日子里，2010中国国际服装展览会在××中心正式举行，这是我们公司服装产业发展的一件盛事。在此，我代表××中心表示热烈的祝贺，向前来参加展会的各位领导、来宾、朋友们表示热烈的欢迎！

××中心是中国纺织工业协会和××市人民政府合力打造的国内领先的集信息、商贸、展示、交流、培训为一体的“全国服装服饰的展示与贸易中心，服装品牌和设计师海内外推广平台”。

经过3年多的建设，今天，××中心开业了！

今天站在这里，心中实在是满怀感激，××中心的建设和运营离不开各级领导和社会各界的支持与关爱。在此，我代表××中心向给予我们大力支持和帮助的中国纺织工业协会、S市委、市政府，××区委、区政府的各位领导，各部委办局领导及社会各界表示诚挚的谢意！

我们将按照中国纺织工业协会与××市委市政府的要求，以国家级项目的高度，用五大服务功能推动××市服装产业的发展，推动整个行业升级，为S市建设与世界名城相媲美的生活品质之城作出新的贡献。

最后，祝愿××中心、服装特色街区各市场业主及广大的商户生意兴隆，祝愿各位领导、各位来宾身体健康、工作顺利！谢谢大家！干杯！

## 酒店开业领导致辞

尊敬的××董事长，尊敬的各位来宾，同志们，朋友们：

大家好！

值此中秋佳节即将到来之际，××实业有限公司成立暨××酒店开业庆典仪式在这里隆重举行。首先，我代表中共××市委、××人民政府，代表××市长，代表今天到场参加庆典活动的各位领导表示热烈的祝贺！对各位来宾、各位朋友的光临表示热烈的欢迎，并致以诚挚的问候！

××公司是一家集旅游、房地产为一体的企业，由该公司投资改造修缮的××大酒店，历时4个月的紧张施工，今天，以崭新的面貌、雄浑的气魄、独特的风格展现在全市人民面前。××酒店的开业将有力提升××地区乃至全市餐饮服务行业的档次和水平。

最后，祝××公司兴旺发达！祝××酒店开业大吉！祝各位来宾、各位朋友身体健康，万事如意！谢谢大家！

## 办公大楼落成典礼致辞

尊敬的各位领导、各位来宾，亲爱的居民朋友：

大家好！

秋高气爽，百菊争艳，在这硕果累累的收获季节，又迎来了我们××社区居民难以忘怀的大喜之日。居民翘首期盼的社区办公服务大楼竣工落成了！大楼的总面积1200多平方米，投资84万元，落成庆典之时，我谨代表中共××社区党总支、社区居委会对各位的光临指导表示最热烈的欢迎！

1年来，在上级领导的关怀重视下，在各位同人、各界朋友的关心支持下，在社区单位及全体居民的共同努力下，我社区呈现出人气旺盛、文化丰富、经济繁荣、社会治安稳定的良好局面，各项工作取得了显著的成绩。值此大楼竣工庆典之际，让我代表社区党总支、居委会向关心支持社区建设和社区工作的各级领导、各界朋友以及全体居民朋友们表示衷心的感谢！

“真情、热诚、全天候服务”是我们的服务宗旨，也是我们社区的承诺，不断满足社区居民的需要是我们不懈的追求。我们将竭诚关注居民的生活，为居民排忧解难，我们一定扎实工作，开拓进取，以人为本，服务于全体社区居民，努力创造高尚、文明、平安、祥和的生态型社区。

最后，我提议为各位工作顺利、家庭幸福、生活愉快、万事如意！

## 公司开业庆典致辞

各位领导，各位来宾，各界朋友：

大家好！

今天是×××公司一个值得纪念的喜庆日子，×××公司隆重开业了！值此开业庆典之际，请允许我代表×××对×××的开业表示热烈的祝贺；对远道而来专程参加我们庆典活动的各位领导、各位来宾、各界朋友表示热烈欢迎。

我们相信在上级主管部门的领导下，在社会各界朋友的帮助下，经过自身努力拼搏，××一定会逐渐成长壮大，谨此，我向所有曾经关心支持过我们的各界朋友表示衷心地谢意。

×××公司是一艘刚刚起程的航船，让我们一起建设更美好的明天。最后祝××开业大吉，祝开业庆典圆满成功。干杯！

## 【开业应酬佳词妙句】

**开业祝词对联**

◎通用

生意似春笋，财源如春潮。

生意如同春意满，财源更比流水长。

门迎晓日财源广，户纳春风喜庆多。

友以义交情可久，财从道取利方长。

恒心有恒业，隆德享隆名。

根深叶茂无疆业，源远流长有道财。

东风利市春来有象，生意兴隆日进无疆。

昌期开景运，泰象启阳春。

春意春前草，财源雨后泉。

一点公心平似水，十分生意稳如山。

相宅而居，骏业开张安乐土；多财善贾，鸿名共仰大商家。

吉祥开业，大富启源。

敬贺开张，并祝吉祥。

鸿基始创，骏业日新。

宏图大展，裕业有孚。

公平有德，和气致祥。

隆声援布，兴业长新。

永隆大业，昌裕后人。

◎饮食开业

生意如春意，新行胜旧行。

满面春风开业喜，应时生意在人为。

看今日吉祥开业，待明朝大富启源。

公平有德财源广，和气致祥生意兴。

酒店兴宏图大展，人缘广裕业有孚。

生意兴隆通四海，饭肴佳美誉三京。

酒楼开业逢盛世，贺客盈门颂吉祥。

色香味形多雅趣，烹调蒸煮俱清奇。

莫笑阳春供一饱，须知风味有三鲜。

美酒佳肴迎挚友，名楼雅座待高朋。

◎商店开业

生意兴隆通四海，三尺柜台传暖意。

财如晓日腾云起，一点公心平似水。

财源茂盛达三江，一张笑脸带春风。

东无西有通无有，方与人便人称便。

文明经商心常乐，名牌誉满三江水。

柜台喜纳城乡人，谋利毫厘薄似云。

喜待东西南北客，进店来人人满意。

春满柜台五光十色，百问不烦百拿不厌。

货物齐全选挑不厌，东购西销调多补少。

货盈橱架万紫千红，笑容常展笑口常开。

灵活经营财源茂盛，春夏秋冬门庭若市。

价钱公道老少无欺，南装北运以有易无。

语似春风吹暖四方八面，心如炉火映红万户千家。

有道经营货备五湖四海，周全服务心怀万户千家。

精美齐全销春夏秋冬之货，热情周到迎东西南北之客。

物美价廉顾客如云争购买，货真质好来客似雨喜分销。

◎美发行业

新事业从头做起，旧现象一手推平。

推平旧世界，亮出新天地。

就我生春色，为君修美容。

虽为毫末技艺，却是顶上功夫。

细雨沐青丝眼如秋水，和风拂翠柳眉似春山。

细理乌丝容光增几许，巧梳青鬓春色丽无边。

◎茶馆行业

客至心常热，人走茶不凉。

香分花上露，水汲石中泉。

煮沸三江水，同饮五月茶。

陆羽谱经卢同解渴，武夷选品顾者分香。

为爱清香频入座，欣同知己细谈心。

九曲秀山采龙井，一溪活水煮豪尖。

花间渴想相如露，竹下闲参陆羽经。

**开业常用祝贺妙句**

◎我提议，为酒店的开业，为各位领导和嘉宾的身体健康、事业有成、家庭美满，干杯！

◎女士们、先生们，朋友们！现在我提议：请大家举起手中的酒杯，为我们今天的欢聚，为公司的开业，为在座各位的身体健康、家庭幸福、事业成功，干杯！

◎现在我提议：为各位领导、各位来宾、各位新老朋友的身体健康、家庭幸福、万事如意，为××美容院的兴旺发达，干杯！

◎在××公司开业大喜之际，我向××公司表示最热烈的祝贺！我衷心地希望××公司生意兴隆，开业大吉！

# 下篇

# 场面话：妙语连珠展风采

所谓场面话，就是能放到场面上说的话，是在各类重要会议以及演讲、辩论等重大场面中发表的讲话。场面话是一种说话艺术，更是社会大学里的一门学问。

人生就是一个短剧接着又一个短剧，它就像一个大舞台，而场面话就是我们在舞台上最经典的台词。说好每一句台词，说好每一场场面话，你就能够成为这个舞台上最耀眼的明星，成就你的非凡人生。

第一章
# 如何说好场面话

场面讲话，首先要搞清楚讲话的场合。因为每个场合的性质不同，其讲话的内容也会不同。根据场合的性质，来准备讲话内容和思路，选择最恰当的方式说话，以使自己的谈吐既符合场合要求，又符合对象的接受心理，最大限度地实现与交际对象的沟通。同时再灵活运用口才技巧，妙语连珠，巧妙应对，就能在任何场面胸有成竹、从容不迫，侃侃而谈、潇洒自如，打动任何听众。

## 开场白至关重要

在场面讲话中，开场白在整个讲话的过程中具有极其重要的作用。尽管接下来的讲演过程可能听起来更令人紧张，但毋庸置疑，良好的开端是成功的一半。一个用心准备的开场白完全可以起到统领全篇的作用，集中注意力是开场白的关键任务，但它并不是开场白的唯一任务。下面是一个成功开场白的几项标准：

（1）开场白不能长。

（2）如果是稍长的讲话，应对讲话的主要内容作预告。

（3）许多人用过的套话不要再用。如“我没什么要讲的，只因为……”“我很不会讲话，可是……”其他陈词滥调也不要用。假如实在想不到更精彩的开场白，就以单刀直入开场，如：“我与大家谈谈……问题……”“我赞成这样的说法，理由如下……”“我不同意那样的观点，我有如下根据……”

（4）集中听众的注意力。至于使用什么样的方式由你自己决定。

（5）让听众了解你的讲话目的和内容。

（6）使听众对下文产生期待。以一个轻松的玩笑开头，然后进入陈述事实和理论论证部分，你的听众将在这一过程中逐渐放松以至于开始认真倾听你的讲话。

（7）与听众建立互动联系。激起听众的兴趣，尽量使他们放松，完全投入到你的讲话中。讲话不是催眠，你要主动与听众沟通。

（8）告诉听众你的讲话与他们之间的关系，使他们坚信会从你的讲话中受益。

（9）使听众意识到你是讲话的操控者，给予他们必要的指导。例如他们应该何时、怎样处理这些问题。对每个新问题进行必要的解释。

（10）与听众一道深入探讨可能存在的相关问题，赢得听众的支持。

开场白的方式多种多样，讲话者不应拘泥于某一种形式，而应充分利用自己的优势进行自我宣传。你还可以利用各种视觉和声觉辅助工具。你的话题不必受时间和空间的限制，你可以自由地在过去、现在和将来的时空中穿梭，当然这些应尽量控制在简短的篇幅中。你可以从任何相关的背景中提取资源。总之，针对不同的听众你可以相应调整、修剪自己的信息。

## 搞清自己的角色再讲话

场面讲话，不但要明白讲话的场合，还需要清楚自己的角色。角色不一样，自然讲话的内容也不一样。每个角色都有其特定的讲话内容，明确了这一点，脱稿讲话的思路也就有方向可寻了。

角色和身份不同，因而讲话的内容也有很大的不同。角色定位不同，身份职位不同，在讲话时候的思路就会大相径庭。只有明白自己的角色，清楚自己的身份，这样才是有目的的表达、有意义的说话。

每次出席不同场合进行讲话时，都要清楚自己的身份，扮演好自己的角色。人们常说见什么人说什么话，很多人会误认为这样的人太世故，太圆滑，其实不然。见什么人说什么是要告诉我们摆正自己的身份，比如说在孩子面前要说大人话，在客户面前要说主人话，在职员面前要说领导话。总而言之，要时刻地记住我们所说的话要符合自己的身份，这样讲话就不会凌驾于身份之上，按照自己的身份、角色去讲就不会犯错。

若要场面讲话符合自我角色身份，需做到如下三点。

第一，你的称谓、口气要适合。

第二，你要注意你自己的多重身份，针对不同的环境，选择相应的表达方式，使语言表达与自身思想情感的表达相符合。

第三，你要选择与处境、心境相协调的说话方式。

## 紧紧抓住听众的注意力

听众的注意力是有限的，无论讲话者怎样努力，总会遇到听众注意力不集中的情况，在这种情况下，就需要想一些办法把听众的注意力吸引回来，否则就会导致讲话的失败、会场秩序的混乱。

**1. 声东击西**

在场面讲话中，如果发现听众对于讲话的内容出现了疲劳和厌倦，可以采取声东击西的方法，突然说些表面上和讲话没有太大关系的内容，反而能够引起听众的好奇心。

在同听众的接触中，不要太急于暴露自己的意图，尽量将对方的注意力转移到他所感兴趣的地方，使对方逐渐对你产生信任感，从而建立起良好的关系，此时讲话才能取得良好的效果。

**2. 投石问路**

当讲话者不确定某个论点是否能吸引观众是就可采用这种方式。有时，为了了解对方心中的秘密，又不便直问，可以用“投石问路”的曲问法进行试探。对于一些敏感的人来说，问者便显得谨慎。投石问路之法也被广泛运用于审讯之中。

**3. 欲正故谬**

当讲话者发现听众走神时，可以故意将一些简单的问题说错，这样不但能吸引没有走神的听众们的互动，同时能将走神的听众的注意力吸引回来，还能够缓解现场的气氛。当我们要启发听众思考某一个问题时，与其告诉他们答案或者给予提示，不如我们故意说一个错误的答案来刺激他们思考问题，因为当讲话者说错时，就能够激发他们思考的欲望，把他们的注意力吸引回来，欲正故谬就是一种非常有效的方法。

### 4. 欲实先虚

所谓欲实先虚，是讲话者为了让对方顺着自己的意愿来展开话题而设下的一个圈套。这是因为平铺直叙地将道理讲述出来，有时无法打动听众的心，不能吸引听众的注意力。这个时候，由讲话者先虚设一问，这一问乍一看与讲话内容毫无关系，或者让对方摸不清虚实，当对方出答案后，这种答案其实正是讲话者想要的，这时讲话者就可以抓住对方的话柄，以此为契机，得出想要的结论。这时，听众也就无法否认自己刚才说过的话了，这样也就无法否认讲话者的结论了。

## 增强与听众的交流互动

场面讲话重在交流，一次成功的讲话，并不是客观事理的空洞说教，而是思想情感的真诚交流，真挚而热情地互动。有些人在发言的时候，拿着稿子照本宣科时，往往都是一个人在独唱，没有和下面的听众做一些必要的互动，像是把自己隔离出来，机械式在重复讲稿上的话语，这样的讲话势必是索然无味甚至会遭到厌倦。因此，我们在讲话时，应当可以采用各种方式增加与听众之间的互动，实现与听众之间的双向交流。

张先生是某城市麦当劳食品连锁公司的经理，一次他在麦当劳年度总结会议上这样说：

我想问大家一下，谁到麦当劳吃过饭？（等听众回答）好，基本上都去过。那么大家知道吗，麦当劳在世界上平均每2个小时就建一个店，而且麦当劳的质量好，标准又非常统一，每个店几乎是一样的。你知道是为什么吗？（停顿）因为它采取的是连锁经营的形式。那么什么是连锁经营的形式？简单地说，就是把工业化生产原理运用到连锁企业经营当中。什么是工业化生产形式呢？就是由工厂来生产。比如，咱们穿的衣服，几乎都是买的成衣，都是在加工厂加工出来的，而不是在一个小的服装加工部加工出来的。为什么要在加工厂加工出来？因为加工厂能够把复杂的衣服分解成无数个细小的单元，由专业的设计人员去设计服饰、样品，由专业的人员去裁剪，由专业的机工轧每个部位，由专业的人员锁眼，专业人员进行熨烫，这样就能保证衣服能以最低廉的价格、最快的速度、最好的品质、统一的标准加工出来。

所以，从这个意义上讲，麦当劳不是建出来的，而是在流水线上生产出来的。这样才能够保证麦当劳快餐连锁店建店的速度最快，质量最好，标准统一。这就是麦当劳能够在世界上大行其道，每2个小时建一家店，保证它的品质，保证它的标准的最根本的原因。

张先生在整个脱稿过程中，层层深入，带着听众跟着他的思路走，用了五个问号，形成了一条线，清楚明了地向听众阐述出来。最为巧妙的是，他采用提问的方式创造出了他与台下听众专心交流的感觉，制造了轻松愉悦的氛围，从而达到了很好的沟通目的。所以，为了达成有效的互动交流，我们也可以在讲话中设计几个有力的提问，这将大大增加讲话的沟通指数。

圣弗朗西斯科的喜剧教练约翰•坎图说过："通过唤起听众情感上的共鸣，让他们参与到脱稿演讲中来。也许在生活中有一些特殊事件对人有很多特别意义——比如说人生中的许多第一次，第一辆车，第一次约会……这些都可以引入到脱稿讲话中去。这里有一件事需要注意——必须澄清为什么你要让听众想这些情感上的东西。它必须与你的讲话有关并且能够说明问题。"的确，找一些可以引起类似感觉的情况，然后将它与你要让听众想象的东西联系起来就行了。

要知道，成功的场面讲话并不是一个人在讲，而是在场的所有人都在讲。讲话者要把更多的注意放在听众身上，增加与观众进行情感和心灵互动的机会，这样才能调节现场的气氛，使讲话产生良好的效果。

## 随机应变，调控现场

在场面上发表讲话，有时场上会发生令讲话者意想不到的状况，面对他人的提问，讲话者不知如何作答；面对听众的讽刺，即使惹来笑话，讲话者也不知道怎么去化解……这其中的部分原因是他们缺少处事智慧，没有灵活地应变能力，致使他们在突发的状况面前束手无策。

要知道，任何事物的发展都不是一条直线的，聪明人能看到直中之曲和曲中之直，并不失时机地把握事物迂回发展的规律，通过迂回应变，达到既定的目标。能把场面讲话说得精彩者都具备随机应变的处事能力，以及灵活多变的智慧，因而才能在复杂多变的现场沉着冷静，从容面对。

1966年，现代著名的文学家林语堂从美国回台湾定居。6月间，台北某学院举行毕业典礼，特意邀请林语堂参加，并且请他即席演讲。安排在林语堂之前的几位颇有身份的演讲者，发表了长而乏味的演讲，让台下听众昏昏欲睡。

面对这样的状况，林语堂并没有发慌，而是他沉着地看了看表，已是十一点半了，于是就改弦换调。他快步走上讲台，仅说了一句话："绅士的演讲应该像女人穿的'迷你裙'，越短越好。"然后就结束了演讲。他的话一出口，大家先是一愣，几秒钟后，会场上"哗"地响起一片笑声，接着与会者用最热烈的掌声表达他们对这位优秀演讲家的拥戴。

在第二天，台北各大报纸上均出现了"幽默大师名不虚传"的消息。

场面讲话，要有灵活地处理现场发生的任何事情，并且面对任何状况都能镇定自若的随机应变的能力。要想使自己造就成口若悬河之才，在各种场合中，就一定要打破思维的桎梏，随机应变，并抓住机会，运用各种技巧去调控现场，让自己掌握讲话的主动权。

## 语言精炼，达意为上

场面讲话，不是话越多越好，有时由于时间的关系，一次会议有规定的时间，这就要求讲话者语言简洁，不能说废话、空话、套话，不能冗长啰唆。

现实生活中，往往会存在这样的误解，说得越多表明自己的口才越好。其实不然，话不是越多越精彩，而是只要把观点说的明确就可以了，一般越长的讲话就越是把关键点埋没，从而分散听众的注意力，自然不能取信于人。

要使场面话的语言简洁，不是简单地把单句转换成短的句子，而是要说少而有力的话，锤炼词句。要尽量地杜绝一切空话和废话，力求达到含而不露，留有余地，达到言简意赅的境地。

1936年10月19日，在上海各界公祭鲁迅先生大会上，我国著名新闻记者、政治家、出版家邹韬奋先生发表了这样的演讲："今天天色不早，我愿用一句话来纪念先生：许多人是不战而屈，鲁迅先生是战而不屈。"仅仅一句话却表达出丰富的含义，既有对当时"不战而屈"的投降派的谴责，又有对鲁迅先生勇敢战斗、绝不屈服的可贵品质的赞颂，而且还激发了人们奋起抗争的勇气，鼓舞人们要以鲁迅先生为榜样，挺身而出，战斗不止。

显然，言简意赅的言语在关键时刻，往往给听众爽快的感觉，也会更加地具有渲染力，给听众留下深刻的印象。正如莎士比亚所说："简洁是智慧的灵魂，冗长是肤浅的藻饰。"

语言贵精不在多，在场面讲话中要抛开转弯抹角和旁枝末节，尽量做到一语中的，直击人心，如此一来，自然会得到听众的拍手称赞。在讲话中，只有把思想的"碎片"，逐渐地提炼和凝结成一句简洁醒目的话，才能让听众容易把握和感知你的思想。

有的人觉得长话短说，是要用简短的话语传达给听众，这些人就忽略了一个问题，如果是采用简短的话语，不能真正地表达自己的意思，这样简洁的语言是否有必要呢？所以，我们要在语义完整的前提下，用精炼地语言展示给听众，这样既体现了自己干练地做事风格，同时也展示了自己良好的口才。因此，在场面讲话中，要抛弃那些啰里啰嗦的语言，用简洁有力地话语来打动听众的心，这样的讲话才不会引起听众的反感，也才能更容易达到讲话目的。

## 重点突出，讲话不散

在各种场景的会议上，我们常会发现，一些人常会东扯西拉，杂乱无章，人云亦云，完全没有自己的想法和主张，甚至有些人还常说一些空话、套话，说出的话没有任何价值，这就在很大程度上影响了会议的效果。要避免上述情况的发生，就需要在讲话的时候，突出重点，集中论述，才能取得预期的效果。

我们通过一篇某党员在"学习党的十八大报告"讨论会上的讲话范例，来说明如何做到重点突出，讲话不散。

同志们：

经市局党组研究，今天召开全市地税系统思想政治工作座谈会。会议的主要任务是，传达全省地税系统思想政治工作座谈会精神，总结交流近年来全市地税系统思想政治工作经验，研究部署今后一个时期的思想政治工作任务，不断推动地税事业又好又快发展。下面，我讲几点意见。

一全面加强干部思想建设，以理论教育激人心。从改造干部职工思想入手，在理论教育方面下功夫，求实效。认真开展保持共产党员先进性教育活动，培养党员干部坚定的理想信念、高尚的思想品德、务实的工作作风、清廉的个人操守。深入开展学习实践科学发展观活动，充分激发了干部群众解放思想、加快发展的原动力。

……

二切实加强领导班子建设，以率先垂范赢人心。我们按照改革创新、清正廉洁，富有活力、团结和谐的要求，建设高素质的领导班子。建设各级学习型领导班子，紧扣全市经济社会发展思路，大力开展调查研究和工作创新，孵化培育工作亮点，定期组织巡回看变化，提升了各级领导干部勇于破解难题、善于抓好落实的能力。认真贯彻民主集中制原则，推进决策的科学化和民主化，不断增强班子合力，充分发挥班子核心作用。

……

三不断加强制度体系建设，以人为本管理凝聚人心。教育是先导，制度是保证。我们先后制定了《思想政治工作实施办法》等一系列制度办法，建立了推进思想政治工作的长效机制。落实领导包片挂点制度。广泛开展“领导帮干部、先进帮落后、党员帮群众”思想结对帮扶互助活动，落实帮教对象，明确帮教责任，形成帮教网络，把干部的思想问题解决在基层，矛盾化解在基层。

……

四大力加强地税文化建设，以文化熏陶润人心。加强地税文化建设是推进思想政治工作的有效途径。我们以构建“和谐地税”为目标，以地税文化建设和文明创建为载体，着力构建和谐的领导班子、和谐的干群关系以及和谐的创业环境。全面实施了“楼、洲、带、园”地税文化建设工程，打造了市局规范“三个系统”、县局搭建“十个平台”、分局培育“六小文化”的地税文化立体景观，着力营造关心人、尊重人、发展人的文化氛围。

此篇范例，讲话者切入很具体，通过座谈会的主要精神进而进入主题，进而阐述怎样推动地税事业又好又快的发展，进而提出了自己的几点意见，并且做到重点突出，而且还不让自己的讲话很散，所以这样的方式值得我们学习参考。

在会议上，我们通常需要构建怎样的思路来做好讲话呢？以下的思路和框架供参考：

首先，简要总结前人发言，提出自己的观点。讲话者这部分要注意，对于别人的观点不要偏激的讲述，而是要客观地陈述。讲话者要着重强调自己的观点和新发现。

其次，重点论述。对于自己的讲话部分，肯定有重点，这时候就需要把重点突出出来，列出几条进行逐条讲述。分条进行说明，这样就会让听众清楚地明白。

最后，提出希望，展望未来。讲话进行到最后，要就自己的观点提出希望，并且对未来作出展望。采取这样的结尾是为了让其他座谈者更加清楚自己的看法的可行性。

## 结束语要回味无穷

场面话的结尾，可以说是整场讲话的“点睛之笔”，其重要性与难把握性不言而喻。一种恰到好处的结尾方式，能使你的讲话完美“收官”，收到满意的效果。

这种结尾语尽而意不尽，意留在语外，留余味、泛余波，像撞钟一样余味袅袅，令人回味无穷。回味无穷的结束语好像秋天瑰丽的晚霞一样，收得俊美漂亮，并且伴有“渔舟唱晚”的娓娓之声，让听众流连忘返，久久回味。如讲话稿《人生的价值何在》的结尾：

我们的雷锋，在他短暂平凡的人生中，创造出了巨大的人生价值，给我们留下了无与伦比的精神财富，那么，亲爱的朋友们，在漫长而又短暂的人生之路上，我们将做些什么？创造些什么？留下些什么呢？

这个结尾采取对比和提问的手法，听后令人深思，发人深省，叫人不得不扪心自问，三省吾身，给听众留下了哲理性的思索和回味。

此外，还有一种方式，也可以在讲话结尾让人回味无穷，那就是在高潮处停止，就像美国作家约翰·沃尔夫说的那样：“讲话最好在听众兴趣到高潮时果断收束，未尽时戛然而止。”这种结尾同样可以最大限度地调动起听众的内心感悟，让他们在无限回味中体会讲话的深意。在一次有关尼亚加拉大瀑布的演说中，林肯是这么结尾的：

这使我们回忆起过去。当哥伦布首次发现这个大陆，当基督在十字架上受苦，当摩西领导以色列人通过红海，甚至当亚当首次自其造物者手中诞生时，那时候和现在一样，尼亚加拉瀑布早已在此地怒吼。已经绝种但其骨头塞满印第安土墩的巨人族，当年也曾以他们的眼睛凝视着尼亚加拉瀑布，正如我们今天一般。尼亚加拉瀑布与人类的远祖同期，但比第一位人类更久远。今天它仍和一万年以前一样声势浩大。早已死亡，而只有从骨头碎片才能证明它们曾经生存在这个世界上的史无前例的巨象，也曾经看过尼亚加拉瀑布。在这段漫长无比的时间里，这个瀑布从未静止过一分钟，从未干枯，从未冻上过，从未合眼，从未休息。

这段讲话结尾以回忆过往的形式，连用四个“当……”畅谈哥伦布、基督、摩西、亚当等的时代，彰显了尼亚加拉大瀑布的悠久历史，如滚滚春雷，气势不凡。最后，连着五个“从未……”在将讲话主题推向高潮的同时，突地戛然而止，但却余味未尽，给听众留下深刻的印象。可见，高潮处结尾是另一种形式的结束语，能使听众对讲话内容意犹未尽，反复回忆体味。

# 第二章
# 不懂礼仪，说不好场面话

场面上说场面话，不仅指场面适合的话，还要遵循一定的场面礼仪。作为一个成功的场面讲话者，除了精心预备他的讲话内容外，还要注意他的语态、仪态，注重场面上的礼仪规则。得体的礼仪与精彩的讲话相互交融，相得益彰，可以大大提升讲话的效果，吸引听众的注意力，把你的讲话推向高潮。

## 公共场面的基本礼节

公共场所是众人共同使用的地方，这就要求大家共同配合，一起共同利用。在公众场合与人交际，参加大众场面宴会，或是发表讲话，都需要遵守一定的礼仪。

**1. 保持安静**

公众场面是人群集聚的地方，如果你只为自己考虑，高声谈笑，一人盖过人们的声音，最终的结果是谁都听不清对方的话，是一种很不文明的行为。人群越是集中的地方，越要求交谈者低声细语，声音的大小以不引起他人的注意为宜。交谈时使用的手势不应过多或是不用，否则会吸引他人的注意力。在庄严肃穆的场面，一定要保持绝对安静，不得在他人讲话时，分心、注意力不集中、一心二用、与其他人随意交谈或翻阅书刊。

保持安静是公共场面最重要的，走路时鞋子的质地不同会产生不同的声响，所以脚步要放轻，更不能故意走得咯咯作响。遇到急事时，也不能急不择路，慌张奔跑。

**2. 讲究卫生**

对交际而言卫生是最基本的，你可以服饰与发型、妆容不配，你的衣服可以不是高档次的，但是要做到头发和服饰的整洁，包括个人卫生还有你居住的环境卫生，都是无声说明你为人的东西，所以都不能掉以轻心。

戴隐形眼镜或者是爱上火的人、上了年纪的人，要注意经常检查眼角是否有异物，并及时清洁异物。

如果要参加公众聚会或演讲，一定要先做好个人卫生，洗澡、刷牙等浑身上下都不能有任何的异味。吃了大葱、大蒜等气味浓烈的食物，会让人对你退避三舍。如果实在无法避免或者因为身体的健康原因，可以用口香糖或爽口剂等去除臭味。

洗净头发，梳理好整齐适合的发型，时刻要留意你的头皮屑，不要让你的上衣领子或是衣服的背后落下头皮屑。头皮屑是破坏形象的头号杀手。

手是人的第二张脸，所以要时常保持手干净。即使是繁忙和劳累；对手也不能有丝毫的马虎。即便自己的手指非常好看，很适合留指甲，也要忍痛割爱修剪整齐，因为在交际活动中不宜留过长的手指甲。

掏鼻孔、挖耳朵更是交际活动中的大忌。吃饭后也不准许在众人面前，用牙签去剔牙齿，这样做只会倒别人的胃口。

**3. 维护环境**

在公众场面不能乱扔果皮纸屑、果皮、饮料盒，不能抛废弃物品等，在这类地方聚会和开会完毕，要自觉地把自己制造的废弃物带走。对公共场面的物品设施要倍加爱惜，对此污损、毁坏都为公德不容。下雨或下雪时进入公共场面，要自觉地将雨具留在室外或前厅。应在门外的擦鞋垫上擦干净鞋子，拖泥带水地入内，是很失礼的举动。

## 会场的布置细则

会场布置问题要因地制宜，根据现场情况进行综合的考虑，而有经验的会议组织者都会将会场布置需要注意的因素详细列出，做到有针对的解决问题，从而起到事半功倍的效果。办公室是企业的门面，是来访者对企业的第一印象。会场布置的总体原则是严肃、整洁、高雅、安全。

开会之前先要对整个会议的详细信息进行了解，比如会议性质，参会人数等，然后再根据了解的信息选择最合适的布置方案。

正式会议一般需要安排好参会人员的坐席并准备好参会人员的名牌，在会议开始前排好坐席以及名牌。对于主席台位置，应提前把会议资料袋摆放在主席台上。

投影机、音响等现代会议设备为会议带来了极大的便利，因此逐渐成为了会场中必备的存在，应事先准备好这些设备，并调试停当。

如果有必要的话，会议组织人员还应该记得准备好各项会议记录工具，如相机、摄像机、录音笔等，以便在会后根据记录数据做好会议的总结工作。

会标横幅：会标横幅能够有效的突显会议主题和渲染现场气氛。因此会标与横幅必须体现出会议的内容，并且要在会前两三天就要着手准备。

会场环境调整，会场内有很多因素会对环境产生影响，如温度、灯光这些，都要按照现实情况进行调整，以让参会人员处于一个舒适的会场环境。可在会议桌上摆放些花卉盆景，如椭圆长桌中间空地、会议室角落，但要把握好尺寸，不可过大过高，花卉颜色可视会议主题而定。

会议茶饮的准备，一般来说，会议都会持续一段比较长的时间（一个办小时以上），这个准备就需要安排茶饮时间，并准备好茶饮物品。

## 开会时座次的安排

公众场面主持会议或发表演讲时，应依照不同的需求与会议目的来安排会议的席次，因为不同的座位安排及导引，都会直接影响到会议的进行，从而左右会议的结果。以长型会议桌为例的不同座次安排如下。

“亲切位”，即借以表达亲切友好之意的安排。“亲切位”也就是双方坐在同桌角的各一侧。“亲切位”的坐法可以令对方安心，舒缓对方的情绪。

“对峙位”，即表达严肃对话的座位安排。“对峙位”也就是双方相对而坐的座位。相向而坐的坐法会营造出相互抗衡的氛围，形成一定程度上的距离或紧张感。当你想巩固立场或是营造正式且严肃的氛围时，可以采取这种坐法。在谈话过程中，一旦发现对面所坐之人总是跟你抗衡，而这种现象已经影响到会议顺利进行之时，要有技巧地适时将其调离“对峙位”，可以立即有效地缓解对抗的气氛。

“辅佐位”，即借以表达帮助领导或主持人为目的的座位安排。“辅佐位”也就是双方同坐于桌子较长的一侧。通常领导的副手或助理会坐在“辅佐位”，以便及时给予支持和协助；关系亲密的主客之间也可采用这种坐法，以便轻声讨论与相互支持。

“疏离位”，即想表达与对方疏离时的座位安排。“疏离位”也就是长桌两侧斜对角的位子。会议中可以安排关系不佳的双方入座“疏离位”，以免干扰会议的气氛。而平时，“疏离位”也是关系不佳的双方会自然选择的入座方式，所以若你不想加深与对方的交恶，不要轻易入座“疏离位”为好。

## 会客必知的礼仪

凡身份高的人会见身份低的人称为接见；身份低的人会见身份高的人称为拜会。接见和拜会统称为会见。

会谈是指双方或多方就某些重大的经济、文化等问题以及其他共同关心的问题交换意见，它的内容较为正式，专业性比较强。在涉外活动中，东道主大都会根据来访者的身份和访问的目的，安排相应的有关部门负责人与之进行礼节性会见。若是涉及专业问题，则需要双方进行相应的正式会谈。会见与会谈地点一般都设在会客室或办公室。

会见中座位的安排是这样的：主人坐在左边，主宾坐在右边，译员和记录员坐在主人和主宾的后面。双方其他人员各自按一定的顺序分别坐在左右两侧，主方为左，客方为右。座位不够可在后排加座。

双方会谈时一般使用长方形的桌子，宾主相对而坐，各自坐在桌子的一边，以正门为准，主人占背门一侧，客人面向正门。主人与主宾应坐在正中间，助手或译员坐在交谈人右侧，其他人按礼宾顺序左右排列，记录员可安排在后面。

如会谈桌的一端对着正门，应以进门的方向为准。右为客方，左为主方。

小范围的会谈可不摆放会谈桌，按照会见时座位的排列摆放沙发即可。举行多边会谈时，可把座位摆成圆形或正方形，使其无尊卑可言。

会见、会谈座位的排列十分重要，所以要提前在现场预备好中外文的座位标签。

主人应在会见或会谈开始之前到达，可以在正门门口迎候客人，也可以在会客室的门口迎候，由工作人员负责把客人引入会客室，待宾主双方进入会客室后，工作人员负责关好门并退出现场。若安排会见或会谈的双方合影留念，应在宾主见面握手之后。合影完毕，主人请客人首先入座或双方一起就座，主人不可以自己抢先坐下。会谈或会见结束时，主人应将客人送至车前或门口握别，目送客人离去后再退回室内。

在会见或会谈中，旁人不要随意进出。

## 参加会议的礼仪通则

参加一次公众场面的会议，进入会议室时一定要先主动询问：接待人员该坐在哪儿？如果对方没有明确回答，可再进一步询问：稍后东道主会坐哪里？如果对方还是请你“随便坐”，此时千万不要随意就座，若坐到东道主的位置，就如同侵犯到个人的领域空间，就非常失礼了。

在没有被告知要坐在哪一个位置的情况下，可以选择视觉上可以看到东道主进来的位置，当东道主进来时要赶快站起来，等待东道主安排座位，并且避免坐到上面所述的位置，因为这些位置都有可能是东道主的位置。

主持人一定要重视接待人员的礼仪培训，切实做好带位、奉茶、接听电话等细节的礼仪准备，因为接待人员的一言一行都是在代表着自己的形象，千万不要忽视看似轻微的接待细节，以免因小失大。

如果不小心迟到，该如何应对呢？若方便，就静悄悄地进入会议室。不要大声张扬，无需频频说“对不起”，只要跟会议主席点头打个招呼就可以了，倘若会议主席为高层主管，则对于会议的迟到或早退，皆可以向对方行微鞠躬礼。建议你若事先就知道会迟到早退，请事先向会议负责人报告，并告知对方你准确的到达或离席时间，如果你在会议中的作用相当重要，更要如此，这可以让会议主持人预先针对议程做必要的调整，如先进行其他跟你无关的主题等。

## 参加会议的着装礼仪

参加会议的穿着要视会议主题与自己在会议中的角色而定。

如果自己是普通的会议参与者，在严谨的会议上，应该穿着比平日再正式一点的服装；也可以参考其他与会人士的穿着，若有人穿着西装或套装，那么自己也要穿西装或套装。如果自己是会议主持人或报告者，更要注意到自己的专业形象，因为站在台上的人，其形象最容易被放大，换句话说，好印象别人会记住，坏印象别人更是难以忘记。

无论是男士还是女士，参加会议时着要做到着装整洁干净，大方得体，以体现严谨、高效率的工作作风，加深自己对与会者的视觉印象。

男士可以穿白衬衣或西服，扎领带。衬衣的下摆一定要扎入裤腰里。应穿深色的皮鞋。服装必须干净、平整，不应穿花衬衣、拖鞋、运动服上班。不留胡须，不留长发，头发梳理美观大方，才能衬托出本人良好的精神状态和对工作的责任感。

女士应着西服套裙或连衣裙，颜色不要太鲜艳、太花哨。不宜穿太暴露、过透、太紧身的服装或超短裙，也不能穿奇装异服、休闲装、运动装、牛仔装等。应穿皮鞋，不应穿凉鞋、拖鞋赴会。皮鞋的颜色要比服装的颜色深。应穿透明的长筒丝袜，袜口不能露在裙口下，不能有钩破的洞。佩戴首饰要适当，符合规范。发型以保守为佳，不能新潮。最好化淡妆，以体现女性端庄、文雅、自尊自重的形象。

此外，主持人、报告者或高管皆可以适时调节会议的气氛，除了可以利用口语表达与肢体语言之外，当你想调节会议紧绷的气氛时，还可以试着脱掉外套，或松开外套的扣子，就能立刻制造出轻松的效果。

## 邀请外宾参加会议的礼节

随着国际交往的日益频繁，各国领导人、政府官员、公职人员、社会知名人士、企业家之间的互访活动大量增加。这些访问包括正式的国事访问、友好访问、工作访问、考察访问、各种业务访问，以及顺道访问、非正式的私人访问等等。除了双边的访问活动以外，还有许多多边性质的国际会议、会晤以及其他国际活动。邀请外宾参加会议，事先要做好邀请的各项准备工作。

首先，要注意邀请的方式。外宾来访，通常要由东道主先发出邀请，这既是礼节，也是一项必要的手续。邀请一般应以书面方式进行，被邀者在接到邀请函后，应及时给予答复，并据此办理有关的手续。邀请函除表示欢迎之意外，也表明被邀请者的身份、访问的性质以及访问的日期和时间等内容。有时，为了表示客气，也可请被邀者在他认为“方便的时候”来访，或将时间留待以后“另行商定”。在迎接宾客到来的过程中首先要做好各位来宾抵达前的准备工作，包括整个接待计划、安排活动日程、确定工作要点、熟悉参观地点等。出发迎接来宾前，要向车站、机场打听清楚抵达的时间，以免空接或迟到，还要了解车辆的停靠地点和行李车是否到达等情况。

其次，要做好接待来宾的各项工作。在来宾下车下机后，要及时向陪同人员索取行李卡或有关证件，并交给管行李的同志和有关单位；及时向来宾致简单的欢迎词，并介绍迎送的接待人员，发放导游图和宣传品。

前往宾馆的途中，可根据客人需要和兴趣介绍沿途景观。来宾抵达后，要向他们发放住房卡，介绍房间情况以及用餐、兑换外币和小卖部的地点，并及时领其到住房洗漱休息。对客人提出的要求，凡属合理的，应尽量想办法满足。要及时将来宾情况、参观要求、具体时间等通知参观单位。参观中，要结合来宾特点，热情耐心地介绍情况，对于来宾感兴趣的进行实事求是地解释和讲解，要虚心待客、谨慎有礼，切忌自以为是或流露傲气。

再次，要做好送行和善后工作。在游览参观结束后，要根据车次、航班的准确时间，事先与负责行李的同志约好取行李。交接行李时要分别与来宾、负责行李的同志如数交代清楚。及来宾到机场后让其稍稍休息，待手续办好后再将机票、车票、行李卡及有关证件交于领队或陪同人员。

## 陪同外宾的礼节

做好外宾接待工作，当好东道主，是礼宾交往中的重要工作。而这个过程中免不了需要陪同外宾的技巧。

首先，要抽出一定时间学习和研究客人所在国或组织的基本情况、背景以及日程安排，适当地了解一些当地的风土人情是十分必要的。另外，应该明确接待的方针、政策和要求，结合当时国内外的大事，研究客人可能提出的问题。

了解外宾抵达的时间，按时去机场迎接，并对外宾的车、行李、宾馆等作出安排。对于其旅途的劳累，由于时差产生的不适反应要予以关心。

其次，外宾到达后可请团长介绍该团的一般情况，核对入境人数、护照签证、停留天数等，并酌情交代参观访问的注意事项，通知客人旅行的具体日程。注意陪同人员不宜过多。同时，陪同人员不能中途离去或不辞而别。在向外宾介绍情况时，不要只对少数几个人讲话而冷落了其他人。以眼神示意表示你在对每一个人讲话，是很有必要的。对外宾提出的问题应区别对象酌情回答，回答不可过简亦不可过繁，没有把握的问题要请示，而不要轻易表态或允诺。

再次，日程安排的松紧应适当。活动安排太少，让客人有时在宾馆里无所事事，会感到受冷遇；活动安排太多，又会令客人筋疲力尽。要保持日程安排适当平衡确非易事。有些外宾对参观内容兴趣很大，看得细，难免速度慢，这时应有专人照顾，使大家都看好听好。如参观途中有对外宾表示欢迎的标语、板报等对外宣传品，也应灵活地向外宾介绍。

在整个外宾来访期间，对于外宾生活中的困难、要求等都应予以重视，了解客人生活情况和身体情况，及时向地方工作人员反映，予以解决。陪同行程中，到客人房间谈话原则上应两人同去。外宾离开时要安排好他们的行李、行车并到机场、车站或码头送行，做好善后工作。

## 远离公共活动礼仪禁忌

公共活动就是许多人的集体活动，要注意自觉维护场面的秩序，注意不能违反活动中的礼仪禁忌。

在公共活动中，忌频繁地自我介绍，更忌自我介绍时罗列官衔或自我炫耀，张扬自己的成就或“著作”。

公共活动中，如果是由主持人依次介绍，主持人必须事前进行周密调查，了解每个参与者的姓名和基本情况。一忌不知姓名就介绍，这会使被介绍者难为情；二忌介绍时表情有冷热差异；三忌介绍格局有别，对喜爱者多方赞扬，对别人只提名道姓。被介绍者要有表示，或起立致敬，或欠身微笑，或含笑点头；忌表情呆滞，不加理睬；忌言笑不停，对介绍置若罔闻。介绍某一人时，全体成员都应注目示敬，忌东瞅西看，毫不在意。

数人在一起，由熟识人介绍时，忌先男后女，忌先少后老，忌先官后民。被介绍双方要热情握手，忌一冷一热。若双方希望发展交情，可互换名片，忌一厢情愿。

公共活动中摄影留念，忌抢占前排中心位置，显露自己；忌按照官职大小、地位高低论资排位，应按照先女后男、先老后少、先矮后高、先客后主的礼貌原则排座，并按照衣服色彩进行审美调节。

公共活动中，如果因为自己迟到而推迟活动进行，到场以后，忌洋洋自得地不道歉，更忌以迟到显示身份特殊。

如需提前退会或有事临时退会，应尽量在转换发言人或发言告一段落时进行，忌在别人发言中去上厕所或起身做别的事情，这会使发言者误认为是不受欢迎，影响情绪。

在公共活动中免不了要签名，这有两种情况，一种是报到时在报到簿或纪念册上签名；一种是在活动期间应邀签名。前者忌抢先在最佳位置挥舞大字，后者忌意轻笔浮，漫不经心。签名一定要字迹工整。求人签名，特别是求名人签名，事前要分析有多大可能性，素不相识，贸然请求，如遇婉辞，则十分难堪，所以求者忌轻率求签，被求者忌轻率拒绝。

# 第三章
# 开幕场面话：热情洋溢，推波助澜

在各类开幕式中，一般都会有领导或者一些重要人物发表讲话。讲话主体部分一般包括：提出本次会议的议题和议程；会议的筹备和出席会议人员情况；会议召开的背景和意义；会议的性质、目的及主要任务；会议的主要议程及要求；会议的奋斗目标及深远影响等。结语以“祝愿大会获得圆满成功”做结尾，也可以提出带有鼓动性的口号。

## 读书节开幕词

各位老师、同学们：

大家好！

今天，我们在这里举行隆重的首届读书节启动仪式，目的就是通过倡导读书，营造一种人人读好书、读书好、好读书的浓厚氛围，不断提高广大师生的内在文化素质。

同学们，书籍是人类进步的阶梯，人类智慧的结晶，是我们精神力量的源泉，是文明传承的载体。我们每一个人都应牢记温家宝爷爷讲过的一句话：“一个不读书的人是没有前途的，一个不读书的民族也是没有前途的。”

借此机会，我想对同学们提出三点希望：

一是要养成爱读书的习惯。我们每一个人都应让读书成为自己的一种生活习惯，一种生活方式，因为唯有经常读书，与书为伴，才能积累知识、丰富阅历，不断提升自身的综合素质。在此，我想让同学们记住这样一句话：“今天，你读书了吗？”每天，让我们互相问一问，同时也问一问自己：今天，你读书了吗？

二是要做到持之以恒。古人云，读书破万卷，下笔如有神，唯有坚持读书，才能不断进步。同学们，读书节只是一个倡导，一个号召，一个载体，我们倡导的是终身读书的观念，只有这样我们才能做到与时俱进，永不落后。我有一个期待，如果我们在不同的场合，都能够看到有同学旁若无人地静静看书，风声雨声读书声声声入耳，那么我相信你自己就会离成功不远了。

三是要经常参加读书活动。校园读书节是我们大家的共同节日，让我们记住今年读书节的主题——“让读书成为习惯，让书香溢满校园”。读书节期间，学校将举办内容丰富、形式多样的活动，希望我们每一位同学都能够积极参与到各项活动中去，从读书中获得新知，在读书中享受快乐。

老师们、同学们，书香校园，书的天堂；书香校园，梦开始的地方。让我们以书为伴，以书作舟，一起走向书的海洋。最后，祝本届校园读书节取得圆满成功，祝老师、同学们过一个“丰收”的读书节！

谢谢大家！

## 文化节开幕词

尊敬的各位领导、各位来宾，女士们、先生们：

大家好！百花齐放、香草芬芳，今天，××区第三届香草文化节隆重开幕了。在此，受××区长的委托，我谨代表××区人民政府，向出席今天开幕式的各位领导和来宾表示热烈的欢迎！向一直关心、支持我区旅游业发展的领导和社会各界朋友表示衷心的感谢！

花都是××的北大门，风景秀丽、人杰地灵。近年来，我区在大力发展汽车、空港、皮具、珠宝、声光电等支柱产业的同时，加快整合生态、文化资源，通过香草文化节、枇杷节、芋头节、油菜花节等乡村游品牌节庆活动，发展生态、休闲、观光、度假等绿色旅游文化产业，努力促进农村经济健康快速发展。

花都香草文化节自2009年首次举办以来，全力打造最具特色的观光花海、花卉大餐，努力营造返璞归真的田园自然风光，满足广大游客体验乡村生活，享受乡村气息的需求，得到了社会各界的广泛赞誉。本届香草文化节以“香草童话、韵味花山”为主题，精心塑造如童话般浪漫的香草世界，充分展示××

最早的县城所在地——花山镇的乡村历史文化。节庆期间还将举办异地务工青年“相约香草，结缘花都”专题活动，使他们充分感受花都的自然风光和人文关怀之美，增强对××的认同感和归属感，更好地融入花都。

乡村生态旅游产业是21世纪的“朝阳”产业、“黄金”产业，更是富民产业，衷心希望花山镇及各部门通过香草文化节这个平台，进一步挖掘我区特色丰富的旅游资源，变资源优势为经济优势；也诚挚希望各级各部门的领导及社会各界朋友一如既往地关注花都、支持花都发展，共创美好未来。

最后，预祝第四届香草文化节取得圆满成功！祝愿各位领导、各位来宾身体健康、家庭幸福！

谢谢大家！

## 科技节开幕词

尊敬的领导、老师，亲爱的同学们，大家好：

今天，为了“体验、创新、成长”的科技梦想，我们相聚在一起，满怀着憧憬和希望，拉开了“第二师第十二届科技创新大赛”的帷幕。

翻开人类的发展史，从远古的钻木取火，到新型能源的充分利用；从古代的“烽火连三月，家书抵万金”，到现在的相隔千里却近在咫尺的地球村；从古代的风餐露宿、日夜兼行到现在高速快捷的交通工具……人类所取得的每一点进步，无不得益于对未知世界的探索，无不得益于对科学技术的掌握。可以说，是人类造就了科技，科技也成全了人类，人类和科技是相互依存的。

在充满幻想的科技节里，让我们为梦想插上翅膀，把智慧的涓涓细流汇成滔滔江水，汪洋大海。当丰富多彩的科技知识为我们打开一扇通往科技城堡的大门时，灵巧的双手和活跃的大脑会带着我们攀登上科学的高峰。

少年智则国智，少年强则国强。中国的强大，不在他人，而全在我中华少年。承载着祖国崛起的希望，让我们少年擎起振兴中华的接力棒，用振聋发聩的声音大声呐喊：科技创新，舍我其谁！

同学们！科技节的舞台已经搭好，帷幕也正在徐徐拉开，让我们行动起来，用激情和活力，用聪明和才智，让科学的精神在校园里畅快地演绎，淋漓地发挥！

最后，预祝此次科技节活动圆满成功！谢谢大家！

## 中学运动会开幕词

各位领导、各位老师、各位同学们：

在这生机盎然、朝气勃发的春天，我们全校师生共同沐浴在春天的阳光下，迎着和谐的春风，我们在此举行“××中学第×届春季田径运动会”，举办运动会的目的是为了全面落实党的教育方针，发展体育运动精神，为同学们提供一个锻炼身体、提升素质的舞台。本届运动会是校园文化的重要组成部分，是××中学学子精神面貌的一个盛会。为此，我代表学校对大会的胜利召开表示热烈的祝贺，对为了筹办好本次运动会而精心策划，忘我工作，细心组织的组委会和筹备组工作人员表示感谢，对那群生龙活虎，力争上游而刻苦训练的全体运动员，道一声：“你们辛苦了”。

体育是一门多科学的学科体育运动，既能强身健体又能陶冶情操，还能提高思维，充实精神，增强团结，体育还是增强国民体质、提高民族素质的重要手段，体育工作更是社会主义精神文明建设的一个重要内容，是社会主义四有人才培养的重要一环，也是学校精神文明建设和本科教育改革与发展的重要组成部分。本次运动会共设个人比赛项目×项，集体比赛项目×项，整个赛程计划用一天半时间完成。广大学生积极响应，踊跃参加，共有××名学生报名参加了各项比赛，其热情之高、范围之广、积极性之大，超过历届运动会。

老师们，同学们，本届田径运动会是对我们学校对学生运动水平的一次大检阅，也是充分展示我们学校体育工作水平和精神风貌的一次很好的机会。因此，希望全体运动员发扬奥林匹克精神，发扬顽强拼搏精神，超越自我，赛出风格，赛出水平；希望全体裁判员、工作人员坚守岗位，公正裁决，确保运动会顺利进行。

预祝大会圆满成功！谢谢大家！

# 学术研讨会开幕词

尊敬的各位领导，各位教授，各位学员：

你们好！

感谢你们在百忙中抽空参加由××举办的“第×届全国医学学术研讨会”。

首先，我们要感谢学院领导对于此次研讨会的大力支持，正是基于此，我们才有了这样一个平台得以相互学习交流；再次，我们还要感谢远道而来的各位教授们，正是因为你们在百忙中抽空前来，才使得我们拥有这样的一个机会对学科里的前沿知识有进一步的了解；同样的，我们还要感谢各位学员不辞辛苦地前来学习，将最前沿的知识最先进的理念带入经验，带入临床。

从2000年开始至今，我院举办的学习班已然××届。古语云：十年树木，百年树人。从创办之初的亦步亦趋，到今日的风格鲜明，我们从未止步。纵使时光易逝，但我们服务于社会的赤子之心从未改变。昨日疾风劲草，今朝参天大树，我们从渺小到独树一帜，从发展到壮大，见证着自己的成长，同样见证了一届又一届学习班成员的成长。毫无疑问，我们将继续成长下去。而这些，正是有你们的支持，我们才能满怀信心与希望在这条艰辛的道路上斗志昂扬；正是因为你们前来，我们才一次又一次重拾勇气，勇往直前，开拓进取；也正是因为你们的前来，祖国的医学事业才能更加全面而迅速地发展。

今天，我们有幸在××市，在这个风和日丽的，在这个有着悠久历史文化的名城齐聚一堂，共同品鉴这场知识的盛宴。今天，原本只是一个平凡的日子，但因为你们的到来，今天注定要因此不同。在此，我谨代表武汉大学人民医院对你们的到来表示热烈的欢迎！

现在，我宣布，“第××届全国医学学术研讨会”正式开幕。谢谢大家！

# 全国重点中学校长论坛开幕词

尊敬的各位来宾，女士们、先生们：

大家好！

今夜，我们相聚在美丽的××大学，共同庆祝“全国部分重点中学校长论坛暨校园开放日”活动胜利开幕。我谨代表××大学校党委、校行政和全体师生，对诸位的光临，表示热烈的欢迎和衷心的感谢！

今年是××大学的校庆年，我们非常高兴能在建校50周年之际举办这次活动。××大学是教育部直属的全国重点大学，是国家“211工程”重点建设的大学，是办有研究生院的大学之一，在长期的办学实践中形成了“艰苦奋斗、严格谦逊、团结活泼、求实进取”的优良校风，培养了一大批优秀人才。

近年来，学校的办学水平稳步上升，生源的质量也在逐年上升。这些都离不开上级领导和全国各地中学特别是在座的各位重点中学校长的信任与支持。我们愿与所有关心和支持××大学发展的各界人士和所有参加本次研讨会的嘉宾进一步合作、共同努力，创造新世纪中国教育事业更加美好的明天！

预祝本届“全国部分重点中学校长论坛暨校园开放日”活动圆满成功！祝愿各位嘉宾身体健康，家庭幸福！

## 书画精品赏析交流会开幕词

各位领导、各位来宾：

大家好！

在这个辞旧迎新之际，今天，我市迎来了历代名家书画精品赏析交流会的开幕。我们××市收藏文化交流协会是一个刚刚诞生的社会团体，它在起步之时就得到了社会各界的支持和各位嘉宾的厚爱，充满了强劲的生命力。在此，我代表××市收藏文化交流协会对各位老领导、各位嘉宾的青睐和光临，表示衷心的感谢！

女士们、先生们，改革开放30年，艺术品收藏市场发展走向集约化管理，经历了从单一化到规模化、从一般经营到高端收藏、从传统交流模式到进入互联网空间的巨大转变。我协会主办此次历代名家书画精品赏析交流会，以及将要在2007年其他三个季度分别举办的玉器、杂项、古陶瓷三场专题活动，就是要为引领我市高端收藏作出我会应有的贡献。

在新春佳节来临之际，我谨代表××集团、中国××网、××市收藏文化交流协会，向各位嘉宾拜早年啦！

祝愿大家新的一年收藏健康，收藏鸿运，收藏幸福，把收藏进行到底！谢谢大家！

## 职工代表大会开幕词

各位代表、同志们：

天开电化有限公司第一届职工代表大会，在在公司领导的大力支持下，经过全体代表的共同努力和公司工会筹备领导小组的认真筹划和卓有成效的工作，现在隆重开幕了。

今天天开电化有限公司的领导出席了我们这次大会，并带来了良好祝愿。在这里我以大会的名义向今天到会的各位领导、来宾们表示热烈的欢迎和忠心的感谢，同时向出席会议的代表们并通过你们向奋斗在公司各个岗位上的广大员工表示崇高的敬意和亲切的问候！

出席这次会议的代表共100人，这些代表中有的是公司的党政领导，有的是高级管理人员，有的是高级技术人员，有的是一线产业工人，还有的是我公司勤务人员及公司的先进模范人物。

你们带着全公司数千名员工的嘱托，代表他们的希望，光荣地履行代表的权利和义务，希望你们为完成这次大会的任务和公司今后的发展，起到模范带头作用和桥梁纽带作用。

这次代表大会是我公司广大员工的一件大事，是我公司工会史上具有深远意义的重要会议，也是我公司团结、动员全体职工，积极投入到以“质量第一，用户至上，以信誉求发展”为战略目标的社区全面发展中，使经济效益大提高的动员大会，大会的主要任务是：确定和部署今后一个时期公司生产经营和工会工作的目标和任务，选举产生社区工会第一届委员会、工会经费审查委员会，审议并签订集体合同。

大会的召开，将是我公司工会工作的良好开端，必将翻开我公司工会工作的崭新一页，对公司的发展产生积极深远的影响，它将凝聚我公司广大职工的智慧和力量，充分发挥职工主人翁作用，促进我社区经济快速发展，都具有重要的历史意义和现实意义。

各位代表、同志们：开好这次大会，圆满完成大会的各项任务，既是公司领导的殷切希望，也是我公司广大员工和工会干部的热切期望。我们要勇挑重担、不辱使命，以高度的政治责任感和历史使命感认真履行代表职责，完成代表大会的任务。

我坚信在全体代表的共同努力、齐心协作下，这次代表大会一定能够开成一个充分展示工人阶级良好精神风貌的大会，一个团结奋进、求真务实的大会。

预祝大会圆满成功！

谢谢各位！

## 国际 ×× 展览会开幕词

女士们、先生们：

晚上好！

“中国国际××展览会”今天开幕了。这是我们的荣誉。今晚，我们有机会同各界朋友欢聚在一起，感到十分高兴。借此机会，我谨代表中国国际贸易促进委员会××市分会，对各位朋友光临表示热烈欢迎！

“中国国际××展览会”自上午开幕以来，已引起了我市及外地科技人员的广泛注意。这次展览会在××举行，为来自全国各地的科技人员提供了经济技术交流的好机会。我相信，展览会在推动这一领域的技术进步以及经济贸易的发展方面将起到积极作用。

祝愿“中国国际××展览会”的圆满成功！祝愿大家共同度过一个愉快的夜晚！

尊敬的各位领导、嘉宾，女士们、先生们：

晚上好！

今天，有机会同各位领导、各位嘉宾、各位朋友相聚，我非常高兴。我谨代表××市政府，代表本届展会的主办和承办机构，对光临今天晚上开幕招待酒会的各位领导、各位嘉宾、各位朋友表示热烈的欢迎和衷心的感谢。

本届展会以“实现梦想、畅想生活”为主题，集中展示各类乘用车、商用车以及汽车零部件、汽车用品等，展会总规模达到95000平方米。其中，参展企业70家，展出面积75000平方米；零配件及用品参展企业318家，展出面积20000平方米。

本届车展的参展企业阵容强大，有诸如一汽大众、上海通用等品牌，参展商对本届××车展的重视度进一步提高。在媒体日当天举行新车发布会的参展企业有40多家，30多台概念车及100多台新车争相登场；来自海内外的汽车行业知名厂商纷纷亮相，在××汽车展这个优秀的商业平台上展示他们的最新产品、先进技术及品牌形象。

本届展会还将举办精彩纷呈的系列配套活动，包括：2009年中国（××）汽车高峰论坛、2009年汽车文化节、2009年××汽车工业历史图片展、汽车安全驾驶现场演示活动及汽车行业相关研讨会等，从不同角度充分彰显汽车文化内涵。

××车展自创办以来，一直注重与海内外媒体的广泛合作，为众媒体单位和记者提供更周到更优越的服务。从近段时间媒体采访报道申请的情况来看，本届到会媒体（包括合作媒体和后期邀请媒体）数量和记者人数将会有更大的增加，预计将有600家媒体、1500多名记者到会采访报道。

同时，本届展会秉承“以人为本、服务至上”的原则，力求为参展企业、媒体和观众提供更加周到、细致和便捷的服务。继续增设从市区主要酒店到展会现场的穿梭巴士，方便观众到会参观；进一步完善电子卡门票、验证系统加强观众管理；尤其是今年首次在7月举办展会，为了让广大观众免受高温下排队之苦，本届车展全面实施使用×城通刷卡进场的方案；本届展会我们还加大了解决餐饮服务问题的力度，通过积极的工作，本届展会的餐饮中心将可以同时提供60000人同时就餐。

本届展会不仅为前来参观的中外朋友们提供了汽车工业发展的更加丰富的视觉享受，而且为中外汽车界的科技人员搭建起一个技术信息交流的平台，为中外企业提供了一次商务合作的难得机会，也必将对中国汽车工业的发展和技术进步产生积极的影响和推动作用。

预祝本届展会圆满成功！恭祝各位朋友的身体健康！

## 【开幕会佳词妙句】

◎大家好！共青团××集团第一次代表大会开幕了！在此，请允许我以大会的名义，向长期以来重视、关心共青团工作的各位领导表示衷心的感谢！向奋战在工程建设一线的广大团员青年、各级团干部表示亲切的问候！

◎大家好！在这举国上下迎接共和国60岁生日的喜庆氛围中，我们全体师生，满怀喜悦的心情，以精神饱满的姿态，迎来了××大学第×届艺术节活动。

◎大家好！我校第×届国学经典诵读展示活动今天开幕了。首先，我代表学校向前来观摩的各位家长表示热烈的欢迎！向筹备此次活动而辛勤劳动的老师们、同学们致以崇高的敬意！

◎天高气爽，金桂飘香。在举世瞩目的“神舟5号”载人飞船胜利升空的大喜日子里，我们豪情满怀地迎来了第八届学校田径运动会。

◎本次运动会的举办，将更加有力地促进体育事业向前发展，将更加广泛地促进各兄弟省份的交流合作，将更加深入地促进运动员之间的相互了解和友谊。

◎我们要以这次大会为起点，在上级领导的率领下与时俱进、争创一流，团结和带领广大团员青年在企业改革发展和现代化建设的伟大实践中创造出辉煌的业绩。

◎希望全体运动员发扬“团结、友谊、奋进”的良好风格，弘扬“更高、更快、更强”的体育精神，严格遵守竞赛规程，自觉服从裁判，顽强拼搏，赛出风格，赛出水平。

◎今天下午，让我们共同举起经典诗词这樽美酒，邀明月至花前，引诗情到九重，在一声声荡气回肠的千古绝唱中，开启一次美的旅程。最后我预祝本次经典诗词诵读比赛圆满成功！

◎我相信通过同行们的帮助和酒店全体员工的共同努力，我们××大酒店一定能在未来的道路中再创新的辉煌。

◎美好的未来要靠我们用激情和冲动，用聪明和劳动，用汗水和奉献，用信念和奋斗去开创！

◎预祝本届技能汇演取得圆满成功，并向参加技能会演的员工致以崇高的敬意，希望他们发挥出最佳的水平。

◎最后，预祝本次中华经典诵读展示活动圆满成功！预祝大家元旦节快乐！

## 第四章
# 闭幕场面话：画龙点睛，锦上添花

只要是重要会议或重要活动，与开幕词相对应，一般都有闭幕词，这道程序标志着整个会议或活动的结束。闭幕词通常要对会议或活动作出正确的评估和总结，充分肯定会议或活动所取得的成果，强调本次会议或活动的主要精神和深远影响，激励有关人员宣传会议或活动的精神并贯彻落实有关的决议或倡议。

## 读书节闭幕贺词

尊敬的各位领导、老师、亲爱的同学们：

大家好！

今天是喜庆丰收的日子，我们为期三个月的读书活动节闭幕了。在此，我代表学校对本次活动的圆满成功表示热烈的祝贺。

书是人类进步的阶梯。为了让我们在书海中遨游，我校举办了读书节。通过这个读书节，让更多的同学与书结为了好朋友。

书是五彩生活的万花筒，书是大千世界的缩影。读一本好书，就像交了一个好朋友，书既像一位充满智慧的老人，不断启迪我们；又像是一位真诚的朋友，跟我们面对面地交流——小说教给我们怎样做人的道理；诗歌唤起我们对美好生活的追求；童话让我们明辨美与丑，真与假……

自从我校开展读书活动以来，我校全体师生都投入到读书的热潮当中。并开展了红领巾书市漂流、手抄报、古诗文考级、书法展示、读书墙展示等一系列比赛。一张张美报、一本本好书，一篇篇俊字，让同学们如沐春风。

书给我们带来了无穷的乐趣，让我们获益匪浅。如今，在我们温馨的校园，教室里书声琅琅；课间师生徜徉书海；回家，我们也手不释卷。正如一首诗所说：“书是一扇沉重的门，它垂青于每一个敲门者。它敞开的门扉里，是一口淘不完的井，是一座掘不尽的矿，是一片看不够的景，是一腔抒不倦的情。”《孙子兵法》让我们走进了春秋时期，听孙武讲述深奥莫测的兵法；《西游记》让我们面对疾恶如仇的孙悟空，和他一起战胜一个个妖魔鬼怪；《我要做好孩子》让我们结识了机敏、善良的金铃，听她讲述自己成长历程中的故事！

更可贵的是，我们在读书的同时还学会了读书的方法。活动期间老师给了我们很多这方面的指导，让我们懂得了小学生应该多读一些文学作品，特别是那些已有定评的古今中外名著。多读一些名人传记，聆听领袖人物、爱国先贤和科学家的教诲，接受他们的思想。多读一些科普类的书，让这类书籍启迪我们的智慧，帮助我们插上幻想的翅膀，去探索大自然的奥秘，坚持做到不动笔墨不读书。

同学们，让我们做一个勤奋的读书人；让我们做一个快乐的读书人！让读书成为每一位同学的习惯，用我们的朗朗书声装点学校，让我们的校园处处飘溢着书香，让书香在每一位同学的心中荡漾！

谢谢大家！

## 文化节闭幕词

各位领导、老师、各位同学：

“人间四月芳菲尽，山寺桃花始盛开。”在这春意盎然、阳光明媚的日子里，我校纪念“五四”运动暨“德艺双馨”校园文化艺术节文艺演出，伴随着精彩的节目演出已落下帷幕。在此，请允许我代表学校向组织和参与本届艺术节的各位老师和同学们表示衷心的感谢。向前来参加本届艺术节的教育局领导、教师学校领导、技工大队领导、社区领导、解放派出所领导、兄弟学校的领导及家长同志们表示热烈的欢迎。

举办文化艺术节活动，不仅是对同学们文化艺术水平的一次大检阅，也是我校素质教育开展情况的一次大检阅，它为展现我校学生的青春风采和精神风貌提供了广阔的舞台。办好校园文化艺术节，有利于发掘学生的潜力，发挥个性特长；有利于培养兴趣，陶冶情操，提高审美情趣；有利于丰富校园文化生活，加强校园精神文明建设，营造良好的学习氛围；有利于推动素质教育的实施，从而加速我校创业的进程。

本次艺术节盛况空前，由三大板块31个节目组成。通过这些活动，启迪了同学们的才智和灵性，发展同学们的才艺和特长。同学们在活动中高举生命智慧的大旗，有思想的翱翔，有感情的抒发，有青春的旋律，有技能的展示，有科学的探索，有毅力的体现，有诗意的飞扬……

丰富多彩，形式多样的艺术节充分体现了一七五中学的文化素质和艺术修养，展示了我校莘莘学子朝气蓬勃的精神风貌。一张一弛，文武之道。艺术节既给我们提供了一个放松大脑，放飞心情的空间，也为我们提供了一个施展才华，张扬个性的舞台，同时也让我们受到了一次极好的艺术教育和美的熏陶。在活动中，我们既培养了兴趣，陶冶了情操，又开阔了视野，锻炼了能力，培养了团队精神，增强了集体荣誉感。所有这些，为我们成为新世纪合格的中学生奠定了坚实的基础。

老师们，同学们，本届艺术节又将成为历史的一页。然而，许多精彩的片段仍然历历在目；许多动人的音乐依旧余音绕梁。是的，艺术节虽然是一个有限的时间段，但艺术的空间却是无限的。当艺术节的第一个音符在校园的上空飘起来时，艺术已不容拒绝地走进了我们每一个人的生活，走进了我们的每一寸空间。

让我们每一双手都学会创造吧！让我们每一颗心都流淌歌声！

愿艺术之花香满校园！

谢谢大家！

## 科技节闭幕词

各位领导、来宾、老师、同学们：

火红的五月，科技的辉光照耀校园。历时一个月的电子工程系首届科技节，今天将在硕果累累落下帷幕。在此，请允许我代表学校向组织和参与本届科技节的各位老师和同学们表示衷心的感谢。同时，感谢参加今天文艺会演的各位领导、来宾和全体演职人员。

科技是一个学校的灵魂，是我校核心价值观的重要组成部分，是持续发展的源动力。一年一届的校园科技节是展示优秀校园科技成果的最佳载体，是对全校师生科技创新才能和综合素质的一次大检阅，也是学校校风和师生精神风貌的一次全面展示。

本次科技节主要由电子设计大赛，数控技能竞赛，科技知识竞赛，数学建模、网页设计大赛等组成，内容丰富多样且贴近专业技能，通过这些活动，启迪了同学们的才智和灵性，发展同学们的才艺和特长，同学们在活动中高举生命智慧的大旗，有思想的翱翔，有感性的抒发，有青春的旋律，有技能的展示，有科学的探索，有毅力的体现，有诗意的飞扬……

本次科技节即将成为历史的一页。然而，许多精彩的片段犹然历历在目，许多动人的声音余音绕梁。科技节虽然是一个有限的时间段，但知识的空间是无限的。当科技节的第一个音符在校园的上空飘起时，科技已进入我们每一个人的生活，相信这次科技节带给大家的不仅仅是一种熏陶与享受，一种积累和提高，更是个人素质和专业技能的完美结合。同时我们也坚信校园科技节将会得到越来越多的老师和同学们的垂青，使校园充满更多的生机和活力，让科技之花常开不败。

老师们、同学们，我们要把在科技节上焕发出来的高度热情带回各自的工作和学习岗位上，努力工作，努力学习，相信在全体师生同心同德，努力奋斗下，我校一定能够百尺竿头，更进一步，不断书写我校改革和发展的新篇章！

最后，祝各位领导、来宾、老师、同学们生活愉快、身体健康！祝今天的闭幕式取得圆满成功！

谢谢大家！

## 国际海洋节闭幕词

尊敬的各位来宾，女士们、先生们：

下午好！

首先请允许我代表20××中国青岛国际海洋节组委会向在海洋节期间各项比赛中取得优异成绩的参赛选手表示热烈的祝贺！

20××中国青岛国际海洋节的成功举办受到了国家体育总局、国家旅游局、国家海洋局的大力支持，在此我谨代表青岛市政府与20××中国青岛国际海洋节组委会表示诚挚的感谢！

本届海洋节围绕“邀世界共飨蓝色盛宴”的主题，汇集了海洋体育、海军活动、海洋科技、海洋旅游、海洋文化等特色鲜明、丰富多彩的活动，充分展示了帆船之都动感靓丽的城市风采，呈现海洋文化博大精深的丰厚底蕴，体现我们善待海洋、保护海洋的热切期盼。

20××青岛国际海洋节的举办为青岛多彩的夏日带来了隆重的节日气氛，欢乐的时光总是短暂易逝，我们在依依不舍中迎来了海洋节的落幕。期望明年的这个时候，青岛市“帆船之都”品牌更加深入人心；山东半岛蓝色经济更加蓬勃发展，有更多的世界友人来到这里共飨蓝色盛宴，青岛永远张开怀抱欢迎你们的到来！

朋友们，让我们相约明年，相约20××海洋节！

## 第×届亚洲资本论坛闭幕词

尊敬的各位来宾，各位朋友：

亚洲资本论坛首届中国东北×××论坛，在大家的共同参与、支持、帮助下，取得了圆满的成功。我代表××市政府向各位表示诚挚的谢意。近两天来，东北、全国、乃至亚洲都在传递着来自×××的声音，各位专家、学者、政企精英深刻精辟的论述，为我们开拓了思想，这对我们加快发展有着不可度量的意义。与此同时，各位嘉宾的到来也为×××注入了时代的特点和人文名誉，使美丽的×××更加梦幻迷人。

作为第一次论坛，我们一切刚刚开始，我们将铭记各位嘉宾的深情厚谊。我们将更加合理的安排好各位嘉宾的工作和休息，努力把论坛培育成国内外著名的论坛年会。

此时此刻我们尽管意犹未尽，但是又不得不面临分别。在此，我们诚挚地邀请各位嘉宾，明年再次来论坛赐教。

最后，热烈祝贺本届论坛取得圆满成功！祝愿各位嘉宾身体安康，万事如意！祝愿我们友谊地久天长！

## 第×届××创业家峰会闭幕词

尊敬的各位领导，各位嘉宾，女士们，先生们，朋友们：

历时3天的第三届××创业家高峰会圆满地完成了各项议程，今天就要结束了。为了感谢各方面领导的重视和支持，今晚我们在××宾馆的庆功厅举办盛大晚宴，大家欢聚一堂，共同分享胜利的喜悦！

在短短的两三天内，来自世界各地的华人创业家相聚在一起，互相交流，洽谈，不仅增进了友谊，而且互相学习了经验！特别是通过与政府官员的对话，听了经济学家的专题报告，使大家对中国乃至世界的经济形势、发展趋向有了进一步的了解，开阔了思路，这对各自企业的拓展创新都会有一定的帮助。

目前整个世界由于受美国次贷危机的影响，经济形势不容乐观。创业家也将遇到新的冲击和挑战，但其中也蕴藏着新的机遇。我希望大家发扬自强不息的精神，再接再厉，再创辉煌，等到明年第四届高峰会相聚时，展现你们新的面貌和新的业绩！

最后，热烈庆祝第三届××创业家高峰会取得圆满成功！祝愿大家大展宏图，兴旺发达，事业有成，幸福安康！谢谢大家！

## 全国科学大会闭幕词

亲爱的同志们：

我们民族历史上最灿烂的科学的春天到来了。我是20世纪出生的人，能参加这样的盛会，百感交集，思绪万千。

在旧社会，多少从事科学文化事业的人们，向往着国家昌盛，民族复兴，科学文化繁荣。但是，在那黑暗的岁月里，哪里有科学的地位，又哪里有科学家的出路！科学和科学家，在旧社会所受到的，只不过是摧残和凌辱。封建王朝摧残它，北洋军阀摧残它，国民党反动派摧残它。我们这些参加过“五四”

运动的人，喊出过发展科学的口号，结果也不过是一场空。大批仁人志士，满腔悲仇、万种辛酸，想有所为而不能为，真是英雄无用武之地。我们不少人就是在这种暗无天日的岁月中，颠沛流离，含辛茹苦地度过了大半生。

伟大领袖和导师毛主席领导中国共产党进行了艰苦卓绝的斗争，建立了新中国，人民得到了解放，科学得到了解放。毛主席和周总理又亲自为我国规划了建设社会主义现代化强国的宏伟蓝图，对科学事业和科学工作者给予了无微不至的关怀。我国的科学事业有了突飞猛进的发展。回忆起这些情景，一桩桩、一件件的往事都涌上心头，好像就在眼前一样。饮水思源，我们怎能不万分感激和无限缅怀伟大领袖毛主席和敬爱的周总理呢！万恶的"四人帮"对科学工作百般摧残，对科学工作者横加迫害，妄图重新把我们的祖国拉回到愚昧、落后、黑暗的旧社会去。但是，"蚍蜉撼树谈何易"。党中央一举扫除了这伙祸国殃民的害人虫，使我们得到了第二次解放。现在，我们可以扬眉吐气地说，反动派摧残科学事业的那种情景，确实地一去不复返了！科学的春天到来了！从我一生的经历，我悟出了一条千真万确的真理：只有社会主义才能解放科学，也只有在科学的基础上才能建设社会主义。科学需要社会主义，社会主义更需要科学。看到今天这种喜人的情景，真是无比感慨和兴奋。"老夫喜作黄昏颂，满目青山夕照明。"敬爱的叶副主席的光辉诗篇，完全表达出了我们这一代人的心情。

我们中华民族在人类文明发展史上，曾经有过杰出的贡献。现在，在共产党的领导下，我们民族正在经历着一场伟大的复兴。恩格斯在谈到16世纪欧洲文艺复兴时曾经说过，那是一个需要巨人而且产生了巨人的时代。今天，我们社会主义祖国的伟大革命和建设，更加需要大批社会主义时代的巨人。我们不仅需要有政治上、文化上的巨人，我们同样需要有自然科学和其他方面的巨人。我们相信一定会涌现出大批这样的巨人。

科学是讲求实际的。科学是老老实实的学问，来不得半点虚假，需要付出艰巨的劳动。同时，科学也需要创造，需要幻想，有幻想才能打破传统的束缚，才能发展科学。科学工作者同志们，请你们不要把幻想让诗人独占了。

嫦娥奔月，龙宫探宝，《封神演义》上的许多幻想，通过科学，今天大都变成了现实。伟大的天文学家哥白尼说：人的天职在勇于探索真理。我国人民历来是勇于探索，勇于创造，勇于革命的。我们一定要打破陈规，披荆斩棘，开拓我国科学发展的道路。既异想天开，又实事求是，这是科学工作者特有的风格，让我们在无穷的宇宙长河中去探索无穷的真理吧！

我祝愿我们老一代的科学工作者老当益壮，在新的长征中为我国科学事业建立新功，为造就新的科学人才作出贡献。

我祝愿中年一代的科学工作者奋发图强，革命加拼命，勇攀世界科学高峰。

你们是赶超世界先进水平的中坚，任重而道远。古人尚能“头悬梁，锥刺股”，孜孜不倦地学习，你们为了共产主义的伟大理想，一定会更加专心致志，废寝忘食，刻苦攻关。赶超，关键是时间。时间就是生命，时间就是速度，时间就是力量。趁你们年富力强的时候，为人民作出更多的贡献吧！

我祝愿全国的青少年从小立志献身于雄伟的共产主义事业，努力培育革命理想，切实学好现代科学技术，以勤奋学习为光荣，以不求上进为可耻。你们是初升的太阳，希望寄托在你们身上。革命加科学将使你们如虎添翼，把老一辈革命家和科学家点燃的火炬接下去，青出于蓝而胜于蓝。

我的这个发言，与其说是一个老科学工作者的心声，毋宁说是对一部巨著的期望。这部伟大的历史巨著，正待我们全体科学工作者和全国各族人民来共同努力，继续创造。它不是写在有限的纸上，而是写在无限的宇宙之间。

春分刚刚过去，清明即将到来。“日出江花红胜火，春来江水绿如蓝”。

这是革命的春天，这是人民的春天，这是科学的春天！让我们张开双臂，热烈地拥抱这个春天吧！

## 第×届团代会暨学代会闭幕词

各位代表：

今天，我们在这里顺利召开了贸易系团代会暨学代会的第一届会员代表大会，本次大会在系党支部，和上级团委的亲切领导和关怀下，经过与会代表的共同努力，已经完成了大会预定的各项议程，即将闭幕了。现在，我提议与会的全体代表以热烈的掌声对大会的圆满成功表示深深的祝贺。

这次大会，我们听取了领导对我系共青团工作的指示和好的建议，选举产生了第二届委员会委员。同时，大会肯定了我系第一届委员会团委们所取得的成绩，总结了他们在工作中好的经验，确定了今后团支部学生会工作的任务和方向。这次大会将有利于我系共青团工作的展开，将推动贸易系共青团的工作再创辉煌。

对于本次大会，处于百忙之中的各方面领导都能亲自参加，表明了他们对我系团总支学生会工作的高度重视和热情关怀。全体辅导员的到会充分体现了他们对团总支学生会工作的积极支持。这些，都将作为我们工作中的坚强后盾，将给我们全体代表巨大的鼓舞，同时，也更坚定了我们搞好团总支学生会工作的信心和决心。

各位新当选的团总支委员会委员，全系同学对你们寄予了无限的希望。希望你们担负起团委会的重任，组织和带领全体团员青年全面贯彻团代会预定的各项任务，激发广大团员青年的工作积极性，努力提高政治思想素质，勤奋工作，不断进步，为以后投身于改革开放的大潮打下坚实的基础。

希望各位代表回去后，大力宣传团代会精神，带领广大团员青年落实会议的各项任务，不断提高思想理论水平，树立强烈的历史责任感，用科学的理论武装自己；用高尚的精神塑造自己；用宝贵的知识充实自己；在实践中锻炼自己，积极发挥团员的先锋模范作用，为开创贸易系共青团工作的新局面作出贡献。

本次大会，是一个民主的大会，团结的大会，朝气蓬勃的大会，是动员带领全体同学发奋学习，努力进取，进一步深化素质教育的盛会。这必将对我系以后团总支学生会工作的进一步开展产生积极而深远的影响。

最后，我代表大会向亲临大会的领导和各位代表们表示崇高的敬意！向参与大会筹备工作的同志们和为大会服务的同学们表示由衷的感谢，再一次向为大会顺利进行作出辛勤工作的老师和同学们表示衷心的感谢！

现在，我宣布贸易系第一届团代会暨学代会会员代表大会闭幕。谢谢大家！

## ××研讨会闭幕词

各位贵宾、各位与会的专家学者们：

大家好！

很高兴本次会议能和来自全球二十多个个国家和地区的900多位贵宾共度宝

贵的二天。诚如教育部长王瑞杰先生在本次会议开幕时所表示的：有效的与人沟通和文化交流，让学生在生活、工作中使用母语——这就是我们的目标。

综观本次大会，跨学科、跨领域的专家学者们共同对华文作为第二语言之教与学作出了极大的贡献，有的从史论的角度作出批判性的反思，有的用前瞻性的预测规划出教育的蓝图，有的用影像、照片写出了一堂堂精彩的教学日志，有的说了很多好听、有趣的故事，台上妙语如珠，台下掌声如雷。台上引人深思，台下互动热烈。

本次大会，首先，体现出21世纪教与学的方针和重点，比如交际互动、跨文化沟通与交流、合作学习、自主学习等，且分享了如何应用新媒体和多媒体来进行跨国交流和学习。

其次，彰显出不同国家和地区的最新教育发展和改革趋势，前者如华文学习的调查报告；后者如新课程标准、教学大纲和能力等级描述等，作为华文教学与评估的参照框架。

接着，在全球学习华语的热潮中，不但有许多跨国的比较研究、合作项目的成果分享，且有不少融入了当地生活、具有本地文化特色的优良教学范例和成功的学习案例。

再其次，华文教与学的各个层面都受到了普遍的关注，包括了华语教育政策、语言的知识、功能和语境，听说读写和互动的技能，教师的职责素养和专业发展，教材资源和评估、研究工具的开发等，并且深入探讨了教学现场的问题和解决之道。

本次大会还特地开设了一系列精彩的学前专场，有儿童习得语言的发展历程，优质教学，生活化的课程等等，扩大并延伸了华文教学关注的领域和影响力。

与此同时，本中心也分享了其卓越的科研成果，以答谢大家对新加坡华文教研中心的支持和鼓励。

本次大会无论在参与的嘉宾人数、论文数和场次规模上，几乎是第1届会议的2倍。然而一样的座无虚席，且意犹未尽，成功地展现了在实践中显精彩，精彩中求实在，活络二语华文课堂的理论与方法；分享了鼓励学习者使用华文的实践经验；这也是本中心成立以来所努力臻至的最大目标，意义重大、影响深远。在此，谨代表南洋理工大学新加坡华文教研中心的全体人员，向所有嘉宾和与会的专家学者们致上最深的感谢和祝福，谢谢大家共襄盛举，使得本次会议圆满成功，今后期待经常与大家交流，下次会议再见，谢谢大家！

## 校园艺术节闭幕词

尊敬的各位领导、各位来宾、老师、同学们：大家好！

××小学校园艺术节是我校艺术特色的校园文化活动，已成功举办两届，每届都独具特色，一届比一届精彩。今年更是“气氛浓烈、参与广泛、声势浩大、节目精彩”。本届艺术节的主题是：彰显个性，和谐成长。

本次校园文化艺术节活动的特点有：

一，全员参与，重在普及：全校师生根据各自的兴趣、爱好、特长分别与了学校组织的各项活动，参与率达100%。在参与中受教育，在活动中受到启发、感染和提高。

二，内容丰富，可供选择：历经一个多月的艺术节，举办了13项校级比赛，评出了830个等级奖次。

三，层次分明，有利提高：今年每一项活动，我们按照班级、年级、校级层层开展，层层选拔，不断反思，不断改进，有利提高。

四，因地制宜，不断创新：今年我们的小巧手项目比赛充分展示了这一特点。

五，彰显个性，和谐成长。

本届艺术节的活动准备工作，我们把它融入在部颁计划的课时活动中和课外活动中，让学生以艺怡情、以艺益智、以艺健体，和谐成长。通过本届艺术节的开展，广大师生的共同参与，相互交流，达到一个共同的育人目标，净化我们的心灵，优化我们的环境，美化我们的校园。让我们石小人的心灵更美，人文环境氛围更好，师生们品行更高尚，行为更文明，谈吐更文雅，人际环境更和谐，学习、工作更勤奋，让灿烂的精神文明之花，结出丰硕的素质教育之果。

老师们、同学们，本次校园文化艺术节即将落下帷幕，但我相信本届艺术节各项活动，将永载石小的办学史册，艺术节是个有限的时间段，但艺术大舞台是个无限的空间，老师们、同学们，让我们插上艺术的翅膀，展开艺术的想象，畅游在艺术的海洋，让我们共同构建和谐的旋律，营造艺术的校园，让我们的欢歌笑语荡漾在校园的每一个空间，尽情享受美的生活，努力做一名成功快乐的石小人！

谢谢大家！

## 教职工大会闭幕词

尊敬的各位领导、全体教职工：

五爱小学三届二次教职工大会经过全体教职工的共同努力，圆满地完成了各项议事日程，现在就要闭幕了。

这次大会的成功召开，与大家的齐心协力是分不开的。感谢全体教职工的热心参与。全体教师认真学习讨论了绩效工资实施方案，大家以主人翁态度积极参与到我校教职工大会的筹备、组织、提案征集等各个过程，对我校的工作目标提出了许多合理化的建议，使我们这次大会真正开成了团结务实的大会。五爱小学前途灿烂，大有希望。

这次大会，我们确定的中心议题：“打造优秀教师团队，提升学校核心竞争力。”这是根据我校的实际提出来的，符合五爱小学的整体发展思路，我们的工作要紧紧围绕这个目标，扎实进取，为学校更上一层楼作出应有的贡献。

大会期间，我们认真听取了校长作的《学校工作报告》，提案组张老师作的《提案整理落实报告》。同时进行了认真的讨论和审议。从提案的内容可以说明我们学校的老师对学校发展是那么关心，同时也反映了教师对学校管理的民主意识和主人翁精神。

各位与会者：

五爱小学正以渐行渐远正常发展步伐一步一个脚印向前发展，得到社会各界和同行们的认可。让我们为了“打造优秀教师团队，提升学校核心竞争力”而努力奋斗吧！

祝全体教职工身体健康、事业有成、万事如意！

现在我宣布：五爱小学第三届二次教职工大会胜利闭幕！

# 文艺演出会闭幕致辞

老师们、同学们：大家好！

为全面贯彻教育方针，丰富校园文化生活，我校举办了第四届校园艺术节。由政教处、团委承办的本次艺术节，继续“用艺术陶冶情操、以文化丰富校园”的理念，旨在展示我校美育成果和当代中学生的青春风采，以艺术形式教育、感染、激励广大中学生热爱生活、奋发向上，创造美好。

本届艺术节主要通过丰富多彩的师生文艺演出活动，为我校提供了一个展现自我、挑战自我的艺术平台。

这次活动非常成功。整个文艺演出，师生们表现出了极大的热情，达到了预期目的。我们听到了心灵的呼唤，得到了美的享受。这次文艺演出，为校园文化生活绘出了亮丽的一笔，集中展示了我校师生的精神风貌，这是素质教育的成果展示，充分说明了我校师生多才多艺，我们的学生自身都有巨大的潜能：艺术天才和创新能力。倡导德、智、体、美、劳全面发展，学会生活，热爱生活，歌唱多彩人生，创建团结和谐团体，是我们永恒的追求。

感谢夏校长创设了让大家一饱眼福的机会！为唱好这台大戏，马主任忙前忙后，调度有方；刘岩团书记一线指导，多次彩排，借影碟机，查找vsd歌碟；班主任及音体美老师等老师的积极参与、协同配合，动员激励，选拔选手；每位参加演出的同学及两位节目主持人一遍又一遍地排练，追求完美，付出了大量的心血和汗水。我们所有参与演出的师生、各位评委及工作人员，你们辛苦了！

文艺演出的所有节目能够贴近学生生活，不仅丰富了我校的课余生活，也把“艺术”带到了每个普通学生的身边。应该说，整台节目演出流畅，精彩纷呈，既是学生们综合能力的展示，又是师生们通力合作的展现，博得了师生们如潮的掌声。

通过选手表演，评为认真打分，我们评出优秀节目××个，集体奖××个。待会马主任公布。

让我们在艺术的天空里放飞希望，在嘹亮的歌声中健康成长！老师们，同学们：今后，无论参加什么活动，只要学校组织，我希望我们的全校师生都要像今天这样热情高涨。爱我们的校园，爱我们这个和谐的团队！

谢谢大家！

# 【闭幕会佳词妙句】

◎××公司第×次职工代表大会经过全体代表的积极努力和大会工作人员的辛勤工作，圆满完成了各项议程，实现了预期目的，现在就要闭幕了。

◎××市科协第×次代表大会，在市委、市政府和省科协的亲切关怀下，在与会同志们的共同努力下，圆满地完成了预定的各项任务，今天就要胜利闭幕了。这是我市科技界具有历史意义的大会，是继往开来、团结奋进的大会，也是动员广大科技工作者为我市率先基本实现社会主义现代化建功立业的大会！

◎××××年秋季田径运动会，在组委会的精心组织下，经过全体工作人员、裁判员的辛勤工作和全体运动员的奋力拼搏，圆满完成了各项比赛任务，取得了预期的效果。比赛进程井然有序，组织的非常成功，这充分体现了大会组委会的高度重视和全校师生员工积极配合、团结协作的集体主义精神。

◎在此，我谨代表××大学××教研中心的全体人员，向所有嘉宾和与会的专家学者们致上最深的感谢和祝福，谢谢大家共襄盛举，使得本次会议圆满成功，今后期待经常与大家交流，下次会议再见，谢谢！

◎在此，我代表××中学向为这次运动会作出了不懈努力的全校师生表示深深的谢意！向取得优异成绩的运动员和获奖的班级表示衷心的祝贺！

◎在此，让我代表大会主席团向各位代表、全体工作人员表示衷心的感谢！向选举产生的第×届两委委员表示热烈的祝贺！

◎这次会议，开得很成功，是一次继往开来、与时俱进的大会，求真务实、谋划发展的大会，发扬民主、团结奋进的大会。

◎激情点燃梦想，奋进铸就辉煌。在今后的征途上，我们肩负的历史使命更光荣而神圣，面临的任务更艰巨。让我们以这次运动会为新的起点，团结拼搏、奋力争先，迎着朝阳创一流业绩，昂首阔步迈向更加辉煌的明天！

◎这次运动会的圆满成功，为弘扬奥运精神作出了积极的贡献，为我县体育事业的发展谱写了新的篇章！

◎同志们，我们即将进入一个新的世纪和关键的历史发展时期，回顾过去，令人鼓舞；展望未来，令人振奋！我们的使命艰巨而光荣，我们任重而道远。

◎热烈祝贺这次学术研讨会胜利闭幕！

◎最后，我代表全体与会人员向为本次会议提供热情、周到服务的全体工作人员和有关单位的同志们表示衷心的感谢！

◎现在，我宣布××市科学技术协会第×次代表大会胜利闭幕！

◎朋友们，让我们从明天开始，带着人生的梦朝前走，让我们就像许多朋友们说的那样："共唱一首歌，20年后再相会！"

第五章

# 座谈场面话：推心置腹，谈笑风生

座谈会是有关单位调查研究，了解情况经常使用的一种方法。可以毫不夸张地说，座谈会不仅会是对座谈者口才能力的检验，而且也是衡量座谈者学识水平，逻辑思维和临场发挥等多种能力的综合测量。

## 学习交流座谈会主持词

尊敬的各位领导、老师：

Z：亲爱的同学们！大家下午好！

Z：欢迎来到我们学校的自动化系学习生活经验交流会，很高兴能在这样一个美好的下午与大家相聚。

L：首先为百忙之中前来出席本次交流会的老师和同学们，表示热烈的欢迎和衷心的感谢！

Z：“金风吐睿、锦囊探计”是本次交流会我们想呈现给大家的理念。希望本次活动能给同学们提供一个与老师和高年级学长交流的机会，了解学习和生活的经验。

L：这样我们就能通过榜样的力量，激发学习动力，解决处理学习与工作关系问题的方法，建立合理的大学定位。就像苏格拉底曾说过：世界上最快乐的事，莫过于为理想而奋斗。

Z：是这样，理想是大学生不可或缺的东西，大一同学作为新生刚刚步入大学校园，对大学的方方面面都比较陌生。通过本次经验交流会，希望06级新生们吸收到许多宝贵的学习生活经验，明确自己的目标，制订合理的学习计划。

L：走过大一，进入大二，这是心理问题的多发阶段，学习、爱情、人际交往都成为问题的来源。各种过级考试接踵而至，繁重的课业负担使他们难以喘息。人际关系方面也会遇到很多问题。

Z：到了大三呢，学生们往往会有压力感，而这是源于专业课学习的深入，大部分学生开始考虑自己以后的职业发展和考研问题，对自己的前途感到茫然。

L：那么今天我们请来了很多高人来为大家指点迷津，大家好好把握机会哦，首先让我们为大家介绍今天到场的嘉宾，他们是……

L：好，接下来请××教授给我们做有关大学定位方面的指导。

Z：感谢…教授的精彩讲话，听了他的讲话，我相信大家从中都会有所收获。

L：苏轼曾说过："博观而约取，厚积而薄发。"那么为了让大家从各个角度体会大学生活，我们也请来了优秀学生代表。那么下面由我们为大家一一介绍。

各学生嘉宾介绍自己的学习生活经验……

（发言）L：听过了学生嘉宾给同学们带来的丰富经验，可以看出他们都有"业精于勤荒于嬉"的信念，都有自己明确的奋斗目标，或许正是这些成就了他们的优秀。

（不发言）L：相信他们都有"业精于勤荒于嬉"的信念，都有自己明确的奋斗目标，或许正是这些成就了他们的优秀。

Z：同学们在学习生活中一定会遇到很多问题，那么下面把时间留给大家，同学们可以向各位学生嘉宾（和老师们）自由提问。

提问……

L：由于时间关系，很遗憾不能让每位同学的问题都得到解答。

Z：就是这样，爱因斯坦说过：学习知识要善于思考，思考，再思考，希望同学们能够认真思考这些问题。

L：接下来请××领导老师作总结发言。

Z：让我们用热烈的掌声有请。

讲话……

L：感谢××老师对本次交流会的总结。我们可以看到，本次会上老师和各位优秀学长，对怎样成功实现从高中生到大学生的转换、合理支配和利用时间、处理学习和工作的关系等问题进行了透彻的分析和解答。

Z：此时此刻，相信大家都受益匪浅，正如我开始说的“金风吐睿、锦囊探计”，相信今天这么多锦囊总会有适合你的一计。

L：诸葛亮曾说：非学无以广才，非志无以成学。那么从现在开始明确自己的目标，制订合理的学习计划，确定努力方向，充实大学生活，为未来而努力奋斗！

Z：再次感谢各位的光临，本次经验交流会到此结束。再见！先请各位嘉宾退席。

## 调研座谈会主持词

同志们：

为了做好我县纪检监察调研信息工作，提高调研信息的质量和水平，及时、全面、准确地反映我县纪检监察工作的进展和成绩。今天，我们在这里召开×××纪检监察调研信息培训会。

参加今天会议的有市纪委宣教处×××，县纪委××、×××，以及各乡镇街道纪委书记、纪工委书记、信息员，县直属各单位纪委书记（纪检组长、分管领导）及信息员。

借培训之际，两位室主任就全县案件工作、调研信息工作做部署。所以，今天的会议有三项议程：一、纪检室、宣教室部署工作。二、×书记讲话。三、×主任讲课。

一，下面进行会议第一项议程

先请×××部署工作，大家欢迎。

请×××部署工作，大家欢迎。

二，下面进行会议第二项议程

请×书记讲话，大家欢迎。

刚才，纪检室、宣教室就相关工作作了部署，并针对各乡镇、街道、县直机关考核提出了具体要求，何书记作了讲话。会后，一要汇报好传达好，向单位领导汇报向下属单位传达好会议精神；二要落实好贯彻好，按会议部署落实好具体任务。

三，下面进行会议第三项议程

请翟主任为我们讲课。翟主任从事纪检监察宣教工作已有十余年，分管全市纪检监察调研信息工作，业务精通，积累了丰富的经验。今天，翟主任在百忙之中抽出时间来给我们传经送宝，让我们用热烈的掌声欢迎翟主任给我们讲课。

翟主任的讲课旁征博引，深入浅出，具有很强的针对性、指导性、实践性，给我们的工作很大的启迪和帮助，我们受益匪浅。让我们再次用掌声感谢翟主任的讲课。

就下阶段做好调研信息工作强调两点：

一，提高认识，落实责任，切实发挥调研信息窗口宣传作用

纪检监察调研信息是衡量一个地方和单位纪检工作水平的一项基本指标，关系到纪检工作能否得到有效的提升和推广。我们一定要从新形势发展的大背景出发，从纪检工作发展需求出发，从提高纪检工作整体水平的高度出发，进一步深化对调研信息工作重要性的认识，增强工作的责任感和紧迫感，落实责任，切实完成调研信息报送任务。

二，加强领导，组建队伍，不断提高调研信息的质量和水平

从我县目前调研信息报送情况看，总体较好，但也存在着报送的材料缺乏深度、各单位报送不平衡等问题。要提高信息报送质量，在新形势下取得新发展，关键在于是否有一支高素质的调研信息工作者队伍，希望各位领导回去后加强对本地方本单位本系统下属单位的领导，组建一支覆盖社会各界的调研信息信息员队伍，畅通渠道，借势借力，努力形成“上下联动，横向协作”健全的报送网络。在座的信息员要勤于思考，善于捕捉工作中的亮点、热点和创新点，进一步提高工作的敏锐性，培育敬业精神，强化实干作风，加大报送力度，为我县纪检监察调研信息工作迈上新台阶而不断努力。

## 劳模座谈会主持词

同志们：

参加今天庆祝“五一”国际劳动节座谈会的有来自全区各行各业的劳模代表（共20名。其中：全国劳模1名，省级劳模3名，市级劳模9名，区级劳模7

名）；区直有关部门的负责人；区总工会全体党政班子成员；到会的领导有区委副书记××同志，区委常委、区委组织部部长××同志，区人大副主任、区总工会主席××同志，区人民政府副区长××同志，区政协副主席××同志。

第一个议程：全区劳模情况通报。我区现有劳模242人，其中全国劳模1人，省级劳模18人，市级劳模116人，区级劳模107人。242名劳模中，行政事业单位职工劳模128人，企业单位职工劳模102人，农民劳模12人，男性劳模165人，女性劳模77人，党员劳模180人，具有大专以上学历的劳模66人，分布在全区各个领域、各个行业。近几年来，我区各级劳模紧紧围绕区委、区政府工作大局，服从和服务于经济建设中心，为建设社会主义新农村、全面构建“平安××、富裕××、和谐××”作出了突出贡献，涌现了××、××、××、××、××、××等一大批公而忘私、艰苦奋斗、真诚奉献、不计名利、忠于职守、自强不息的优秀人物，他们展现的是工人阶级主人翁精神，践行的是胸怀全局、淡泊名利、爱岗敬业、开拓创新的优良传统，影响和带动了全社会。他们敢为人先的品格和无私奉献的精神，赢得了社会各界的广泛赞誉。参加今天座谈会的全国、省、市、区四级劳模代表，是我区劳模中的佼佼者，有来自机关事业单位、企业生产一线的劳模，有来自街道社区、乡村基层的劳模，也有来自教育战线、卫生系统的劳模，等等，接下来他们将要围绕弘扬劳模精神，发挥劳模作用，结合本职工作表态发言。

第二个议程：劳模发言。

第一个发言的是全国劳模××同志，题目是《发挥劳模作用，默默奉献余热》；

第二个发言的是省级劳模××同志，题目是《带领群众奔小康，建设社会主义新农村》；

第三个发言的是区级劳模××同志，题目是《坚持诚实守信，做大做强企业》；

第四个发言的是区级劳模××同志，题目是《服务居民群众，强化社区建设》；

第五个发言的是区级劳模××同志，题目是《搞好来信来访，维护社会稳定》；

第六个发言的是市级劳模××同志，题目是《提高员工素质，建设和谐医院》；

第七个发言的是区级劳模××同志，题目是《救助弱势群体，体现党的温暖》；

第八个发言的是区级劳模××同志，题目是《开展健康活动，活跃社区文化》。

第三个议程：区直部门负责人发言。

第四个议程：通过并宣读倡议书。

第五个议程：领导讲话。

请区委副书记××同志作重要讲话。刚才书记对我区近年来的劳模工作给予了充分肯定，对劳模在全区经济社会发展中所发挥的作用、产生的社会影响进行了高度评价，对今后如何适应新形势、把握新特点，紧扣区委、区政府工作大局，进一步做好劳模工作、发挥劳模的示范作用、在全社会营造关爱劳模、学习劳模、争当劳模的浓厚氛围，提出了具体要求。我们要认真领会陈书记的讲话精神，按照他提出的要求，扎实做好新形势下的劳模工作，让劳模风采在全区上下充分展示，让劳模精神在××大地大放光彩。

## 志愿者座谈会主持词

各位代表：

今天我们在这里隆重召开×省电子信息技师学院青年志愿者协会第六届成员代表大会第一次会议，本次大会的主题是：总结青协六年来的工作，讨论后期发展方向。本次大会应到38人，因病因事请假×人，实到×人；特邀嘉宾9人，到会人数符合法定人数，可以开会。现在我宣布：×省电子信息技师学院青年志愿者协会第六届第一次成员代表大会开幕。请全体起来，奏《青年志愿者之歌》。

各位代表，今天下午全体会议的议程是：听取青协副会长××关于青协的工作报告，听取并审议文艺部长杨×关于青协晚会筹备的情况报告共两项议程。

下面请青协会长田×致开幕辞。

现在进行第一项议程：请青协副会长××作协会工作报告；

现在大会进行第二项：请文艺部部长扬凡作青协晚会筹备报告。

各位代表，请我们大家在后面的会议时间安排上认真审议上面同志所作报告。

各位代表，今天的各项会议议程已完成，散会。

## 思想政治工作座谈会主持词

同志们：

经市局党组研究，今天召开全市地税系统思想政治工作座谈会。会议的主要任务是，传达全省地税系统思想政治工作座谈会精神，总结交流近年来全市地税系统思想政治工作经验，研究部署今后一个时期的思想政治工作任务，不断推动地税事业又好又快发展。下面，我讲几点意见。

一全面加强干部思想建设，以理论教育激人心。从改造干部职工思想入手，在理论教育方面下功夫，求实效。认真开展保持共产党员先进性教育活动，培养党员干部坚定的理想信念、高尚的思想品德、务实的工作作风、清廉的个人操守。深入开展学习实践科学发展观活动，充分激发了干部群众解放思想、加快发展的原动力。

……

二切实加强领导班子建设，以率先垂范赢人心。我们按照改革创新、清正廉洁，富有活力、团结和谐的要求，建设高素质的领导班子。建设各级学习型领导班子，紧扣全市经济社会发展思路，大力开展调查研究和工作创新，孵化培育工作亮点，定期组织巡回看变化，提升了各级领导干部勇于破解难题、善于抓好落实的能力。认真贯彻民主集中制原则，推进决策的科学化和民主化，不断增强班子合力，充分发挥班子核心作用。

……

三不断加强制度体系建设，以人为本管理聚人心。教育是先导，制度是保证。我们先后制定了《思想政治工作实施办法》等一系列制度办法，建立了推进思想政治工作的长效机制。落实领导包片挂点制度。广泛开展“领导帮干部、先进帮落后、党员帮群众”思想结对帮扶互助活动，落实帮教对象，明确帮教责任，形成帮教网络，把干部的思想问题解决在基层，矛盾化解在基层。

……

四大力加强地税文化建设，以文化熏陶润人心。加强地税文化建设是推进思想政治工作的有效途径。我们以构建“和谐地税”为目标，以地税文化建设和文明创建为载体，着力构建和谐的领导班子、和谐的干群关系以及和谐的创业环境。全面实施了“楼、洲、带、园”地税文化建设工程，打造了市局规范“三个系统”、县局搭建“十个平台”、分局培育“六小文化”的地税文化立体景观，着力营造关心人、尊重人、发展人的文化氛围。

## 专题讨论座谈会主持词

尊敬的各位领导、嘉宾、朋友们：

大家好！

很荣幸可以参加这个研讨会，与各位来宾一起讨论网络与知识产权的刑事法律保护问题。腾讯作为中国领先的互联网企业，近年来，深刻地感受到了互联网产业在我国得到蓬勃发展。根据中国互联网络信息中心最新发布的“第十九次中国互联网络发展状况统计报告”，截至去年年底，我国网民总人数为1.37亿人，其中宽带上网人数达到6430万人；网民总人数和宽带上网人数均位居世界第二。这表明中国正在进入一个“高速”的网络应用时代，并在全球互联网产业中占有越来越重要的地位。

但与此同时，计算机及网络领域的新型犯罪也接踵而来。在我们所接触到的一些网络犯罪行为，多以窃取用户“互联网服务使用账号”等手段来达到侵权目的，这些行为扰乱正常的网络秩序，给广大人民群众的现实生活带来诸多负面影响。然而，我们却明显地感受到这类违法犯罪频繁发生却难以控制，除了该类行为具有隐蔽性强等特征之外，还有社会环境、法律体系、技术、管理、教育等多方面的原因。例如，当前的法律对许多网络不法行为还难以定罪或者量刑过轻，起不到应有的惩戒与震慑作用。同时，网络道德标准没有确立，缺乏正确的教育引导，一些实施网络侵权行为的不法分子，如黑客、病毒制作者等反而被当成“技术天才”，使我们的社会评价体系发生了不应有的倾斜。

网络的违法犯罪行为给和谐社会、和谐网络的建设带来了严峻挑战。充分运用法律手段，加强网络管理，有效维护网络秩序已是刻不容缓，2007年1月8日，为了遏制网络盗窃行为的危害，腾讯就联合网易、金山、盛大、九城等五家知名的网络服务商联合提出了成立“反网络盗窃联盟”的呼吁，希望打击网络盗窃的行为，维护用户网络财产的安全。未来，腾讯也希望与各方一起以积极的态度、创新的精神，同网络盗窃行为做坚决的斗争，把互联网建设好、利用好、管理好。

今天，我非常高兴与大家会聚在此，共同探讨网络与知识产权刑事法律保护这么一个有着重要实践意义的话题。我预祝研讨会取得圆满成功，冀望我国网络与知识产权刑事保护的研究和实践取得更大进步。

谢谢!

## 员工座谈会主持词

一，开场部分

A：尊敬的各位领导，各位来宾，

B：同事们，朋友们，

C：亲爱的新员工兄弟姐妹们，

D：大家好：下午好!

A：首先请允许我们向大家介绍光临我们联欢会现场的来宾及领导：×××、×××……

B：让我们再次以热烈的掌声欢迎各位嘉宾和领导的到来!

A：又是一年充满希望的七月。

B：又是一年激情似火的七月。

C：今年的七月我们走出了学习与生活过的校园。

D：今年的七月我们走进了向往已久的滨化集团。

A：成为滨化的一员，你们的人生一定会增添一抹亮丽的色彩。

B：因为你们的到来，滨化到处都洋溢着喜庆的气氛，我们代表全体滨化员工。

AB：欢迎你们！

C：昨天，我们还刚刚走出纯洁的象牙塔；今天，我们又站在了人生的起跑线，我们的梦想将在这里起航！

D：是鸿鹄就当志存高远，是雄鹰定要展翅蓝天，作为滨化的青年员工，我们责任在肩、我们阔步向前！

A：四十年艰苦奋斗，四十年风雨兼程，滨化集团正向国家一流的能源化工企业集团大步迈进。

B：四十年开拓进取，四十年创新发展，滨化集团必将不断走向成功、走向辉煌。

C：我们一定要秉承滨化创新、诚信、尽职、敬业的企业精神，为滨化的发展贡献青春和力量。

D：我们愿在这片希望的热土上尽情歌唱，让我们一道做滨化自豪的建设者！

二，结束部分

A：歌如潮，舞如海，歌声唱不尽我们新老员工携手共进的喜悦，舞蹈也跳不尽我们对滨化的热爱。

B：欢聚的时刻记录着我们一张张可爱的笑脸，一句句朴实的话语，一颗颗充满热情的心。

C：站在人生新的起跑线上，我们倍感骄傲与珍惜，我们相信：用滨化伟大的事业一定能够成就青春的理想。

D：蹒跚学步的我们，一定会沿着老一辈滨化人的足迹，从稚嫩走向成熟，从成熟走向成功。

A：今天，我们相约在这里，载歌载舞，书写今日的歌谣。

B：今天，我们欢聚在这里，同心同德，同唱明天的辉煌。

C：美好的蓝图已经绘就，奋进的号角已经吹响。

D：乘着“十二五”大发展的东风，让我们携手同心，众志成城，共同谱写百年滨化的鸿篇巨章！

A：滨化集团2010年欢迎新员工联欢会到此结束，让我们共同祝愿滨化集团明天更辉煌！朋友们，再见！

# 职工代表座谈会主持词

尊敬的各位领导、姐妹们：

今天这个座谈会，我觉得形式非常好，既给大家提供了一个相互交流的平台，也给了大家和局领导面对面沟通的机会。我作为一名从基层单位刚到局机关工作的女干部，无论是资历、阅历、能力还是业绩，都没有什么可圈可点之处，还需要不断向大家学习。在此，我只想借这个难得的机会，说说自己的成长经历和体会乃至困惑，与大家交流共勉。

一，经历是最宝贵的人生财富

我觉得一个人的经历应该是这个人成长的最大财富。我工作经历比在座的领导来说不算丰富，既让我饱尝了酸甜苦辣，更给了我无数的磨炼和启迪，这些都是我一生都用之不尽的宝贵财富。应该说一分耕耘一分收获，有付出才会有回报。在每个工作岗位上都要踏踏实实、勤奋努力，才能走向成功。

二，挫折是最难得的人生际遇

但正是这段时期，不仅迫使我静下心来，解剖反省自己，发现和改进了许多不足，更重要的，是使我拥有了一颗平常心，能坦然地面对个人的进退得失，排除干扰，集中精力干好工作，做到不留遗憾，无愧于心。

三，心态是最重要的人生功课

态度决定一切。人生不可能一成不变，一帆风顺。因此，适时调整心态就是至关重要的功课。如果说这些年来我真有什么经验可交流的话，就是始终保持良好的心态，保持积极向上的动力。走上领导岗位后，我始终坚持高调做事，低调做人的原则，对待同级虚心学习，吸收他人之长；对待下级关心爱护，既严格要求也真诚体谅，用自己对事业的激情去感染他们，激励他们向着共同的目标努力。

在自己的努力和大家的帮助下，我也取得了不少成绩，荣获了一些荣誉。我的内心充满了感激，感谢局领导多年来对我的培养和鼓励；感谢五队班子成员对我的关心和爱护；感谢广大职工对我的支持和帮助。今后的人生我还会经历更多的考验，更多的磨难，但我会始终直面困难，笑对人生。

当前，面对机遇和挑战，如何抢抓机遇，应对挑战，为我局可持续发展发挥好我们女职工的作用，我谈几点个人意见：

第一，我们要加倍地自信。自知者明，自信者强。自信是女性走向成功的精神力量。希望广大女同胞要进一步增强主人翁意识，积极投身到我局各项工作中去，切实发挥“半边天”的作用。

第二，我们要加倍地聪慧好学。时代的发展呼唤富有知识和智慧的女性。21世纪是以创新为主导的世纪，我们女同胞们更要弘扬善于学习、崇尚知识的优良传统，树立终身学习的新理念，不断提升个人知识素养，增强创新意识，培养创新精神，提高创新能力，不断提高学习和掌握运用现代科学技术的能力，练就过硬的本领，努力成长为一专多能的知识型员工，做一个自尊自信自立自强的新型女性。

第三，我们要加倍地热爱生活。女性是生命的直接创造者和养育者，妇女是家庭生活的重要组织者。热爱家庭、热爱生活是女性的优良美德。女性在建立科学文明的生活方式，营造民主、和谐、温馨的家庭人际关系，教育子女健康成长，优化家庭教育环境等方面发挥着不可替代的特殊作用。希望我们女同胞能从自身做起，从点滴事情做起，大力弘扬社会新风，成为社会公德、职业道德、家庭美德的宣传者、实践者。也希望男同胞们在家里要关爱、呵护自己的母亲、妻子、女儿，在单位要关心、尊重、帮助女干部。

最后，我希望所有的女人都能成为“三丽女人”，即：有美丽，有能力，有魅力！也希望大家在以后的岁月里，更加努力地工作，用我们的双手和智慧再创佳绩、再立新功！

谢谢大家！

## 新生家长座谈会主持词

尊敬的各位领导、各位家长：

大家晚上好！

首先，我代表一完小的全体教职员工，向各位领导、家长能够在百忙之中抽出时间来参加今天的家长座谈会表示热烈的欢迎和衷心的感谢。可以说，今天各位的到来，是对孩子学习的关心、支持，也是各位对学校工作最好的支持与配合。在这里我再次代表学校、代表孩子们向在座的各位真诚的说一声“谢谢！”

这次把大家请来，目的是为了让我们每一位学生家长更好地了解学生的学习状况，并通过这次会议让大家了解学校的教育教学现状和发展目标，加强老师与家长之间的联系，共同探讨教育孩子的对策与方法，同时也促使家长能够积极参与到学校的教育管理中来，以便老师能够及时调整工作方法，形成家庭教育与学校教育的合力，从而，进一步提高教育教学质量。总之一句话，就是让每一个孩子获得成功，让每一个孩子健康成长，快乐生活，学有所获，将来都能成为有用之才，这也是我们教育的一个根本出发点和落脚点。我坚信，从这点出发，我们的这次家长会一定能够达到预期的效果，取得圆满的成功。

下面我先简单说一下这次家长会的会议议程：

第一项：×校长致欢迎词并讲话。

第二项：各班负责人讲话。

第三项：正副班主任讲话。

第四项：学生家长代表典型发言。

第五项：家长座谈和班主任及任课教师作深入交流。

第六项：各班负责人总结发言。

一、下面进行大会第一项，让我们以热烈的掌声欢迎××市第一小学×校长讲话。

……

点评：尊敬的各位家长，刚才，×校长代表学校向家长们通报了近几年，特别是新学期开学以来学校各项工作的开展情况和所取得的成就，相信各位家长对学校的各项工作情况已经有了大致的了解。作为一校之长，×校长学校管理的严，教师业务抓的紧，也尤其注重学生的全面发展，重视家庭与学校间的沟通、配合。所以在这里我们向您郑重承诺：我们将继续用我们的爱心和责任心，悉心的呵护您的孩子，陪伴他一点一滴地成长。当然，我们学校也殷切地盼望着能得到各位家长的大力支持，让孩子在家、校这两个环境里快乐、健康的成长。我相信，通过我们的共同努力，孩子们的素质一定会不断提高，未来必定是美好的，而你们的心血一定不会白费，望子成龙、望女成凤不再是奢想。同时我们学校的教育事业也一定会不断地发展，必定会培养出更多更优秀的人才。

二、接下来座谈会的第二项至第六项将分班在各班教室进行，下面我们将时间交给各班负责人，请各班负责人组织家长朋友和正副班主任进行交流，会后将会议记录材料交中心校区政务处。

……

总结：各位家长朋友们，通过今天这次会议，我们加强了沟通，增进了理解。沟通是为了理解，理解是为了更好的沟通，就让我们以这次会议为契机架起心灵的桥梁，使孩子、家长、学校三点一线，更好的朝着一个目标而努力奋斗。

再次感谢各位家长准时参加学校的家长会。祝您的孩子在今后的日子里学习进步、健康成长，也祝各位家长们身体健康、合家欢乐。××市第一小学2012年一年级学生家长会到此结束，谢谢大家！

## 教师节座谈会主持词

大家好！今天是9月9日，明天是我们的节日，教师节，在第三十个教师节来临之际，我谨代表学校工会向各位致以美好的祝愿，祝各位身体健康、万事如意、工作顺利、开开心心每一分钟，快快乐乐每一天！

过去的一年是希望学校发展史上不平凡的一年，学校面貌发生了很大的变化，学校的硬件建设、学校管理水平再上新台阶，学校教育教学质量保持良好态势，走出三年一低谷的怪圈。这些成绩的取得饱含有上级领导的关心和金西老百姓支持，更离不开在座各位的辛勤付出，同志们用自己的勤劳和智慧诠释着校训“勤逊”的内涵，以高度的历史使命感和责任感，发扬爱岗敬业、无私奉献、开拓进取的精神，为我校的改革和发展作出了贡献。在这教师节即将到来的今天，相信同志们总有千言万语在心头，下面有请优秀教职工代表发言。

……

今天座谈会即将结束，我衷心的祝愿与诚挚的问候凝成一段话送给我的老师们：辛苦了，我敬爱的同事们！我们也许没有诱人的待遇，更没有令人羡慕的权利，但是我们有一颗真诚的心。我们以朴实无华的人格吸引人，以沉稳扎实的教学塑造人，以亲切和蔼的态度打动人。我们推崇真诚与奉献，因而我们的心灵永远那么坦荡而年轻；我们信奉付出与汗水，因而我们的收获永远那么殷实而厚重；我们播种信心与快乐，因而我们的笑容永远那么灿烂而迷人；我们打造现在与未来，因而我们的名字永远那么响亮而清晰。

老师们，忆往昔，我们豪情满怀；展未来，我们信心百倍。

最后再次祝全体教职工节日愉快，工作顺利，身体健康！

下周一是中秋节，我的中秋节祝福语是：但愿人长久，千里共婵娟。

谢谢大家！

## 重阳节座谈会主持词

尊敬的各位老领导、老教师、老前辈们：

大家上午好！

金秋送爽，丹桂飘香，值此2015年九九重阳节来临之际，我们学校非常荣幸的邀请到教育战线的老前辈们欢聚一堂共度这美好的时光。首先，让我们用掌声对大家的到来表示最热烈的欢迎，并向大家致以崇高的敬意和真诚的节日祝福。

老年人是社会成员的重要组成部分，老同志的经验和智慧是党和国家的宝贵财富。忆昔日，您们呕心沥血，任劳任怨，用辛勤的汗水谱写了一首首人生的赞歌。看今朝，枝城小学的发展，有您们不可磨灭的贡献。今天您们虽然离开了教学工作岗位，但仍然为了学校的进一步发展壮大建言献策，发挥您们的优势。在您们身上凝聚着中华民族的优秀品质，永远是我们新一代学习的榜样。今天，我们欢聚一堂，以座谈会的形式，共度传统佳节。回忆过去，展望未来，表达我们对老教师、老领导的尊敬和爱戴之情。首先，让我们掌声欢迎学校党支部副书记李德柱同志致辞。下面，让我们欢迎学校党支部书记、校长余吉全同志讲话。

各位老领导、老教师，老前辈们，在全面建设小康社会、推进社会主义现代化建设的征程中，教育发展至关重要，我们一定要在科学发展观的指导下，求真务实，真抓实干，追求卓越，开拓创新，构筑教育发展新平台。同时,请各位和我们一起共商学校改革发展大计，一如既往，热情关心、支持枝城小学的发展，和我们一道，再创枝城小学新辉煌！

最后，祝大家节日愉快，身体健康，家庭幸福，万事如意！

## 【座谈会佳词妙句】

◎大家好，今天我们开个简短的座谈会。这次座谈会目的在于加强××海关与开发区管委会职能部门的沟通、交流与合作，打造与国际接轨的服务平台，研究和了解区内企业的需求，主动协调，排忧解难，提供便利，为区内企业保驾护航。

◎下面，我们一起开个座谈会，请大家各抒己见，畅所欲言。

◎下面，开始座谈。请各位首长和同志们多提宝贵意见和建议。

◎今天座谈会主要有两项议程：一是请××同志通报我区2012年度经济和社会事业发展情况；二是请大家座谈发言。

◎这次座谈会开得喜庆热烈，大家欢聚一堂，豪情满怀。大家敞开心扉、畅所欲言，建言献策，为××的发展提出了许多宝贵的意见和建议，使我们再次感受到了热爱××、奉献××的诚挚之心。

◎刚才，在座各位都逐一作了发言，大家能紧密结合实际畅所欲言，话题范围广，充分反映了民意，很多同志都提出了有见地、有针对性的意见和建议，提出了解决问题的办法，听了以后很受启发。

◎技校两年的时光虽然短暂，但师生情谊永生难忘，下面有请×老师和×老师给我们说几句。

◎最后，我提议，让我们再次以热烈的掌声向×校长一行表示热烈的欢迎和衷心的感谢！

◎今天会议就进行到这里，我代表县委对于各位代表能够积极参与此项工作，表示衷心的感谢！

◎今天的座谈会到此结束，散会！

◎今天的座谈会就开到这里。谢谢大家！

第六章
# 年终总结会场面话：总结过去，展望新年

年会指某些社会团体一年举行一次的集会，是企业和组织一年一度不可缺少的“家庭盛会”，主要目的是激扬士气，营造组织气氛、深化内部沟通、促进战略分享、增进目标认同，并制定目标，为新一年度的工作奏响序曲。在年会上发表讲话，可以把握“回顾过去—展望未来—祝福大家”这样的线索进行，抓住重点，高度概括，总结得失，提出希望。

## 年会领导总结词

各位领导、理事、老师们：

××县中学政治教学研究会第八届年会，在县教育局等上级有关领导的关心和支持下，在各位理事、老师们的共同努力下，已圆满地完成了会议的各项议程。会期虽短，但议程紧凑，内容丰富。一天来，各位理事、老师们以高度的主人翁的责任感，积极参与，献计献策，保证了这次会议的成功召开。

这次大会认真地听取并通过××会长代表××县中学政治教学研究会第八届理事会所作的工作报告。这个报告对过去两年学会的工作进行了实事求是的总结，并精辟地分析了当前我县政治科教育教学所面临的机遇与挑战，提出相应的对策。××会长也对今后工作提出了希望与设想。××秘书长的学会工作计划内容详细，切合实际，对今后的工作任务讲的目标明确，措施具体，具有较强的可操作性。大会还观摩了本次评选的片段教学比赛，各位教师在比赛中表现中良好的教师素养与扎实的教学基本功。但是我们应该看到我们的教育教学水平与发达地区的差距，从而增强我们的危机意识与责任意识，在今后的工作中努力工作，认真钻研，为提高××县政治教学的水平作出自己应有的贡献。

这是一次继往开来、与时俱进的大会，这是一次团结鼓劲、奋发进取的大

会。老师们一致表示，要以这次会议的精神和学会的奋斗目标为动力，群策群力，积极工作，为促进我县政治课教育教学水平的显著提高，为促进学生素质的全面发展而努力奋斗。在这一天的会议期间，会场始终充满了民主、团结的浓厚气氛，收到了预期的效果，取得了圆满的成功。

各位老师，只要我们明确方向，坚定信念，一如继往地发扬团结、拼搏、奉献的精神，我相信一定会实现年会规划的宏伟蓝图。

最后，祝各位领导、理事、老师们身体健康，工作顺利，万事如意！

## 概括型年会总结词

尊敬的各位领导，同事们：

大家好！

今天，非常高兴代表我们部门在做这儿向各位领导汇报一下我们一年来的工作。回首一年来的工作，时光过得飞快，不知不觉中，充满希望的一年就伴随着新年伊始即将临近。现就本年度重要工作情况总结如下：

在政治思想方面。我主动要求进步，能够严格遵守局里各项规章制度，在思想和行动上严格要求自己。一方面，注重加强自己的思想品德和职业道德修养，思想觉悟和政治理论水平得到很大提高。另一方面，通过积极参加“争先创优”“热爱伟大祖国，建设美好家园”“机关文化建设年”“争做一名合格的公职人员”等一系列活动，对提高政治素质重要性的认识更加深刻，对投身社保事业、全心全意为人民服务的信念也更加坚定。

在学习及文体活动方面：一是加强政治理论、业务知识学习。从讲政治的高度来认识加强理论学习的重要性和必要性，坚持把学习和积累作为提升自身素质，提高工作能力的基本途径，坚持把参加各种学习活动与自学结合起来，并认真做好重点学习笔记，撰写相关心得体会，做到个人与组织相一致，理论与业务相结合……二是积极参加局里组织的各项文体活动。其中，代表局机关三支部参加局里组织的羽毛球赛，获得团体第一名好成绩。另外，积极参加全市机关干部才艺大赛，也赢得了荣誉。

工作完成情况：一是在做好和会计账的对账工作的基础上，认真完成了定期与银行、财政专户、自治区社保局的各项社保基金收支对账工作。一方面，及时编制银行余额调节表，清理未达账项，保证了基金财务数据的准确性。另一方面，加强与财政的沟通，完成了社保基金投资国债、定期存款进行保值增值的核对统计工作。另外，完成了新系统上线以来，有关基金出纳业务的优化及问题的反馈、协调处理工作……二是做好了全年区属退休教师差额工资待遇的发放工作……三是完成了城镇居民大额医疗保险的征缴、退费工作……四是完成了各项基金支付的往来业务。

在生活作风方面：生活中继续发扬勤俭节约、团结互助的优良作风，并有意识约束自己的言行，努力做到：能自己解决的绝不找领导解决，能暂时凑合的绝不跟领导反映，绝不提过分和无理的要求。同时，正确处理好工作与生活的关系，以积极健康的生活状态为工作打下了良好的基础。

存在的问题和不足：工作取得了一些成绩，是与领导同事的信任和帮助分不开的，同时也意识到自身还存在着许多不足之处，与大家的期望还有差距。一是虽然在思想上始终与党组织保持一致，但在行动上积极向党组织靠拢方面做得还不够好；二是在工作中存在一定失误，虽然都及时补救，但还是影响了工作效率；三是对工作的繁杂性有时出现厌倦情绪、畏难情绪，精神状态不够好，导致进度较慢，需要认真加以克服；四是记账对账受其他工作影响不够及时，同时，因为时间紧，工作任务多，对支出户未达账项的定期清理情况也不理想；五是因为基本在财务岗工作，对具体业务经办技能掌握较少，进而导致对各项业务政策的理解和掌握程度不够，需要进一步加强学习。

针对以上的问题和不足，我将在以后的工作中认真加以克服，同时进一步提高思想政治觉悟，通过不断的学习进行弥补，克服不良情绪，积极主动的做好本职工作。在工作过程中也请领导和同事多批评多指教，使我取得更大的进步。

## 表彰型年会总结词

各位领导、各位同事：

你们好！

刚才，我们隆重表彰了2012年度先进集体和先进个人，××作了重要讲话。×主任在讲话中，全面总结了2012年全委工作的亮点，充分肯定了各科室、各单位取得的显著成绩，并对如何执行好、落实好2012年各项工作任务提出了明确要求。

我们一定要认真学习领会师主任的讲话精神，进一步发扬好的经验和做法，研究新形势，谋划新思路，采取新举措，创先争优、求真务实、确保完成今年各项工作任务，为我市发展作出贡献。

大会到此结束，散会。

谢谢大家！

## 感谢型年会总结词

尊敬的嘉宾、朋友和××的全体同人们：

大家晚上好！

首先，我代表××公司感谢各位嘉宾、各位朋友对××一贯的支持和帮助！

其次要感谢××的全体员工！是你们的努力和敬业使××取得了今天的成绩。还要感谢你们的家人，是他们在背后默默的支持、鼓励和帮助，使你们能全身心的投入工作，他们是当之无愧的幕后英雄。值此新春来临之际，祝你们家庭和睦！身体健康！新春快乐！幸福如意！

在过去的一年，我们涌现了大批的优秀员工，我感谢他们在各自的岗位上作出的榜样！祝愿他们在新的一年再接再厉，取得更大的成绩！还要感谢战斗在全国各地、异地他乡的一线员工，是他们的努力使我们××的产品走进了千家万户，在这里，我要对他们说声：你们辛苦了。

20××年，在各界朋友的大力支持下，在全体员工的共同努力下，××公司取得了可喜的成绩，可以说是一个丰收年：国际业务零的突破，全国统一服务热线95105895的推出，ISO最高奖项管理卓越奖的获得，新厂房的落成无不见证着我们的成功。

的确，未来是非常美好的，让我们携手共进，打造出一个欣欣向荣的国际型企业！

最后请大家举杯，为××美好的明天！为在座各位的健康！干杯！

# 沟通型年会总结词

大家下午好，感谢今天有这个机会和大家能够沟通。今天我演讲的问题是互联网问题八条论纲，大家会以为是马斯洛95条思路。之所以用这样的名头，其实是想提醒各位，应该说中国互联网实际上处于一个变革前夜，我们非常荣幸见证这么一个历程。由于时间不允许，只有15分钟。所以，我就做了一个也不是很艰难的决定，决定把它缩短为8条。

第一条就是讲互联网即将走出其历史的一个“三峡时代”，激情会更多，力量会更大。

我们看互联网发展时间其实很短，是一个新鲜的事物。任何一个新鲜工具出现的时候总会引起社会的惊讶，以及很多关注，并且风靡一时。这个过程就好像长江三峡一样一路险滩，在未来这个阶段过去之后，我们感到到新鲜感逐渐丧失了。但是，这推动了社会结构的重塑，以及创新的力量将会排山倒海般到来。这个转折点一个标志就是每一个公民都能够熟练使用互联网这个工具。

第二点我想讲客户端不再重要，产业上游价值将重新崛起。回顾过去很多人认为腾讯能够成功就是因为有了一个QQ客户端软件。我们能够非常便捷接触到用户，手中有很多用户推什么产品都可以成功，这实际上是一个渠道，我们能够轻易通过这个渠道去接触到用户。但是在未来我们感觉到这个趋势，或者说这种故事将不再存在。

……

第三个是“垄断”，是一个令人烦恼的罪名。在很多情况下这是一个假想敌，是一个不存在的东西。我们看到过去20世纪90年代，大家看我们IT产业，微软是给人诟病最多的被指责垄断的公司。在互联网时代到来的时候，微软面临什么问题呢？我们看到新的很多公司一样可以照样崛起，马云在前两天杭州一个演讲也提到这一点，非常赞同。几乎不可能所有创新者、创业者都认为毫无希望，微软可能进入很多领域，都把很多产业占到第一位的时候，那还有什么机会呢？未来的发展，大家其实是有目共睹的，不仅产生了Google，产生了EBAY，而且还产生了像Google这么强大的公司，像Google已经无所不能，所有互联网产品线都有他的投入。我们看到仍然有FaceBook的崛起，FaceBook之后觉得社交网站，在人际关系已经没有办法能够挑战他地位的时候，我们又看到一种新的形态，微博的形态崛起。

……

第四点截杀渠道仅仅是一个“刺客”，占据源头者才是“革命者”，互联网可以减少所有渠道的中间损耗，大大减低从产品到用户消费者的途径。但是我们看到很多产业，你只是把渠道劫截杀掉，把传统的渠道抢过来。好像你获得一个暂时的利益，并没有根本性的改变整个格局。那么，在过去来说，互联网大幅度拉低交易成本，冲击传统产业链的渠道看起来很厉害，但实际上你回头一看，很多被传统替代，很多代替传统产业的公司非常尴尬。比如我们看当当取代了很多的大量实体书店，但并没有大量的盈利。还有看看我们曾经在传统行业里面，非常大的一个产业，就是分类广告，现在走到互联网上之后并没有把他原来那块产值挪到互联网公司上面去，他没有，是给扁平化掉的，消化掉了。

……

第五点我想谈一下广告模式是“产品经济”的产物，而知识产权模式是“体验经济”的宠儿。我们再看看我们过去的产品经济时代，产品和注意力是分离的，也就是说销售产品为了获得知名度和名誉度不得不到媒体那边购买注意力，这个就是广告的本质。

……

我们再看下一点，不要被“免费”吓倒，拥有“稀缺性”就拥有了破解免费魔咒的武器。过去有一本书叫《免费》，未来以软件形式存在的内容都会免费的。这会让我们很多立志于制造内容和软件的公司都非常绝望。并不是所有有价值的东西都就可以在市场中找到价格，比如空气对所有人都非常重要很有价值。但是没有人去买卖这个空气，为什么呢？太多了，这里面提到一个价值重要前提，就是稀缺性。

……

第七，产品经济束缚人，互联网经济将解放人。我们现在谈到是务本经济，有时候人性会被扭曲、束缚。比如在今年我们看到富士康这个事件都可以看到这些情况。我们认为互联网使命之一就是要改造传统的务本经济，把人从组织中束缚解救出来。也就是说，在互联网未来世界里拥有独特魅力和独立的人会成为最终源头，会成为最终的赢家。你咨询会免费，但是你招揽一些作家会赚钱。

……

最后一点，我想谈一下“云组织”。在云组织时代伟大公司不见得是一个大公司，云这个词在没有充分了解的时候，已经给市场上都用烂了。但是，我又没有找到更贴切的词汇来形容我们即将面临的时代，我们今天讲的云不是云计算的云，云计算更多是一种技术形态，我们讲的云是未来社会的形态。

……

讲了这8条还远远不能描述我们对未来的理解和憧憬。我们看到在这个时代转折的一个门槛上面，我们能够做的事情仅仅是用一种理性，热情这样抽象的一种方式来描述，虽然我们好像是一种瞎子摸象似的描述了。大家可以想象一下，腾讯在过去一个多月，刚刚经历一次激烈的风波，或者说是纷争。事后回想其实有很多的反思在这里面，但是我不想沉浸在所有的纷争之中，我更多希望往前走，向前看。

……

## 鼓励型年会总结词

全体工作人员：

大家好！不知不觉已进入2012年。今天，我们欢聚一堂，庆祝公司圆满走过了骑玉兔，急飞跑的2011，迎来了飞云天，驾腾龙的2012。我谨代表公司领导们对全体员工一年以来的恪尽职守，默默耕耘表示深深的感谢：“谢谢你们，在过去一年里，大家都辛苦了”。

智慧创造价值，责任成就未来，2011年，我们同心协力克服了种种的压力和困难，进一步扩大了公司规模，壮大了员工队伍，完善了产品内容，加快了拓展步伐，使公司有了卓有成效的发展，同时团队的素质、专业的精神、管理的层次都得到了较大的提升，为公司日后发展和腾飞打下了坚实的基础，所取得的每一个可喜的成绩，离不开公司全体工作人员的共同努力，你们是当受表扬的，同时也证明了领导层所带领的这支工作团队是一个有凝聚力，执行力，且勇于创新，锐意进取的优秀团队，你们是优秀的，我为公司能够有这样一支团队而感到自豪。

紧抓机遇，迎接挑战，面对2012，我们的任务是艰巨的，在新的一年里，公司要在各方面进一步完善和拓展，从管理，产品，市场等方面多管齐下，继续保持良性平稳快速发展，同时进一步为员工提升发展空间，并努力为大家营造一个放心，安心，舒心的工作环境，使员工在公司感受到家一般的温暖。近期工作进程需要加快，在此期间，希望大家克服困难、继续拼搏，发扬踏实肯干，任劳任怨，自告奋勇的工作精神，同心同德，再接再厉，为完成公司目标，实现公司宏伟蓝图加倍努力！

昨日的成绩令我们欣喜，今日的埋头预示着明日的辉煌，作为公司的领导，感谢你们一年以来尽职尽责所做的卓有成效的工作，你们的付出公司是不会忘记的。希望在今后的工作中，各位员工一如既往的团结互助，相亲相爱，不断提高自身业务水平，鼓足干劲，一拼到底，携手与公司飞速成长，争取明年再聚首的时候，我们每个人连同公司一起，在全北京具有一种雄赳赳，气昂昂的知名度。愿在座的每位成员都能成为顶梁大柱，为公司的明天托起一片骄人的辉煌和璀璨。

值此新春来临之际，祝大家新年快乐，工作更上一层楼！并通过你们，向一直支持我们工作的家人，亲人以及好友们致以诚挚的问候，祝福大家身体健康，阖家幸福，吉祥如意！希望今天大家都能玩得尽兴，笑得开怀！

## 展望型年会总结词

同志们：我们这次大会，既是一次回顾过去、表彰先进的总结大会，又是一次展望未来、再创佳绩的动员大会。各位领导的讲话都很重要。既是对我们过去的工作的充分肯定，更是对我们今后工作的极大鼓舞和鞭策。我们将始终铭记各位领导的谆谆教导，全力培育核心竞争力，持续打造学习型快乐银行，促进各项业务持续稳健快速发展，决不辜负各级领导的殷切希望。

希望各单位、各部门紧紧围绕8××和6××目标任务的分解，紧紧围绕集团总公司精细化管理与创新落实年活动的方案，紧密联系解放思想大讨论活动的开展，紧密联系20××年工作会议的部署安排，紧密联系各自工作的实际，把会议精神，扎扎实实的学习好、领会好、贯彻好、落实好。

同志们：回首20××年，我们豪情满怀，展望20××年，我们信心百倍。过去的成绩已经孕育着新的希望，新的希望将激励着我们继续创造新的辉煌。我们相信，有市委市政府、集团公司的正确领导，有各级监管部门的大力支持，有全行广大干部员工的共同努力，在新的一年里，我们的银行一定会继续全面给力，我们的银行一定能够瞄准上市的目标，乘势而上，实现新的更大的跨越！

尊敬的各位领导、同志们：新春佳节即将来临，衷心的祝愿大家，在新的一年里，身体健康，工作顺利，阖家幸福，万事如意！

大会到此结束！

## 【年终总结会佳词妙句】

◎时光荏苒，2013年很快过去了。回首过去的一年，不禁感慨万千。

◎时间如梭，转眼间又将跨入另一个阶段，回首望，虽没有轰轰烈烈的战果，但也算经历了一段不平凡的考验和磨砺。

◎为了总结经验，发扬成绩，克服不足，现将2013年的工作做如下简要回顾和总结。

◎伴新年钟声的临近，依依惜别了任务繁重、硕果累累的2013年，我们满怀热情迎来了光明灿烂、充满希望的2014年。年终之际，现对公司过去一年里所作的工作汇报如下：

◎又是一年辞旧迎新时，回首过去的一年，倍感时间的紧迫。在这匆匆忙忙，平平凡凡的一年中，我们大家一起勤勤奋奋，踏踏实实，平平安安地又度过了一年。我们一起经历了一段磨砺和考验。

◎我代表公司董事长及各位领导，向一年来辛苦工作的各位员工表示感谢。同时我也在此代表各位员工，向一年来带领全体员工一起为公司的发展，为了每个员工的平安幸福殚精竭虑的×××表示忠心的感谢和诚挚的祝福。

◎光阴如梭，一年的工作转瞬又将成为历史，2013年即将过去，2014年即将来临。新的一年意味着新的起点新的机遇新的挑战，我们决心再接再厉，更上一层楼，一定努力打开一个工作新局面。

◎各位员工，新的一年来到了，对我们来说成绩已经成为过去，我们必须面对新的机遇和挑战，我相信在×××的带领下，在全体员工的团结努力下，我们一定能够抓住机遇，战胜困难，迎接挑战。我坚信我们的明天会更好！

◎同志们：2013年已经过去，机遇与挑战并存、风险与收益同在的2014正向我们走来。新的一年，万象更新，公司希望各位员工要积极行动起来，团结一心，爱岗敬业，奋力开拓，以更加饱满的热情，以更加昂扬的斗志，为实现公司2014年年度目标任务而努力奋斗！

◎总之，这一年以来，我们有得也有失，有苦也有甜，但是不论欢笑或泪水，都将会是我们每个人在爱心社弥足珍贵的珍藏。相信明天会更好！

◎展望新的一年，我们将继续努力，力争各项工作更上一个新台阶。

第七章
# 演讲场面话：胸有成竹，滔滔不绝

演讲是场面讲话中一种极为重要的形式。演讲的语言要力求做到通俗易懂，要用通俗的说法，尊重多数人的语言习惯。一篇好的演讲还要能吸引人，让听众爱听，这就要求语言的生动形象，使人获得真切实在的感受。精彩的演讲能显示出演讲者学识的广博、举止的优雅、应变的灵活和情趣的幽默。

## 政治演讲：论波兰问题

政治演讲，是指人们对国内外重大事务、历史变革，表明立场、阐明观点、宣传主张的一种演讲。它是政治斗争的重要武器，其内涵丰富，适应面极广。

诸如政府首脑的竞选演讲、施政演讲、就职辞职演讲、各级领导宣传大政方针和实施计划的演讲，以及个人在政治集会上代表一定阶级、政党或个人发表的演讲等，都是政治演讲。好的政治演讲，总是具有巨大的思想容量、精辟的政治见解、旗帜鲜明的立场观点。不仅如此，好的政治演讲，其观点总是先进而健康的，符合历史发展的规律，起着推动社会前进的积极作用。

例如马克思1848年2月22日在布鲁塞尔举行的纪念克拉科夫起义两周年大会上所做《论波兰问题》的演讲，高度评价了克拉科夫革命把民族问题和民主问题以及被压迫阶级联系在一起的做法，并指出这为欧洲树立了光辉的榜样，也为欧洲文明指明了未来革命的方向。

论波兰问题

先生们：

历史常常有惊人的相似之处。1793年的雅各宾党人成了今天的共产主义者。1793年俄罗斯、奥地利、普鲁士瓜分波兰的时候，这三个强国就以1791年的宪法为借口，据说这个宪法具有雅各宾党的原则因而遭到一致的反对。

1791年的波兰宪法到底宣布了什么呢？充其量也不过是君主立宪罢了，例如宣布立法权归人民代表掌握，宣布出版自由、信仰自由、公开审判、废除农奴制等。所有这些当时竟被称为彻头彻尾的雅各宾原则！先生们，你们看到了吧，历史已经前进了。当年的雅各宾原则，在现在看来，即使说它是自由主义的话，也变成非常温和的了。

三个强国和时代并驾齐驱。1846年，因为把克拉科夫归并给奥地利而剥夺了波兰仅存的民族独立，它们把过去曾称为雅各宾原则的一切东西都说成是共产主义。

克拉科夫革命的共产主义到底是什么呢？是不是由于这革命的目的是复兴波兰民族，因而就是共产主义的革命呢？要是这么说，欧洲同盟为拯救民族而反对拿破仑的战争何尝不可以说成共产主义的战争，而维也纳会议又何尝不可以说成是由加冕的共产主义者所组成的呢？也许由于克拉科夫革命力图建立民主政府，因而就是共产主义的革命吧？可是，谁也不会把共产主义意图妄加到伯尔尼和纽约的百万豪富身上去。

共产主义否认阶级存在的必要性；它要消灭任何阶级，消除任何阶级的差别。而克拉科夫革命家只希望消除阶级间的政治差别，他们要给不同的阶级以同等的权利。

到底在哪一点上说克拉科夫的革命是共产主义的革命呢？

也许是由于这一革命要粉碎封建的锁链，解放封建劳役的所有制，使它变成自由的所有制、现代的所有制吧？要是对法国的私有主说："你们可知道波兰的民主主义者要求的是什么？波兰民主主义者企图采用你们目前的所有制形式。"

那么，法国的私有主会回答说："他们干得很好。"但是，要是和基佐先生一同再去向法国私有主说："波兰人要消灭的是你们1789年革命所建立的而且如今依然在你们那里存在的所有制。"他们定会叫喊起来："原来他们是革命家，是共产主义者？必须镇压这些坏蛋！"在瑞典，废除行会和同业公会，实行自由竞争，现在都被称为共产主义。

《辩论日报》还更进一步，它说："剥夺20万选民出卖选票的收益，这就意味着消灭收入的来源，消灭正当获得的财产，这就意味着是一个共产主义者。毋庸置疑，克拉科夫革命也希望消灭一种所有制。但这究竟是怎么样的所有制呢？这就是在欧洲其他的地方不可能消灭的东西，正如在瑞士不可能消灭分离派同盟一样，因为两者都已不再存在了。

谁也不会否认，在波兰，政治问题是和社会问题联系着的。它们永远是彼此不可分离的。

但是，最好你们还是去请教一下反动派吧！难道在复辟时期，他们只有政治自由主义及作为自由主义的必然产物的伏尔泰主义这一沉重的压力战斗吗？

一个非常有名的反动作家坦白承认，不论德·梅斯特尔或是博纳德的最高的形而上学，最终都可以归结为金钱问题，而任何金钱问题难道不就是社会问题吗？

复辟时期的活动家们并不讳言，如要回到美好的旧时代的政治，就应当恢复美好的旧的所有制，封建的所有制，道德的所有制。大家知道，不纳一税，不服劳役，也就说不上对君主政体的忠诚。

让我们再回顾一下更早的时期。在1789年，人权这一政治问题本身就包含着自由竞争这一社会问题。

在英国又发生了什么呢？从改革法案开始到废除谷物法为止的一切问题上，各政党不是为改变财产关系而斗争又是为什么呢？他们不正是为所有制问题、社会问题而斗争吗？

就在这里，在比利时，自由主义和天主教的斗争不就是工业资本和大土地所有制的斗争吗？

难道这些讨论了17年之久的政治问题，实质上不正是社会问题吗？

因而不论你们抱什么观点（自由主义的观点也好，激进主义的观点也好，甚至贵族的观点也好），你们怎么能责难克拉科夫革命把政治问题和社会问题联系在一起呢？

领导克拉科夫革命运动的人深信，只有民主的波兰才能获得独立，而如果不消灭封建权利，如果没有土地运动来把农奴变成自由的私有者，即现代的私有者，波兰的民主是不可能实现的。

要是你们使波兰贵族去代替俄罗斯专制君主，那只不过是使专制主义改变一下国籍而已。德国人就是在对外的战争中也只是把一个拿破仑换成了36个梅特涅的。

即使俄罗斯的地主不再压迫波兰的地主，骑在波兰农民脖子上的依旧是地主，诚然，这是自由的地主而不是被奴役的地主。这种政治上的变化丝毫也不会改变波兰农民的社会地位。

克拉科夫革命把民族问题和民主问题以及被压迫阶级的解放看作一回事，这就给整个欧洲作出了光辉的榜样。

虽然这次革命暂时被雇用凶手的血手所镇压，但是现在它在瑞士及意大利又以极大的声势风起云涌。在爱尔兰，证实了这一革命原则是正确的，那里狭隘的民族主义政党已经和奥康奈尔一起死亡，而新的民族政党首先就要算是改革派和民主派的政党了。

波兰又重新表现了主动精神，但这已经不是封建的波兰，而是民主的波兰，从此波兰的解放将成为欧洲所有民主主义者的光荣事业。

（摘自互联网）

## 经济演讲：在扩大的中央会议上的讲话

一般来讲，经济演讲就是指具有经贸内容性质的演讲。

这类演讲大致可分为公关型，即企业家洽谈贸易，阐述本企业的对外政策，宣传本企业的发展形势和产品特色等；总结型，即企业领导向被授权的大会汇报工作并分析评价工作成绩等；动员型，即企业领导向职工解释生产计划以及计划实施的意义和效益，以便最大限度地调动职工的积极性；经验介绍型，围绕产品质量、销售、管理等经济活动所进行的科研探讨等。

经济演讲服务于经济，其所传递的经济理念和信息，在经济领域起着越来越重要的作用。

因此，演讲的各部分和所有论点都要深思熟虑、严密论证，所提建议以及理念、信息应具有充分的根据，除了出于某种策略考虑外，引用的数据要求准确无误，且有说服力，此外目标也会相当明确而具体。

例如192年1月27日刘少奇在扩大的中央工作会议即著名的七千人大会上的演讲，无论对大跃进造成困难原因的分析，还是对工作中成绩与失误的总结，都能做到讲真话，讲实话，并引用各种数据，具体而又鲜明地提出问题，揭露矛盾，表现了一个马克思主义理论家的高贵品质。

## 在扩大的中央会议上的讲话

同志们：

我代表中央向这次扩大的中央工作会议提出了一个书面报告。现在，在这个书面报告的基础上，我再讲几个问题。

关于目前的国内形势，实事求是地说，我们在经济方面是有相当大的困难的。我们应该承认这一点。当前的困难表现在：人民吃的粮食不够，副食品不够，肉、油等东西不够；穿的也不够，布太少了；用的也不那么够。就是说，人民的吃、穿、用都不足。为什么不足？这是因为1959年、1960年、1961年这三年，我们的农业不是增产，而是减产了。减产的数量不是很小，而是相当大。工业生产在1961年也减产了，据统计，减产了40%，或者还多一点。1962年的工业生产也难于上升。这就是说，去年和今年的工业生产都是减产的。由于农业生产、工业生产都是减产，所以各方面的需要都感到不够。这种形势，对于许多同志来说，是出乎意料的。两三年以前，我们原来以为，在农业和工业方面，这几年都会有大跃进。在过去几年中，的确有一段时间是大跃进的。可是，现在不仅没有进，反而退了许多，出现了一个大的马鞍形。这种情况是不是应该承认呢？我想，要实事求是，应该承认事实就是这样。

这种困难的形势是怎样的呢？为什么没有增产，吃、穿、用没有增加，而且减少了呢？原因不外乎两条。一条是天灾。连续三年的自然灾害，使我们的农业和工业减产了。还有一条，就是从1958年以来，我们工作中的缺点和错误。这两个原因，哪一个是主要的呢？到底天灾是主要的原因呢？还是工作中的缺点、错误是主要原因呢？各个地方的情况不一样。应该根据各个地方的具体情况，实事求是地向群众加以说明。有些地方的农业和工业减产，主要的原因是天灾。有些地方，减产的主要原因不是天灾，而是工作中的缺点和错误。去年我回到湖南一个地方去，那里也发生了很大的困难。我问农民：你们的困难是由于什么原因？有没有天灾？他们说：天灾有，但是小，产生困难是原因是“三分天灾，七分人祸”。后来我调查了一下，那地方有几个水塘，我问他们：1960年这个水塘干了没有？他们说：没有干，塘里的水没有干。塘里有水，可见那里天灾的确不是那么严重。就全国总的情况来说，我在书面报告中是这样讲的：我们所以发生相当大的困难，一方面是连续三年的自然灾害的影响，另一方面，在很大的程度上，是由于我们工作上和作风上的缺点和错误所引起的。至于某一个省、某一个地区、某一个县究竟怎么样，你们可以根据情况，讨论一下，实事求是地作出判断。

……

这些缺点和错误改正之后，坏事就能够变为好事。问题是我们要善于总结经验，善于学习。事物向相反的方向转化，必须具备一定的条件。要使坏事变为好事，就缺点错误来说，它的条件就是我们能够总结经验，能够很好地从经验教训中学习。这样做了，缺点和错误就变为好事了。因此，犯了这些错误，也用不着悲观、丧气。这几年，我们在某些方面跌了跤，而且跌痛了，现在要自己爬起来，把道路看清楚，再向前进。哪一个人走路没跌过跤呢？重要的问题是要实事求是地承认缺点和错误，要总结经验，要善于学习。如果根本不承认有缺点和错误，或者只是枝枝节节、吞吞吐吐地承认一些，又掩盖一些，而不是实事求是地倾箱倒箧地承认曾经有过的和还存在的缺点和错误，经验就无从总结，也无从学习，坏事就不能变为好事。这样的人跌倒了，他自己就爬不起来，当然也不能继续前进了。这种人势必陷入被动，势必要在别人的帮助之下才能站起来，才能继续前进。所以，要使缺点错误这类坏事变成好事，必须有一个条件，这个条件是十分重要的，就是要善于总结经验，善于学习。

（摘自《演讲经典99》，山东人民出版社，石川　林郁选评）

## 军事演讲：一个遗臭万年的日子

军事演讲是指以战争为中心内容的各种形式的演讲，常用于战前誓师，介绍战争形势、任务、战略、战术等；或用于战地鼓气，激励战士同仇敌忾，勇猛向前；或用于战后庆功，宣传战绩，表彰战斗英雄，推广战斗经验等。

1941年12月7日，日本帝国主义偷袭珍珠港，美国总统罗斯福获得消息后，12月8日在参众两院联席会议上发表了《一个遗臭万年的日子》的著名演讲。这篇仅用了6分半钟的简明有力的演讲，既陈述了事实真相，又分析了战争性质及胜负条件，把激昂愤懑之情融于冷静的分析和判断之中，句句都是有力的论据，句句都是炙人的烈火，产生了巨大的反响，参众两院分别以绝对多数票通过了美国和日本之间存在战争状态的联合决议。

## 一个遗臭万年的日子

副总统先生、议长先生、参众两院各位议员：

昨天，1941年12月7日——一个遗臭万年的日子——美利坚合众国遭到了日本帝国海空军部队突然和蓄谋的进攻。

美利坚合众国当时同该国处于和平状态，而且，根据日本的请求，当时仍在同该国政府和该国天皇进行着对话，对于维持太平洋的和平有所期待。实际上，就在日本空军中队已经开始轰炸美国瓦胡岛之后一小时，日本驻合众国大使及其同事还向我们国务卿提交了对美国最近致日方的信函的正式答复。虽然复函声言继续现行外交谈判似已无用，但它并未包含有关战争或武装进攻的威胁或暗示。

应该记录在案的是：由于夏威夷同日本的距离，这次进攻显然是多天乃至若干星期以前就已蓄意进行了策划的。在策划过程之中，日本政府通过虚伪的声明和表示希望维系和平而蓄意对合众国进行了欺骗。

昨天对夏威夷群岛的进攻，给美国海陆军部队造成了严重的损害，我遗憾地告诉各位，很多美国人丧失了生命。此外，据报，美国船只在旧金山和火奴鲁鲁岛之间的公海上也遭到了鱼雷袭击。

昨天，日本政府已发动了对马来西亚的进攻。

昨夜，日本军队进攻了香港。

昨夜，日本军队进攻了关岛。

昨夜，日本军队进攻了菲律宾群岛。

昨夜，日本军队进攻了威克岛。

今晨，日本军队进攻了中途岛。

因此，日本在整个太平洋区域采取了突然的攻势。昨天和今天的事实不言自明。合众国的人民已经形成了自己的见解，并且十分清楚这关系到我们国家的安全和生存的本身。

作为海陆军总司令，我已指示，为了我们的防务采取一切措施。

但是，我们整个国家都将永远记住这次对于我们进攻的性质。

不论要用多长的时间才能战胜这次预谋的入侵，美国人民以自己的正义力量一定要赢得绝对的胜利。

我现在断言，我们不仅要作出最大的努力来保卫我们自己，我们还将确保这种形式的背信弃义永远不会再危及我们。我这样说，相信是表达了国会和人民的意志。

对敌行动已经存在。毋庸讳言，我国人民、我国领土和我国利益都处于严重危险之中。

信赖我们的武装部队——依靠我国人民的坚定信心——我们将取得必然的胜利——上帝助我！

我要求国会宣布：自1941年12月7日——星期日日本进行无缘无故和卑鄙怯懦的进攻时起，合众国和日本帝国之间已处于战争状态。

（摘自《演讲经典99》，山东人民出版社，石川　林郁选评）

## 学术演讲：流氓与文学

学术演讲是一种高层次的演讲，一般在学术研讨会、学术报告会和学术讲座上进行。

学术演讲对传播文化，普及科学知识，促进学术发展，起着积极的推动作用，学术演讲要求内容具有高度的科学性，即所阐述的理论正确反映客观事物内部联系及其发展规律，形成完整、全面、连贯、系统的体系。这就要求从实际出发，实事求是，有正确的观点、翔实的材料、充分有力的证据以及严密周全的论证。

内容的科学性是学术演讲的生命，学术演讲离开了严谨科学的内容，就毫无价值可言。一切片面的、支离破碎的、前后矛盾的主观臆断，都不能登大雅之堂。鲁迅先生1931年在上海同文书院所作《流氓与文学》的演讲，可谓学术演讲的典范。

流氓与文学

流氓是什么呢？流氓等于无赖子加壮士、加三百代言。流氓的造成，大约有两种东西：一种是孔子之徒，就是儒；一种是墨子之徒，就是侠。这两种东西本来也很好，可是后来他们的思想一堕落，就慢慢地演成了所谓流氓。

司马迁说过，“儒以文乱法”而“侠以武犯禁”。由此可见儒和侠的流毒了。太史公为什么要说这样的话呢？因为他是道家，道家是主张“无为而治”的。

这种思想可以说是“癞蛤蟆想吃天鹅肉”，简直是空想，实际上是做不到的。

儒墨的思想恰好搅乱道家“无为而治”的主义。司马迁站在道家的立场上，所以要反对他们。可是，也不可太轻视流氓，因为流氓要是得了时机，也是很厉害的。凡是一个时代，政治要是衰弱，流氓就乘机而起，闹得乱七八糟，一塌糊涂，甚至于将政府推翻、取而代之的时候也不少。像刘备，从前就是一个流氓，后来居然也称为先主，刘邦出身也是一个流氓，后来伐秦灭楚，就当了汉高祖。还有朱洪武（明太祖）等等的，都是如此。

以上全说的是流氓。可是和文学又有什么关系？就是说，流氓一得势，文学就要破产。我们看一看，国民党北伐成功以后，新的文学还能存在么？早就灭亡了。为什么呢？就是因为他们没有新的计划，恐怕也“无暇及此”。既然不新，便要复旧。所谓“不进则退”，正是这个意思。

本来它的目的，就是要取得本身的地位。及至本身有了地位，就要用旧的方法来控制一切。如同现在提倡拳术、进行考试制度什么的，这都是旧有的。现在又要推行广大，这岂不是复旧吗？为什么在革命未成功的时候，镇日价提倡新文化，打倒一切旧有的制度，及至革命成功以后，反倒要复旧呢？我们现在举一个例子来说，比方有一个人在没钱的时候，说人家吃大菜、抽大烟、娶小老婆是不对的，一旦自己有了钱也是这样儿，这就是因为他的目的本来如此。他所用的方法，也不过是“儒的诡辩”和“侠的威胁”。

从前有《奔流》《拓荒者》《萌芽月刊》三种刊物，比较都有点儿“左”倾赤色，现在全被禁止了。听说在禁止之前，就暗地里逮捕作者，秘密枪毙，并且还活埋了一位。你瞧，这比秦始皇还厉害若干倍哪！

兄弟从前作一本《呐喊》，书皮儿用的红颜色，以表示白话、俗话的意思。后来，有一个学生带着这本书到南方来，半路上被官家给检查出来了，硬说他有赤色的嫌疑，就给毙了。这就和刘备禁酒一样。刘备说，凡查着有酿酒器具的，就把他杀了。有一个臣跟他说，凡是男子都该杀，因为他们都有犯淫的器具。可是，他为什么行这种野蛮的手段呢？就是因为他出身微贱，怕人家看不起，所以用这种手段，以禁止人家的讥讪诽谤。这种情形在从前还有，像明太祖出身也很微贱，后来当了皇帝怕人家轻视，所以常看人家的文章。有一个人，他的文章里头有一句是“光天之下”，太祖认为这句的意思是“秃天子之下”，因为明太祖本来当过和尚，所以说有意侮辱他，就把这个人给杀了。

像这样儿，还能长久吗？所以说：“马上得天下，不能以马上治之。”

（摘自《演讲经典99》，山东人民出版社，石川　林郁选评）

## 法律演讲：历史将宣判我无罪

法律演讲，就是以法律为内容的各种形式的演讲，包括法庭演讲、法律咨询和仲裁活动，以及其他有关普及法律知识的报告、讲座等。

法律演讲在对公民进行法律、道德及共产主义思想教育等方面有着重大的作用。特别是法庭演讲，它是实现各种诉讼职能的必要手段，对诉讼活动的质量有着直接影响。

法律演讲与一般演讲不同，要广泛地运用逻辑推理、论据和论证，而言辞讲求准确、鲜明、严谨、无懈可击。

1953年，卡斯特罗在圣地亚哥一个小法庭上所作《历史将宣判我无罪》的演讲气势汹涌，犀利尖锐，一系列逻辑严谨、言辞准确的排比反问句，像匕首直刺入敌人的心脏。

历史将宣判我无罪

诸位法官先生：

从来没有过任何一个辩护律师得在这样困难的条件下进行工作；也从来没有过任何一个被告遭到过这么多的严重的非法待遇。在本案中，辩护律师和被告是同一个人。我作为辩护律师，连看一下起诉书也没有可能，作为被告，我被关闭在完全与外界隔绝的单人牢房已经有76天，这是违反一切人道的和法律的规定的。讲话人绝对厌恶幼稚的自负，没有心情而且生性也不善于夸夸其谈和做什么耸人听闻的事情。我不得不在这个法庭上自己担任自己的辩护人，是由于两个原因：第一，是因为实际上完全剥夺了我的受辩护权；第二，是因为只有感受至深的人，眼见祖国受到那样深重的灾难、正义遭到那些践踏的人，才能在这样的场合呕心沥血讲出凝结着真理的话来。并非没有慷慨的朋友愿意为我作辩护。哈瓦那律师公会为我指定了一位有才干有勇气的律师——豪尔赫·帕格列里博士，他是本城律师公会的主席。但是他却不能执行他的使命。他每次想来探望我，都被拒于监狱门外。

只是经过一个半月之后，由于法庭的干预，才允许他当着军事情报局的一个军曹的面会见我十分钟。按常理说，一个律师是应该和他的当事人单独交谈的，这是在世界任何地方都受到尊重的权利，只有这里是例外，在这里一个当了战俘的古巴人落到了铁石心肠的专制当局手中，他们是不讲什么法理人情的。帕格列里博士和我都不能容忍对于我们准备在出庭时用的辩护策略进行这种卑污的刺探。难道他们想预先知道我们用什么方法粉碎他们就蒙卡达兵营事件挖空心思地捏造的无稽谎言，用什么方法揭露他们所竭力掩盖的可怕的真相吗？

于是，当时我们就决定由我运用我的律师资格，自作辩护。军事情报局的军曹听到了这个决定，报告了他的上级，这引起了异常的恐惧，就好像是哪个调皮捣蛋的妖怪捉弄他们，使他们感到他们的一切计划都要破产了。诸位法官先生，他们为了把被告自我辩护这样一个在古巴有着悠久传统的神圣权利也给我剥夺掉，而施加了多少压力，你们是最清楚不过了。法庭不能向这种企图让步，因为这等于陷被告于毫无保障的境地。被告现在行使这项权利，该说的就说，绝不因任何理由而有所保留。我认为首先有必要说明对我实行野蛮的隔离的理由是什么，不让我讲话的意图是什么；为什么，如法庭所知，要阴谋杀害我；有哪些严重的事件他们不想让人民知道；在本案中发生的一切奇奇怪怪的事情奥妙何在。这就是我准备清楚地表白的一切。

……

我认为我已充分地论证了我的观点：我的理由要比检察官先生用来要求判我26年徒刑的理由要多。所有这些理由都有助于为人民的自由和幸福而斗争的人们，没有一个理由是有利于无情地压迫、践踏和掠夺人民的人。因此我不得不讲出许多理由，而他一个也讲不出。巴蒂斯塔是违反人民的意志，用叛变和暴力破坏了共和国的法律而上台的，怎样能使他的当权合法化呢？怎样能把一个压迫人民的、沾满血迹和耻辱的政权叫作合法的呢？怎样能把一个充斥着社会上最守旧的人、最落后的思想和最落后的官僚制度的政府叫作革命的呢？又怎样能认为，肩负着保卫我国宪法的使命的法院最大的不忠诚的行为，在法律上是有效的呢？凭什么权利把为了祖国的荣誉而贡献出自己的鲜血和生命的公民送进监狱呢？这在全国人民看来，是骇人听闻的事；照真正的正义原则说来，都是骇人听闻的事。

但是我们还有一个理由比其他一切理由都更为有力：我们是古巴人，作为古巴人就有一个义务，不履行这个义务就是犯罪，就是背叛。我们为祖国的历史而骄傲；我们在小学里就学习了祖国历史，在我们成长的过程中，不断听人们谈论着自由、正义和权利。我们的长辈教导我们从小敬仰我们的英雄和烈士的光荣榜样。塞斯佩德斯、阿格拉蒙特、马塞奥、戈麦斯和马蒂都是我们自幼就熟悉的名字。我们敬聆过泰坦的话：自由不能祈求，只能靠利剑来争取。我们知道，我们的先驱者为了教育自由祖国的公民，在他的《黄金书》中说："凡是甘心服从不正确的法律并允许什么人践踏他的祖国的，凡是这样辜负祖国的，都不是正直的人……在世界上必然有一定数量的荣誉，正像必然有一定数量的光明一样。只要有小人，就一定有另外一些肩负众人的荣誉的君子。就是这些人奋起用暴力反对那些夺取人民的自由、也就是夺取人们的荣誉的人。这里人代表成千上万的人，代表全民族，代表人类的尊严。"……人们教导我们，10月10日和2月24日是光荣的、举国欢腾的日子；因为这是古巴人奋起打碎臭名昭著的暴政的桎梏的日子；人们教导我们热爱和保护美丽的独星旗并且每天晚上唱国歌，这个曲子告诉我们，生活在枷锁下等于在羞辱中生活，为祖国而死就是永生。我们学会了这一切并且永不会忘记，尽管今天，在我们祖国的人们，由于要实践从摇篮中起就教导给他们的思想而遭到杀戮和监禁。我们出生在我们的先辈传给我们的自由国家。我们不会同意作任何人的奴隶，除非我们的国土沉入海底。在我们的先驱者百年诞辰的今年对他的崇敬好像要消逝了，对他的怀念好像要永远磨灭了，多么可耻！但是他还活着，没有死去，他的人民是富于反抗精神的，他的人民是高尚的，他的人民忠于对他的怀念！有些古巴人为保卫他的主张倒下去了，有些青年为了让他继续活在祖国的心中，甘心情愿地死在他的墓旁，贡献出他们的鲜血和生命。古巴啊！假使你背叛了你的先驱者，你会落得什么样的下场啊！

我要结束我的辩护词了，但是我不像一般的律师通常所作的那样，要求给被告以自由；当我的同伴们已经在松岛遭受可恶的监禁时，我不能要求自由。你们让我去和他们一起共命运吧！在一个罪犯和强盗当总统的共和国里，正直的人们被杀害和坐牢是可以理解的。

我衷心感谢诸位法官先生允许我自由讲话而不曾卑鄙地打断我。我对你们不怀仇怨，我承认在某些方面你们是人道的，我也知道本法庭庭长这个一生清白的人，他可能迫于现状不能不作出不公正的判决，但他对这种现状的厌恶是不能掩饰的。法庭还有一个更严重的问题有待处理，这就是谋害70个人的案件——我们所知道的最大的屠杀案。凶手到现在还手执武器逍遥法外，这是对公民们的生命的经常威胁。如果由于怯懦，由于受到阻碍而不对他们施以法律制裁，同时法官们也不全体辞职，我为你们的荣誉感到惋惜，也为玷污司法制度的空前的污点感到痛心。

至于我自己，我知道我在狱中将同任何人一样备受折磨，狱中的生活充满着卑怯的威胁和残暴的拷打，但是我不怕，就像我不怕夺去了我70个兄弟的生命的可鄙的暴君的狂怒一样。

判决我吧！没有关系，历史将宣判我无罪。

（摘自《演讲经典99》，山东人民出版社，石川　林郁选评）

## 道德演讲：爱国要培养完全的人格

道德演讲是指以思想品德教育为目的的一种演讲。演讲者通过对社会生活中的意识形态问题进行分析、说明和评论，宣传赞扬真善美，揭露、鞭挞假恶丑，支持进步，批评落后，帮助人们认清形势，分辨是非，明白事理，陶冶心灵，促使人们树立正确的人生观和世界观，培养人们高尚的道德品质和优美的情操。

1916年，蔡元培在上海女子学校发表的《爱国要培养完全的人格》演讲中，把德育、智育、体育作为学校教育的根本，在社会各界引起广泛反响。

爱国要培养完全的人格

本校初办时，在满清季年，含有革命性质。盖当时一般志士，鉴于满清政治之不良，国势日蹙，有如人之罹重病，恐其淹久而至不可救药，必觅良方以治之，故群起而谋革命。革命者，即治病之方药也。上海之革命团体，名中国教育会，革命精神所在；无论其为男为妇，均应提倡，而以教育为根本。故女校有爱国女学，男校有爱国学社，以教育会会员担任办理之责，此本校校名之所由来也。其后几经变迁，男校因苏报案而解散；中国教育会，亦不数年而同志星散；唯女校存立至今。辛亥革命时，本校学生，多有从事于南京之役者，不可谓非教育之成效也。当满清政府未推倒时，自以革命精神，然于普通之课程，仍力求完备，此犹家人一面为病者求医，一面于日常家事，仍不能不顾也。至民国成立，改革之目的已达，如病已医愈，不再有死亡之忧，则欲副爱国之名称，其精神不在提倡革命，而在养成完全之人格。盖国民而无完全人格，欲国家之隆盛，非但不可得，且有衰亡之虑焉。造成完全人格，使国家隆盛而不衰亡，真所谓爱国矣。完全人格，男女一也，兹特就女子方面讲述之。

夫完全人格，首在体育，体育最要之事为运动。凡吾人身体与精神，均含一种潜势力，随外围之环境而发达。故欲其发达至何地位，即能至何地位。若有障碍而阻其发达，则萎缩矣。旧俗每为女子缠足，不许擅自出门行走，终日幽居，不使运动，久之性质自变为懦弱。光阴日消磨于装饰中，且养成依赖性，凡事非依赖男子不可。苟无男子可依赖，虽小事亦望而生畏，倘不幸地有战争之事，敌兵尚未至，畏而自尽者比比矣，又安望其抵抗哉？是皆不运动不发达其身体之故，卒养成懦弱性质，以减杀其自卫能力与胆量也。欧美各国女子，尚不能免此，况乎中国。闻本校有体育专修科，不特各科完备，且于拳术尤为注意，此最足为自卫之具，望诸生努力，切勿间断。即毕业之后，身任体操教员者，固应时时练习，即担任别种事业者，亦当时时练习。盖此等技术，不练则荒，久练益熟，获益匪浅也。

……

夫女子入校求学，固非脱离家庭间固有之天职也，求其实用，固可相辅而行者也。美国有师范学校，教授各科，俱用实习，不用书籍。假如授裁缝时，为之讲解自上古至现在衣服之变更，有野蛮时代之衣服与文明时代之衣服，是即历史科也；为之讲解衣服之原料，如丝之产地、棉之产地等，则地理科也；衣服之裁剪，有算法焉，其染色之颜料，有理化之法则焉，是即数学理化科也；推之烹饪等科，亦复如是。寓学问于操作中，可见女学固养成女子完全之人格，非使女子入学后，即放弃其固有之天职也。即如体操科之种种运动，近亦有人主张徒事运动而无生产，为不经济，有欲以工作代之者，庶不消耗金钱与体力，使归实用，此法以后必当盛行。益可见徒知读书，放弃家事，为不合于理矣。

（摘自《演讲经典99》，山东人民出版社，石川　林郁选评）

# 悼念演讲：在巴尔扎克葬礼上的演说

悼念演讲，是我们悼念逝去的人们的一种演讲，悼念的目的通常是为了对去世者表示敬意、缅怀及哀思。所以在悼念词中，主要是介绍死者的生平事迹，歌颂死者生前工作中的取得的成绩或成就。鼓励活着的人们学习死者优良的思想作风，继承死者的遗志。

虽然悼念一般都是怀念死者，歌颂死者，但是在赞扬死者时一定要严肃客观，不能夸大和粉饰。悼念词在措辞上要求简练、庄重、自然、饱含深情，必须充分肯定死者对社会的贡献，真诚表达生者对死者的悼念和敬意，以质朴无华的语言和多种多样的形式体现化悲痛为力量的积极内容。

在具体的陈述中，可以参考下面的构思：

首先，介绍死者生平事迹，即对死者的籍贯、学历以及生平业绩进行集中介绍，应突出死者对人民、对社会的贡献。

其次，对死者的思想、精神、作风、品质、等作出综合的评价，介绍其对他人和社会产生的积极影响，如鼓舞了青年人，为后人树立了榜样等。结尾部分主要写明生者对死者的敬意，如何向死者学习、继承其未竟的事业、化悲痛为力量，为国家、为社会作出更大的贡献等内容。

最后，讲话者还要讲出“永垂不朽”“精神长存”或“安息吧”之类的话语。

雨果《在巴尔扎克葬礼上的演说》，感情深挚，激情荡漾，撼人心魄，高度赞扬了巴尔扎克的作品、人品、性格和思想，表达了演讲者悲痛的情感，评价了死者的伟大。

在巴尔扎克葬礼上的演说

各位先生：

方才入土的人是属于那些有公众悲痛送殡的人。在我们今天，一切虚构都消失了。从今以后，众目仰望的不是统治人物，而是思维人物。一位思维人物不存在了，举国为之震动。今天，人民哀悼的，是死了有才的人；国家哀悼的，是死了有天才的人。

各位先生，巴尔扎克的名字将长留于我们的时代，给未来留下光辉的线路。

巴尔扎克先生参与了19世纪以来在拿破仑之后的强有力的作家一代，正如

17世纪一群显赫的作家，涌现在黎希留之后一样——就像文化发展中，出现了一种规律，促使精神统治者承继了武力统治者一样。

在最伟大的人物中间，巴尔扎克是第一等的人；在最优秀的人物中间，巴尔扎克是最高的一个。他的理智是壮丽的、独特的，成就不是眼下说得尽的。他的全部书仅仅形成了一本书：一本有生命的、有光亮的、深刻的书，我们在这里看见我们的整个现代文化走动、来去，带着我说不清楚的、和现实打成一片的惊惶与恐怖的感觉。一部了不起的书，他题作喜剧，其实就是题作历史也没有什么，这里有一切形式与一切风格，超过塔席特，上溯到徐艾陶诺，经过博马舍，上溯到拉伯雷；一部又是观察又是想象的书，这里有大量的真实、亲切、家常、琐碎、粗鄙，但是骤然之间就是现实的帷幕撕开了，留下一条宽缝，立时露出最阴沉和最悲壮的理想。

愿意也罢，不愿意也罢，同意也罢，不同意也罢，这部庞大而又奇特的作品的作者，就在自己不知道的时候，加入了革命作家的强大的行列。巴尔扎克笔直地奔到目的地，抓住了现代社会肉搏。他从各方面揪过来一些东西，有虚像，有希望，有呼喊，有假面具。他发掘恶习，解剖热情。他探索人、灵魂、心、脏腑、头脑与各个人有的深渊。巴尔扎克由于他天赋的自由而强壮的本性，由于理智在我们的时代所具有的特权，身经革命，更看出了什么是人类的末日，也更了解了什么是天意，于是面带微笑，心胸爽朗，摆脱开了那些令人望而生畏的研究，不像莫里哀，陷入忧郁，也不像卢梭，起憎世之心。

这就是他在我们中间的工作。这就是他给我们留下来的作品、高大而又坚固的作品、金刚岩层堆积起来的雄伟的纪念碑！从今以后，他的声名在作品的顶尖熠熠发光。伟大人物给自己安装座子；未来负起放雕像的责任。

他的去世惊呆了巴黎。他回到法兰西有几个月了。他觉得自己快要死了，希望再看一眼祖国，就像一个人出远门之前，要吻抱一下自己的亲娘一样。

他的一生是短促的，然而也是饱满的；作品比岁月还多。

唉！这强有力的、永不疲倦的工作者，这哲学家，这思想家，这诗人，这天才，在我们中间，过着暴风雨的生活，充满了斗争、争吵、战斗、一切伟大人物在每一个时代遭逢的生活。今天，他安息了。他走出了冲突与仇恨。他在同一天步入了光荣，也步入坟墓。从今以后，他和祖国的星星在一起，熠耀于我们上空的云层之上。

你们站在这里，有没有羡忌他的心思？

各位先生，面对着这样一种损失，不管我们怎样悲痛，就忍受一下这些重大打击吧。打击再伤心，再严重，也先接受下来再说吧。在我们这样一个时代，不时有伟大的死亡刺激充满了疑问与怀疑论的心灵，因而对宗教发生动摇；这也许是适宜的，这也许是必要的。上天使人民面对着最高的神秘，对死亡加以思维，知道自己做的是什么。死亡是伟大的平等，也是伟大的自由。

上天知道自己做的是什么，因为这是最高的教训。一个崇高的心灵，气象万千，走进另一世界，他本来扇着天才的看得见的翅膀，久久停在群众的上空，忽而展开人看不见的另外的翅膀，骤然投入了不可知。这时候个个人心所能有的，只是庄严和严肃的思想。

不，不是不可知！我在另一个沉痛的场合已经说过了，我就不疲倦地再说一遍吧：不，不是夜晚，而是光明！不是结束，而是开始！不是空虚，而是永生！你们中间有谁嫌我这话不对吗？这样的棺柩，表明的就是不朽。面对着某些显赫的死者，人更清清楚楚地感到这种理智的神圣命运，走过大地为了受难、为了洗净自己。大家把这种理智叫作人，还彼此说：那些生时是天才的人，死后就不可能不是！

（摘自《演讲经典99》，山东人民出版社，石川　林郁选评）

## 竞选演讲：用心·务实·为香港

竞选演讲，是演讲的一种，因此具有口语性、群众性、时限性、临场性、交流性等演讲的一般特点。但由于它是针对某一竞争目标而进行的，所以，除了这些共性外，它还具有以下“个性”，即特点。

**1. 目标的明确性**

这一方面表现在演讲者一上台就要鲜明地亮出自己所要竞选的目标（或厂长、或校长、或秘书、或经理），另一方面，其所选用的一切材料和运用的一切手法也都是为了一个目标——使自己竞选成功（使听众能投自己一票）。

**2. 内容的竞争性**

在其他的演讲中，内容尽管可以海阔天空地谈古论今，说长道短，但一般都不是来“显示”自己的长处。即使在事迹演讲中，也忌讳毫不客气地为自己“评功摆好”。但竞选演讲则不同，它的全过程都是听众在候选人之间进行比较、筛选的过程，竞选者如果谦虚、不好意思说自己的长处，表示自己也是一般般，就不能战胜对手。因此演讲者必须“八仙过海，各显其能”，而“竞争性”说白了，也就是演讲者无论是讲自身所具备的条件，还是讲自己的施政的构想，都要尽最大可能显出“人无我有”“人有我强”“人强我新”的胜他人一筹的“优势”来，有时，甚至还要把本来是“劣势”的东西换一个角度讲成“优势”。

**3. 主题的集中性**

所谓主题的集中，是指所表达的意思单一，不枝不蔓，重点突出。这就是说，在表达意思时，必须突出一个重点，围绕一个中心，而不要搞多重点、多中心，不能企图在一篇演讲中解决和说明很多问题。

**4. 思路的“程序”性**

思路，就是演讲者的思维脉络；“程序”，是指演讲中先讲什么后讲什么的顺序。竞选演讲不像一般演讲那么“自由”，它除了题目和称呼外，一般分为五步：

（1）开门见山讲自己所竞选的职务和竞选的缘由.

（2）简洁地介绍自己的情况，如年龄、政治面貌、学历、现任职务等一些自然情况。。

（3）摆出自己优于他人的竞选条件，如政治素质、业务水平、工作能力等。

（4）提出假设自己任职后的施政措施。

（5）用最简洁的话语表明自己的决心和请求。

当然，以上几步也只是简单的模式，实践中演讲者还可根据实际需要稍有变化，而并非填表式。

**5. 措施的条理性**

演讲者在讲措施时一定要注意条理清楚，主次分明。不要像漫坡放羊那样，讲到哪儿算哪儿，让人听了如一团乱麻。为了把措施讲得有条理，可用列条的方法，如“第一点”“第二点”或“其一”“其二”等表示。除此之外，在每一“步”之间要用“过渡语”来承上启下。如，当自我介绍之后，可以说：“我之所以敢于来竞选，是因为我具备以下条件”来引起下文；讲完条件后，可以再搭一个“桥”：“以上我说了应聘的条件，那么，假如我真当了校长（或乡长、厂长），会采取什么措施呢？下面就谈谈我的初步设想。”这样不仅条理清楚，而且使演讲上下贯通，浑然一体。

2005年6月2日下午，曾荫权在香港君悦酒店举行记者会上，正式公布其参选香港特区行政长官的施政纲领，下文为曾荫权在记者会上的参选演讲全文。

用心·务实·为香港

今日，特区政府收到中央政府的批文，正式准许我请辞政务司司长之职，六月一日生效。我现在可以正式参加中华人民共和国香港特别行政区行政长官选举，同时公布我的施政纲领，并在两个星期之内，向选举事务处呈交提名表格。

参选行政长官，是本人毕生最重大的一个决定，也是我个人事业上另一个转折点。我的家人和朋友对我坚定的支持和鼓励，我十分感激。但由于这个决定，也关系到香港人的福祉，上个星期，我曾经独处省思，为香港、也为了我自己的抉择而诚心祷告。

能够参与行政长官选举，我感到自豪。我来自香港一个寻常百姓家，与大多数香港的子弟一样，我曾经是香港的一个平凡的学生、为生活而奔波的推销员，后来又成为市民的公仆。如果不是香港回归祖国，实现了“港人治港、高度自治”，如果没有中央政府和香港人的鞭策和信任，我不可能在特区政府内担当核心的职位。

决定参与行政长官选举，我也无限感恩。我不会低估面临的挑战、艰辛，但我明白只有在市民和中央政府的继续支持下，我有信心会克服在未来一些日子种种可能的困难。无论有没有其他人士得到足够的提名参选，由明日开始，我将首先会见选举委员会，然后进行一连串竞选活动，面对全香港市民，宣达施政纲领，开诚布公，令全香港各阶层的人明白，一旦本人当选，我管治的政策方略。

香港是一个自由社会，我们珍视而认同的价值观，基本法已有所保障。行政长官严格按照基本法治理香港，我相信“一国两制”的伟大构想切实可行，也对“港人治港、高度自治”充满信心。然而，要使香港的未来不断成功，捍卫我们香港人的价值观，需要全港市民的共同努力和决心。

在人生路上，在香港发展的一个转折点，我踏上新的征途。在欧洲战役之中，一位领导盟国的卓越领袖曾经说过一句名言：“给我们工具，我们会完成任务。”（Give us the tools and we will finish the job.）在我宣布参选的日子，对这句话我深有同感。我需要克服困难、消除障碍，善其事，利其器的精神，也需要战无不胜的工具，但这件工具并不是摧毁性的炮枪，而是七百万香港市民对我的勉励和支持，以及社会的宽容和理性。让我们忘却过去的怨愤，拨开七年多以来的惶恐和激昂，只要我们携手并肩，包容共济，一切分歧和问题都可以找到答案。

答案在哪里？在于我们的地理，在中国的南大门口，我们的历史和文化，与五千年华夏文明的脉搏一起跳动。

答案在于我们的活力，我们的生活方式，享有自由的信息，健全的法治，国际的金融经贸地位，实干苦拼的企业精神。

我们要汲取经验，增加效率，巩固本元，改革弊端，鼓励宽容，建立一个行政主导的多元社会，加强向市民问责，继续改善行政和立法机构的关系，维持公务员队伍的专业廉洁和政治中立，从而达到“强政励治，缔造和谐，福为民开”。

我们要依据基本法以循序渐进方式发展民主政制，以其最终实现行政长官和立法机构的双普选。

我们要合力在社会重燃生机的火花，重建生命的自信和尊严，令我们这个社会，无论什么族裔、宗教、政治信仰、社会阶层，无论在香港出生成长，还是寓居暂住，都以生活在这个城市为荣，资金流动，人才勃兴，都会感到香港是一个与别不同的机会之城，安乐之乡，都认同香港是一个难忘的都会，有我们共同见证过的欢慰与感触。

这就是我的香港之梦。

命运对我十分眷顾，我由推销行业转职到政府，由推销药品到弘扬一套管治理念，其中我与大多数香港人的成长经过一样，遇到过挫折，遭受过嘲讽和怀疑，但我坚持我的良知和原则，经历了四十年来香港的风雨。

四十年前，香港由渔村开始逐步演变为商港，当年我不过是一个孤单的推销员，但今天我希望有机会在另一个层面服务香港市民，我深信我以后不会再孤单，因为我是香港人的子弟，因为我服务的祖国，今天拥有强盛的实力和信守契约的诚意，而且更重要的是，一旦我得到你们的信任，将有千千万万人与我一起上路同行。我相信国家会一如既往地支持香港，我也希望香港为国家的繁荣富强，贡献中华民族的一份才智和心力，在这个令人振奋的时代，如果我得到大家支持，让我接受这项更重大的历史使命，我保证我会以一贯忠诚，服务香港，天地一心，此志不渝。

今天，我诚意邀请香港市民，我敬爱的父老、兄弟和姊妹，齐心协力，为香港再创生机。过去，我们荣辱与共，今天，我们风雨同舟，我诚恳地希望能与你们每一位热烈携手，共创一个光明而丰盛的未来。

（摘自互联网）

## 即兴演讲：奥林匹克生涯已经结束

即兴演讲是演讲中的快餐，也是演讲中的精品，是演讲者在某种特定景物或人物、气氛的诱发下（或被要求）而产生的一种临时性演讲。

这种演讲两个最突出的特点是：一是演讲者事先未做准备，处于一定时境，感人、感事、感情、感景，随想随说，可长可短，有感而发；二是形同日常说话，其因随意性而在人际交往被广泛应用。

即兴演讲，在演讲的类型中，使用率较高，应用范围最广。随着现代社会的发展，现代社会信息传递加快，人们的交往日益频繁，人们的交际领域不断拓宽，即兴演讲也随之出现在人们生活的方方面面。如婚礼祝辞、迎送致辞、丧事悼念、聚会演说、访问、讨论等。都需要人们临时作即兴演讲，或助兴、或助威、或联谊、或缅怀等，它成为人际交往深受欢迎的形式。有研究表明，即兴演讲已成为未来演讲发展的一个重要趋势。

即兴演讲具有动因的触发性、准备的临时性、时间的短暂性等特点，要求演讲者在极短的时间内迅速展开思维，找到话题，形成较完整的腹稿，立即从容地表达出来。

美国篮球巨星，被称为一个时代的王者迈克尔·乔丹在宣布退出篮球运动生涯时，发表的《奥林匹克生涯已经结束》即席演说，便是一篇典型的即兴演讲。

奥林匹克生涯已经结束

朋友们：我经常强调说，一旦我失去动力或不需要再证明什么了，我就应该退役。现在是我离开的时候了，这并不是我不爱这项运动。我只是觉得我已经达到了自己事业的顶峰，我没有什么可再证明的了。

我不知是否会复出，退役的意思就是从今天开始我想干什么，就可以干什么。如果这意味着今后要复出，我也许会的。我不把这扇门关死。如果公牛队还需要我，我也许会重归赛场。如果我日后复出，也不会效力于另一支球队，因为我的心已经属于它了。

我的奥林匹克生涯已经结束了。

我第一次得NBA总冠军后，我父亲就劝我退役。我们当时的看法有很多不同，因为我认为，作为球员我还有许多东西要去证明，第三次夺得总冠军后，我们又谈了一次，我被你们说服了。

我时刻在承受着新闻媒介所带来的压力，我不会因为他们而离开球场的，这是我自己的抉择。即使我父亲没有去世，我也会作出同样的决定。父亲的去世使我看到了自己的未来，但痛苦会一天天地淡漠下去的。是他的不幸提醒了我，人的一生是何等短暂，该如何珍惜。我不能太自私，要用更多的时间去陪我的亲人，包括我的妻子、孩子，我需要过一种正常的生活。

我退役以后，很多朋友对公牛队的实力表示怀疑，但我并不担心，这好像父亲送儿子上大学。当然，我不是他的父亲，我告诉他们要相信自己。我认为我们有很多获胜的机会。我也坚信，肯定会有更多的球星诞生的。

我需要一份工作吗？我从来没有考虑过，现在也不想要，我现在要看一看小草是如何成长的，然后再把它们割掉，我当然要经常去看公牛队的比赛，可我不会告诉伙伴们我什么时候去看。我想，我不会完全过一种正常的生活，只不过公众的关注比以往少一些，我会怀念篮球比赛的，我会怀念夺取冠军辉煌的时刻，会怀念每年与队友们呆在一起的八个月的美好时光。

（摘自互联网）

## 获奖演讲：美丽的微笑与爱心

获奖演讲是某一领域中创造突出成就的个人获得相关机构颁发的奖项时发表的感言。

1979年，印度著名慈善家特蕾莎修女被授予诺贝尔和平奖，领奖时发表了演讲。诺贝尔奖领奖台上响起的声音往往都是文采飞扬、热烈、激昂。特雷莎修女的演说则朴实无华，其所举事例听来似平凡之至，然而其中所蕴含的伟大而神圣的爱感人至深，使我们的心灵受到震撼。演讲语言简洁质朴而感人至深。

美丽的微笑与爱心

感谢上帝给我们在这里聚会的机会，为我们带来诺贝尔和平奖，我想我们在这里共同用圣芳济一章祷文来祈祷一定是非常适宜的。我们每天接受圣餐后，都要用这段祷文来祈祷，因为它适合于我们每一个人。我总想弄明白的是，四五百年以前当圣芳济撰写这段祷文时，当时的人们一定遇到了和我们今天一样的困难，我们将这段祷文修改得更加适合今天的状况。我想在场的大多数人都已经有了这份祷文，让我们共同来祈祷：感谢上帝刚给我们机会，让我们大家今天聚在一起，和平奖的获得告诉我们，我们生来就是要为和平而生存，它也告诉我们，基督除了没有原罪外，他和我们简直没有两样，他明确地告诉大家，他给众人带来了一个喜讯。

这个喜讯就是所有善良的人所期盼的和平的愿望，也是我们都欲得到的——一颗维护和平的心。上帝是如此热爱我们这个世界，他不惜将自己的儿子都贡献出来，当然，这对他是件非常痛苦的事情；上帝是忍受何等的痛苦，才将自己的儿子贡献给我们这个世界啊。

然而，当他将自己的独生子送给少女玛利亚时，她又是如何对待基督呢？当他闯入她的生活中时，她厌恶将这个喜讯传播给世人。当她走进她的表兄家时，这个未出世的孩子已经在她的腹中欢跃。这个孩子便是第一个为我们带来和平讯息的使者。他，这个名叫基督的人认识和平王子，他把和平带给你，带给我。但是作为男子汉的他仍嫌做得不够，他用被钉死在十字架上的悲壮行动，来向我们表示他对我们伟大的爱，他是为你，为我，为那些身患麻风病，为那些因饥饿而将死的人，为那些赤裸着身体横卧在加尔各答和其他城市的大街上的穷人，为在非洲、纽约、伦敦和奥斯陆的穷人而献身。他用他的死来劝告我们相互同情、互相爱戴。福音书中讲得非常清楚："像我爱你们一样去爱；像我的父亲爱我一样去爱。我爱你们。"他的父亲正是因为深深地爱着他，才把他贡献出来。我们彼此间也应该互相爱戴，应该像上帝对待他儿子那样，彼此将爱心贡献出来。如果我们说：“我爱上帝，但是我不爱我的邻居”，这是远远不够的。圣约翰说：“如果你说只爱上帝，不爱邻居，那么你就是一个说谎的人。”如果连每日相见，彼此接触，和你住在一起的邻居都不爱的话，那你怎么能爱一个看不见的上帝呢？所以，对我们来说，重要的是去认识爱的含义。

爱是实实在在的，是痛苦的。

基督忍受了极大的痛苦来爱我们，爱使他受难。我们一定要牢牢地记住他的爱。他将自己变成面包来让我们充饥，就是让我们满足对上帝的饥渴，因为我们生来就是要体验这种爱，我们生来就是要爱别人，被别人爱。基督之所以变成一个男子汉来爱我们，就是要我们尽可能地像他爱我们那样去爱别人。他故意把自己扮成一个饥饿的人、一个衣不蔽体无家可归的人、一个病人或者一个犯人，或者一个孤独的人、被遗弃的人。他对我们说：“是你们拯救了我。”他渴求我们对他的爱，就如同穷人们渴求我们对他们的爱是一样的。我们一定要了解这种饥渴，也许这样的饥渴恰好发生在我们自己的家里。

我永远也不会忘记曾经访问过的一家养老院。这家养老院里的老人都是儿女将他们送来的。尽管这里的生活用品一应俱全，甚至还有点奢华，但是这些老年人却都坐在院子里，眼睛盯着大门看。他们的脸上没有一丝笑容。我转向一位老姐姐，问她：“这是怎么回事？为什么这些衣食不愁的人总是望着大门？为什么他们脸上没有笑容？”

我已经太习惯看到人们脸上的笑容，甚至那些挂在垂死的人脸上的笑容。但是在这里，我看到的是一种对爱心的期盼。那位老姐姐对我说：“这里几乎天天都是如此，他们每天都在期盼着，盼望他们的儿女来看望他们。他们的心受到了极大的刺伤，因为他们是被遗忘的人。”瞧，这就是世上存在的另一种贫乏，被爱心遗忘的贫乏。也许这样的贫乏已经悄悄来到我们的身边和我们的家庭中。也许就在我们自己的家庭中，已经有成员感到孤独。也许他们的心已经受到伤害，或许他们处于某种焦虑不安的状态。如果有这样的事情发生，可能我们家庭中的其他成员或多或少都会有些烦恼。类似的事情是否已经存在我们的家庭呢？如果是，我们又如何来包容那些心里感到孤独的家庭成员呢？假如你是母亲的话，你是否能宽容自己的孩子呢？西方国家最令我吃惊的，是许多男孩、女孩的吸毒的现象。我总想搞明白这个问题究竟是谁造成的，为什么会出现这样的事情？我对这个问题的答案恐怕是：因为他们家庭中没有人宽容、善待他们。他们的父母也许因为工作太忙而没有时间照顾他们，可能一些年轻的父母过分忙于事务，致使孩子在街头游荡，甚至染上了恶习。我们今天在谈论和平，而这些事情恰恰都会破坏和平。

我们读圣经时，会读到上帝说过的一句话："即便是一个母亲遗弃了她的孩子，我也不能遗弃你们。我要将你们握在掌心里保护你们。"我们被上帝保护在他的掌心中，我们是如此贴近他，就像是未出生的孩子蜷卧在他的掌心里。我们可以这样分析这句话，前面的部分谈到"即便是一个母亲遗弃了她的孩子……"按照常理说，这简直是不可能发生的事。然而他在后面又说："即便……我也不能遗弃你们。"这后一句尤其使我感动。

这是一句深深地撼动我心灵的至理名言。

我们今天之所以能聚在这个地方，全是靠了我们的父母，因为他们需要我们。如果他们不想要我们的话，我们绝不会在这个世界上生存。

我们需要自己的孩子，我们爱自己的孩子。然而还有其他数以百万计的人，他们是怎么想的呢？今天的印度有许许多多的人在关怀着孩子们的成长，而在非洲却有许多孩子正在死于营养不良或饥饿……我在此向人们呼吁，向全世界人们呼吁——"让我们夺回孩子的生命"，因为这个时代是孩子们的时代。今年是保护儿童年。今年年初，我曾经讲过，我们都为孩子们做了些什么呢？我逢人便讲："让我们在这一年里保证每一个孩子的顺利出生。我们需要那些未出生的孩子。今天是今年的最后一天。我们是否确实做到了这一点呢？我要告诉你们一件令人震撼的事。我们用领养的方式开展了向堕胎的斗争。我们挽救了成千上万的小生命。我们靠医疗站、医院和警察局来向人们发出通告：'请不要虐杀孩子，我们收养这些孩子。'于是，一天中的每一小时都会有人给那些未婚先孕的妇女打电话，通知她们请到我们这里来，我们会照顾你，我们将收养你的孩子，给孩子找一个良好的家庭。"上帝保佑，我们找到了许多需要领养孩子的家庭。此外，我们还做了一件漂亮事。我们将许多街头流浪的人、乞丐召集起来，给他们上课，组织他们按照我们的计划组成自然家庭，并收养被遗弃的小孩。

在加尔各答仅仅6年的时间里，这样的自然家庭就收留了61273个弃婴。鉴于自然家庭往往以自我约束、自我控制的方式存在，它有其独特的好处。我们对自然家庭的成员开展了“升温爱心法”的培训。这种方法既简单又易行。那些穷人通过培训，很快就知道如何去做。你想知道这些人后来怎样对我说吗？这些街头流浪的乞丐们明确地告诉我：“我们的家庭是健康、团结的。无论在什么地方，我们都可以随时收留被遗弃的婴儿。”我以为如果大家都能这样做，都明白用什么方法去救助弃婴的话，上帝为我们创造的生活就不会遭到破坏。

穷人们是伟大的。他们能教给我们许多美好的习惯。有一天，一些穷人找到我们，向我们表示感谢。他们说：“你们搞慈善的人是最好的人。你们帮我们制订家庭计划，教我们开展计划，因为再没有比自我约束、互相友爱更重要的事了。”他们淳朴的话是最美丽、最生动的语言。也许这些缺吃少穿，甚至没有一个固定的家，但是他们都是伟大的人。

穷人是非常可爱的人。有一天，我们从街上收容了四个无家可归的人，其中一个人看起来情况非常糟糕。我对修女们说：“你们去照顾那三个人，我来看护这个病人。”我用全部爱心和所能做到的一切去抚慰这个可怜的人。我扶着她躺在床上。她的脸上露出了美丽的笑容。她紧紧拉着我的手，感激地说了一句话：“谢谢你。”然后闭上眼睛死去了。

我在她面前禁不住对自己反思。我问自己：“如果把我换成她，我会说什么呢？”我可能会说：“我很饿，我快要死了。我很冷，我浑身都在疼。”或者其他什么话。然而她的话却教给了我很多很多，她给了我崇高的爱。她带着安祥的微笑死去了。再举一个例子：一天，我们从阴沟里救起一个人。当时他的半个身体都被蛆虫吃掉了。我们把他带到救济所，他说：“我在街上过着猪狗不如的生活，但是我将像一个天使一样死去，去接受上帝的爱和呵护。”一个穷人能说出这样的话，足以看到他内心的伟大，他的品德是非常令人感动的。他临死前并没有诅咒任何人，没有说过别人的坏话，也没有去和其他任何人攀比，他就像一个纯洁的天使。这就是我们人民的伟大之所在。这也是基督为什么说：“我曾经赤身裸体、无家可归、没有食物；我被人遗弃、遭人唾骂、受人冷落，是你们帮助了我。”我认为，我们不是真正的社会工作者，也许我们只是做着一些社会工作。但我们却是这个世界上真正具有深刻思想的人，因为我们每天二十四小时都和基督在一起，和他交流。你和我，我们大家都要将基督带到自己的家中，因为我们和家人一同生活，也应该共同祈祷。我认为，在我们的家庭中不需要用暴力换取和平，我们所要做的，相聚在一起、相互爱戴，用爱心为我们带来和平，带来欢乐，带来相互鼓舞的力量。只有这样，我们才能战胜世上的邪恶。我们要用祈祷、用我们真诚的奉献，从家庭开始，消除那些痛苦、怨恨和悲哀。我们提倡的“爱从家庭开始”并不是要看我们做了多少事情，而是要看我们在做的过程中融入了多少爱，看我们为基督作出了多少贡献。

前一段时间，我们在加尔各答遇到的最大困难，是买不到白糖。我不知道这事怎样传到孩子们的耳朵里。一个四岁的印度男孩回家后对他的父母说：“从今天开始，我三天不吃糖。我要把我的那份糖给特蕾莎嬷嬷的孩子们。”三天以后，孩子的爸爸妈妈陪着孩子来到我们这里。我从前从未见过他们。那个小男孩甚至连我的名字都叫不准，但是他非常明白是来做什么的。他知道他想要别人分享他的爱心。

这些事就是使我得到爱心的感受和体会。自从我来到这里后，就一直被爱的气氛包围着，我一直沐浴在真诚理解的爱心中。在这里，无论是来自非洲的人，还是来自印度的人，都有一种融入特殊氛围的感觉，是回到自己家的感觉。我觉得，自己好像又回到加尔各答，和修女们在一起，我们是在一个真正的大家庭里。

我在这里要对你们讲，要你们在这里发现贫乏，发现你们家中的贫乏，然后将爱灌输到贫乏之处，从灌输爱心做起。请把这个喜讯带到你们家人那里，带到你们的邻居中去，去真正认识他们。我曾经结识了一个印度家庭，这个家庭有八个孩子。从和这个家庭的接触中，我有一些非常感人的收获。一天，一位先生来到我们的住处。他说：“特蕾莎嬷嬷，一个有八个孩子的家庭已经断炊好几天了，请帮帮他们。”听了他的话，我马上给这个家庭送去了一些大米。孩子们看到大米眼睛都睁得大大的，眼睛里还闪着兴奋的光。我不知道你们是否见过饥饿的人的眼睛，但是我太熟悉这些眼睛了。当那位母亲接过大米后，立即把它分成两份，然后就出去了。当她回来后，我问她：“你去了哪里？做什么去了呢？”她简单地回答说：“他们也在挨饿。”原来她的邻居是一个穆斯林家庭，这个家庭也正在受着饥饿的煎熬。所以她把我送给她的米分了一半出去。这件事深深地感动了我。但我再没有给那个穆斯林家庭送过米。这样做的原因，是我想让她们分享相互帮助的快乐和美好。家庭中的孩子们从母亲那里得到快乐，他们和母亲共同享受着生活的乐趣，因为他们有母亲的爱。你瞧，这就是爱的发源地，爱的源头出自家庭。

我们都应该为我们这个世界上有这样的人感到欢乐。我将于15日返回印度，那时我要把这里的经历带回去，把你们的爱带回到印度去。

我很清楚，在座的各位做不到将家产倾其所有去布施穷人，我们也不需要大家这样做。我们希望各位，尽你们所能来帮助我们的事业。令我惊喜的是，穷人家忍饥挨饿的孩子虽然过着难挨的日子，但是他们还是一样欢乐，而且把欢乐带给他们的父母。对于我们来说，身为人之父母，我们不仅要满足孩子们生活的必需品，而且还要给予他们极大的爱。

让我们感谢上帝赋予我们这个机会，使我们大家相聚在这里，是我们共同的语言把我们紧紧地连接一起。我们将共同携手去帮助全世界的儿童，因为我们的修女已经遍布世界各地。我将用获得的和平奖奖金为无家可归的人建立一所救济院，将爱心从这里不断地延伸。我们一定要把和平传给世人，让他们理解我们的爱。要让所有贫穷和贫乏的人都知道这个喜讯，把这个喜讯传到自己的家中，传到我们的国家和整个世界。要做到这一点，我们的修女，我们所有的人都要不断地祈祷。我们用祈祷和上帝交流，以此达到相互理解和共识。我相信，我们一定能够让全世界都了解慈善会的工作和热情，并让我们唤起全世界人民的热情，共同分担世界上贫苦人民的疾苦。我感到，这件事在贫困国家中容易做到，但是在西方国家，我们还有许多问题有待解决。

我在大街上遇到穷人时，会给他一碗米饭或一片面包，我有一种满足感，因为我已经尽了责任，我帮他解除了饥饿。但是对他而言，他是一个无家可归、被社会的大门所拒绝、被遗弃、遭唾骂、受威胁的人，这样的贫穷对他来说是伤害最大的，也是我们使他们摆脱贫穷最难做的事情。我们有许多修女在西方国家正在从事这项工作。

请你们为我们祈祷，将我们所开展的事业的喜讯传到各个地方。我们需要你们这样做。你们应该在自己的国家里逐渐了解贫困和贫乏的人，也许我们在座的各位并不为生活发愁，但是如果我们审视一下自己的家庭生活，我们就会发现，有时家人之间相互微笑也是件不容易的事。那么就让我们从相互微笑来开始我们爱的传播吧。

所以，让我们见面时彼此微笑致意。微笑是爱的开端。一旦我们彼此有了爱心，我们就要去做一些事情。请为我们的修女、为我、为我们的修士和分布在世界各地的教友们祈祷。为我们全身心地信仰上帝交给我们的使命祈祷，为你我共同热爱上帝、侍奉上帝、扶助穷困祈祷。如果你们不能和我们共同承担这个使命，恐怕我们的事业也不能很好地发展下去，但是我并不想看到你们倾家荡产。我只要你们尽其所能。

前几天，我从一个瘫痪二十年的病人那里收到十五美元的捐款。这个人全身能活动的部分只有右手。他唯一的嗜好是吸烟。这个人对我："我一星期没有吸烟，现在我把省下来的钱交给你们。"这样的贡献对他来说一定是经历了非常痛苦的煎熬，但是他为分担拯救贫困人们的行动是多么壮丽啊。我用这笔钱为那些正在挨饿的穷人们买了面包，使捐赠者和接受捐赠的人都感到非常快乐。

上帝赐给我们每个人的礼物是要我们互相爱戴。我们都可以用上帝的礼物做我们能做到的事情。让我们为了基督施与他人爱心吧。让我们像他爱我们一样互相爱戴。让我们用无私的爱去爱他。让我们在圣诞节即将到来之际基督、为我们彼此献出我们的爱。

让我们的心中保持对基督的爱，和所有我们接触过的人共同分享他的爱。传播到大众中间的欢欣是实实在在的，因为我们和基督在一起，没有什么理由不使我们欢欣鼓舞。基督存在于我们的心中，他就在我们所遇到的穷人中间。基督是我们送给他人的微笑和他人带给我们的微笑。愿我们拥有一个共同的观点，决不使一个孩子被遗弃；无论面对什么样的恶劣环境，我们都要保持微笑。

我永远不会忘记不久前的一件事。有14位来自美国不同大学的教授来到加尔各答，参观我们的救济院。在交谈过程中，他们谈到了对刚刚参观过的一家临终慰藉所的感受。（我们在加尔答开设了一家临终慰藉所，从街头收留过三万六千人，其中一万八千人安详地死在临终慰藉所里，他们已经回到了上帝的家园。）其中有一位教授问我："特蕾莎嬷嬷，请给我留下一句让我永远难忘的话。"我对他说："彼此微笑保持家庭的和谐气氛，彼此和睦相处。"

另一位教授问我："你结婚了吗？"我说："是的。我有时感觉面对基督微笑是一件很难的事情，因为他耗费的精力太多了。"为的确是事实。耗费精力多的地方，就是爱的发源地。即便如此，我们也应该将我们的欢乐送给他。

正如我今天所讲过的，我上天堂不为别的，我是为了大众而上天堂，因为大众净化了我的心，我所作出的奉献可以让我安然地面对上帝了。我认为，我们一定要为美好的生活而生活。我们和基督同在，因为他爱我们。我们只要记着上帝是爱我们的，我们就会像他爱我们那样去爱他人。不为大而爱，只为琐细的爱。从细微的小事中体现博大的爱。我们要以挪威为中心，将爱传播到整个世界，让战争远离我们。如此，那些待出生的婴儿就会欢叫着来到人间。我们把自己变成传播世界和平的火种，挪威的诺贝尔和平奖将会真正是献给和平的厚礼。

愿上帝保佑你们。

## 【演讲佳词妙句】

◎我今天不是来向诸君作报告的，我是来“胡说”的，因为我姓胡。

◎在下凌峰，我和文章不同，虽然我们都获得过“金钟奖”和最佳男歌星称号，但我以长得难看而出名……一般来说，女观众对我的印象不太好，她们认为我是人比黄花瘦，脸比煤炭黑。

◎今天我来回答三个问题，这三个问题有助于你理财。第一，你如何挣钱？第二，你如何投资？第三，小钱如何生大钱？

◎失败是“0”，为自己的人生留下多少个“0”都不要紧，但不要忘记最后在“0”前写一个“1”。这个一就是你自己。

◎我走路时都不会踩死蚂蚁，万一我踩死了那只公的，那母的怎么办啊？我一般也不吃鱼，我吃了那只母的，那只公的该怎么办啊？所以我一般不吃鱼，要吃就吃两条鱼。

◎失去并不一定是坏事，因为失去了，所以我们的心灵就渴望新的东西，生活就有了新的目标。从痛苦中领悟并解脱而获得的幸福才是你真实感受到的幸福。

◎三天半读一本书，记不住没关系，心里有一种自信：这本书我读过了，就像一个人谈过恋爱后又是光棍了和本来就是光棍不一样。

◎这个世界对任何人都是公平的，世界上任何人的努力都是有回报的，没有经过努力的东西永远不属于你自己。

◎我今天站在这里，因面前的任务感到谦卑，因你们的信任而感激，同时缅怀我们的前人所作出的牺牲。

◎在这个世界上一定要心平气和，但不要太平凡。毕竟来到地球上不容易！下一次什么时候来还不一定。

◎学会做人，最重要的是要有民族文化的根基。民族文化是我们民族精神的根基，民族语言是我们民族文化的核心。我们不能成为文化和精神的孤魂野鬼。

◎你们可能从未像我这样经历过如此多的失败，但生命中必然存在失败。没有人可以永远成功，除非你像根本没有活着一样地小心生活——而这根本就是一种彻头彻尾的失败。

◎人与人之间的关系是传球的关系，你传给别人一个干净的球别人也会传给你一个干净的球，如果你传给别人一个脏球，别人好的话会直接给你传回来，要是不好的再给你在上面吐两口再传回来。

◎伟大不是凭空而来的，而是赢得的。在我们的历程中，从来没有走捷径或是退而求其次。

◎六个苹果自己吃不但单调甚至会有把肚子吃坏的危险，分给大家你并没有失去什么，而会得到友谊这种东西。还会得到六个不同颜色不同味道的水果。其实你很赚的。

◎魅力是演讲大师潇洒的手势，是蒙娜丽莎迷人的微笑；魅力是迈克尔·乔丹的临空灌篮，是巴蒂斯图塔的飞脚抽射；魅力是白石老人的虾，是悲鸿先生的马……

◎魅力女人，就是有充分的意志力去抵挡男人的进攻，也有足够多的魅力阻挡男人的撤退。

◎不要抱怨国家、学校没有给你提供机会。外国评论，中国是最有机会的国家，我们国家缺少的是有素质、有准备的年轻一代。

◎感恩更是中华民族的传统美德。“饮水思源”的古训家喻户晓，“滴水之恩当以涌泉相报”的思想老少皆知。千古绝唱“谁言寸草心，报得三春晖”，表达了儿女对母亲的恩惠报答不尽的感情，让感恩的思想深深根植于每个华夏子孙的心中。

◎如果说友谊是一颗常青树，那么，浇灌它的必定是出自心田的清泉。如果说友谊是一朵开不败的鲜花，那么，照耀它的必定是从心中升起的太阳。

◎如果说生命是一座庄严的城堡，那么，信念就是那穹顶的梁柱。如果说生命是一株苍茂的大树，那么，信念就是那深扎的树根。如果说生命是一只飞翔的海鸟，那么，信念就是那扇动的翅膀。

◎大海如果失去巨浪的翻滚，也就失去了雄浑。沙漠如果失去了飞沙的狂舞，也就失去了壮美。人生如果失去了岁月的历练，也就失去了光彩。

◎假如生命是船，不要随波逐流，要高扬风帆在天雨海风中奋斗搏击。假如生命是鹰，不要畏惧困难，要张开翅膀在碧海蓝天中自由翱翔。

◎只有中国女性才以男性的身高来判断他其他的能力，注重婚姻的根本就是传宗接代，身体素质好又道德修养足矣，高大的身材、帅气的脸蛋不代表他的身体好，高学历不代表他有修养。男人的一个肩膀是道德，另一个肩膀是本事，一个男人两肩有了道德（对情感的忠贞）和本事，不怕没有女人。

◎教育不仅要灌输知识，更重要的是铸就一种精神，爱国主义应该是教育的主题。要有民族的认同感。南北朝鲜在金刚山相聚的热烈拥抱，旅居北美的犹太人依然放弃外国国籍活到战火纷飞的故乡，西德推倒柏林墙，美国西部的开发，巴勒斯坦的小孩子向经过的坦克投掷石头。

◎站在明净的长天之下，从这片经过人们终年耕耘而今已安静憩息的辽阔田野放眼望去，那雄伟的阿勒格尼山隐隐约约地耸立在我们的前方，兄弟们的坟墓就在我们脚下，我真不敢用我这微不足道的声音打破上帝和大自然所安排的这意味无穷的平静。但是我必须完成你们交给我的责任，我祈求你们，祈求你们的宽容和同情……

第八章

# 辩论场面话：雄辩如金，对答如流

“一人之辩，重于九鼎之宝；三寸之舌，强于百万雄兵。”辩论需要辩论者妙语如珠，逻辑严谨，同时，也需要辩论者具有奇谋妙计。好的辩论不是那种声嘶力竭的高声论调，更不是那种粗俗的街头话语，而是一种精神的震撼、一种智慧的完美体现、一种赏心悦目的表演。

## 步步紧逼：林肯的犀利辩护

美国前总统林肯为小阿姆斯特朗做的无罪辩护，就很好地使用了这一方法。

被告小阿姆斯特朗被人指控图财害命后，证人福尔逊一口咬定在10月18日深夜亲眼看到了被告枪杀了死者。林肯就是抓住证人证词中的细节部分进行一系列诘难发问，在林肯的直言相逼下，证人在证词中露出了破绽。下面我们来看一下林肯的发问：

问：你发誓说认清了小阿姆斯特朗吗？

答：是的。

问：你在草堆后，他在大树下，两处相距二三十米，你能认清吗？

答：看得很清楚，因为月光很亮。

问：你肯定不是从衣着方面认清的吗？

答：不是的。我肯定认清了他的脸蛋，因为月亮正照在他的脸上。

问：你首先肯定时间是在11点吗？

答：充分肯定。因为我回屋看过时钟，那时正是11点1刻。

林肯问到这里，即刻转身向大家断言：“我不能不告诉大家，这个证人是一个彻头彻尾的骗子！”林肯接着发表了一篇令人折服的辩护词：“证人发誓说他于10月18日晚11点在月光下认清了被告小阿姆斯特朗的脸。但那天晚上是弱月，11点月亮已经下山了，哪来的月亮呢？退一步说，就算证人记不准时间，假定稍前稍后，月亮还在西天，那天月亮是从西边照过来。但草堆在东，大树在西，被告脸上是不可能照到月光的。证人怎么能从二三十米外的草堆后面看清被告的脸呢？”

林肯抓住证人的把柄，从戳穿证人所证实的细节的虚假入手，一针见血，终于迫使证人不得不承认自己是被原告收买，来诬陷被告的。

直言相逼是一种正面出击的方法。它是用一组包含直言判断的问语连连发问，迫使对方对问语中涉及的事实情况一一作出回答，然后指出对方回答中所承认的事实、事理与对方论点之间的矛盾。这样，对方的退路已被堵死，也就难以再狡辩，只得束手就范了。

## 利用歧义：鲁迅的反唇相讥

鲁迅先生在厦门大学任教授时，校长林文庆常克扣办学经费，刁难师生。一天，林文庆把研究院的负责人和教授们找去开会，提出要把经费削减一半，教授们纷纷反对。林文庆阴阳怪气地说："关于这件事，不能听你们的。学校的经费是有钱人拿出来的，只有有钱人，才有发言权！"他刚说完，鲁迅立即站起身，从口袋里摸出两个银币，"啪"的一声放在桌子上，说："我有钱，我也有发言权！"

林文庆没料到鲁迅先生会说这样的话，一时无法应对。鲁迅先生接着力陈研究院经费不能减少、只能增加的理由，驳得林文庆哑口无言，只得收回其主张。

这个例子中，"有钱"一词就是有歧义的，从字面分析，"有钱"仅仅表示不是没有钱，至于有多少钱则是不确定的。一个铜板可以说是有钱，亿万富翁同样也可以说是有钱。鲁迅正是利用"有钱"一词的歧义性，制服了校长的无理刁难。

歧义，是语言中的一种常见现象。论辩中的歧义法是指巧妙地利用语言中的多义词或同义词，在某种特定的情况下，将表示甲义的语言，换过来表示乙义，并使两种意义建立起某种联系，使之产生特殊意义或感情的论辩方法。歧义法是造成讽刺的有效辩论手段。

## 鲜明对比：信息社会无须读书破万卷

在关于“信息社会仍须还是无须读书破万卷”辩题的辩论中，反方中国青年政治学院二辩有这样一段辩词：

我认为，今天电脑的运用、网络的普及，使人们能在最短的时间内获得自己所需要的最大量的知识，对此，对方同学为何视而不见，听而不闻呢？而照对方同学那样通过读万卷书的方式取得知识，恐怕随对方同学成为年迈老翁的同时，而你所得的知识已成为明日黄花了呀！一边是“读书破万卷”的事倍而功半，一边是现代科学的事半而功倍；一边是“头悬梁、锥刺股”的辛苦与汗水，一边是网络科学的精彩与纷呈。何去何从，难道对方同学还不明白吗？还要用陈旧的观点去改造社会，建设新时代吗？请对方同学三思而后行！

这段辩词，将“电脑”“网络”获取知识的事半功倍与“读书破万卷”的事倍功半鲜明对比，并加以真切的描绘，极富感染力和说服力，使人不能不抛弃“陈旧”的观点而去认同他的观点。

## 先发制人：传统戏曲配电子音乐有何褒贬

一次，在辩题为“传统戏曲配上电子音乐有何褒贬”的竞赛辩论上，自由辩论一开始，正方就率先发难。

正方：“你刚才一再强调这样做就丢掉了传统的东西，请问，到底戏曲传统的具体内容是什么？”

反方：“传统京剧艺术加进电子音乐之后，我看不出京剧的传统味道。至于京剧的传统到底是什么，我也不知道，京剧改革，究竟该怎样改，我也答不出来。因为我从未考虑这个问题。”

正方：“既然你已经承认不知道什么是京剧的传统，以及加入电子音乐后究竟失去了哪些，我们就没办法与你辩论下去了。你回答不出，我们也就不勉强你回答了。”

正方二辩：“对对方扔回来的问题，现在我来做圆满的回答。我们认为，传统的京剧艺术的传统特点有三个方面：第一就在于它的写意性。第二是它固定的表演程式。第三是它固定的唱腔。方才已经讲过，电子音乐的广泛的表现力完全补充了京剧伴奏三大件阳刚有余、阴柔不足的欠缺。这就是说，加入电子音乐，既没有破坏京剧的写意性，也没有破坏它固定的表演程式和唱腔，而是使京剧艺术更加符合现代人的欣赏习惯和心理需求，我们为什么不为这种改革尝试拍手叫好，反要评头品足，甚至泼冷水呢？”

这里，正方以“问”开头，又以“问”作结，直指对方立论的要害，而且“哪壶不开提哪壶”，陷敌于理屈词穷的境地。此后，又反客为主，回答了对方答不上来的问题，据此展开论证自己的观点，有理有据。可见，如此率先发难，瞄准要害，加以诘问，对方避而不答，或难以答辩，都会陷入被动。

在论辩过程中，争取主动是取得胜利，达到目的的根本手段。俗话说：先下手为强。唇枪舌剑的论辩恰如刀光剑影的战争，应力争主动地位，趁对方不加防备或没有做好准备的时候，先下手以取得先机之利，达到控制对方的目的。先发制人是抢先制胜的论辩谋略。

## 出奇制胜：“宁做铺路石，不作出头鸟”对否

在某地举行的“五四”青年辩论赛中，甲乙双方就“宁做铺路石，不作出头鸟”的命题展开了辩论。

上午，作为反方的甲方通过摆事实、讲道理，充分地证明了这一命题的错误，并由此而获得了评委和观众的一致好评，取得了决赛权。但出人意料的是，下午决赛的命题仍然是“宁做铺路石，不作出头鸟”，所不同的是甲方却由反方变成了正方。出题者既刁亦“奇”，这一下几乎所有的人都为甲方捏一把汗，因为甲方在上午的辩论中既然已充分论证了这一命题的错误，那在下午的辩论中总不好出尔反尔，又说它是一个正确的命题吧。大家拭目以待。

作为甲方来说，似乎陷入了绝境，要为一个自己所否定过的命题去辩护是

多么困难啊，不仅于情于理不合，而且这种前后的矛盾，也必将会贻笑大方。但他们又不甘心俯首称臣，便急中生智，想：任何一个判断，真的并非就是对的，假的并非就是错的。上午我们证明的是命题的对错，并未涉及到这一命题的真假。于是他们决定，决赛中就论证命题的真假，即“宁做铺路石，不作出头鸟”是真实的命题，还是虚假的命题。

于是，在下午的辩论决赛中，甲方便突发奇招：

上午，我们论证了“宁做铺路石，不作出头鸟”的正确与错误，我们认为它是一个错误的命题。但是，这个命题是真实的命题，还是虚假的命题呢？也就是说，这个命题是反映客观、真实存在的命题呢？还是不反映客观的、凭空想象的一个命题呢？下午我们将作为正方来论证这个问题……

甲方的观点一亮，不仅出乎观众和评委的意料之外，更出乎乙方的意料之外。乙方全力准备的是要反驳甲方认为命题是正确的观点和论据，而对甲方现在的论证角度毫无准备，这样一来，阵脚自乱，只能仓促上阵，草草应付，虽不甘心，却也只能接受失败的事实。

甲方这种做法是否合乎规范我们姑且不论，但他们确实打破了固定的思维模式，从一个全新的角度发动进攻，使论敌毫无准备，难以抵抗，从而出奇制胜。当然出奇制胜要做到有理、有利、有节，不能随心所欲地乱来。

在论辩中，出奇制胜就是要冲破习以为常的认识范围，打破因循守旧的思维习惯，用论敌想象不到的策略和方法发起进攻，使之猝不及防，从而获胜。出奇制胜重在一个“奇”字上，一是辩论策略、手法要奇；二是时机把握要准；三是语言要鲜明、准确、有力。

## 正反比照：母亲该不该拆女儿的信

1986年，在“十城市青少年演讲邀请赛”的论辩赛段中，西安队与贵阳队就“母亲应不应该拆女儿的信”为题展开了辩论。反方贵阳队说：

“我们觉得母亲私拆女儿的信，还涉及尊重一个人的问题。咱们中国封建社会有一句名言，叫作‘君君臣臣父父子子’，这里强调的除君臣之外，就是子女对父母的尊敬，而没有提出父母对子女的尊重。事实上，作为女儿，她首先是作为一个人存在社会和家庭之中，她应该有自己独立的人格。如果母亲认识不到这一点，只是一味地强调这是‘爱’，那么这种‘爱’与母亲对家里的金鱼、小猫、小狗的‘爱’，又有什么区别呢？”

这位辩手运用正反比照的技巧，先强调反面事例，然后再加强正面说理，自然而然地推出一个结论：母亲要尊重女儿的人格，不能私拆女儿的信。

在赛场论辩中，正反比照法发挥着神奇的作用，它好比一枚重型炸弹发挥着巨大的杀伤功用。运用对比，能使事物的特征和本质最易显露出来，能给人留下极为深刻的印象。在论辩中，将正反两方面的事实加以对照、比较，从而推出正确的结论来，这就是正反比照的雄辩技巧。

运用正反比照，可以比较同类事物，也可以比较异类事物；可以比较同一对象的不同方面，也可以比较不同对象的同一方面；可以是纵向的比较、横向的比较、现状的比较、历史的比较，也可兼而有之。但不管哪种比较，都应特别注意比较事物的强烈反差，制造鲜明的形象，这样才能收到良好的效果。

## 文字拆合：男女是否平等

1988年春季，北京语言学院举行了一场由外国留学生主持参加的辩论会。辩论的主题为：男女平等——女性的出路。与会的各国留学生肤色不同，国籍各异，却使用着同一种语言，即汉语，可以说辩论起来有声有色，慷慨激昂。

正方认为，参加社会工作是女性的最佳选择，女性应在各方面同男子竞争。而家务劳动束缚了女性的才能，因此，家务劳动是男女不平等的一个重要原因。

反方则认为，“男主外女主内”是女性最佳方案。妇女主持家务有助于家庭和睦。“男主外女主内”更会有利于社会的安定。

辩论很快向纵深发展。正当双方辩论唇枪舌剑、精彩激烈时，来自南斯拉夫的反方队员桑佐兰从容答辩道：

“汉字的‘安’字，即意味着女人应在家里，‘男’字则意味着男人做户外工作。中国文化是很古老的，如果中国人错了，那我们今天还有什么可辩论的呢？”

说着，他风趣地摊开了双手。他的精彩答辩引来了满堂喝彩。

在古文字中，“安”字是指女人居于室内，而“男”字指在田中劳动。桑佐兰通过对“安”“男”两字的拆合，有力地反驳了对方，论证了反方的“男主外女主内”的观点，收到了意想不到的辩论效果。

文字拆合法是辩论中常用的方法，运用这一方法可达到词约意丰、四两拨千斤的巧妙效果。

## 预设埋伏：是不是皮箱

商人威尔斯向皮箱行订购3000只皮箱，取货时却说，皮箱内层有木材，不能算是皮箱，并向法院起诉，要求赔偿15%的损失。在威尔斯强词夺理、法官偏袒威尔斯的情况下，律师罗文锦出庭为被告辩护。

罗文锦取出一只金怀表问法官：“法官先生，这是什么表？”

法官说：“这是伦敦名牌金表。可是，这与本案没有关系。”

罗文锦坚持说与本案有关，并继续问：

“这是金表，事实上没有人怀疑。但是，请问内部机件都是（黄）金制的吗？”

法官知道中了“埋伏”，只好哑口无言。

预设埋伏，既出其不意，攻其不备，又简洁明了，使对方无话可说，无辞可辩。

## 迎头反驳：儒家思想推动了亚洲四小龙经济吗

1990年第三届亚洲大专辩论会，南京大学对澳门东亚大学队，赛题是：“儒家思想是亚洲四小龙经济快速成长的重要推动因素”。

南京大学队持反方，也就是要说明儒家思想不是主要推动因素。针对这场比赛，南京大学队设计了一个令对手头痛的问题：

“儒家思想在东亚存在了几千年，为什么偏偏到了近二三十年才推动经济的快速成长呢？”

这是他们掌握了亚洲四小龙经济快速成长的许多资料后反驳对方的一个纲领性问题，目的自然是要说明儒家思想不是亚洲四小龙经济快速成长的重要推动因素，从而使澳门东亚大学队的反驳无立足之地。此外南京大学队在这场比赛中还设置了如下问题供对方回答，并以此反驳，如“新加坡20世纪60年代大力发展劳动密集型产业，七八十年代又提倡高科技产业发展，请问儒家思想到底主张发展哪种行业？”“四小龙中有的注重政府干预经济生活，如韩国、新加坡；有的奉行自由放任政策，如中国香港，请问儒家思想是提倡自由放任政策呢，还是政府干预？”

接着南京大学队在讲了新加坡1985年经济衰退后召开了一千多位学者参加的“经济对策讨论会”后，马上幽默地反驳道：“如果儒家思想真有对方所说的功效，那么他们召开的不就应该是儒家思想研讨会了吗？”

在指出了四小龙都奉行着“出口导向战略”时，连带着反驳道：“如果儒家思想能够推动经济的快速成长，那么其他国家只要多进口几本《论语》《孟子》，保证人手一册，经济快速成长不就十拿九稳、万事大吉了吗？”

而当对方指出“儒家提出‘修身、齐家、治国、平天下’，修身和齐家虽然不能推动经济增长，可是它也有治国、平天下的思想啊？”南京大学队则反驳：“还是让我们来看看什么是儒家所谓的天下大治吧，按照孔子的说法，无非是行周代的礼法，乘商代的车子，戴夏代的帽子，再来上一段尧舜时期的歌舞，这怎么能带来经济快速增长呢？”

一阵掌声过后，南京大学队又说：“据我们所知，新加坡用的是公元历法，爱乘的是奔驰和三菱牌轿车，并没有戴帽子的习惯，这怎么能说是儒家的天下大治呢？”

一席话博得了台下一片掌声和笑声。南京大学队的设问、反问、追问，形成的反驳，如“排炮攻击”之势，可以说每一个小层次的结束处，都发出一发“反驳”的炮弹。因此评委称赞有“排山倒海之势”。

反驳是辩论制胜的关键，也是辩论最重要的组成部分，其艺术魅力往往能给人一种绝佳的享受。

# 层层剥笋：人性本善还是本恶

1993年，在复旦大学与台湾大学就“人性本善还是本恶”的辩论赛中，反方复旦大学的蒋昌建有这样一段辩论：

一个严肃的辩论场需要一个严肃的概念。对方多次问我们人性怎么样？人性怎么样？始终没有问我们人性本怎么样？我想请问对方，人性是什么和人性本是什么是同样的一个概念吗？你们如果连这个概念都没有根本建立基础的话，那你们的立论从何而来呢？我们多次问对方的善花里面如何结出恶果，对方说要浇水，要施肥呀。那我就不懂了，大家都承蒙这个阳光雨露的话，为何有那么多罪行横遍这个世界呢？难道这个水，那个肥还情有独钟吗？为何要跟恶的人作一个潇洒的“吻别”呢？（笑声、掌声）

今天我们本着对真理的追求来同对方一起探讨这个千年探讨不完的话题。无论是从性善论的孟子也好还是性恶论的荀子也好，又有哪一家哪一派不要我们抑恶扬善呢？抑恶扬善是我方今天确立立场的一个根本出发点。下面我再一次总结我方的观点。

第一，只有认识人性本恶，才能正视历史和现实。回顾历史的时候，我的内心总感到痛苦而颤抖。

从希波战争到十字军东征，从希特勒的奥斯维辛集中营到日寇在华北的细菌试验场，真可谓是“色情与贪婪齐飞，野心共暴力一色。”以往的人类历史，可以说是交织着满足人类无限贪欲而展开的狼烟与铁血啊！可见，本恶的人性如果不加以控制的话，将会给这个世界带来什么呢？

第二，只有认识人性本恶，才能重视道德、法律教化的作用，才能重视人类文明引导的结果，培养健全而又向上的人格。在历史的坎坷当中，人类并没有自取灭亡。尤其是在面对彬彬有礼、亲切友善的新加坡朋友面前，我们更有理由相信，人类明天会更好，这其中我们要感谢新加坡孜孜不倦地建立起他们优良的社会教化系统。人类文明是在人类智慧之光照耀下不断茁壮成长的。饮水思源，借此我们要感谢那些在人类教化路途中洒进他们含辛茹苦汗水的这些中西先哲们。正因为从他们的理论智慧当中，从他们的身体力行当中，人们才有可能从外在的强制走上理性的自约，自约人的本性的恶，从而培养一个健全而又向善的人格。可见，人性本恶，并不意味着人终身成为恶，只要通过社会的教化系统就可以弃恶扬善，化性起伪啊！

第三，只有认识人性本恶，才能调动一切社会教化的手段来扬善避恶。光阴荏苒，逝者如斯，在物质和科学技术突飞猛进的同时，而人类的精神家园可谓是花果飘零。在这个时候，我们要警惕，人性本恶这个基本的命题。可喜的是，在东方的大地上，我们说传统文化的发扬光大，已经从一阳来复开始走向了新的春天。我们也相信，通过传统文化的精华，必将使人类从无节制的欲望中合理地扼制并加以引导，从他律走向自律，从执法走向立法。人类才可能挽狂澜于既倒，扶大厦于将倾。“黑夜给了我黑色的眼睛，而我却要用它来寻找光明！”谢谢各位！（掌声）

在资料运用方面，大家都能引经据典，而且也可以说妙语如珠吧。那么，似反方的知识结构比较谨严，也比较全面。在语气方面，正方是严厉质问，恳切坦诚，有的时候情绪比较激动。

## 排比铺陈：效率必然牺牲平等吗

下面是1995年“长虹杯”大学生辩论赛第七场的一段辩词，它是反方北京大学队四辩就辩题“效率必然牺牲平等”的总结陈词的结尾部分：

“……当然，毋庸讳言的是在今天的中国仍然存在着严重的不平等现象。当南方的有些官商利用权钱交易，在炒楼花中牟取暴利时，在东北平原农民们辛苦耕作了一年只换来张张白条时，当大富豪酒家的大款们仍然在挥霍无度、一掷千金时，在吉林省靖宇县的贫困山区里，孩子们仍然是求学无门，想学无处，升学艰难，这样的不平等明明是损害了效率，明明是为效率所否定，明明是为效率所消除。但是在效率必然要牺牲平等的口号下，都往往被看成是理所当然。难道效率就不能给母亲一个平等工作的机会？难道效率就要让中国的女工在外资企业备受歧视、侮辱？难道效率就要叫那些孩子也要分高低贵贱！难道效率就要以牺牲国家、人民乃至后代子孙的利益为代价吗？不，对方辩友，我们没有权利用来为他们开脱，我们也没有理由让效率去蒙受冤屈。因为在所谓难免必然的背后却掩盖着这样一个真理，因为这样的不平等本是可以避免的，可以消除的，而在追求效率的过程中也终将得到改变。我知道这是一个追求效率、追求金钱的年代，但是我也同样知道，在这样的时候更应该举起平等公正的大旗。我相信在我们中间没有人愿意再回到过去的年代，但是我更相信，当21世纪的曙光照亮我们的窗櫺，在普通人们的心中却永远有着对平等和正义的呼唤。不是一切的呼唤都必然没有回响，不是一切的损失都必然无法补偿，不是一切的心灵都可以踩在脚下，也不是一切的梦想都甘愿折断翅膀。希望，并且为之而斗争，起码这一切担在我们的肩上。谢谢。”

这段辩词中多处运用排比，势如破竹，铿铿锵锵，声威夺人，其雄辩气势是如此强烈。

排比的结构有短语排比、句子排比等，排比句常用相同的词语作提契语，统辖排比的几项，使语句联系更紧密、语意贯通、语势更强劲。在论辩中，用排比说理，可以把论点阐明得更严密、更透彻；用排比驳斥，可以给论敌以连峰叠浪的沉重打击，使其还手不及。

## 直言点明：愚公该不该移山

在1995年国际大专辩论会关于“愚公应该移山”的辩论中，反方南京大学队为了论证自己的搬家主张，其中有这么一节辩词：

“山不转，水要转，水不转了，人要转。既然环境限制了生存自由，何不另辟一方新天地？既然大山遮蔽了视野，何不越过大山看世界？韩民族的祖先几千年前离开阿尔泰山，风尘仆仆地越过千山万水，迁居朝鲜半岛，这一伟大的迁移，不就是搬家精神的生动写照吗？”

反方南京大学队从对方韩国外国语大学队的所在地域取证，引用对方民族古代搬迁的历史来论证自己的愚公应该搬家的道理，由于历史事实是对方无法否认的，因而对方便无法进行反驳。可以说，这段辩论是出奇制胜的典范。然而，正方也深深地懂得对方取证的道理，他们在论证己方愚公应该移山的观点时，同样也使用了出奇制胜的方法：

“愚公懂得，虽然这两座大山是庞然大物，但可以背出去。因为人心齐、泰山移，而且有志者事竟成，因为滴水穿石，不怕事难成，只怕有心人。我们翻开历史，愚公移山这样的例子多得是。好，我来举一个例子吧，1840年以后，在神州大地上，封建官僚、买办资本、帝国主义及其走狗，横行四周，正是病入膏肓、无可救药，但经过一百多年的血腥斗争之后，中国人民终于走上了独立自主的光明大道了，难道愚公面前这两座山比一百多年前中国的封建主义、帝国主义这两座山更可怕吗？”

正方知道，早在50多年前毛泽东就曾用愚公移山这一寓言号召全国人民发扬愚公精神，推翻压在中国人民头上的三座大山。正方引用这一实例，论证了己方愚公应该移山的主张，可以说也使用了出奇制胜的方法。

在辩论中，针对对方命题或论据存在的问题，直言点明，使其观点不能成立，同样可以产生出奇制胜的效果。

## 借用歧义：经济发展不可避免环境污染

下面是1995年在第三届上海市大学生辩论赛关于“经济的发展不可避免环境污染”的论辩中，正反两方的一段对话：

反方：请问对方辩友，你们刚才说环境污染，是可以减少的，这不是靠经济发展吗？

正方：对呀，是可以减少，但是不可避免呀！（掌声）

反方：对方已经退出了第一步，经济发展可以减少环境污染，谢谢！

正方：你说我们退步我们就退步了，难道我们的腿是长在对方身上的吗？（热烈掌声）

反方说的“对方已经退出了第一步”，本是指对方观点有了让步，可正方却运用“退”这个词的多义性，把它换成是“用双脚走路”，并向对方发出责难，这样回答既幽默风趣，又巧妙地达到了回避对方攻击的目的。

有时候同样一句话，可以表达这么一种含义，又可表达另一种含义，自然语言的这种歧义现象可以成为我们辩论取胜的有效武器。在特定场合、特定情况下，根据需要有意识地利用歧义，制造歧义，不失为一种机智、一种论辩艺术。

需要说明的是，日常说话写文章出现歧义是一种语病，应注意克服。若有人利用歧义进行诡辩，也要善于揭露批驳，但这并不妨碍从积极的方面去学习运用“歧义”的说辩技巧。

## 反守为攻：人口问题是否未来发展关键

1995年，在第三届中国名校大学生辩论赛初赛第四场“人口问题是不是未来社会发展的成败关键”的自由辩论中，反方山西大学队由于时间把握不好，结果让正方华东师范大学队抓住了机会，最后取得了辩论赛的胜利。

可以说，正方成功地运用了反守为攻的战术。请看：

反方二辩：我们都知道，社会发展的原动力是生产力，请问对方辩友……（铃响）

主席：对不起，反方时间到。

正方一辩：对方所谈无非是一个人口问题，而且对方始终论证的也并没有否认过己方人口问题不是成败关键，我倒要告诉大家，是什么威胁着未来社会发展的前提呢？是人口问题。

正方二辩：是什么压迫着未来社会发展的保障呢？也是人口问题。

正方三辩：是什么阻碍着未来社会发展的目标呢？还是人口问题。（掌声）

正方一辩：人口问题的解决过程本身就是社会全面进步的过程。

正方二辩：所以说，无论如何，不管怎样，人口问题都是未来社会发展的成败关键。

正方三辩：过去我们有“黄河远上白云间”，可为什么现在却是“黄河之水天上来，断流断水到河南”？

正方二辩：人口问题的解决固然很难，但天下事有难易乎，为之则难者亦易矣，不为则易者亦难矣。（掌声）

正方一辩：按对方所说的，经济是万能的，那么当我们告别这个世界的时候，我们就可以说，轻轻地，我们走了，剩下一大群人口，反正你们可以购买另外一颗地球嘛。

正方三辩：对方喜欢谈可持续性发展，但为什么对方所在的山西省，人均耕地从1985年的3.4亩下降到了如今的1.8亩，这叫做可持续性发展吗？

正方二辩：对方刚才三位辩手，根本没有回答我方的一个问题：中国绝对资源大国与人均资源小国之间的矛盾是如何产生的？（提示铃响）

正方一辩：现在世界上每秒钟3人、每分钟180人，每周一个费城，每年一个德国，人口问题还不紧迫吗？

正方二辩：对方辩友刚才对人口问题的解决，倒是情有独钟。可是又不愿承认人口问题是未来社会成败的关键，为什么对人口问题都是多情却是总无情呢？

正方三辩：中国每年增加人口1400万，但耕地为何却减少了700万亩呢？

正方一辩：中国的GDP已列世界前茅，可人均却只有九十几位，其原因难道不是人口多造成的吗？

正方二辩：现在如果我们认识到人口问题是成败关键，我们还有回天之力，如果现在还不认识到这一点的话，只怕将来与对方辩友再见面时，只能是"相顾无言，惟有泪千行"了呀。

正方三辩：我方也从不排斥系统，但恰恰在系统中，唯一的主动力就是人口啊。

正方一辩：鉴于我方已充分阐明我方观点，建议主席能够停止自由辩论。

本来，双方势均力敌，但是，由于反方此时已无还手之力，所以，正方连续进攻，使得平衡被打破。

在辩论的过程中，当己方对对手的意图不太了解，或者出于战略考虑不急于展开进攻；相反，对方自恃优势，锋芒毕露，咄咄逼人，此时，己方则从容迎战，先稳住阵脚，然后视战局发展，瞅准了时机和突击点，后发制人，充分施展攻击技巧，组织反攻，毕其功于一役，制服对手。

这是一种先守后攻的战术，通常在敌强我弱的复杂态势下使用。看准了机会再出手，一旦出手就要打到对手的痛处，往往能以弱击强，以劣胜优。

使用反守为攻这种战术，必须紧紧抓住机会，抓住对方的矛盾，捕捉对方的弱点，这样，攻击才会有力度。此外，还必须注意站在正确的立场上使用这种方法，如果明明白白知道是自己或我方错了，为了一己私利，嫁祸于人，这就不是一个出色的辩论者所为的事情了。

## 模糊应答：流动人口增加是否有利城市发展

在1996年首届中国名校大学生辩论赛中有道辩题是"流动人口的增加有利于城市的发展"，反方北京师范大学队与正方复旦大学队有这么一段问答词：

反方：请对方辩友正面回答，你们为城市的发展选择何种模式？

正方：健康的发展模式，而这个健康的模式就离不开流动人口的增加。我请问对方辩友，你们既不让流动人口增加又不让流动人口减少，你到底让流动人口怎么办呢？（笑声、掌声）

复旦大学队若老老实实地去回答自己对城市发展模式的选择，那就正中反方的下怀，不但费时费力，还将受制于人。于是辩手选择用“健康的发展模式”这一模糊语言，巧妙过关，而后又顺势向对方提出诘难。

在辩论中，若对方的问题提得很尖刻很棘手，任何明确的答案都会对本方不利，此时便可采用模糊应答法。可以答非所问，也可以巧妙地转换话题，总之让对方不得要领，却又无话可说。

## 理直气壮：真理是否越辩越明

1997年国际大专辩论会总决赛上关于“真理越辩越明”的辩论中，首都师范大学（正方）四辩有一段充满浩然正气的总结陈词：

宇宙浩瀚无边，百万年的历史也不过沧海一粟，但人类就在这沧海一粟中认识自然，改造自然，创造出今天规律的世界，这恰是人们不懈地探寻真理，缅怀真理，运用真理，传播真理的结果。

人类的理性就是要追求真理，追求和平、自由、民主，人类的精神就是要反对垃圾真理，反对禁锢视听，愚民政策，以势压人。为了这个世界的真善美，人们甚至以殉难的精神高扬这样的信念：要为真理而斗争。

这段辩论慷慨激昂，气势恢宏，它回顾了人类追求真理、捍卫真理的史实，且采用了一系列排比抒情造势，高扬了辩者要为真理而斗争的坚强信念，深切感人，对方不能不为之慑服。在辩论中，刚言慑服既要有“理”，又要有气势，还要讲究语言的修饰。

## 以问代答：电脑能否取代书本

下面是1999年国际大专辩论会上香港大学队（正方）和新加坡南洋理工大

学队（反方）之间的一段“关于电脑能否取代书本”的辩论：

反方三辩：讲了这么久，对方连书本有什么功能都说不清，难怪看不出不会取代的理由了。那我就请问对方辩友，法律上的那本《圣经》你又如何取代呀？

正方三辩：那么对方同学，你今天讲的书本就是《圣经》吗？

反方一辩：对方辩友连《圣经》的例子都解决不了还要和我们谈其他！请问对方辩友，那本《圣经》如何取代？

正方一辩：对方辩友，我告诉你，现在已经有电子《圣经》出版了，这不是告诉大家电脑的普及化吗？

反方二辩：普及等于取代吗？电子《圣经》出版商说过要把所有的书本（《圣经》）一网打尽了吗？

正方二辩：对方辩友，今天的命题是“必将”，所以如果现在有这个趋势，已经有电子《圣经》出现，为什么掌上电脑就不会成为我们明天的书本呢？

反方三辩：可能的趋势就等于结果的必然吗？今天上海交易所的股票是一千点，明天是二千点；后天它会突破一万点吗？

此例中，正反双方都在发问，仿佛回答了，但都没有作实质性的回答。当一方提出问题后，另一方采用一个不置可否的转折，马上过渡到回问对方问题，双方你来我往，如法炮制。因为他们明白，针对对方抛出的难题，回答稍有不慎，就会被对方打开缺口，陷于被动。当然此例中的辩手还稍嫌稚嫩，技法还显得有些生硬。

在辩论中，对方常常提出一些敏感性的或难以回答的问题，你不愿或不能正面回答，便可采用以问代答法，向对方提出一个与之相关，其实质内容却又背道而驰的问题，使之无法回答，从而化被动为主动。

## 避实就虚：艾滋病是否社会问题

1993年，在首届国际华语大专辩论会关于“艾滋病是医学问题，不是社会问题”的辩论中，有这么一个回合：

正方四辩：我们已经说过，艾滋病从医学上来说可能是绝症。但以前很多绝症不是通过医学的角度解决了吗？

反方四辩：一个老太太被车撞倒了，请问这是救人的问题呢还是撞人的问题？

正方二辩：那不是病啊！

反方二辩：但是她不也要去医院吗？那就是医学问题了吗？不，它是交通事故！

正方四辩：可是有成百上千的医务工作人员在帮助这个老太太吗？艾滋病的研究是需要成百上千的工作人员、医务人员啊！

反方三辩：一个人得了病不是社会问题，千百万人得了艾滋病，难道还不成为社会问题吗？

正方四辩：千百万人还曾得过感冒，千百万人也曾得过心脏病，难道心脏病是社会问题吗？

反方一辩：一个人打喷嚏不是社会问题，但我们全场人同时打喷嚏，还不是社会问题吗？

在这一段辩论中，正方连续提出了两个很有分量的问题：①能治好的绝症算不算社会问题？②作为现代文明社会发病率与死亡率最高的心脏病算不算社会问题？这两个问题是反方队员赛前没有研究吃透的问题，如果临时抱佛脚，肯定难以作出恰当的回答，于是反方便采用闪避答问术，用“老太太撞倒”和“全场人打喷嚏”等巧妙地回避了对方的难题，使己方不至于陷入被动。

在辩论中，对于自己或己方不愿回答的问题，可采用避其锋芒、金蝉脱壳的方法，避而不谈对方的问题，转谈其他话题，以达到转移对方进攻目标，进而巧妙印证自己论题的目的。

## 以谬制谬：足球比赛用电脑裁判是利是弊

下面是关于“足球比赛引进电脑裁判利大于弊”辩题中，正方西安交通大学队针对反方新南威尔士大学队的一节辩词：

正方三辩：对方说，因为足球是人的运动，所以才喜欢，所以不要引进任何一种辅助性的工具。如果真的是这样的话，大家都不要穿球鞋，大家都不要穿服，光着身子、光着脚踢球，那才是的的确确、彻彻底底人的运动。

西安交通大学队针对对方足球“不要引进任何辅助的工具”的荒谬观点，成功地运用了以谬制谬法，揭露了对方的荒谬，其幽默性，也使得大家忍俊不禁。

19世纪末，伦琴射线的发明者收到一封信，写信者说他胸中残留着一颗子弹，需要用射线治疗。他请伦琴寄一些伦琴射线和一份怎样使用伦琴射线的说明书给他。

伦琴射线是不可能寄的，如果伦琴直接指出这个人的无知，并无不可，但多少有些居高临下教训的意味。伦琴采用了以谬还谬的办法。

伦琴提笔复信道：“真遗憾，眼下我手头的×射线刚好用完了，况且要邮寄这种射线十分困难。这样吧，请把你的胸腔给我寄来吧！”

对方提出的要求显然是荒谬的，直接批驳对方的荒唐无知反而难以措辞，伦琴由对方要求“寄伦琴射线”，推出让对方“把胸腔寄来”，以谬对谬，巧妙地暗示了对方要求的荒谬性，又不失幽默感。

以谬对谬，就是明知对方的观点或做法是错误的，却先假定它是正确的，并以此为前提条件，引申出一个荒谬的后果来。以此法推理，否定后果必否定前因，因此可以从后果的荒谬推导出前因的荒谬。

## 【辩论佳词妙句】

◎“鹰击长空”，没有空气鹰击什么？“鱼翔浅底”，没有水鱼游什么？

◎亚里士多德说：“人如果不是生活在社会环境中，那他不是神就是野兽。”

◎外因是完美电路中的“开关”，是现实接通成功的关键。

◎为什么只有孙悟空在炼丹炉里才可以炼出火焰金星，而其他猴子进去能出来也只是能烧出个红屁股呢？为什么阿基米德洗个澡就能洗出浮力定律，而我就是洗成个水仙花也洗不出什么来呢？

◎假设个形象需要刻意追求，那么正说明人是没有个性的。然而敢问对方辩友，哪个人会没有个性？

◎连叶子都没有相同的，不正得出了个性不需要刻意追求的结论吗？

◎我方认为对方辩友口才极好。那么请问对方辩友，您是从出生时就如此能言善辩吗？显然不是。而是从儿时的牙牙学语到后来的博学学强记锻炼出来的，请问这不是刻意追求是什么？

◎对方翻译在举出例证，无非是为了曲解刻意的含义，把“刻意追求”错误地理解为一味模仿。举个例子好了，如果我追求一个女孩子，是不是就要模仿她的一举一动，甚是上厕所都要尾随进入女厕吗？

◎我们为何要在此学习，而不是去农田中劳作，工厂中做工呢？

◎真如对方所讲到的科学工作者，即使他的一个项目价值一个亿，那也只是一个亿，注意是观念上的，是空洞的，是虚无缥缈的！不正是靠劳力者来实现这一个亿的价值吗？可为什么对方还在大言不惭地说，这些劳心者创造的观念上的价值比劳力者辛辛苦苦所创造实实在在的价值大呢？

◎难道对方可以望着一张宏伟的蓝图，不吃、不喝、不睡吗？

◎没有老师，学生可以自学，可没有学生，老师教什么？

◎在辩论赛中以高分胜出，不正是以高分来体现高能吗？

◎如果以分数来衡量爱因斯坦的能力，是不是爱因斯坦是低能了？

◎请对方辩友不要给我们今天的辩题加上一个定语，今天的辩题是……而不是……

◎对方辩友请不要将概念混淆。

◎按照对方辩友的逻辑……

◎世界如此奇妙，您却如此烦躁，不好，不好。请对方辩友慢慢说，争取回答得简洁明了。

◎面对这样的真知灼见，对方辩友至今未能幡然醒悟，正好比雨过天晴却仍静坐茅庐听雨，不愿接受真理的光芒。

◎对方辩友不要回避问题，您所说的……与我们所讨论的题目离了不止万里。

◎对方辩友以偏概全，用……例子来论证……实在是一叶障目，盲人摸象，没有意识到还有……

◎我对对方边摇头所提出的观点表示无法接受……这样荒谬的逻辑我们能接受吗？

◎为什么对方辩友一直不敢正面回答我们的问题，闪闪烁烁是在犹豫么？

还是你们的乱点根本无法面对如此之多的现实。

◎总是拿着A情况下的B结果来跟我们C情况下的B结果来衔接，对方论点不是牛头不对马嘴吗？

◎我们从刚才就一再强调，今天我们讨论的A情况下会如何，而对方辩友总是举B情况下的例子，是不是“纸糊的月亮当太阳，偷天换日呢？”

◎再华丽的语言也掩饰不了错误的言论，再动情的解释也遮蔽不了真理的光辉。

◎对方辩友不要再逃避问题了，回到眼前的问题中。

◎对方辩友搞错了……恰恰是反映了……

◎既然对方辩友不喜欢谈……那我们谈谈……

◎对方辩友一直回避这样的问题，请对方辩友正面回答……

◎对方讲的是……这一点我们并非反对，可问题是……

◎对方辩友既然说……就是……那么我就请问……你们怎么解释呢？

◎暂且不说……本身……再退一步……

◎请对方辩友不要跳出讨论的论题之外。

◎世界上不是缺少实践，只是缺少发现实践的眼睛。

◎对方辩友一直是“坐飞机扔炸弹——空对空”讲来讲去，我方问了那么多遍，他们也没有给我们举出一个例子来。

◎对方辩友回答我方问题，向来不是“小巷里面抬竹竿——直来直去”，而是拐弯抹角。

◎我们一再重申，只有……才会……而对方始终举不出正面的例子来证明，总是拿……说事，难道在你们眼中，只有……才是……吗？

◎正如对方辩友所说的，你们的论点只有在……情况下才成立，而我们要看好了，今天我们讨论的是在……情况下的论点。